全国高职高专院校药学类与食品药品类专业"十三五"规划教材

# 药店经营与管理

## 第 2 版

（供药学类及药品经营与管理、药品服务与管理专业用）

主　编　梁春贤　俞双燕

副主编　殷作群　袁志学　段文海

编　者　（以姓氏笔画为序）

万晓文（江西中医药大学）　　　　　　　　王国妮（山西药科职业学院）

付　健（广西友和古城大药房有限责任公司）　张　平（湖南中医药高等专科学校）

张　强（安徽中医药高等专科学校）　　　　段文海（广东食品药品职业学院）

俞双燕（江西中医药大学）　　　　　　　　袁　玲（广西卫生职业技术学院）

袁志学（天津生物工程职业技术学院）　　　夏　冬（辽宁医药职业学院）

殷作群（黑龙江生物科技职业学院）　　　　梁春贤（广西卫生职业技术学院）

中国健康传媒集团

中国医药科技出版社

## 内 容 提 要

本教材是全国高职高专院校药学类与食品药品类专业"十三五"规划教材之一，根据药店经营与管理教学大纲的基本要求和课程特点编写而成。全书共 13 章，内容上涵盖了药品陈列、药品盘点、药品销售、收银作业、售后服务等内容。本书具有编写内容紧密结合药店日常业务过程并适度地向外、向上延伸的特点。

本教材供全国高职高专院校药学类及药品经营与管理、药品服务与管理专业教学使用，也可供医药行业从业人员继续教育和培训使用。

**图书在版编目（CIP）数据**

药店经营与管理/梁春贤，俞双燕主编．—2 版．—北京：中国医药科技出版社，2017.1
全国高职高专院校药学类与食品药品类专业"十三五"规划教材
ISBN 978-7-5067-8776-5

Ⅰ.①药…　Ⅱ.①梁…②俞…　Ⅲ.①药品-专业商店-商业经营-高等职业教育-教材　Ⅳ.①F717.5

中国版本图书馆 CIP 数据核字（2016）第 321658 号

**美术编辑**　陈君杞
**版式设计**　锋尚设计

出版　**中国健康传媒集团**｜中国医药科技出版社
地址　北京市海淀区文慧园北路甲 22 号
邮编　100082
电话　发行：010-62227427　邮购：010-62236938
网址　www.cmstp.com
规格　787×1092mm ¹⁄₁₆
印张　17¼
字数　379 千字
初版　2013 年 1 月第 1 版
版次　2017 年 1 月第 2 版
印次　2023 年 2 月第 14 次印刷
印刷　三河市万龙印装有限公司
经销　全国各地新华书店
书号　ISBN 978-7-5067-8776-5
定价　**39.00 元**

获取新书信息、投稿、为图书纠错，请扫码联系我们。

# 全国高职高专院校药学类与食品药品类专业 "十三五" 规划教材

# 出 版 说 明

全国高职高专院校药学类与食品药品类专业"十三五"规划教材（第三轮规划教材），是在教育部、国家食品药品监督管理总局领导下，在全国食品药品职业教育教学指导委员会和全国卫生职业教育教学指导委员会专家的指导下，在全国高职高专院校药学类与食品药品类专业"十三五"规划教材建设指导委员会的支持下，中国医药科技出版社在2013年修订出版"全国医药高等职业教育药学类规划教材"（第二轮规划教材）（共40门教材，其中24门为教育部"十二五"国家规划教材）的基础上，根据高等职业教育教改新精神和《普通高等学校高等职业教育（专科）专业目录（2015年）》（以下简称《专业目录（2015年）》）的新要求，于2016年4月组织全国70余所高职高专院校及相关单位和企业1000余名教学与实践经验丰富的专家、教师悉心编撰而成。

本套教材共计57种，均配套"医药大学堂"在线学习平台。主要供全国高职高专院校药学类、药品制造类、食品药品管理类、食品类有关专业〔即：药学专业、中药学专业、中药生产与加工专业、制药设备应用技术专业、药品生产技术专业（药物制剂、生物药物生产技术、化学药生产技术、中药生产技术方向）、药品质量与安全专业（药品质量检测、食品药品监督管理方向）、药品经营与管理专业（药品营销方向）、药品服务与管理专业（药品管理方向）、食品质量与安全专业、食品检测技术专业〕及其相关专业师生教学使用，也可供医药卫生行业从业人员继续教育和培训使用。

本套教材定位清晰，特点鲜明，主要体现在如下几个方面。

**1. 坚持职教改革精神，科学规划准确定位**

编写教材，坚持现代职教改革方向，体现高职教育特色，根据新《专业目录》要求，以培养目标为依据，以岗位需求为导向，以学生就业创业能力培养为核心，以培养满足岗位需求、教学需求和社会需求的高素质技能型人才为根本。并做到衔接中职相应专业、接续本科相关专业。科学规划、准确定位教材。

**2. 体现行业准入要求，注重学生持续发展**

紧密结合《中国药典》（2015年版）、国家执业药师资格考试、GSP（2016年）、《中华人民共和国职业分类大典》（2015年）等标准要求，按照行业用人要求，以职业资格准入为指导，做到教考、课证融合。同时注重职业素质教育和培养可持续发展能力，满足培养应用型、复合型、技能型人才的要求，为学生持续发展奠定扎实基础。

### 3.遵循教材编写规律，强化实践技能训练

遵循"三基、五性、三特定"的教材编写规律。准确把握教材理论知识的深浅度，做到理论知识"必需、够用"为度；坚持与时俱进，重视吸收新知识、新技术、新方法；注重实践技能训练，将实验实训类内容与主干教材贯穿一起。

### 4.注重教材科学架构，有机衔接前后内容

科学设计教材内容，既体现专业课程的培养目标与任务要求，又符合教学规律、循序渐进。使相关教材之间有机衔接，坚持上游课程教材为下游服务，专业课教材内容与学生就业岗位的知识和能力要求相对接。

### 5.工学结合产教对接，优化编者组建团队

专业技能课教材，吸纳具有丰富实践经验的医疗、食品药品监管与质量检测单位及食品药品生产与经营企业人员参与编写，保证教材内容与岗位实际密切衔接。

### 6.创新教材编写形式，设计模块便教易学

在保持教材主体内容基础上，设计了"案例导入""案例讨论""课堂互动""拓展阅读""岗位对接"等编写模块。通过"案例导入"或"案例讨论"模块，列举在专业岗位或现实生活中常见的问题，引导学生讨论与思考，提升教材的可读性，提高学生的学习兴趣和联系实际的能力。

### 7.纸质数字教材同步，多媒融合增值服务

在纸质教材建设的同时，还搭建了与纸质教材配套的"医药大学堂"在线学习平台（如电子教材、课程PPT、试题、视频、动画等），使教材内容更加生动化、形象化。纸质教材与数字教材融合，提供师生多种形式的教学资源共享，以满足教学的需要。

### 8.教材大纲配套开发，方便教师开展教学

依据教改精神和行业要求，在科学、准确定位各门课程之后，研究起草了各门课程的《教学大纲》（《课程标准》），并以此为依据编写相应教材，使教材与《教学大纲》相配套。同时，有利于教师参考《教学大纲》开展教学。

编写出版本套高质量教材，得到了全国食品药品职业教育教学指导委员会和全国卫生职业教育教学指导委员会有关专家和全国各有关院校领导与编者的大力支持，在此一并表示衷心感谢。出版发行本套教材，希望受到广大师生欢迎，并在教学中积极使用本套教材和提出宝贵意见，以便修订完善，共同打造精品教材，为促进我国高职高专院校药学类与食品药品类相关专业教育教学改革和人才培养作出积极贡献。

中国医药科技出版社

2016年11月

# 教材目录

| 序号 | 书　名 | 主　编 | 适用专业 |
|------|--------|--------|----------|
| 1 | 高等数学（第2版） | 方媛璐　孙永霞 | 药学类、药品制造类、食品药品管理类、食品类专业 |
| 2 | 医药数理统计*（第3版） | 高祖新　刘更新 | 药学类、药品制造类、食品药品管理类、食品类专业 |
| 3 | 计算机基础（第2版） | 叶　青　刘中军 | 药学类、药品制造类、食品药品管理类、食品类专业 |
| 4 | 文献检索 | 章新友 | 药学类、药品制造类、食品药品管理类、食品类专业 |
| 5 | 医药英语（第2版） | 崔成红　李正亚 | 药学类、药品制造类、食品药品管理类、食品类专业 |
| 6 | 公共关系实务 | 李朝霞　李占文 | 药学类、药品制造类、食品药品管理类、食品类专业 |
| 7 | 医药应用文写作（第2版） | 廖楚珍　梁建青 | 药学类、药品制造类、食品药品管理类、食品类专业 |
| 8 | 大学生就业创业指导 | 贾　强　包有或 | 药学类、药品制造类、食品药品管理类、食品类专业 |
| 9 | 大学生心理健康 | 徐贤淑 | 药学类、药品制造类、食品药品管理类、食品类专业 |
| 10 | 人体解剖生理学*（第3版） | 唐晓伟　唐省三 | 药学类、药品制造类、食品药品管理类、食品类专业 |
| 11 | 无机化学（第3版） | 蔡自由　叶国华 | 药学类、药品制造类、食品药品管理类、食品类专业 |
| 12 | 有机化学（第3版） | 张雪昀　宋海南 | 药学类、药品制造类、食品药品管理类、食品类专业 |
| 13 | 分析化学*（第3版） | 舟启文　黄月君 | 药学类、药品制造类、食品药品管理类、食品类专业 |
| 14 | 生物化学*（第3版） | 毕见州　何文胜 | 药学类、药品制造类、食品药品管理类、食品类专业 |
| 15 | 药用微生物学基础（第3版） | 陈明琪 | 药品制造类、药学类、食品药品管理类专业 |
| 16 | 病原生物与免疫学 | 甘晓玲　刘文辉 | 药学类、食品药品管理类专业 |
| 17 | 天然药物学 | 祖炬雄　李本俊 | 药学、药品经营与管理、药品服务与管理、药品生产技术专业 |
| 18 | 药学服务实务 | 陈地龙　张　庆 | 药学类及药品经营与管理、药品服务与管理专业 |
| 19 | 天然药物化学（第3版） | 张雷红　杨　红 | 药学类及药品生产技术、药品质量与安全专业 |
| 20 | 药物化学*（第3版） | 刘文娟　李群力 | 药学类、药品制造类专业 |
| 21 | 药理学*（第3版） | 张　虹　秦红兵 | 药学类，食品药品管理类及药品服务与管理、药品质量与安全专业 |
| 22 | 临床药物治疗学 | 方士英　赵　文 | 药学类及药品经营与管理、药品服务与管理专业 |
| 23 | 药剂学 | 朱照静　张荷兰 | 药学、药品生产技术、药品质量与安全、药品经营与管理专业 |
| 24 | 仪器分析技术*（第2版） | 毛金银　杜学勤 | 药品质量与管理、药品生产技术、食品检测技术专业 |
| 25 | 药物分析*（第3版） | 欧阳卉　唐　倩 | 药学、药品质量与安全、药品生产技术专业 |
| 26 | 药品储存与养护技术（第3版） | 秦泽平　张万隆 | 药学类与食品药品管理类专业 |
| 27 | GMP实务教程*（第3版） | 何思煌　罗文华 | 药品制造类、生物技术类和食品药品管理类专业 |
| 28 | GSP实用教程（第2版） | 丛淑芹　丁　静 | 药学类及药品经营与管理、药品服务与管理专业 |

| 序号 | 书名 | 主编 | 适用专业 |
|---|---|---|---|
| 29 | 药事管理与法规*（第3版） | 沈 力　吴美香 | 药学类、药品制造类、食品药品管理类专业 |
| 30 | 实用药物学基础 | 邸利芝　邓庆华 | 药品生产技术专业 |
| 31 | 药物制剂技术*（第3版） | 胡 英　王晓娟 | 药品生产技术专业 |
| 32 | 药物检测技术 | 王文洁　张亚红 | 药品生产技术专业 |
| 33 | 药物制剂辅料与包装材料 | 关志宇 | 药学、药品生产技术专业 |
| 34 | 药物制剂设备（第2版） | 杨宗发　董天梅 | 药学、中药学、药品生产技术专业 |
| 35 | 化工制图技术 | 朱金艳 | 药学、中药学、药品生产技术专业 |
| 36 | 实用发酵工程技术 | 臧学丽　胡莉娟 | 药品生产技术、药品生物技术、药学专业 |
| 37 | 生物制药工艺技术 | 陈梁军 | 药品生产技术专业 |
| 38 | 生物药物检测技术 | 杨元娟 | 药品生产技术、药品生物技术专业 |
| 39 | 医药市场营销实务*（第3版） | 甘湘宁　周凤莲 | 药学类及药品经营与管理、药品服务与管理专业 |
| 40 | 实用医药商务礼仪（第3版） | 张 丽　位汶军 | 药学类及药品经营与管理、药品服务与管理专业 |
| 41 | 药店经营与管理（第2版） | 梁春贤　俞双燕 | 药学类及药品经营与管理、药品服务与管理专业 |
| 42 | 医药伦理学 | 周鸿艳　郝军燕 | 药学类、药品制造类、食品药品管理类、食品类专业 |
| 43 | 医药商品学*（第2版） | 王雁群 | 药品经营与管理、药学专业 |
| 44 | 制药过程原理与设备*（第2版） | 姜爱霞　吴建明 | 药品生产技术、制药设备应用技术、药品质量与安全、药学专业 |
| 45 | 中医学基础（第2版） | 周少林　宋诚挚 | 中医药类专业 |
| 46 | 中药学（第3版） | 陈信云　黄丽平 | 中药学专业 |
| 47 | 实用方剂与中成药 | 赵宝林　陆鸿奎 | 药学、中药学、药品经营与管理、药品质量与安全、药品生产技术专业 |
| 48 | 中药调剂技术*（第2版） | 黄欣碧　傅 红 | 中药学、药品生产技术及药品服务与管理专业 |
| 49 | 中药药剂学（第2版） | 易东阳　刘 葵 | 中药学、药品生产技术、中药生产与加工专业 |
| 50 | 中药制剂检测技术*（第2版） | 卓 菊　宋金玉 | 药品制造类、药学类专业 |
| 51 | 中药鉴定技术*（第3版） | 姚荣林　刘耀武 | 中药学专业 |
| 52 | 中药炮制技术（第3版） | 陈秀瑗　吕桂凤 | 中药学、药品生产技术专业 |
| 53 | 中药药膳技术 | 梁 军　许慧艳 | 中药学、食品营养与卫生、康复治疗技术专业 |
| 54 | 化学基础与分析技术 | 林 珍　潘志斌 | 食品药品类专业用 |
| 55 | 食品化学 | 马丽杰 | 食品营养与卫生、食品质量与安全、食品检测技术专业 |
| 56 | 公共营养学 | 周建军　詹 杰 | 食品与营养相关专业用 |
| 57 | 食品理化分析技术 | 胡雪琴 | 食品质量与安全、食品检测技术专业 |

*为"十二五"职业教育国家规划教材。

# 全国高职高专院校药学类与食品药品类专业
## "十三五"规划教材

## 建设指导委员会

曹庆旭（黔东南民族职业技术学院）

葛　虹（广东食品药品职业学院）

谭　工（重庆三峡医药高等专科学校）

潘树枫（辽宁医药职业学院）

委　　员（以姓氏笔画为序）

王　宁（江苏医药职业学院）

王广珠（山东药品食品职业学院）

王仙芝（山西药科职业学院）

王海东（马应龙药业集团研究院）

韦　超（广西卫生职业技术学院）

向　敏（苏州卫生职业技术学院）

邬瑞斌（中国药科大学）

刘书华（黔东南民族职业技术学院）

许建新（曲靖医学高等专科学校）

孙　莹（长春医学高等专科学校）

李群力（金华职业技术学院）

杨　鑫（长春医学高等专科学校）

杨元娟（重庆医药高等专科学校）

杨先振（楚雄医药高等专科学校）

肖　兰（长沙卫生职业学院）

吴　勇（黔东南民族职业技术学院）

吴海侠（广东食品药品职业学院）

邹隆琼（重庆三峡云海药业股份有限公司）

沈　力（重庆三峡医药高等专科学校）

宋海南（安徽医学高等专科学校）

张　海（四川联成迅康医药股份有限公司）

张　建（天津生物工程职业技术学院）

张春强（长沙卫生职业学院）

张炳盛（山东中医药高等专科学校）

张健泓（广东食品药品职业学院）

范继业（河北化工医药职业技术学院）

明广奇（中国药科大学高等职业技术学院）

罗兴洪（先声药业集团政策事务部）

罗跃娥（天津医学高等专科学校）

郝晶晶（北京卫生职业学院）

贾　平（益阳医学高等专科学校）

徐宣富（江苏恒瑞医药股份有限公司）

黄丽平（安徽中医药高等专科学校）

黄家利（中国药科大学高等职业技术学院）

崔山风（浙江医药高等专科学校）

潘志斌（福建生物工程职业技术学院）

　　本教材为全国高职高专院校药学类与食品药品类专业"十三五"规划教材之一，系在教育部 2015 年 10 月新颁布的《普通高等学校高等职业教育（专科）专业目录（2015 年）》指导下，根据本套教材的编写总原则和要求，以医学基础、药品商品学基础、药品经营质量管理规范、营销心理学和推销艺术与技巧等课程为基础，基于药品门店工作过程而开发的一门全新课程，是直接针对药品零售企业各岗位就业的业务要求而设置的。以培养学生从事药品零售相关业务所必需的职业能力为目标，致力于药品零售相关知识的传递与实际工作技能的训练，并强调职业态度的养成与价值观的培养。药店经营与管理是药学专业的核心课程之一。

　　本教材以药店日常业务过程为主线，以门店日常工作内容为背景，适度整合了与药品零售业务相关的法律、法规。内容上涵盖了药品陈列、药品盘点、药品销售、收银作业、售后服务等。并以门店工作为中心，适度地向外、向上延伸。内容包括：财务单据管理、药店促销管理、药店信息管理、网上药店等相关内容，旨在为自主创业、门店业务拓展及个人职业生涯的发展打下坚实的基础。

　　本课程强调工作技能的训练与职业态度的养成。为突出能力目标的培养，还设计了相关的实训内容，即每一个教学单元都设计了一定的实训内容，以指导学生进行模拟训练。通过反复多次的模拟，不仅要让学生记住工作时应该如何做，更要在不断的训练中把这些职业理念内化为日常的执业习惯，完成从学生到门店员工的角色转变。

　　本教材可供全国高职高专院校药学类及药品经营与管理、药品服务与管理专业教学使用，也可供医药行业从业人员继续教育和培训使用。

　　在编写过程中，作者得到了广西友和古城大药房有限责任公司和各兄弟院校的大力支持，在此表示感谢。

　　由于各种因素的限制，本书的编写难免存在许多不足，敬请广大师生批评指正。

编　者

2016 年 10 月

# 目 录
CONTENTS

**第七章**

**药店收银作业**

# 第一章

# 认识药店

**学习目标**

知识要求　**1. 了解**　我国医药零售企业的发展现状与发展趋势。

　　　　　**2. 熟悉**　门店各岗位的工作职责及运营管理的基本要求。

技能要求　1. 能说出我国药店的发展趋势。

　　　　　2. 能正确描述各岗位的工作职责。

## 第一节　我国医药零售企业的发展现状及发展趋势

　　药品零售企业是指将购进药品直接销售给消费者的药品经营企业。目前，我国医药行业产业链是从上游的医药制造企业生产出药品，通过各种渠道（主要包括医药商业公司、厂家直销或个体集贸市场等渠道）销售到医院和药店等销售终端，作为最终用户的消费者主要通过这些地方购买药品。在我国药品零售主要是指药品以药店为商业渠道的销售行为。

　　近年来，中国药品零售市场持续增长。2015 年 GDP 增幅尽管只有 6.9%，但全国药品零售市场却保持超过 10% 的增长速度，整体市场规模从 2014 年的 2827 亿元增至 2015 年的 3115 亿元，增长 10.19%。

　　截至 2015 年底，我国零售药店总数已达到 44.81 万家，数量还在逐年上升。平均每家药店服务的人口为 3068 人。2016 年以及今后的数年间这一指标或将呈现持平甚至转头下行的趋势。从药店结构上看，仍以单体药店为主体，占了一半以上。连锁企业和连锁门店在数量上实现了同步增长，与此相背离的则是单体药店大幅减少，从 2014 年的 263489 家降至 2015 年 11 月底的 243162 家。2015 年底国内药店连锁化率由 2014 年的 39.42% 快速增至 45.73%，药品零售行业连锁化和集中度快速提升。背后不可不提的因素是，2015 年 12 月 31 日是新版 GSP 认证的大限，加之一些地区或明或暗地倾向扶持连锁发展，使得部分单体药店效益下滑，部分只能选择退出，部分则转而选择挂靠、加盟等方式以求生存。从区域分布看，沿海发达省市的药店数量高于内陆和西部地区，竞争也较为激烈。但国内医药零售领域的集中度还不高，全国性龙头企业较少，目前仅形成了部分区域性的龙头企业。连锁零售百强企业的销售额仅占 2015 年国内医药零售市场销售总额的 43.7%。对比产业发达的美国，74.2% 的连锁化率以及平均上千家门店的连锁规模，可以看出未来几年国内药品零售行业集中度仍有很大的提升空间。

### 一、目前中国零售药店存在的类型

　　药品零售类型是药品零售企业向确定的顾客提供确定的商品和服务的具体经营形态。主要有以下几种类型。

　　**1. 标准药店**　也可以叫传统药店。这类药店以药品为主，处方药、非处方药、保健产品和医疗器械皆有，有些以处方药为主，有些以 OTC 为主，药品占比在 90% 以上，医保目录内品种齐全。大多具有医保刷卡定点资格。药品品种齐全是其特色。

**2. 社区便利药店** 这类药店所处位置多靠近居民区，以方便附近居民为主，所售商品品种较为齐全，除销售药品外还销售居民日常所需的各种非药品，主要以便宜商品吸引顾客入店，再以药品销售赢利。其中药品销售约占总销售额的40%以上。

**3. 平价药店** 这类药店主要以减少流通环节，降低流通费用、压缩药店经营成本，来实现药品的低价。药店以低利润、关联销售以及消费者健康管理的相关服务赢取顾客。

**4. 医疗保险定点药店** 这类药店是经统筹地区人力资源与社会保障部门审查，并经社会保险经办机构确定的，为城镇职工基本医疗保险参保人员提供处方外配服务的零售药店（处方外配指的是参保人员持定点医疗机构处方，在定点零售药店购药的行为）。这类药店能为医疗保险参保人员提供刷卡服务。

**5. 专科药店** 此类药店以慢性疾病的患者为主要销售对象，以销售某类特定疾病的药品为主，如糖尿病专科药店、肿瘤专科药店、肝胆病专科药店等，以专科药齐全，并配以与该类疾病相关的保健品、食品、器械等非药品的销售来吸引顾客的光顾。

**6. 超市店中店** 此类药店一般开在超市的出口或入口处，利用超市人流量大、聚客能力强的优势，实现产品的销售，这类药店的商品结构主要包括OTC药品、化妆品、保健品、各类参茸等滋补品。

**7. 药妆店** 此类药店主要依托药店的专业背景，为追求美丽时尚的女性提供各种皮肤护理、美容咨询以及化妆品知识的专业服务。主要销售OTC药品、各种特殊功能的化妆品、各种个人清洁及护理用品、健美器材等。药品销售占比低于40%，药妆品最少占30%，药妆品齐全是其特色。所处位置一般在各种闹市商业区、写字楼、文教区、高档住宅区等地段。

**8. 网上药店** 这是互联网时代的产物。主要是利用互联网实现信息的发布，并通过互联网实现与顾客之间的信息交流。顾客可以登录到感兴趣的网上药店了解药品知识、药店特色服务、查询药品价格、使用方法、注意事项等信息，并可通过网络获得执业药师的在线即时帮助，完成药品的选购和在线支付，最后通过物流配送，实现足不出户就完成购药。

**9. 药诊店** 这类药店主要以联系和召集各地的退休及民间老中医，通过坐堂看病开方，代客煎药和医学指导服务为特色。主要经营处方药和中药饮片、中成药，OTC药品为辅，配以医疗器械等。中药销售占比高于50%。其中医馆尤其是中药、高档滋补类参茸产品、养生类产品为特色。

## 二、中国药店的发展趋势

新医改的实施加速了零售药店的业态调整和战略转型。在转型期内零售药店应该如何面对呢？品牌化、差异化、多元化、连锁化无疑成为新医改形势下，药店战略转型的主要方向。

**1. 品牌化** 药店日趋同质化的竞争迫使有前瞻意识的药店开始注重品牌。品牌化包含两层意思，一是连锁药店的品牌化，一是经营品种的自主品牌化。

（1）药店的品牌化 药店的品牌，是指药店在消费者心目中的地位，也是消费者对药店信誉、产品价格、产品质量、服务水平、购物环境等因素的认知。药店品牌的建设将有助于其在激烈的市场竞争中获得消费者的认可和尊重，使其在竞争中处于优势地位，成为区别于竞争对手、开拓市场、占领市场的最强有力的武器之一。药店的品牌建设，必须在追求知名度（媒体宣传、促销活动等）的基础上加大美誉度建设（社区及社会公益活动等），同时着重提升客户满意度与忠诚度建设（诚信经营、质量保障、品类齐全、价格合理、服务热情等）。在满足顾客功能需求的同时，更要满足顾客的情感需求，才可能建立顾客忠诚度的稳定增长。

（2）经营品种的自主品牌化 零售药店作为经营企业，其经营职能是最重要的职能之一，因此企业如何实现赢利也是一个非常关键的问题。而在目前药店的竞争中，药品的同质化现象非常严重，而顾客对品牌药的指定购买也注定着药店在与知名制药企业的博弈中处于弱势地位，而导致药品利润的绝大部分让给了制药企业，而零售企业仅仅只能赚取其中很微薄的利润。在这样的情况下，药店不得不考虑经营品种的自主品牌化，通过经营品种的自主品牌化策略，即对某些常见用药品种，药品零售企业可以发挥其销路的优势，找一些小的制药企业为其贴牌生产本企业的自主品牌药品，这样使得企业在经营中具有更多的选择权（同类型药品，既可以推荐品牌药，也可以推荐企业自主品牌药，成分相同的不同药品，企业可以根据自身需要推荐给顾客），帮助零售企业在竞争中获得丰厚的品牌效益和经济效益，从而改变了药品零售企业在销售中多受制于制药企业的局面，同时也为企业获得高毛利、提升企业利润空间做出了很大的贡献（从产品的角度看，生产的技术、工艺和质量决定产品的价值，而品牌则可以使产品产生更大的附加值，即超价值）。经营品种的自主品牌化在药店的战略定位、品牌建设、盈利模式、赢利水平、品类管理、运营管理、人才结构等诸多方面深刻地影响着零售药店的发展变化。

**2. 多元化** 随着新医改对城市、农村基层卫生机构重点投入的方向越来越清晰，随着药店的日益增多、竞争的日趋激烈、利润的日益变薄，走多元化道路似乎也已经成为很多药店的必然选择。美、欧、日等发达国家多元化经营是零售药店非常成熟的方式，很多药店都是以药品为主，兼营与健康相关的产品，化妆品、日常用品、学习用品等商品都是其经营范围，甚至在许多药店中药品经营已处于次要地位。如日本，连锁药店经营的药品占31.2%，日用杂品占24.6%，化妆品占22.7%，其他类占21.5%。其多元化经营的比例已经达到68.8%。当然，如何走符合中国国情的多元化之路还与国家政策环境等多重因素有很大关系，中国零售药店的多元化之路还在探索中。

**3. 差异化** 一般而言，不同规模、不同地区、不同产品的药店会具有不同的目标人群。因此首先要对目标人群进行差异化分析，药店根据其锁定的目标人群，明确自身的经营品种结构，哪些是服务于目标人群的主营品种，哪些是提高盈利的高毛利品种，哪些是吸引更多顾客的大众品种等。在销售医药产品的基础上，根据不同商品特性、购买频度、毛利合理搭配的商品组合，丰富药品品种以提高销售。同时开展个性化的特色服务，如免费送药上门、代客煎药、提供体贴周到的药学咨询，以获得顾客的长期信任，

**4. 连锁化** 连锁经营是国家政策的扶持方向。新医改提出，"发展药品现代物流和连锁经营，促进药品生产、流通企业的整合"。国家鼓励零售药店发展连锁经营。这与国家建立基本药物供应保障体系的目标密切相关。连锁经营也是国际上的发展趋势，连锁药店的品牌建设、经营战略、运营管理、销售技能等经营水平明显高于单体药店，而且连锁经营能有效解决药店发展规模化与规范化的问题，有效提高盈利能力，这也是连锁药店优于单体药店的重要因素。中国药店连锁化率3年上了3个台阶——2013年36.57%，2014年39.42%，2015年45.73%，尽管未完成商务部确立的"十二五"期间"连锁药店占全部零售门店的比重提高到2/3以上"的目标，但这几年的变化却是前所未有。与发达国家比，我国药店的连锁经营仍有较大发展空间。

**案例讨论**

案例：截至 2016 年 4 月 20 日，国家食品药品监督管理总局（CFDA）共发放互联网药品交易资格证书 616 张，其中 A 证 25 张，B 证 135 张，C 证 456 张。

讨论：1. 相比其他行业，医药电商明显滞后，你认为最主要的原因是什么？

　　　2. 你对医药电商的发展前景如何看待？

**拓展阅读**

医药分离是大势所趋

　　医药零售市场终端主要包括医疗终端和零售药店两大类。从发达国家的行业发展趋势以及我国医改的精神来看，"医药分离"是长期发展趋势。欧洲90%以上患者通过零售药房获得药品，美国80%以上的药品通过零售药房出售，日本这一比例也达到了50%以上。但目前我国医药零售市场的终端仍以医院为主。

## 第二节　药品门店组织机构及岗位工作要求

### 一、门店基本职能

　　门店是药品零售企业的基本组织单位，在日常经营过程中应认真贯彻企业的经营方针、策略、执行各项规范和指令，以服务顾客为荣，努力提高经营管理水平，努力创造良好的经营绩效。

　　门店的基本职能有以下几项。

　　**1. 经营和销售职能**　门店的经营与销售职能主要指向顾客提供所需商品，完成各项经营指标，努力提升营业额，不断完善业务流程。

　　药品门店所提供的商品，一般情况下，除药品外，通常还包括保健品、化妆品及部分儿童用品。从发展情况看，药品门店提供的商品类别有不断扩大的趋势，故药品门店的职能有进一步扩大的趋势。但根据国家有关法规的规定，药品零售必须遵循以下基本原则：一是必须取得药品经营许可证，否则不能经营除乙类非处方药以外的其他药品；二是同时经营药品与非药品的门店，药品与非药品必须分开陈列。

　　经营指标是企业实施门店业务绩效考核的主要依据，通常按门店的地理位置确定各项指标，包括销量、营业额、毛利率、损耗率等。部分连锁药店还用部分具体品种销量制定经营指标。

　　经营指标既是考核门店业务状况的依据，同时也常常是企业实施门店奖惩制度的依据。

　　**2. 商品展示，管理职能**　门店为企业经营的商品提供展示、储备、流通及养护。

　　商品展示方式，对商品的销量有直接而重要的影响。很多供货企业设专人负责门店的商品展示。连锁企业为统一企业形象，通常要求各门店按统一的格调展示商品，以便于顾客识别不同门店的相互关系，也利于顾客认同企业而成为忠诚顾客。特殊节日或企业为某项销售策略的实施，通常也同时提出改变商品展示方式的指令，以利于营造销售氛围而促进销售。

因顾客需求的多样性和不确定性，故门店的展示与销售业务必须与商品储备、流通和养护紧密联系起来。既要防止缺货，又要防止积压，还要防止药品由于保管不善，各种外界因素影响而发生变质。

因此，门店要做好销量的统计工作，对店内商品及时盘存，按销量及时补足所需商品。同时注意检查货架上的商品的质量，特别是对药品有效期的查验，防止过期商品滞留在货架上或库房内。

**3. 顾客服务职能**  顾客服务包括优质化的"情感服务"、高质量的医药专业服务和便利服务等内容。门店业务说到底是为顾客服务的过程。药品门店业务的核心内容就是为顾客提供药品服务。而服务质量的焦点是顾客满意。

根据顾客满意指数模型（图1-1）可知：在开展各项业务的过程中，门店工作人员的工作方式、方法、情感、态度等对顾客期望、对质量的感知及对价值的感知产生影响，从而导致顾客满意度发生改变，结果可能产生顾客抱怨或顾客忠诚，从而影响企业的业绩与服务质量水平。优质化的情感服务、高质量的医药专业服务和便利服务，正是药店与一般商品门店职能的主要区别点。能够提供高质量的医药专业服务既是药店营业员必备的专业技能，也是区别于一般商品营业员的基本特征。

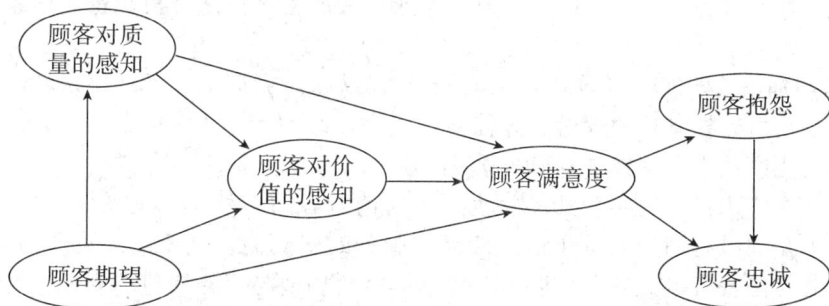

图 1-1  顾客满意指数模型

满足顾客需求是顾客满意的基础。然而关系营销的理念提示我们，顾客不仅是产品的最终使用者，而是有着多重利益关系、多重需求、有思想、有情感、存在潜在价值的人，因此把营销活动看成是一个企业与消费者、供应商、经销商等各组织机构的相互作用的过程，超越顾客需求，实施情感服务，与顾客建立良好的和谐关系，是提高顾客满意度的重要途径与方法。

**4. 信息收集职能**  信息收集包括商圈内顾客需求信息与竞争对手信息两个方面。这些信息对企业实施有效的竞争策略，促进企业的生存与发展有着极其重要的意义。门店通过与顾客交流和沟通，明确顾客需求，才能有效地满足顾客需求，实现对顾客的有效服务。同时也可以通过各种途径与方法调查了解同类门店的经营状况，从而为企业领导的正确决策提供参考依据。

可以收集的信息很多，对药店而言，最重要的信息包括顾客需要或喜爱的药品（商品）品种、品牌、规格及数量以及同类药品（商品）的价格、销售方式、促销手段等。如果某种或某类药品的需求规律发生变化，应予以重点关注并及时汇报。与常规不一致的变化通常意味着新需求趋势，对市场预测与经营决策有重大意义。

准确的门店销量统计表也是收集市场需求与竞争信息的重要途径。

**5. 企业形象宣传职能** 一个企业就像一个人具有独特的外貌、仪表和风度一样，也有自己独特的形象。每一个企业内在的精神素质和经营哲学，总要通过一定的具体形象表现出来。公众对某个企业的认识、了解和评价，也是从这些具体的形象开始的。这种感受往往影响着人们对企业的态度，并形成一种不易改变的心理。

企业的形象特征有物质表征、社会表征和精神表征三种。

物质表征是企业形象构成要素中可见的物质形式及客观实在的形象特征，如建筑群落、企业产品、广告标牌等。这些具体的、实在的客观对象，作为感知对象，通过公众的感受，印入其记忆系统成为表象，又经过认识加工，就形成了公众的形象概念和评价。

社会表征是指通过企业文化建设和企业管理过程所表现出来的企业素养和文化特色，如人才结构、技术优势、管理水平等。它反映了企业的经营管理水平、企业的经营方针和文化蕴含，体现了在市场竞争中的地位和水平。社会表征是企业形象塑造成果的折射。

精神表征是指企业行为所表现出来的内在精神和价值观。企业内在精神是企业形象的灵魂和精髓，是企业文化的体现。企业精神渗透在企业宗旨、企业目标、经营方针等各方面。企业精神表征具体地体现在企业的凝聚力，企业员工的精神风貌和企业内部群体社会心理气氛中，公众可据此把握一个企业的内在形象特征。

作为企业的一个重要组成部分，门店具有塑造、改善、维护企业形象的职责。干出好的业绩、提供优质服务、开展宣传与沟通、加强公关活动等，都是实现企业形象宣传职能的重要途径。

**6. 渠道附加值的职能** 市场营销渠道是指产品从生产者向消费者或用户转移过程中所经过的一切取得所有权（或协议所有权转移）的商业组织和个人。简言之，就是产品在其所有权转移过程中从生产领域进入消费领域的途径。

销售渠道的作用：一是实现药品从生产者向消费者的转移；二是平衡市场供需矛盾。药品零售企业是向最终消费者提供医药商品和服务的中间商，处于商品流通的最终环节，销售对象是直接消费者，交易次数多而金额小，经营场地与服务质量的高低，对药品销售的影响很大。

药品零售企业通过提供优质的产品和服务，以提高集客力，由此而巩固市场和拓展自身的市场地位，增强竞争力；另一方面以自身的终端资源，提高市场产品销售能力而增加对供应商的吸引力，最终提升零售业务的价值。

**7. 员工培训职能** 员工是企业价值的创造者。企业人力资源开发的目标包括两个方面：一是通过开发活动提高人的才能；二是通过开发活动增强人的主动性或积极性。其开发途径有教育性开发、政策性开发和使用性开发。教育性开发是指通过传授知识、训练技能、培养理想、锻炼意志等活动来提高人的才能和激发其活力的一项活动。政策性开发是指通过制订和颁布企业的人力资源管理制度来指定、推动、激发员工素质的提高，从而扩大员工队伍的存量，充分合理使用人力资源。员工的使用过程也是开发过程，科学合理地使用员工，是最好的开发途径，用人所长，使工作具有挑战性、明责授权、用人不疑、奖优罚劣、民主参与管理，都是企业培训职能的具体体现。

## 二、门店组织机构及岗位职责

### (一)人员架构及特点

药店的从业人员为店长和店员。店长负责全面的经营管理工作，店员从事具体的进、销、调、存等工作。店员根据功能又可以分为初级店员、中级店员、高级店员三级（或初级、高级二级）、从业药师、药师、执业药师。根据工种可以分为营业员、采购员、保管员、质量员。

一般门店人员的标准配置如图1-2所示。大型门店人员配置与相关机构的关系见图1-3。

图1-2 一般门店人员的标准配置

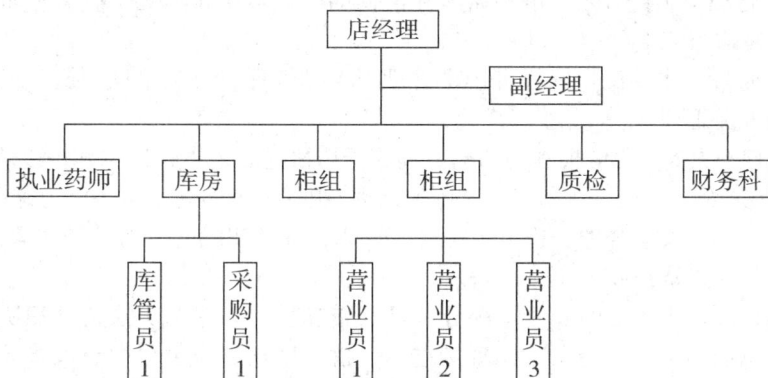

图1-3 大型门店人员配置与相关机构

## （二）各级人员的岗位职责

药品是特殊商品，医药零售是特殊行业，医药零售对从业人员的素质有较高要求。药学专业技术人员是开办和经营药店的必要条件。根据《中华人民共和国药品管理法》和《药品经营质量管理规范》，药品零售企业和药品零售连锁门店的店长应具有专业技术职称，熟悉有关药品管理的法律法规，具备药学或相应专业知识、现代科学管理知识和一定药品经营实际经验。药品零售企业和药品零售连锁门店的店员应当具有高中（含）以上文化程度，或具有初中以上文化程度和5年以上的药品经营经验。经营处方药的，应配备执业药师或经过资格认定的从业药师进行处方的审核和调配工作。药品零售企业主管质量的负责人必须有药品技术职称或药学相关专业（医学、生物、化学）相应职称。大中型药房主管质量的负责人应当具有药师（含药师和中药师）或相关专业助理工程师（含）以上技术职称。小型药房和药品零售连锁门店主管质量的负责人应具有药师（含药师和中药师）或相关专业技术员（含）以上技术职称。药品零售企业和连锁门店中，从事药品质量管理工作的人员，应具有药师（含药师和中药师）以上技术职称，或具有中专（含）以上药学或相关专业学历。

门店内的各级人员要做好本职工作，需要保持良好的工作心态，对自己的工作角色进行恰当的定位。其共同的要求是：认同药店的服务职业性质，愿意用专业知识为顾客服务，体现自我价值，从中获得自我满足，不因不良情绪情绪影响工作。

在行为举止方面，要求店内各个岗位人员着装整齐，工牌端正，发型美观得体，仪表大方，举止文明，能使顾客产生信任感。

在专业服务与态度方面要求员工热情招呼，微笑待客，礼貌道别，回答咨询耐心、细致，使顾客满意。

**1. 店经理（店长）职责**　店经理是药店经营目标的实现者，也是药店经营的直接责任人。店经理负责门店的全面工作，是药店的现场指挥者。其职责是：贯彻党的各项方针、政策，认真执行国家有关政策及法规。制定本药店的销售费用、上缴利税计划，落实各项年度计划。采取相应措施，调配好劳动和合理安排各项工作岗位人员，以保证各项计划的完成。制定店规、岗位责任制、文明经商条约和服务公约等规章制度，并督促执行。根据有关规定确定职工的奖金分配。批准费用开支和权限范围内的商品报损，审核药品采购计划，处理经营、服务和管理上出现的特殊问题。组织职工学习国家有关部门政策和法规，学习业务技术知识，提高人员素质。

店经理（店长）的重点工作包括以下几个方面。

（1）顾客管理　店长必须了解门店所在的商圈、顾客来自何处、顾客需求，并组织门店员工做好顾客服务工作。

（2）员工管理　主要工作内容有排班管理、考勤管理、员工培训、员工考核及专柜人员管理及促销人员管理等。

①排班管理　人员排班应根据门店营业高、低峰情况而定，店长与领班以轮班为主，轮休一般不安排在节假日及配送来货日。药师和领班当班应当充分考虑业务能力进行合理搭配。

②考勤管理　店长应合理安排员工排班、轮休，每日掌握员工出勤及休假人数、迟到、早退等状况，保证正常营业。

③员工培训　根据员工的具体情况分新员工带教、门店现场实操培训和实施集中培训等。通常通过每周例会或晨会在工作现场进行，也可以在工作过程中予以指导和纠正。基本要求：一是根据员工的工作需要，以提高员工的工作技能为目标分层次进行；二是短期目标与长期目标相结合，不断提升的综合素质，提高员工的服务水平；三是有计划、有目标地按预定的程序进行，并做好培训效益评估，持续改进培训质量。

④员工考核　店长负责对本店员工的工作能力、工作质量及工作绩效进行考核。其内容包括工作相关基础知识、工作技能、工作态度及工作业绩等。通常分理论知识考试、现场实际工作技能考评及各项定额指标完成情况统计分析等形式。考核结果是企业激励员工的主要依据。

⑤专柜人员及促销人员管理　门店的专柜人员和促销人员在建制上通常属于供应商或者合作伙伴。店长必须对这些人员在工作过程中执行本企业的制度、维护本企业的形象以及执行双方签订的合同或协议的行为状况进行监督和管理。

（3）供应商管理　从供应链看，门店是供应商的服务对象。但从企业发展的长期目标看，供应商又是门店的合作伙伴。店长的职责是根据本企业的业务需求协调好与供应商的关系，对供应商的服务水平进行监督、考查和评价，以保证营运工作的有序进行。

（4）收银管理　店长必须保证企业的《现金管理规定》在门店正确执行。为此，店长对收银管理工作的要点是：①保管钥匙的人应为店长或其他被授权人；②应经常查机，做好每日保险柜的清点、交接工作；③对收银员出现超过限度的长、短款事件，应要求当事人做出书面解释；④必须每日检查《门店零售日报表》；⑤应核对特价商品、退货商品、负存库商品的数据与收银台流水单是否相符，发现问题及时处理；⑥加强单据管理，确保有关商品的配货出货单、互调单、退货单和发票等的正确传递，并登记留底备查。

（5）数据分析　门店信息及资料是管理公司数据的一部分，店长必须具有数据观念，从开业之日起进行，整理日常营业数据、收集资料，并不断总结、调整，为日常经营工作提供依据。店长应对数据进行分析，对数据反应的问题有充分认识，不断提高门店绩效。

门店管理的主要数据指标及公式如下。

毛利率＝毛利额/销售收入　　　　费用率＝费用额/销售收入

人效＝销售收入/员工人数　　　　坪效＝销售收入/卖场平方数

存货周转率＝销售收入/［（期初存货＋期末存货）/2］

盈亏平衡点＝费用/毛利率

**2. 领班**　领班的职责是协助店长做好各项工作，店长不当班时，全面负责店面工作，传达并执行当班期间收到的公司及部门、区域经理的各项文件、通知、指令。负责当班责任区分工及营业现场的管理，督促、指导员工对当班责任区商品的理货、上货、价格牌、POP、卫生、促销、缺货登记等管理。对本班出现的突发事件处理，不能处理的应及时上报。维护顾客关系，做好服务工作，有效地处理好顾客投诉。做好工作交接，真实记录当班发生的事情，以便接班人员知晓并处理。配合药师做好 GSP 的表格填写及近效期药品的催销工作。按要求成为各项优质服务的榜样。

**3. 执业药师（药师）**　遵守国家药品管理法律、法规，遵守职业道德，忠于职守。熟悉药品性能，掌握专业知识和技能。掌握最新药品信息。负责处方的审核及监督调配，提供用药咨询与信息，指导合理用药，开展治疗药物的监测及药品疗效的评价，保证药品质量合格，患者用药安全，严禁推销药品。参加培训和继续教育，参与社区卫生保健活动。

助理药师、药师在执业药师的指导下承担药学服务工作。

在药品门店工作的执业药师或药师的具体工作内容有以下几项。

（1）**药品销售**　根据顾客需求向其提供健康及药品信息，指导、帮助顾客正确选购非处方药品进行自我药疗。对凭处方销售的药品，应依据处方制度对处方进行审查，对有配伍禁忌或超剂量的处方应当拒绝调配和销售。必要时需经医师对处方更正或重新签字，方可进行调配、销售，并按规定做好处方药品记录。已经调配的处方按规定留存 2 年备查。

（2）**商品管理**　药师负责门店商品进货的质量验收、养护工作，负责近效期药品的跟踪管理，按公司要求做好各类 GSP 表格。

（3）**处理质量问题**　质量问题包括商品质量事故及顾客投诉两类。药师负责对门店商品质量进行处理，如包装破损，资料、证件不全，下货错误等问题及时上报商品质量部门或采购部、物流配送部，并跟踪处理结果。及时处理工作中出现的顾客投诉并上报质量部门。对经营中的药物严重不良反应和重大质量事故应及时上报商品质量部门。

（4）**药店形象（布局与药品分类）管理**　将药品与非药品、处方药与非处方药按 GSP 要求分类摆放，按规范要求在适当位置悬挂标示牌和警示语。

（5）**药品知识培训**　药师负责对本店员工进行药品知识培训，及时传达国家药品管理的有关政策、法规并监督执行，掌握药品最新信息（质量信息、新药信息）、疗效、相互作用等，辅助员工理解与掌握相关药品知识，指导其做好各区域的商品养护，提高员工的专业素质。

---

**拓展阅读**

**零售药店配备执业药师新规定**

国务院办公厅发出的《国家药品安全"十二五"规划》中提到："自2012年开始，新开办的零售药店必须配备执业药师；到"十二五"末，所有零售药店法人或主要管理者必须具备执业药师资格，所有零售药店和医院药房营业时有执业药师指导合理用药，逾期达不到要求的，取消售药资格。"

**4. 店员（营业员、健康顾问）** 随着行业的发展，在不同的企业、不同时期，对门店店员有不同的称谓，同时也预示着店员的工作职责与工作内容的不断拓展。近年来有企业把营业员定位于顾客的"健康顾问"，不仅提升了营业员的工作地位与工作价值，对营业员的业务能力也提出了新的要求。

店员是第一线与消费者接触的人，对顾客购买决定有较强的影响。因此店员的基本工作职责是：热情接待顾客，诚实向顾客介绍药品，做好医药商品零售工作。做好处方调剂工作，严格执行审议、划价、计算、收款、配药、复核、包装的发药一整套处方配剂工作规程。当把药品发给顾客及告诉病患一些保健常识时，要时常请教执业药师。当回答顾客问题时，要经常向执业药师请教或查阅参考书。遵守药房的各项规定，时刻保持柜台和货架的干净整洁。做好药店营业销售的内务管理，使之与其他工作衔接紧密。

营业员的工作重点内容有以下几项。

（1）熟悉本区域内的商品信息 营业员要做好顾客的"参谋"，对顾客购买形成积极的影响，就必须熟悉商品知识、商品卖点，能准确地向顾客客观地说明商品特性及用途、注意事项，努力提高服务和专业水平，为顾客提供优质服务，努力提高工作业绩。

（2）商品管理 营业员负责本区域内商品的清洁、陈列、导购、促销、点货、补货和防盗等管理工作，对新到商品进行验收、合理储存及周转商品。必须做好商品核查及交接工作，交接无误后方可离岗。

（3）执行制度、规范 营业员是企业形象的主体，顾客往往通过营业员其自身形象、行为规范、工作态度等途径评价企业。因此营业员必须以国家法令、法规、企业内部制度为准则约束自己的行为，以维护企业的形象及声誉，保质、保量地完成当班负责人交待的工作任务。

（4）反馈需求信息 营业员应主动调查商圈信息及新商品信息，并及时反馈于当班负责人，为合理商品配置提供依据。

**5. 收银员** 收银员的职责是为顾客提供快速、准确的收银服务，规范执行各项收银作业，及时、准确地填写各类收银报表，在收银期间保管本班营业额，并向顾客宣传公司的促销活动。

**6. 采购员职责** 根据市场需要、季节特点、患者数量情况以及结合库存余额，编写进货计划，报经理审查同意后进行采购，平时采购则根据仓库及营业柜台缺货品种登记作临时补充。

日常工作中还需做到以下几点：①加强采购工作的计划性，防止人为脱销和防止盲目购药。②采购工作必须以保证顾客需要为最大前提，尽量做到品种齐全，成交率高。在此基础上，积极增加深受广大顾客欢迎的品种，广大销售，方便群众。③在保证药品供应的同时，根据资金情况，做到管好、用好采购资金，尽量避免药品积压。④采购应注重药品的质量，严把质量关，做到不符合质量要求的药品坚决不进，以确保顾客用药安全有效。⑤注意多方听取群众对药品的需求意见，收集信息，积极为顾客提供质量高、疗效好、价格合理的药品。⑥对采购的药品，如果验收时发现质量或数量不符，负责向原进货单位提出退货或索赔。⑦注意搜集药品供销信息、货源信息、价格信息及质量信息，做到心中有数，便于更好地开展采购工作。⑧负责购进药品的提运，以保证药品及时运回。

**7. 质量管理员职责** 对购入的药品进行验收和质量把关，凡不符合质量规定的药品，有权并有责任提出拒绝收货。在验收时发现疑问的品种，经本人或与店内其他质管员研究仍不能确定其真伪时，负责将其送上级主管质量部门鉴定。对鉴定为伪劣药的品种，负责执行停止出售，等候上级部门处理。对已出售的伪劣药，负责采取措施，及时追回。

在执行药品质量管理工作中受到阻挠或干扰时，有权并且有责任越级向上级质管部门申诉。

**8. 质量验收员职责** 坚持"质量第一"观念，严格执行国家有关法律法规规定，坚决执行药房质量管理制度。严格按药品法定标准和合同质量条款逐批验收购进药品。按规定比例抽验来货数量，明确验收重点、方法、手续。坚持做到不合格药品不入库。验收中发现质量问题及时反馈、上报。努力学习业务知识，提高验收水平。

**9. 保管员职责** 经验收后入库的合格药品，负责按不同各类、不同性质、不同剂型分别采取相应的储存保管方法，妥善存放。

全面掌握在库商品质量情况，对所有品种有效期，哪些品种易发霉、虫蛀，哪些易泛油，哪些易挥发等要心中有数。采取重点检查、经常检查和定期检查等不同方法，把库存品有条理、有计划、有相应措施地管理好。尽量把变异损耗减少到最低限度。

遇到医药商品变异程度严重或数量较大时，应及时上报经理，以便采取挽救措施，避免更大的损失。

负责发放营业商品，依照制度，做好商品入库、调出等登记。

对西药中的精神药品和毒性药品，中药中的毒性药品、麻醉药品和贵重药品，要严格管理制度。

对验收中发现质量或数量不符的代管品，负责代为妥善保存。未经解决前，不得调出销售，应另类存放，并挂上代管标签，避免错销错调。

被确认为伪药、劣药的在库药品，一律不准调出销售，要妥善管理。待上级给出处理意见后，遵照执行。

根据药房制度，定期组织人员盘点。

**10. 其他**

（1）柜组长 负责某一种类产品的销售工作，对销售额及利润负责，同时负责管理本组店员。

（2）中药技工 职责与店员基本相同，但工作区域主要在中药柜。

（3）财务人员 负责收款及按经理意图执行货款给付。

## 三、门店营运管理要求

### （一）工作原则

营运管理是对门店常规工作业务过程进行管理。根据管理学原理的一般要求，营运管理应遵循以下原则。

（1）先服从，后投诉原则 对上级指令必须先遵照执行，如有异议，可以向上级或隔级反馈，处处以大局为重。

（2）逐级原则 上级可以对下级进行越级检查，但不能越级指挥；下级对上级可以越级申诉，但不能越级请示。

（3）一个上级原则 门店只有一个负责人，其他人员只对第一负责人负责。

（4）勇于承担原则 对工作中出现的失误或过错不推诿，勇于承担责任，并找出补救办法。

（5）复命制原则 上级对下级的指令，下级不论是否完成，必须及时复命；不能完成的应及时说明原因，如因未及时复命延误了工作，要由受令人承担责任。

（6）文字化原则 对下属的指令、要求影响力超过一定期限的，必须以文字形式传达。若为紧急指令，口头通知后仍要补上文字形式。

（二）工作要求

**1. 沟通信息**　门店日常营运工作过程中的信息很多，根据信息的内容大致可能分为顾客需求信息、公司内部指令或文件信息及各种工作绩效信息等。这些信息通常通过文字或通讯设备进行沟通。因此工作中必须保持通讯设备畅通，有电必复，并做好相关记录。建立公司内部指令或文件收发及执行工作记录，是保证信息送达的有效措施。工作绩效的反馈则有利于员工及时调整工作策略，提高工作绩效。

信息沟通工作需要各级人员在工作中及时交流和反馈。

**2. 工作规范**　不同岗位的工作规范不完全相同，但均遵循基本的工作原则。具体表现为：①对顾客的意见无论对错均应诚恳接受，并表示感谢；②与供应商建立良好的合作关系，使用礼貌用语，相互尊重，诚恳待人；③做好安全工作，提高防损意识；④做好工作记录，对各种数据、文件、表格、票据及时进行归档或上报等。

**3. 责、权清楚**　各级人员的工作职责与工作权限通常按工作范围与工作内容予以划分，并以制度的形式固定下来，以文件形式进行传递。通过学习企业内部制度各级人员需明确自己的职责与权限，按制定的规定开展工作。如门店中必然涉及物品管理与现金管理的问题，原则上现金由收银员管理，商品由柜台员工管理，店经理负责检查，核实钱、物、帐的是否相符。又如各级员工都应熟悉"顾客购物须知"的具体内容，以免给予顾客不能兑现的承诺，造成损失。必要时店经理也可以通过授权的方式调整职责权限，指定人员负责某项具体事务，如指派人在收银员吃饭时顶机收款等。但原则上要先查机，确认无误后方可上机。

**4. 奖、罚分明**　企业有明确的奖惩制度，不同的门店可能对员工也有不同奖惩标准。奖、罚分明是企业管理的基本原则。但前提之一是奖、罚标准必须预告明示，各项考核指标明确、清楚，考核过程与考核结果公平和公正。

（三）禁止事项

不同的门店禁止事项不完全相同，在此仅以某企业为例，呈现的是一般通用性的禁止事项。

（1）不得索取或收受业务相关联单位的任何利益，包括金钱、礼物、贷款、费用、报酬、受雇工作、合约、优待等。

（2）不得私自与供应商或其他业务关联单位接洽任何业务。

（3）不得通过伪造文件或提供虚假会计记录的形式欺骗公司。

（4）未经公司批准或授权，不得将门店的资金、设备、固定资产等擅自移用或借出。

（5）上班期间不准在门店内吸烟、吃零食，不得做与工作无关的事。

（6）对持有的涉密文件，须妥善保管并不得对外提供。

（7）不得在店内会客或打私人电话。

（8）不得在店内私自兜售或赠送任何商品。

（9）不得私用、私吃、私分店内商品或赠品。

（10）不得有与顾客顶撞、吵架等不礼貌行为。

（11）管理人员不得在顾客面前斥责员工，员工间加强团结，不得在卖场发生争执。

（12）工作期间不得擅自离岗，如有事外出必须向当班负责人请假，当班负责人如需外出，需向指定员工授权，并说明外出原因及时间。

（13）不得在工作时间购物，非工作时间在店内购买商品须由同事代为结账。

（14）不得带与门店同类的商品入店，特殊情况必须有相关证据（如所购物品必须由当班负责人核实后在小票上签名，且不得存放到第二天）。

（15）不得将私人物品存放在门店销售区内（如卖场货架上等）。

## 岗位对接

医药商品购销员的国家职业标准中，对职业道德的要求是：掌握医药职业道德的概念和医药行业职业守则。

## 实训一　认识药店

**一、实训目的**
了解药店的岗位及工作内容。
**二、实训要求**
能描述出门店的岗位及大致的工作内容。
**三、实训内容**
**1. 参观校内模拟药房**　了解门店的大体布置及药品的摆放情况。
**2. 观察社会实体药店**　对实体药店进行观察，了解岗位分布及岗位职责。
**四、实训方法**
1. 集体参观校内模拟药房。
2. 三人一组，观察社会实体药店的工作岗位，以及工作人员的工作内容，并记录。
**五、实训评价**

表 1-1　实训评价表

| 序号 | 考核内容 | 考核要点 | 配分 | 评分标准 | 扣分 | 得分 |
|------|----------|----------|------|----------|------|------|
| 1 | 了解工作岗位 | 观察仔细，能正确描述店员的大概工作岗位 | 5 | 对店内的工作岗位进行描述，错一个扣1分，扣完为止 | | |
| 2 | 描述工作内容 | 能描述大致的工作内容 | 5 | 对各岗位的工作内容进行大体的描述，每错一个，扣1分，扣完为止 | | |
| 合计 | | | 10 | | | |

否定项：无

## 目标检测

1. 在"互联网＋"国家战略的推动下，中国消费者经过 B2C 多年的教化，C 端对产品价格、服务质量有着越来越极致的要求，也倒逼着供给侧质量的提高。你认为供给侧要在哪些方面提高质量才能满足消费者的需求？
2. 以服务驱动终端"增客、增量、增值"，这里所说的"服务"，你认为指的是什么？

（梁春贤）

# 药店的选址及市场定位

知识要求　**1. 掌握**　药店选址的基本原则和选址工作流程。
　　　　　**2. 熟悉**　商圈的概念及其对药店门店的影响。
　　　　　**3. 了解**　常见的药店门店定位策略。
技能要求　会进行商圈的调查与分析，能独立完成药店的选址工作。

## 第一节　选址分析

### 一、商圈分析

　　零售药店开店前开展商圈调查是必要的，它可以为新店开张进行风险评估和可行性分析提供数据，关系到选址的成功与否。药店开张后，也应继续对商圈进行分析，为商品品种配置及确定适当的营销策略提供依据。

　　由于药店客流与城市商圈客流呈现不同比例分布的特点，因此不能直接用城市商圈的分析方式、分析内容来对药店商圈进行分析。药店商圈分析更应侧重于所辐射区域人群疾病谱、年龄、家庭结构和收入水平等方面。药店商圈内应有两类重要人群：一是老年人，二是育龄青年。老年慢性病易发人群，是药店药品消费的稳定顾客群。育龄青年多数是为小孩的保健开支和自身的保健开支，他们收入水平较高，消费水平也很可观。

　　（一）**商圈的含义及构成**

　　药店商圈是指以药店所在地为中心，沿着一定的方向和距离扩展，吸引顾客的辐射范围。也就是说，药店吸引其顾客的地理区域或来药店购买商品的顾客所居住的地理范围。

　　任何一家药店都会有自己特定的商圈。按客流密度的分布，商圈的构成一般是相同的，即由主要商圈、次级商圈和边缘商圈组成。主要商圈是最接近药店并拥有高密度顾客群的区域，顾客占其总数的55%～70%；次级商圈是位于主要商圈之外，顾客密度较低的区域，顾客占其总数的15%～25%；边缘商圈是位于次要商圈之外，顾客密度最低的区域，顾客只占其总数的5%～10%。如图2-1所示。

　　（二）**商圈形态及对药店门店的影响**

　　**1. 商圈形态**　商圈形态是商圈分析的基础。一般而言，商圈形态具体分为以下五种：①商业区，指商业行业的集中区，其特点是商圈大，流动人口多、热闹、各种商店林立，其消费习性为快速、流行、娱乐、冲动购买及消费水平高等特点；②住宅区，其特点是住户多而集中，一般有1000户以上，消费习性表现为消费群稳定，家庭用品购买率高，要求服务具有便利性和亲切感；③文教区，指区域内或附近有大、中、小学校，其消费习性表现为消费群以学生居多、消费金额普遍不高，休闲食品、文教用品购买率高；④办公区，

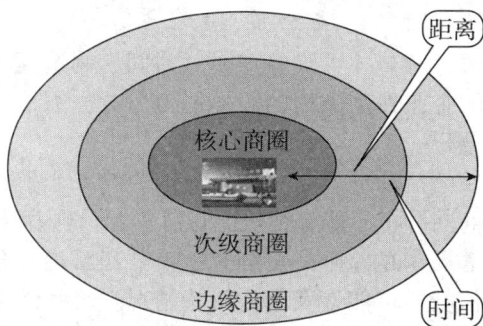

图 2-1　药店商圈的构成图

通常办公场所多而集中，具有外来人口多、消费水平较高、要求消费便利等消费习性；⑤混合区，具有住、商混合，住、教混合的特点，是由于城市功能的多变性所致商圈形态向复合式方向发展而形成的具有多元化消费习性的商圈形态。

　　**2. 商圈形态对药店门店的影响**　一般来说，影响药店商圈的因素有三：一是该药店位置所属城市商圈类型，它决定人流量的大小。人流量越大，客流量增大的机会也越多，但人流量不等同于客流量。二是该药店所处的位置，它将直接影响门店的聚客能力。通常在同一个地界里，方位不同，经营效果也会存在较大差异。这时，店面的结构、形状、招牌的大小、与客流集中点（如菜市场、超市）的距离等都会影响到顾客进店购买的倾向性。三是该药店辐射区域内人群健康特征和消费能力，这决定商圈的特性和用药规律，是值得深入研究的部分。前两个因素较容易定性，而第三个因素则需要定量，难度比较大，数据收集成本较高，粗放型管理企业常常忽略对它的收集分析。

　　（三）商圈分析

　　**1. 商圈分析的作用**　商圈分析就是经营者对商圈的构成情况、特点、范围及影响商圈规模变化的因素进行实地调查和研究分析，为选择店址、制定和调整经营方针、策略提供依据。商圈分析的作用主要体现在以下 3 个方面。

　　（1）它是新设店进行合理选址的基础　新店经营者选址时要明确商圈范围，了解商圈详细资料。商圈分析在这一过程中极为重要。

　　（2）它有助于制定竞争经营策略　在日趋激烈的市场竞争环境中，仅仅运用价格竞争手段显得太有限了，连锁店为取得竞争优势，应广泛采取非价格竞争手段，诸如改善形象、完善售后服务等。经营者通过商圈分析，根据顾客的要求采取竞争性的经营策略，从而吸引顾客，成为竞争的赢家。

　　（3）它有助于制定市场开拓战略　连锁药店经营方针、策略的制定或调整，总要立足于商圈内各种环境因素的现状及其发展趋势。通过商圈分析，可以帮助经营者制定合适的市场开拓战略，不断延伸经营触角，扩大商圈范围，提高市场占有率。

　　**2. 商圈分析的内容**　商圈分析的内容主要是对商圈内影响购买力的因素、经营过程中可能面临的问题及企业自身在商圈内的竞争能力等状况进行分析，从而评估开设门店的可能性以及风险的大小。具体内容包括以下几项。

　　（1）人口规模及特征　包括人口总量与密度、年龄分布、平均教育水平、拥有住房的居民百分比、可支配的总收入与人均可支配收入、职业分布、人口变化趋势及邻近地区顾客数量和收入水平。

　　人口规模及特征影响商圈内商场容量的大小及消费能力的强弱，因而是商圈分析的重要内容。

（2）供货来源及促销　运输成本、运输与供货时间、制造商和批发商数目、可获得性与可靠性，这些因素会影响企业在商圈内的服务能力与竞争力，因此该项目的分析实际上是对企业内部竞争能力的分析。

促销是经营过程中常用的活动形式之一，而促销的效果会受到信息的可获得性与传达频率等因素的影响，因此商圈分析不能忽视媒体与消费者影响力的分析。

（3）经济情况　包括占优势的企业、多样化程度、经济增长预测、免受经济和季节性波动影响的可能性、获得信贷的可能性及金融机构情况。这些因素构成了企业在商圈内的"自然生态环境"，从而对企业的经营产生重要影响。例如商圈内经济状况很好，居民收入稳定增长，则市场的销售额也会增长；又如商圈内产业多角化，则消费市场不会因对某产品市场需求的波动而发生相应波动，但如果商圈内居民多从事同一行业，则该行业的变动会成为影响市场购买力的关键性因素。

（4）竞争情况　主要分析现有竞争者的业态、位置、数量、规模、营业额、营业方针、经营风格、经营商品、服务对象及其优势与弱点分析、竞争的短期与长期变动、商店的饱和程度等。

对一个饱和的商圈来说，药店数目应恰好满足商圈内人口对特定产品与服务的需要。饱和指数表明，一个商圈所能支持的药店不可能超过一个固定数量。

饱和指数可用公式表示为：

$$IRS = C \cdot RE/RF$$

式中，$IRS$，商业圈的零售饱和指数；$C$，商业圈内的潜在顾客人数；$RE$，商圈内消费者人均购买额；$RF$，商圈内商店的营业总面积。

由于饱和指数是以潜在顾客的数量计算的，故饱和指数的大小显示的是该商圈内消费潜力的强弱。这一数字越大，说明商圈内的饱和度越低，则市场潜力越大，再开新店的风险较小；该数字越小，则意味着该商圈内的饱和度越高，消费潜力趋于饱和，再开新店则风险较大。

例如：假设商圈 A 内有 10 万个家庭，平均每个家庭每周在食品中支出 25 元人民币，共有 15 个连锁店在商圈内，共有 $144000 m^2$ 销售面积。而商圈 B 内有 15 万个家庭，平均每个家庭每周在食品中支出 20 元人民币，共有 18 个连锁店在商圈内，共有 $160000 m^2$ 销售面积。问新的门店选择在哪个商圈内更合适？

解：商圈 A 的饱和指数为：

$IRS = 100000 \times 25/144000 = 17.36$ （元）

商圈 B 的饱和指数为：

$IRS = 150000 \times 20/160000 = 18.75$ （元）

答：因商圈 B 的饱和指数高，故新店在商圈 B 开设比较合适。

（5）区位状况　区位状况的分析主要是分析商圈的地理位置及其交通状况、便利性、获得营业场所的难易程度及其成本与使用时间的长短等，这些因素对开设门店后的经营状况有重要影响。区位状况的分析还可以结合该商圈内的各种政策因素结合进行。如城市规划的限制、税收的优惠条件、劳资关系及其他公共关系等。

**3. 商圈分析的步骤与方法**　商圈分析可以分为"确定分析目的→资料收集与整理→实施统计与分析→撰写分析报告"四个步骤。

（1）确定分析目的　商圈分析的目的决定了分析的内容与资料的收集方法。一般情况下商圈分析的目的主要有开设新店的可行性分析、门店经营状况影响因素分析以及门店销售趋势与竞争策略分析三个方面。

（2）资料的收集与整理　资料的收集与整理的过程是根据分析目的，以确定调查内容并实施调查，最终形成分析数据资料的过程。这些资料可能需要分析者自己亲自参与或组织相关人员，通过访谈、问卷的形式获得；也可以通过直接调用现有的档案资料获得。例如只有亲临现场，才能了解到准确的商圈区位信息，而通过对现有门店的顾客档案进行分析，则可初步了解商圈内顾客的消费习性，从而评估销售策略的可靠性等。

（3）实施统计与分析　即对商圈分析内容的各相关数据进行统计，并进行研究和对比，从而得出分析结论。值得注意的是进行分析时可能不同因素对同一指标的影响不同，因此进行多因素分析时应对不同因素的重要程度予以一定的权重。例如商圈内潜在购买力、交通的便利性、商圈税收优惠条件以及供货方式对新店址的决策有不同的影响，因此新店址的确定决策需要综合考虑这些因素，通过对这些因素给予一定的权重后再进行分析评价，则分析结果的可靠性更好。

（4）撰写分析报告　分析报告的撰写是将调查的方法、结果、分析过程及分析结论以文字形式表达的过程。一般要求报告中明确分析对象、分析方法、分析范围、资料的来源与途径等内容。

**4. 举例：商圈范围与营业额预测分析**

（1）工作目的与内容　所有的经营者都期望自己的门店开业后能够生意兴隆。但不能回避的问题是门店经营业绩会受到商圈各构成要素的影响。显然营业额预测结果是业主进行开业决策的主要依据。而根据一般的经营规律，营业额会受到顾客流量、顾客群体构成、顾客收入水平及竞争者数量等因素的影响。因此顾客流量、顾客消费习性及收入水平是进行营业额预测分析所必需的资料，需要通过调查的方法予以收集。

（2）资料的收集与整理

①顾客流量　顾客流量的分析可以通过定性与定量两种方法进行。

定性分析是对预定的门店位置周边环境进行实地考察以预测顾客流量的大致情况。一般情况下，门店处于繁华地段、交通方便地段、车站附近、三岔路口、拐角、主干道旁边等位置的量会比较大，但如果主干道有栅栏，或车道、自行车道和人行道分开的道路，或街道过宽影响"人气"聚集的街道则不利于开设门店。

定量分析是在预定门店位置直接测定人流量的方法。对已经设立的门店，可以直接统计不同时间段内入店顾客数量，预设的门店可以统计不同时间段内的人流量以间接地估算顾客量。这种方法能提供直观、明确的数据帮助业主对市场情况进行分析，故结果比较准确。要注意的是操作时应注意在不同的时间段采样，以保证数据不会受时间的变化而产生过大的误差。

表2-1可作为顾客调查内容与调查方法设计的参考。

②顾客群体构成　顾客群体构成主要通过顾客性别、年龄、学历层次、来源、消费意向及消费行为等信息进行分析。一般通过问卷形式调查比较有效。由于不同的顾客群体其消费习性不同，因此对这些信息的分析有助于了解顾客需求，从而评估门店开业后的销售潜力大小，最终为开业决策提供依据。工作时要注意的是问卷在数量、回收率等方面要达到一定值，以保证分析样本具有代表性，从而保证分析结果的准确性。

③收入水平　一般情况下收入水平的调查因涉及顾客的隐私，因此是一个比较难收集的数据资料，直接调查比较困难。一般通过间接方法可以粗略评估顾客的收入水平。例如同一商圈内不同档次门店的客流量对比分析可以间接反映和估计顾客的消费水平；一般情况下学历层次越高，则收入水平也相应较高；公务员小区的住户收入通常比较稳定等等。

④竞争者数量　在同一商圈内同类门店数量越多，显然对新门店越不利。

表2-2可作为竞争者调查的参考。

**表2-1　顾客调查内容及调查方法**

| 调查项目 | 调查目的 | 调查对象 | 调查方法 | 调查事项 | 调查优缺点 |
|---|---|---|---|---|---|
| 顾客购物倾向调查 | 了解各居住地住户的年龄、职业、收入水平、所购商品类别、购买倾向，以调查可能的商圈范围 | 学校或家庭 | 邮寄问卷或直接访问的方式均可，或依据居住地点进行家庭抽样调查 | 居住地名、家庭构成、户主、年龄、职业、工作地点、所购商品类别、购物倾向 | 容易比较各居住地住户的购物倾向和对设店预定地的评价，但调查费用偏高 |
| 购物动向调查 | 了解设店预定地的通行人流或门店主力顾客 | 设店预定地的通行人或门店主力顾客 | 在设店预定地采取面谈的方式，按一定的时间间隔对通过的行人进行抽样调查，时间以10分钟为佳 | 居住地、年龄、职业、上街目的、使用的交通工具、上街频率、各类商品的购买动向 | 调查费用较低，但难以明确把握居住地和设店预定地之间的购物关联性 |
| 顾客流量调查 | 在设店预定地分日期、分时间段对人流量进行调查，作为确立营业体制的参考 | 在不同时间段通过设店预定地的行人总数 | 实地调查 | 通过调查地点的男性、女性（包括儿童、青年、中年、老年的人数） | 调查费用较低，所需时间较长，要分不同的时间段进行调查 |

**表2-2　竞争店调查**

| 调查项目 | 调查目的 | 调查对象 | 调查方法 |
|---|---|---|---|
| 竞争店营业场所构成调查 | 调查竞争楼层构成，作为新店楼层构成的参考 | 设店预定地所在商圈内的竞争店，调查其主力销售场所及特征销售场所 | 销售人员与销售促进人员共同进行，针对竞争店的营业面积、营业场所、销售体制进行调查，以便共同研讨 |
| 竞争店商品构成调查 | 在调查竞争店营业场所构成的基础上，对商品构成细目进行调查，作为新店商品类别构成的参考 | 设店预定地所在商圈内的竞争店，调查其主力销售场所及特征销售场所，着重对主力商品进行更深入的调查 | 在主力商品的调查方面，由销售人员、采购人员和销售促进人员共同进行，着重对商品量的调查 |
| 竞争店价格线调查 | 对常备商品的价格线与价值进行调查，作为新店的参考 | 设店预定地所在商圈内的竞争店，调查其主力销售场所及营业额或毛利额在一定水平以上的商品 | 采购人员和销售人员共同进行，对陈列商品及的价格数量进行调查，尤其是过年过节繁忙期间的种种调查更为必要 |
| 竞争店出入顾客人数调查 | 调查出入竞争店的顾客人数，作为确立新店营业体制的参考 | 出入竞争店且15岁以上的男女 | 与顾客流量调查同时进行，以了解各时间段、各日期出入竞争店的顾客人数，尤其注意调查特殊日期或各楼层的客流量 |

（3）分析与预测　通过资料的收集，可以获得各方面的有效数据，经过统计以后，就可以对各项因素进行分析：通过顾客的来源可以了解商圈范围的大小，顾客流量、收入水平、顾客构成以及竞争者数量等能够反映新门店潜在市场空间的大小，从而预测出新门店的经营趋势。

**5. 注意事项**　商圈分析工作的范围很广，内容很多。归根结底是对一定区域内的市场情况进行调查与分析，从而对市场经营趋势进行预测。对不同的数据进行分析，或采用不同的方法进行分析，所得的结论都有可能不同。因此，为保证分析结果的准确性，提倡多渠道、多因素、多方法地进行调查与分析。关键在于调查前必须明确六个方面的问题，即：What to do（调查什么——调查种类的确定）；Who（谁做调查——调查人员的确定）；Whom（调查谁——调查对象的确定）；When（何时调查——调查时间表的确定）；What is done（结果如何——调查统计分析方法与结果）；How（用什么手段——调查手段的确定）。

### 案例讨论

**案例：** 某药品零售连锁企业准备在今年新开 10 家门店，面对地图，王经理陷入了沉思，这么大的一片区域，这 10 家新店应该如何选址呢？

**讨论：** 1. 门店选址时都需要考虑哪些因素？
　　　　2. 如何确定新设门店的地址？

## 二、影响药店选址的因素分析

药店选址是企业市场开发的一个重要环节，也是药品经营者必须掌握的一门技能。药店选址的重要性体现在以下几个方面。

（1）药店选址的本质其实就是企业目标市场的选择。药店选择的营业地点不同，意味着企业将面对不同的客户群体，因此，药店选址其实就是选择目标市场。首先是较大范围的目标市场选择，其次是药店营业地点的较小范围的目标客户选择。

（2）药店选址关系到企业的经营目标和经营策略。处于不同目标市场的目标客户其购买力、受教育程度、疾病类型和发病率状况均不同，这些因素也决定着药店的经营目标和经营策略的不同。

（3）药店选址关系到企业的经营绩效。企业的经营业绩主要受经营成本和营业收入的影响。处于不同地理位置的药店其运输、管理等经营成本不同，受目标客户购买力和发病状况等诸多因素的影响，其营业收入也不同。因此，处于不同地理位置的药店其经营绩效会存在显著差异。

（4）药店选址与企业的管理水平与管理能力有关。对于药品零售连锁企业来说，其门店数量越多，地理位置越分散，对其进行有效管理的难度就越大，用于协调控制的成本也就越高。门店数量越多越分散，企业的经营风险就会越大。因此，企业的门店选址还必须要考虑到企业的管理能力。

### （一）药店位置类型及对药店经营的影响

**1. 商业中心**　地处繁华商业地带，如大型百货商场、影剧院、餐饮店、专卖店云集的地方，可满足顾客不同需求，顾客流量大，商圈影响范围可覆盖整个城市。这里寸土寸金，租金昂贵，但是营业额也高。在商业中心开设药店，一般要做到品种齐全，装修精致，卫生条件好，服务周到。可以迅速扩大药店的知名度。

**2. 一般商业街** 现有药店中，其营业面积多在400m² 左右，经销品种10,000余种，这种规模的药店数量最多，竞争也最激烈。

**3. 医院附近** 医院附近一般是药店竞相进入的黄金地带，在实行医疗体制改革，医药分家的政策以后，药店低成本的竞争优势更加明显。但是这里竞争对手很多，市场的剩余容量是药店必须考虑的因素。

**4. 郊外型店铺** 这类门店营业面积多在1000m² 以上，有的甚至超过3000m²，销售商品达2万~3万种，品种丰富、价格低廉，基本上可以满足顾客除去生鲜食品之外日常生活必需的一站式购物需求。这里租金低，竞争对手少，容易扩大规模，但是不易吸引远方顾客，必须有供开车顾客停车的位置。这类店中药品只占其经营品种的一小部分。

**5. 店中店** 在大型超市中开"店中店"式药店，药店可以节省选址的费用和精力，经营的部分费用还可以和超市共同负担。药店一定要选择已开店中信誉较好、知名度较高、营业额可观的超市分享客流，并依托其强大的网点和配送中心不断发展，融入超市先进的管理方法中。店中店经营的一般为乙类非处方药和保健品，经营面积小，适用于独立开发市场有一定难度的企业。药店租金的给付方式有：直接交纳固定租金；以销售收入的一定比例交纳租金；药店和超市共同出资经营等。

### （二）药店地址选择的原则

**1. 顾客流量大且稳定**

（1）人口密度高，居民集中，稳定，有多样化的需求。

（2）处于客流量大的临街铺面。

（3）交通便利，旅客上下车最多的车站或主要车站附近，顾客到达店铺的步行距离短。

（4）接近人们聚集的场所，如大型商场、影院附近等。

**2. 药店地址的选择与其经营规模及品种相适应** 小规模的药店，地址不宜选择在繁华的商业区；规模大且品种齐全药店的地址不宜选择在人口密度小且交通不便的地方。

**3. 药店地址的选择要与药店的经营目标一致** 药店地址的选择要与企业未来发展战略、市场策略、管理水平、资金状况等相适应。

**4. 药店地址的选择要充分考虑与周围药店的相关性和互补性** 一般来说，相关店少而互补店较多的区域比较合适。

### （三）药店选址应考虑的因素

**1. 客流量** 一般来说，客流分为现有客流和潜在客流，药店最好设在潜在客流量最多、最集中的地点，以方便人们就近购买。商业中心、医院附近、大型社区是药店选址的黄金地段。这里客流量大、稳定、交通方便，药店可分享一部分从临近的商店或所在超市商场的客户分流，投资容易在短期内收回。缺点是这里竞争对手多，经营费用高。

**2. 交通因素** 门店应接近主要公路，方便配送中心送货运输。店外具备必要的送货用停车设施。如果是大型药店，还要考虑为开车顾客安排停车位置。一般而言，药店不应设在交通主干道上，停车不方便，设立的防止行人横穿马路的隔离栏会对客流产生阻隔，快速行驶的车辆也会使行人望而却步。

**3. 购买力因素** 门店应与所在商圈的购买力水平相适应。在高级住宅区里就不能设小型便利商店，在一般住宅区就不能设高档饰品、珠宝商店。商圈内的购买力水平取决于商圈内的经济结构、经济的稳定性以及居民收入的增长程度。同时，购买力也决定了当地的租金水平。

**4. 分店与配送中心的关系** 要考虑供应系统（配送中心）是否有能力为新设店供货。对于药品零售连锁企业而言，在一个城市中的所有分店应均匀分散在以配送中心供应能力为半径的圆内，方便配送中心送货，减少运输成本，并可调剂各分店药品余缺。

**（四）连锁药店总店与分店的选址**

药品零售连锁企业具有集中采购、分散经营的优势，是我国药品零售发展的总趋势。因此，对零售连锁企业门店的选址作进一步分析。

**1. 总店** 总店要选择在商业活动频率高，客流量大，云集众多百货商场、超市、专卖店等人们休闲购物聚集的场所。店铺要面向主要街道，营业面积大，设施完备，药品齐全，能满足不同人群的用药保健需求。

**2. 分店（门店）** 分店要选择在一般商业街、居民小区、职工宿舍区、旅游景点、车站附近或大型超市内部。经营常用中西成药、保健品，方便群众就近买药。也可在少年宫、儿童乐园、学校附近开儿童药店，在老年人活动场所开老年人常用药品及保健品专店。竞争对手少，互补店较多。

## 拓展阅读

### 麦当劳的选址

作为全球连锁餐饮业巨头，麦当劳的选址一直被业内认为是它最成功的地方。很多企业都认为麦当劳的店开在哪里，哪里就是黄金市口的象征。

为什么麦当劳的选址会如此成功呢？这要归功于麦当劳在选址时坚持按照选址标准寻找适合自己定位的目标市场作为店址。他们不惜重金、不怕花费更多的时间在选址上。但他们一般不会花巨资去开发新的市场，而是去寻找适合自己的市场。用一个形象的比喻来说，他们不会给每个人量体裁衣，他们需要做的只是寻找能够穿上他们衣服的人。

正因为麦当劳的选址坚持通过对市场的全面资讯和对位置的评估标准的执行，才能够使开设的餐厅，无论是现在还是在将来，都能健康稳定地成长和发展。

**（五）药店选址的过程与方法**

**1. 制定选址标准** 在制定选址标准时，越具体越好。标准包括以下几项内容。

（1）营业面积和结构 如为连锁药店分店，装修后要与连锁企业的形象相统一，实现经营的标准化。

（2）每个月的租金计划及租金的给付方式。

（3）交通的便利状况、人流的密集程度、顾客的消费水平、投资的回收计划等。

**2. 根据标准选定几个欲开店地点，对其周围环境进行详细的实地观察** 药店选址实地调查表（表2-3）详细列出了实地考察的项目。例如对客流量的考察，将考察时间分为周一至周五，周六和周日，法定节假日3个部分。对每个部分，早上8点至晚上10点，以2个小时为时间间隔，15分钟为一个计量单位，统计各欲开店实际经过的人数车数。将人数车数换算成2个小时为单位的人潮流动数。如：以15分钟为抽样得该抽样点人数为$y$，$y \div 15 \times 120 = Z$，$Z$就是其2个小时可能的人潮流动数。将数字依时段填入"人潮流动抽样表"，将人潮流动抽样的数字以线图表示成"人潮分布图"。

表2-3 药店选址实地调查表

| 欲开店地址 | | | | |
|---|---|---|---|---|
| 商圈类型 | 商业中心 | 一般商业街 | 居民小区 | 其他 |
| 欲营业时间 | 节假日 | 周一至周五 | | 周末 |
| | 早　点至 | 早　点至 | | 早　点至 |
| | 晚　点 | 晚　点 | | 晚　点 |
| 客流量 | | 工作日 | 周末 | 节假日 |
| | 早上时间段客流量 | | | |
| | 中午时间段客流量 | | | |
| | 晚上时间段客流量 | | | |
| 道路条件 | 交通情况 | | | |
| | 街道情况 | | | |
| 租金 | 一般为每平方米　元 | | | |
| 周围竞争店 | 店名 | 店名 | 店名 | 店名 |
| | 与本店距离 | 与本店距离 | 与本店距离 | 与本店距离 |
| | 营业面积 | 营业面积 | 营业面积 | 营业面积 |
| | 营业人数 | 营业人数 | 营业人数 | 营业人数 |
| | 年营业额 | 年营业额 | 年营业额 | 年营业额 |

**3. 对欲开店本身进行评估** 评估的内容包括以下几项内容。

（1）欲开店是否有明确的地址，附近是否有明显的路标，是否有助于消费者寻找。

（2）店铺内含有哪些设施，水电等常用设施是否完备。

（3）店铺的所有权是否确认。

（4）需要多少时间腾空店铺才能交付使用。

（5）店铺外表面是否有利于架设店牌。

（6）店铺有几层，高度是否有利于摆放药品。

（7）店铺的采光度如何。

（8）店铺是否被租用过，以前的用途，前任租用人的职业，放弃租用的原因。

（9）房屋主人的职业、现住址及信用，是否会大幅度的上调租金。

（10）店铺周围商店的性质，是否对药店的形象造成不利影响。

（11）邻店的商德如何，是否会影响本店的正常销售。经营范围和定位是否和欲开店冲突。

（12）店铺所在地是否在配送中心的送货路线上。

（13）店铺的租期及租金给付方式，因不可抗力责任的归属。

欲开店硬件设施评估表（表2-4）列出了其中对硬件设施的考察内容。

表 2 – 4　欲开店硬件设施状况评估表

| 地址 | | | | |
|---|---|---|---|---|
| 商圈类型 | 商业中心 | 一般商业街 | 居民小区 | 其他 |
| 建筑条件 | 楼层数 | | 面积 | |
| | 楼龄 | | 外观新旧程度 | |
| 店面使用状况 | 未使用 | | 已使用　　年 | |
| 基础设施 | 水 | 电话 | 电流 | 空调 |
| 一般条件 | 天花板性质、材料 | 地面性质、材料 | 墙壁的性质、材料 | 防火设施 |
| 停车场 | 无 | 门口可停 | | 收费 |
| 招牌广告 | 长 | 宽 | | 高 |
| 租金 | 每年　元，每月　元 | 给付方式 | | |
| 押金 | 　　元 | 给付方式 | | |
| 联系人 | | 联系电话 | | |

**4. 选择欲开店附近的住户进行入户访问**　访问的内容主要有：顾客希望的营业时间，是否需要 24 小时服务，需要哪些免费服务，经常购买的药品的种类、价格水平等。

**5. 进行对欲开店的投资和收益分析**　药店的投资包括租金、押金、折旧费、水电气费、上缴的管理费、销货成本、装潢费用、设备费用、贷款利息、制作广告费。对药店的收入进行预估主要是对营业额和财务状况进行评估，计算出预计营业额，损益平衡点销售额和经营安全率。

营业额的预估方法：

$$营业额 = 预估来客数 \times 预估人均消费额$$

预估来客数参考商圈内同类商店的来客数；预估人均消费额参考商圈内同类商店的水平；将营业额预估值和损益平衡点营业额做比较，若前者高于后者，则药店开张后可赢利。

$$损益平衡点销售额 = \frac{固定费用}{1 - 变动费用/计划营业额}$$

经营安全率，用来衡量欲经营药店的经营状况，计算公式为：

$$经营安全率 = 1 - \frac{损益平衡点销售额}{预计销售额} \times 100\%$$

经营安全率达 30% 以上为优秀店，20% ~ 30% 为优良店，10% ~ 20% 为一般店，10%以下为不良店。

**6. 将各地点的预估情况做成营运条件评估比较表**　通过营运条件评估表（表 2 – 5），对各项数据加以比较，作出最优选择。

表 2 – 5　营运条件评估表

| 评估内容 | A 地点 | B 地点 | C 地点 |
|---|---|---|---|
| 欲开店地址 | | | |
| 租金 | | | |

续表

| 评估内容 | A 地点 | B 地点 | C 地点 |
|---|---|---|---|
| 押金 | | | |
| 预估营业额 | | | |
| 损益平衡点营业额 | | | |
| 经营安全率 | | | |

## 第二节　经营策略分析

### 一、进行药店的 SWOT 分析

每个连锁药店在确定经营策略前，都应结合自身条件，进行深入而又切合实际的 SWOT（strengths，weaknesses，opportunities，threats，SWOT）分析，明确自己的优势、劣势、机会和威胁，进而选择最适合的目标市场，明确自己的市场定位，为成功的经营奠定良好的基础。

**1. 优势分析**　连锁药店常见的优势包括以下几项内容。

（1）成本优势　药品零售连锁企业的门店都由配送中心集中进货、统一配送，批次采购量大，因此连锁药店在与供应商谈判时有着更多的筹码，既可以获得供应商提供的优惠价格，也可以在药品品种上有更多的选择。此外，门店统一配送也有效压缩了库存和降低了物流费用，减少了流动资金的占用，这些都为企业带来了经营成本方面的优势。

（2）品牌优势　连锁药店实行统一商号、统一标识、统一服饰、统一服务规范、统一宣传，可使企业产生良好的广告效应，遍布各地的门店本身更是免费的广告宣传载体，可以在更大的范围内宣传企业形象，提高企业的知名度和美誉度。品牌形象一旦建立起来，将直接影响到消费者的购买行为，并且这种影响是长期的，好的品牌会带来极高的顾客忠诚度。同时随着品牌知名度的不断提高，企业也可以在适当的时机推出自有品牌。

（3）信息优势　在当前的大数据时代，信息越来越成为企业经营的核心资源之一，谁掌握了市场信息，谁就会在激烈的竞争中占据更大的优势。连锁药店的门店每天都能收集到大量的数据，总部将各个门店收集上来的信息数据进行汇总加工和后台分析，并将分析结论及时反馈给各门店，各门店据此可以及时调整自己的营销策略。

（4）服务优势　连锁药店的总部通过制定统一服务规范，包括员工的服务形象、服务标准、服务用语、服务项目、服务规章等，统一对员工培训，提升专业化服务水平，提高消费者的满意度，高的满意度必将带来更多的重复购买。

**2. 劣势分析**

（1）竞争手段单一　目前我国连锁药店在竞争手段上还比较单一，价格战、赠品等还是最常用的促销手段。价格战不仅降低了企业的利润，还引导消费者更多地非理性购买，最终破坏了长远的客户关系，也破坏了整个行业的生态环境。

（2）专业服务水平整体偏低　从整体上来说，药店从业人员业务素质仍偏低，"重推销手段轻专业知识"的情况还比较普遍，这导致药店从业人员专业性与权威性的形象始终难以树立起来。

（3）市场细分水平不高，顾客需求导向服务仍比较欠缺　总的来说，目前连锁药店在经营管理方面还是粗放式为主，很多药店给人的感觉是"千店一面"，缺少自身特色，也缺少针对顾客需求的个体化服务。

**3. 机会分析**

（1）药品零售市场潜力巨大 随着我国人民生活水平的不断提高，人们日益重视自身健康，自我健康管理理念不断增强，"大病进医院、小病去药店"已成为常态。此外，随着我国老龄化进程的不断加快，老年药品市场出现了快速增长。2015年我国总人口数量超过13.6亿，60周岁以上老龄人口2.1亿，占总人口的10.1%。老年人口的药品消费已占药品消费市场的50%以上。

（2）医疗体制改革推动医药市场扩容 "十二五"期间国务院推动的医疗体制改革，致力于建立覆盖城乡的医疗保障体系。政府资金的投入使消费者医药购买力得到有效提高，客观上促进了医药零售业的快速发展。

（3）法律法规不断完善，市场竞争日趋规范 2013年6月国家药品监督管理部门推出了新版《药品经营质量管理规范》（GMP），2015年5月又对其进行了修订，这标志着国家药品监管部门希望通过越来越完善的法律法规来确保市场稳定和良性竞争，打击不合法经营行为。这对于规范经营的连锁药店来说无疑是利好消息。

**4. 威胁分析**

（1）医疗机构 药店与医疗机构相比，一个很大的优势就是价格优势。但随着国家基本药物制度的实施，基本药物以统一价格销售，医院取消药价加成，医院和药店所出售药品基本无差价，这就意味着在基本药物方面药店原来的低价优势不复存在，这必会影响到药店的销售与利润空间。

（2）网上药店 随着电子商务的兴起，网上药店逐渐成为越来越重要的新兴药品零售业态。网上药店不受地域限制和经营空间限制，在市场覆盖方面具有先天的优势。此外，网络药店省去了店面租金、店员薪酬等成本，在药品价格方面也具备一定的优势。更重要的是网上药店迎合了新一代消费者网络购物的消费习惯，在将来必然会对实体连锁药店造成很大的冲击。

## 二、药品门店的市场定位

在进行SWOT分析后，连锁药店应该对自身有一个明确的市场定位，清晰的市场定位是连锁药店要解决的关键问题之一。药店门店的市场定位，其实质就是一个市场细分、目标市场选择以及制定差异化经营策略的过程。定位成功的第1步是市场分析，主要通过目标市场细分，找准市场的切入点。第2步是确定与目标市场相适应的药店经营模式。第3是在门店的经营中通过差异化经营策略，将自己与竞争对手有效区分开来，进而建立和保持市场竞争优势。常见的药店门店差异化经营策略包括以下几项内容。

**1. 服务专业化策略** 采取该策略的一般是专业药店，强调专业特色和差异化卖点。例如：广州百济抗肿瘤药房，上海肿瘤药房和冠心病药房，上海专营糖尿病类药物的鲁班药房，老字号同仁堂以及参茸店等等。专业药店的经营多定位于高毛利、低流量模式，注重药品消费服务，强调树立专业品牌形象。

**2. 市场补缺策略** 目前城市的药品零售市场竞争相当激烈，市场容量趋于饱和，但广大农村市场却仍有待开发。随着国家对农村医疗卫生事业投入的加大和农村人均消费水平的提高，农村的药品消费市场有着巨大的成长空间。如果连锁药店在城市市场竞争中不占优势的话，可以考虑进军农村地区，开拓农村市场。

**3. 产品差异化策略** 连锁药店的产品差异化，主要体现在对不同消费者群体的侧重方面，比如现在比较流行的药妆店，就是以女性为主要消费群体，因为女性不仅要为家庭成员如丈夫、小孩、老人购买药品，而且本身是美容化妆、保健用品的主要消费者，因此很多连锁药店在卖场布置、服务项目、产品组合方面向女性消费群体倾斜，还通过多种人文关怀手段加强对女性消费者的营销，取得了非常不错的业绩。

**4. 平价策略** 目前在医药市场上，尽管越来越多的消费者在购买药品时开始重视购物体验、专业服务、售后跟踪等非价格促销因素，但仍有相当一部分消费者把价格看作是影响购买的决定性因素。据此，以平价策略为核心定位的连锁药店也在药品零售市场占得了一席之地，最早的"开心人""老百姓"等都是成功应用该定位策略的代表。

**5. 品牌策略** 在产品同质性严重、营销手段趋同的大市场环境下，品牌策略无疑是连锁药店确立自己在消费者心中独一无二地位的有效手段。比如在全国知名度颇高的深圳海王星辰健康药房，多年来一直秉承"做现代都市家庭的社区好邻居"的市场定位，将目标消费人群锁定在有较高收入来源的白领家庭，门店遍布各个中高档住宅小区，坚持销售大型药品制造商的知名产品，坚决不打"价格战"，凭借会员制管理、执业药师的顾问式服务及药学追踪服务赢得了大量忠诚顾客，在某些社区店，会员顾客重复购买甚至占该店销售总额的40%以上。

### 三、确定药店经营策略的原则和方法

**1. 确定药店经营策略的原则** 连锁药店在确定自身经营策略时主要考虑以下几个因素。

（1）企业资源 实行差异化市场定位需要企业有足够的资源支撑，比如丰富的产品资源、优秀的人才队伍、充足的品牌推广资金等。

（2）竞争对手情况 一般说来，在实力相差不大的情况下，企业的经营策略应与竞争者有所区别，如果竞争者对手实力较弱，可以考虑采取与之相同的经营策略，凭借实力击败竞争对手。

（3）目标顾客群体 目标顾客群体如果具有较好的细分性，并且每个细分市场都有足够大的市场份额和增长潜力，那么就可以选择客户导向的经营策略，使自己的产品或服务更加贴心，并在消费者心中独具特色。

（4）门店所处的位置 如前文所述，门店所处的商圈位置不同，面对的客户群体也存在很大的不同。在确定药店经营策略时要充分考虑这一因素。

（5）政策和法律的变化 药品行业的发展非常容易受到政策和法律法规变化的影响，比如网上药店这一新兴业态，目前只能经营非处方药，这使得网上药店失去了相当大的一部分市场，难以形成较大的药品经营规模。

**2. 确定药店经营策略的方法** 确定药店经营策略，首先要做好市场信息的搜集工作，包括宏观营销环境和微观营销环境两大部分，将搜集到的信息加以整理并借助分析工具，比如波特五力模型、SWOT分析法等，对企业自身情况详细分析，明确SO、SW、OW和OT策略。通过以上分析，对目标市场加以细分和选择，最终找到适合企业自身的定位策略。此过程中可能使用到的调查方法包括二手资料法、实地调查法、专家咨询法等等。

📊 **岗位对接**

医药商品购销员（三级）国家职业标准中，对市场调研的要求是：掌握调研计划设计的程序及实施；能对调查资料进行简单分析并灵活使用调查方法；准确撰写调研报告。

## 实训二　药店商圈调查及分析

### 一、实训目的

通过实地调查，体验访问面谈调查的过程，学会市场调查的基本方法。

### 二、实训要求

以积极、主动、合作的态度参与调查前期准备与调查过程，能根据调查结果出具符合规范的调查报告。

### 三、实训内容

背景资料：儿童处在生长发育时期，由于一些器官和组织发育还不完全成熟，抵抗力弱，饮食不当或生病后都易致脾胃功能失调，引起消化不良，食欲减退等肠胃病。这时就需要服酶或其他类药物以促进胃肠消化。目前在零售市场上，主要的儿童助消化药有哈慈驱虫片、江中健胃消食片、儿康宁、妈咪爱和联邦健尔乐等品种。由于儿童是备受呵护的一代，父母上药店为其子女购买一些健胃助消化的药物时，对药品的治疗作用、品牌、价格都较为关注，同样消费者对品种的认识状况，以及目标消费者的价格敏感度和承受水平，也是不少相关商家十分关心的内容。

为了解决这些问题，某零售药店决定在药店的消化专柜、公园、药店附近的适合场所，分别对 30 名专柜店员，150 名目标消费者（年轻父母）进行面对面的访问调查，初步了解儿童助消化药零售市场的价格现状以及消费者对价格的敏感程度。

### 四、实训方法

1. 按自由组合的形式将全班分成 6 个小组，每组 6 ~ 10 人。

2. 以小组为单位讨论调查计划，把任务分解到每一个成员，使每一个成员都明确完成任务时间、线路及调查范围。

3. 以小组为单位讨论调查的内容与方法，设计好调查问卷，请教师审批后执行。

4. 各小组利用课余时间或规定的教学时间按计划实施调查。

5. 汇总调查结果，并对结果进行分析，提出意见或建议，并以报告形式提交任课教师。

### 五、实训评价

表 2 - 6　实训评价表

| 序号 | 考核内容 | 考核要点 | 配分 | 评分标准 | 扣分 | 得分 |
|---|---|---|---|---|---|---|
| 1 | 调查前的准备工作 | 1. 撰写调查方案<br>2. 设计调查问卷 | 3 | 1. 调查方案内容完整、设计合理，具有较好的可行性。方案质量良好 1 分，合格 0.5 分，不合格 0 分。<br>2. 调查问卷内容充分、符合调查需要，问题设计符合逻辑，无明显错误，排版美观、便于填写。问卷质量良好 2 分，合格 1 分，不合格 0 分 | | |
| 2 | 调查方案实施 | 3. 实施调查方案 | 3 | 1. 方案实施分工明确，组织高效，能按时完成，无违反市场调查规范行为。实施过程良好 2 分，合格 1 分，不合格 0 分。<br>2. 调查问卷回收率高，填写情况良好。问卷填写情况良好 1 分，合格 0.5 分，不合格 0 分 | | |

续表

| 序号 | 考核内容 | 考核要点 | 配分 | 评分标准 | 扣分 | 得分 |
|---|---|---|---|---|---|---|
| 3 | 撰写调查报告 | 4. 撰写和提交调查报告 | 4 | 调查报告内容完整、分析充分、论证有力，能充分使用各种分析工具及借助图表表达，能提出行之有效的建议，具有较高的实用价值。报告质量良好 3~4 分，合格 1~2 分，不合格 0 分 | | |
| | 合计 | | 10 | | | |

否定项：无

## 目标检测

**一、选择题**（下列每题的选项中，只有 1 个是正确的，请将其代号填在括号内）

1. 商圈构成不包括（ ）。
 A. 主要商圈　　　　　B. 次要商圈　　　　　C. 边缘商圈　　　　　D. 附加商圈

2. 主要商圈是最接近药店并拥有高密度顾客群的区域，顾客占其总数的（ ）。
 A. 70%~80%　　　B. 55%~70%　　　C. 50%~60%　　　D. 50%~75%

3. 营业面积多在 400m² 左右，经销品种 10000 余种，竞争最为激烈，这种药店一般地处（ ）。
 A. 商业中心　　　　　B. 一般商业街　　　　C. 医院附近　　　　　D. 大型超市中

4. 流动人口多、热闹，各种商店林立，其消费习性为快速、流行、娱乐、冲动购买及消费水平高等特点，这种商圈形态是（ ）。
 A. 混合区　　　　　　B. 办公区　　　　　　C. 住宅区　　　　　　D. 商业区

5. 药店选址需考虑的因素是（ ）。
 A. 客流量
 B. 交通因素
 C. 分店与配送中心的关系
 D. 以上均是

6. 饱和指数公式 $IRS = C \cdot RE/RF$，其中 $C$ 是指（ ）。
 A. 商业圈内的实际顾客人数
 B. 商业圈内的潜在顾客人数
 C. 商业圈内的流动顾客人数
 D. 商业圈内的稳定顾客人数

7. 经营安全率达（ ）以上为优秀店。
 A. 20%　　　　　　　B. 30%　　　　　　　C. 40%　　　　　　　D. 50%

8. 以下不属于连锁药店优势的是（ ）。
 A. 成本优势　　　　　B. 品牌优势　　　　　C. 信息优势　　　　　D. 地理优势

**二、简答题**

1. 简述药店商圈的含义及构成。
2. 影响药店选址的因素有哪些？
3. 确定药店经营策略的原则有哪些？

（段文海）

# 第三章

# 设计药店营业场所

## 学习目标

知识要求　**1. 掌握**　药店招牌设计类型、药店出入口设计类型、橱窗设计类型。

　　　　　　**2. 熟悉**　药店分区管理、药品陈列（货架、柜台）设施与设备管理。

　　　　　　**3. 了解**　包装打码、收银、多媒体、顾客休息区及便民等设施设备的管理；了解色彩、温湿度、背景音乐、气味等在药店营业场所设计中的应用。

技能要求　1. 能进行招牌、橱窗、出入口的设计。

　　　　　　2. 能对药店的空间布局进行规划和布置。

## 案例导入　樱桃药店：专为儿童设计

**案例：**在小孩子最初的生命旅程中最重要的一个经验恐怕是——生病可不是好玩的，去药店也是。美国的一个药剂师 Charles Tabouchirani 打算改变这一点。他专门为儿童开设了一家药店，想让儿童对药店有美好的回忆，药店的名字叫樱桃药店（Cherry's Pharmacy）。从 2004 年营业到现在，已经远近闻名。"如果找到合适的定位，单体药店的回报率是很高的"，Charles Tabouchirani 说。

店如其名，樱桃药店的外观是活泼的樱桃红色。在由玻璃镶嵌的全透明陈列窗口，你可以看到店内一面墙上的卡通壁画、旁边的环形火车、孩子的画作和各种玩具等，当然，也可以看到店内陈列着药品的货架，所有的这些，都对其核心服务顾客——儿童，传递着"欢迎光临"的信息。

这家药店开在纽约上东区附近，面积大概有 550 平方英尺，店内工作人员有 2 名药师、2 名技工、2 名收银员和 3 名可以将樱桃药店的药品送达整个曼哈顿的配送员。经营的品类有：顺势疗法药品、维生素矿物质补充剂、哺育用具、益生菌类、药品冷藏电器、儿童清洁沐浴及皮肤护理类、口腔牙齿护理类、营养食品、宠物药品食品类等。药店还是 Memorial Sloan – Kettering 癌症中心的合作伙伴。店铺还出售有菌化合物类药品及食品，以及为那些有胃食管反流问题的儿童，器官移植、癌症和心脏异常儿童的药品食品。

**讨论：**　1. Charles Tabouchirani 为什么要开这么一家药店？

　　　　　2. 樱桃药店与其他药店相比有何特色？

　　药店营业场所设计在药店经营管理上占有很重要的地位，其设计是否科学合理、是否有特色，不仅直接影响药店整体品牌形象，更关系到药店的药品销售，因此近年来业内人士都比较关注药店营业场所设计。

## 第一节　药店店面设计

　　药店的店面是吸引顾客的第一个环节，是药店形象的重要组成部分，它决定了顾客是否愿意光顾。店面设计新颖、有个性、整洁明亮会促使顾客驻足观看、进店消费，相反药店设计平淡无奇，杂乱无章，则会让顾客心理上感到不舒服，主观上不愿意进店消费。

### 一、药店招牌的设计

拓展阅读

**药店招牌调研**

　　北京美兰德医药信息咨询有限公司曾对北京、上海、广州3大国内中心城市零售药店品牌竞争力进行了调查，调查对象为年龄在20~69岁之间的城市常住居民，共电话调查了600人，调查项目涵盖目前零售药店的知名度、美誉度、药店的"人气"和顾客的忠诚度，调查结果显示，3个城市被访者中，81.8%的人是通过"街边店面招牌"知道药店名称的。

　　招牌是一家药店吸引人的重要因素，一个好的招牌名称，不仅能给人以美的享受，而且还能吸引顾客，扩大销售，起到第一"推销员"的作用。

#### （一）药店招牌的命名

**1. 药店招牌的命名原则**

　　（1）易读、易记原则　　易读、易记原则是对店名最根本的要求，店名只有易读易记，才能高效地发挥它的识别功能和传播功能。要求名字要简洁，易于传播，中国招牌名称一般以2~4个字节为宜，外文名一般以4~7个字母为宜。招牌名称应具有创新性，避免与其他品牌招牌名称混淆，这样才能在公众心目中留下鲜明的印象。招牌名称要易于上口，难发音或音韵不好的字，都不宜作招牌名称。

　　（2）暗示经营范围原则　　店名还应该暗示药店经营范围。店名越是描述某一类产品，那这一招牌名称就越难向其他产品上延伸。因此，如果兼营其他物品，为药店命名时，不要使店名过分暗示药品，否则将影响企业业务的进一步扩展。

　　（3）启发联想原则　　启发联想原则是店名应包含与产品或企业相关的寓意，让顾客能从中得到有关企业或产品的愉快联想，而不是消极的联想。进而产生对品牌的认知或偏好。如"人民同泰""老百姓"等，但要注意，有时从一种语言看来，它是吉利的名字，而用另一种语言读出来，就会有消极的意义。

　　（4）与标志物组合原则　　标志物是指药店中可放识别但无法用语言表示的部分，如"金象大药房"门口的两头白色小象，医院的红色"＋"字，麦当劳醒目的黄色"m"等。标志物配上合适的招牌名称，可相得益彰、相映生辉，会更加突出品牌的整体效果。

　　（5）受法律保护原则　　命名也要考虑注册问题，即招牌名称是否符合《商标法》登记的必要条件。首先，该药店名是否在允许注册的范围以内，不允许使用地理方位、地名、第一、最好之类为名；其次，不允许注册已经有其他人登记了的相同的招牌名称，所以药店经营者在给药店命名时一定要多创意几个店名，以防与其他药店重名。

**2. 药店招牌命名的方法**　　药店命名的方法有多种，药店经营者可以从不同角度来给药店进行命名。

（1）以企业的名称命名　能反映药店经营药品范围及优良品质，树立药店声誉，使顾客易于识别，并产生一睹为快的心理，达到招揽生意的目的，如哈尔滨人民同泰连锁有限公司。

（2）以服务精神命名　命名反映药店文明经商的精神风貌，使顾客产生信任感，如老百姓大药房。

（3）以经营地点命名　反映药店经营所在的位置，易突出地方特色，使顾客易于识别，如上海大药房。

（4）以美好愿望命名　能反映经营者达到某种美好的愿望而尽心服务，同时包含对顾客的良好祝愿，引起顾客有益的联想，并对药店产生亲切感，如康圣堂大药房。

（5）以花卉或动物名称命名　可以从花卉或动物本身代表的意义来体现吉祥、顺利、美好的含义，如金象大药房。但是一定要注意这种命名进入不同市场时的区域文化，营销也要随着变化。

（6）以人名命名　以经营的名字或能反映药店经营者历史的人名进行命名，如日本的伊藤洋华堂就是用人名进行命名，美国的金卡伦药店也是以创始人麦克·卡伦的名字转化而来的。这种命名能反映经营者的历史，使消费者对药店产生浓厚的兴趣和敬重心理，如"华氏大药房""黄庆仁栈大药房"等。

（7）以新奇幽默诙谐命名　容易让消费者记住，朗朗上口，易于熟记，是赢取市场的重要环节。如"济民可信""汇仁""仁和""福生堂""万草堂"等，寓意了美好的愿景、传统的民族文化，好的命名能给人一种正面的联想。

**（二）药店招牌的制作与装置**

**1. 药店招牌的类型**　招牌的形式、规格与安装方式，应力求多样化和与众不同。招牌在不同位置，可以拦截不同方向顾客的注意，对药店可以起到很好的宣传和提示作用。根据招牌安装的位置不同，药店的招牌可以分为以下几种。

（1）标志杆招牌　它是用水泥杆或长钢管矗立在店铺门前，装上招牌显示店铺的存在。这种招牌常常用于汽车道两旁的店铺，以便远远地吸引顾客的注意，达到宣传的效果。标志杆招牌主要是为了告诉来往行人，店铺的名号和基本服务内容是什么，因此醒目与简洁是首先要考虑的问题，以使顾客易看易懂。

（2）屋顶招牌　这种招牌安置在店铺所在建筑物的正面，用以表示店名、商品名、行业名、商标等，是最重要的一种招牌。有条件的可考虑辅助设备，如用投光照明、暗藏灯照明或霓虹灯来衬托，以吸引人们注意。屋顶招牌可以在远距离进入顾客的视野，以达到招揽顾客的目的。

（3）翼招牌　这种招牌用于门前道路狭隘的店铺有很好的宣传效果，但要注意高度适中，太低易被载货车辆撞坏，太高则不易看到。翼招牌两面皆可用作宣传，最好的办法是一面写上代表性商品的名称或主要服务项目，另一面写上精心设计的店名。

（4）活动招牌　这种招牌放在店前人行道上，对来往行人的吸引力很大，不仅可以用来表示店名，而且可以告示营业时间，以及店内消费项目和打折活动。在设计上，活动招牌最好是坚固而容易移动，在停止营业后可以移入店内。

（5）壁上招牌　位于拐角的店铺，其临街的一侧往往有一块墙壁，这个空间可以用来安置美容院消费项目的广告，也可以简单地写上店名或服务项目。因临街位置十分醒目，壁上招牌的效果很不错，有条件者应善加利用。

（6）遮阳棚招牌　遮阳棚招牌一般由医药企业提供，大都上面印有药品广告。遮阳棚

招牌对连锁店来说是视觉应用设计的一部分，可以增强顾客的统一识别感

（7）其他招牌　招牌可以根据环境的条件灵活运用。如临近街道或有多层建筑的药店可以使用悬挂垂吊招牌，用以发布展销商品信息，可以经常更换。有的店铺为了停止营业后还能起到宣传效果，还在卷帘门或百叶窗上写上店名、商标、服务项目等。

此外，还可从样式上进行分类，可分为文字型、文图型、形象型、照明型等招牌。

（1）文字型招牌　文字型招牌具有告知功能。一般常用木块或塑料盒子制作，铸模的字体，只写上店名，简单明了。有时为了让招牌在夜间醒目，有条件的可考虑在顶部装上辅助照明设备，如暗藏灯照明或霓虹灯照明。文字招牌主要功能是能让顾客明了药店经营产品的范围。

（2）文图型招牌　有的药店为了强化招牌的品牌联想，药店在其招牌上除了标有店名和经营范围外，还设计店徽，以增强顾客的记忆和品牌识别，进而扩大药店的影响力，起到画龙点睛的作用。许多药店在设计文图招牌时一般采用红色"＋"字，再加上药店名称，如李时珍的头像和店名并列在招牌上出现，用植物配合文字等，都能强化店名或赋予品牌内涵，增加了顾客地联想观注。

（3）形象型招牌　形象型招牌生动形象地展示出药店的特色。形象型招牌设计是让药店招牌造型与药店经营药品形象相似，如牛奶房的招牌形象似一头牛，鞋店的招牌形象似一只竖立的鞋子。就目前而言，药店的招牌很少采用形象型，若与店名结合起来恰如其分地运用形象设计，则能给药店增色不少。如把药店招牌制作成不同的药片、胶囊等形象，将会极大地吸引顾客的观注。

（4）照明型招牌　照明型招牌是运用灯箱或霓虹灯做招牌，以玻璃光管制成文字或图案，夜间光彩夺目，增加药店在夜间的张力。使顾客在较远的地方也能一目了然，既增强了远距离的宣传效果，又增强了吸引力，达到白天达不到的视觉效果。

**2. 药店招牌的位置与文字大小的关系**　不同药店招牌放置位置不同，为了使招牌更突出、明显、易于认读，各位置招牌所要求的文字的大小也是有差异的。日本专家在《怎样经营药店铺》一书中，给我们提供了一组有价值的数据（表3－1）。

表3－1　招牌位置与文字大小关系表

| 招牌位置 | 1楼（4m以下） | 一楼（4~10m） | 楼顶（10m以上） |
|---|---|---|---|
| 视觉距离 | 20m以内 | 50m以内 | 500m以内 |
| 文字大小 | 高8cm左右 | 高20cm左右 | 高100cm左右 |

**3. 药店招牌的选材**　药店招牌的选材既要考虑其耐久性、耐污染性，又要考虑它的质感性。招牌底基可选用的材料有木材、水泥、瓷砖、大理石及金属材科；招牌上的字、图形可用铜质、瓷质、塑料来制作。各种材料利弊明显，可根据实际情况进行选择。

药店招牌文字使用的材料因店而异，如铜质凸出空心字，闪闪发光，有富丽、豪华之感，适于店铺规模较大，档次较高的药店。定烧瓷质永不生锈，反光强度好。塑料字有华丽的光泽，制作也简便，但受环境冷暖变化可能发生变形，时间长了，还会老化，因此不能长久使用。木质字制作也方便，但长久的日晒、风吹、雨淋、冬冻等环境影响易裂开，要经常维修上漆。

**4. 药店招牌的色彩**　招牌，是企业的脸面。招牌上药店全称的文字颜色，象征于自我、本药店，而招牌的底色，则象征于社会、公众、客户等。另外各种颜色对人的注意力、会产生不同的影响。所以药店要生存发展，可通过招牌色彩设计，来体现对社会各界的支持与关照。

## 二、药店出入口的设计

药店的出入口设计，应该本着既方便顾客又美观的原则。入口选择的好坏是决定药店客流量的关键，不管什么样的药店出入口都要易于出入。药店的出入口设计要综合考虑药店的规模、客流量大小、经营品的特点、所处地理位置及安全管理等要素。

### （一）药店出入口的类型

一般来说，大型药店的出入口可以安置在中央，而小型药店因为店堂狭小，出入品不宜安置在中央，这样会影响店内实际使用面积和顾客的自由流通，可以根据行人一般靠右走的潜意识的习惯，将出入口设计在药店门面的左侧，这样入店和出店的人不会在出入口处产生堵塞。

**1. 封闭型出入口**　封闭型药店入口（图3－1a）尽可能小些，一般面向大街的一面用陈列橱窗或有色玻璃遮蔽起来，顾客在陈列橱窗前大致品评后，进入药店内部，可以安静地挑选药品。此类药品大多为专门经营药品的药店，或所经营药品档次较高者。

**2. 半开型出入口**　半开型药店入口（图3－1b）比封闭型入口稍微大一些，但开放的程度不要太高，要保证顾客在店内安静的挑选药品。倾斜配制橱窗，顾客从大街上一眼就能看清药店的内部，尽可能无阻碍地把顾客吸引到店内。这种药店一般经营大众价位的药品，橱窗里除了摆放药品外，还可以把经营的其他物品摆放进去，如化妆品、装饰品等。透过橱窗观看到陈列的商品，引起顾客兴趣，进入店内消费。

**3. 开放型出入口**　开放型出入口（图3－1c）是把药店面向大街一边全开放的类型，使顾客从街上很容易看到店内的药品，顾客出入药店没有任何阻碍，可以自由地出入。这种类型的药店除了经营药品外，多兼营生活的必需品，如食品、水果等日用品。

**4. 出入分开型出入口**　出口和入口通道分开设置，一边是进口，顾客进来之后，必须走完药店才能到出口结算，这种设置比较适用于开放货架，顾客自选药品的药店，这种布置有效地阻止了物品的偷盗事件发生，同时这种类型出入口对顾客的接待效率也很高。

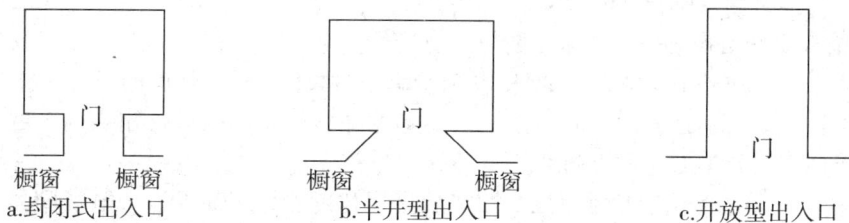

图3－1　药店出入口的类型

### （二）药店出入口设计应注意的问题

**1. 要考虑行人流动线**　行人较多，出入顺畅的地方易引起人的注意，所以出入口设置务必以人流量、路线选择规律、目光辐射取向调查为基础，把出入口开在行人最多、路径最顺畅、最引人注目的地方。

**2. 出入口指示要醒目**　为方便顾客进出，出入口设计一定要醒目易见，对于一些开设在楼上或地下室的药店，其入口指示尤其重要，一定要设立醒目而有特色的标志，引起顾客的注意，增加客源。

**3. 要方便顾客出入**　从方便进出考虑，药店的出入口既有出店的顾客又有进店的顾客。所以必须排除药店门前的一切障碍，如顾客停放的车辆、路牌广告放置的位置、促销展台等，方便顾客进出，顾客才能愿意进店。

**4. 门前地面的设计不要妨碍进出药店** 药店出入口的地面设计，一定要有利于顾客行走的安全性和便利性。如果药店出入口的地面太滑，顾客就会绕开，尤其是老年顾客和小孩。门前通道不能太狭窄．不要妨碍顾客进入店内。

**5. 出入口大小要可调** 出入口大小设置要根据当地气温情况而发生改变，如要在寒冷季节里，开放程度应当小一些，可把门集中到药店的中央，不完全开放两边的门；夏季开放程度应当大一些，可以将门全部打开，保持通风。如果是采用空调调节店内温度，也要考虑门的开放程度。

**6. 考虑日光照射和灰尘污染情况** 很多药物具有光敏性，会在日光照射下引起变质、变色，因此药店出入口尽量考虑如何减少日光照射。

# 三、药店橱窗的设计

随着药品越来越丰富，人们对于药品的需求与购物时的信息传递的要求也越来越高，一成不变的展示方式已不适应社会的发展，只有创意新颖、风格独特的设计才能吸引顾客。橱窗是药店形象的重要组成部分，通过摆放药品，药店能招来对价格敏感型顾客；通过进行艺术化处理，药店能吸引行人注意，并显示高雅的格调；通过提供公共服务信息，药店能显示其对社会的价值。

## （一）橱窗设计考虑因素

**1. 考虑顾客的行走视线** 虽然橱窗是静止的，但顾客却是在行走和运动的。因此，橱窗的设计不仅要考虑顾客的静止的观赏角度和最佳视线高度，还要考虑橱窗自远至近的视觉效果，以及穿过橱窗前的"移步即景"的效果。为了顾客在最远的地方就可以看到橱窗的效果，我们不仅在橱窗的创意上做到与众不同，主题要简洁，在夜晚还要适当地加大橱窗里的灯光亮度，一般橱窗中灯光亮度要比店堂中提高 50% ~ 100%，照度要达到 1200 ~ 2500Lx。另外，顾客在街上的行走路线一般是靠右行的，通过药店时，一般是从药店的右侧穿过店面。因此，我们在设计当中，不仅要考虑顾客正面站在橱窗前的展示效果，也要考虑顾客侧向通过橱窗所看到的效果。

**2. 橱窗和卖场要形成一个整体** 橱窗是卖场的一个部分，在布局上要和卖场的整体陈列风格相吻合，形成一个整体，就如把卖场比喻成一本书一样，封面的设计风格必须和内页的版式要协调。特别是通透式的橱窗不仅要考虑和整个卖场的风格相协调，更要考虑和橱窗最靠近的几组货架的色彩协调性。

**3. 要和卖场中的营销活动相呼应** 橱窗从另一角度看，也如同一个电视剧的预告，它告知的是一个大概的商业信息，传递卖场内的销售信息，这种信息的传递应该和店铺中的活动相呼应。如橱窗里是"新装上市"的主题，店堂里陈列的主题也要以新装为主，并储备相应的新装数量，以配合销售的需要。

## （二）橱窗陈列设计类型

药店橱窗的设计，一定要突出药品的特性，同时又能符合顾客的一般心理，让顾客看后有美感、舒适感和向往心情。好的橱窗布置既可起到介绍药品，指导消费，促进销售的作用，又可成为药店门前吸引往行人的艺术佳作。

根据药店的不同规模类型，不同橱窗结构和不同商品特点，采取不同的陈列宣传形式，主要有下列几种陈列形式。

**1. 特写陈列** 运用不同的艺术表现形式，集中突出宣传某种或某件商品，适于宣传新药品或其他新商品，陈列时应突出特色商品、品牌与商标两方面。

**2. 系统陈列** 根据药店商品的类别、性能、用途等因素，将药店商品系统地组织陈列在一起。这种陈列形式既便于观赏，吸引注意，又可以引导消费者联想，刺激购买欲望，适合于大中型药店橱窗内药品的陈列。

**3. 综合陈列**  通过不同的陈列方法把不同种类的药品综合陈列在一起，药品范围充分反映企业的经营，一般适于小型零售药店。可以分为横向橱窗、纵向橱窗、单元橱窗。

**4. 季节陈列**  根据自然界的季节变化，将应季药品集中在一起宣传陈列。节日的保健品，秋末冬初的感冒类和风湿类药品，春末夏初的肠胃类药品展示。这种手法满足了顾客应季购买的心理特点，有利于扩大销售。但季节性陈列必须在季节到来之前1个月预先陈列出来，向顾客介绍，才能起到应季宣传的作用。

**5. 专题式陈列**  专题式陈列是以一个广告专题为中心，围绕某一个特定的事情，组织不同类型的物品进行陈列，向媒体大众传输一个诉求主题。可分为：①节日陈列：以庆祝某一个节日为主题组成节日橱窗专题；②事件陈列：以社会上某项活动为主题，将关联药品组合起来的橱窗；③场景陈列：根据药品用途，把有关联性的多种药品在橱窗中设置成特定场景，以诱发顾客的购买行为。

### （三）药店橱窗展示的要求

药店橱窗的设计要根据药店的规模大小、橱窗结构、药品的特点、消费需求等因素，选择具体的布置方式。

（1）橱窗的高度要适宜  要使整个橱窗内陈列的商品都能在顾客视野中，橱窗的高度应与一般人的身高差不多为宜，最好能使橱窗的中心线与顾客视平线相当，橱窗底部的高度以成人眼睛能看见的高度为好，一般离地面80～130cm。所以，大部分的商品可以在离地面60cm的高度进行陈列，小型商品在100cm以上的高度陈列。

（2）橱窗的设计要与整体相适应  橱窗的设计规格不能影响店面外观造型，应与药店整体建筑和店面相适应。

（3）陈列内容要与实际一致  橱窗内容与药店经营实际相一致，卖什么布置什么，不能把现在不经营的药品摆上，使陈列的药品失去真实感，让顾客感到橱窗陈列只是造作。橱窗内所展示的商品，除了应该是现在店中实有的，也应该是充分体现药店特色的，使顾客看后就产生兴趣，并产生购买陈列的药品的兴趣。

（4）商品陈列要表现诉求主题  陈列药品时要确定主题，使人一目了然地看到所宣传介绍的药品内容。无论是同种同类或是同种不同类的药品，均应系统地分种分类，依主题陈列。相关药品要相互协调，通过排列的顺序、层次、形状、底色以及背景灯光等来表现特定的诉求主题，营造一种气氛。

（5）药品陈列要有丰满感  药品要有丰满感，这是商品陈列的基础，缺了丰满感顾客就会感到商品单薄，没有什么可买的。还要做到让顾客从远处近处、正面侧面都能看到商品的全貌。

（6）商品陈列艺术化  橱窗实际上是艺术品陈列室，通过对产品进行合理的搭配，来展示商品的美。经营者在橱窗设计中应站在消费者的立场上，把满足他们的审美心理和情感需要作为目的，可运用对称与不对称、重复与均衡、主次对比、虚实对比、大小对比、远近对比等艺术手法，表现商品的外观形象和品质特征。也可利用背景或陪衬物的间接渲染作用，使其具有较强的艺术感染力，让消费者在美的享受中，加深对商店的视觉印象并产生购买欲望。

（7）商品陈列要生活化  要让消费者产生亲切的感受，心理趋于同化，可通过在橱窗上设计一些具体的生活画面，使消费者有身临其境的效果，促使消费者产生模仿心理。

（8）要保持橱窗的清洁  在设计橱窗时，必须考虑防尘、防热、防淋、防晒、防风等，要采取相关的措施。橱窗应经常打扫，保持清洁。橱窗玻璃洁净，里面没有灰尘，会给顾客很好的印象，引起顾客购买的兴趣。

（9）及时更换过季的展品　一般来说，消费者观赏浏览橱窗的目的是想获得商品信息或为自己选购商品收集有关信息。消费者当然希望所得到的资料和信息是最新的，陈旧的信息资料不能引起消费者应有的注意，更无法激发购买欲望。因此，橱窗展品必须是最新产品或主营商品，必须能够向消费者传递最新的市场信息，以满足消费者求知、求新的心理欲望。

## 第二节　药店内部布局

### 一、药店的分区管理

#### （一）药店的空间分区布局

根据药店的功能定位、实际情况、经营特色以及国家的相关法律法规、部门要求，药店的空间布局一般分为下面几个区。

**1. 药品空间区**　药品空间区是药店主要的经营区及药品展示区域，是药品的陈列场所，有药品陈列柜或陈列架，有平台型、展台型等多种选择。药品空间区面积应当与其药品经营范围、经营规模相适应，并与药品储存、办公、生活辅助及其他区域分开，营业区的经营面积应占整个药店的绝大部分。营业区应当具有相应设施或者采取其他有效措施，避免药品受室外环境的影响（保持常温），并做到宽敞、明亮、整洁、卫生。根据药店经营的规模及范围，药品空间区又可分为西药柜组、中成药柜组、中药饮片柜组、保健品柜组、医疗器械柜组等。每个柜组要有醒目的标识，各柜组摆放商品的货架、柜台要与所经营的药品品种相适宜。

**2. 营业员空间区**　指销售服务人员接待顾客和从事售前售后服务工作所需要的场所。

**3. 顾客活动空间区**　指顾客进店后，参观、浏览、选择和购买药品的地方，以及顾客休闲的地方。休闲区一般在靠近门窗附近，设置服务台、休息椅，放置便民服务包、意见簿等，也可设置咨询台，设置专人负责对顾客进行咨询和提供便民服务。有条件的还可以在此设置中药煎药设备，代客煎药。

#### （二）药店空间分区布局的形态

药店空间格局可依据药品数量、种类、销售方式等情况，将上述 3 个区有机组合。

**1. 接触型药店**　接触型药店空间毗邻街道，顾客站在街道上购买物品，店员在店内进行服务，通过药品空间将顾客与店员分离。这种药店一般是经营中延伸兼营了生活必需品的，一般属于社区便利店。这类药店店员空间狭窄，顾客活动区在店外，药品空间在店面。这样的设计格局多适用于兼营的药店。主要是经营 OTC 和保健品为主。

**2. 封闭型药店**　药品空间、顾客空间和店员空间全在店内，药品空间将顾客空间与店员空间隔开。其一，店员空间狭窄的封闭型药店，顾客进入店面才能看到药品，店员空间较狭窄，大多设立于繁华地区，顾客较多，由店员来取放顾客要看的药品，这种格局对于处方药是必须采用的，属于柜台式销售，顾客自己不可以随意取放药品，也适合贵重药品和保健品。其二，店员空间宽阔的封闭型药店。这种类型的药店是顾客、店员、药品空间皆在室内，店员活动空间较宽阔，顾客活动空间也很充裕。最为常见的是邻近社区的药店，店内处方药和非处方药区域分割的很清楚。

**3. 环游型药店** 顾客可以自由、漫游式地选择药品，实际上是开架销售。该种类型可以有一定的店员空间，也可没有特定的店员空间。有店员空间的环流型药店，店员活动空间与顾客活动空间不加以区分，是专为销售贵重药品、保健品和保健器械而设计的；无店员空间的封闭环游型药店，店员空间被限定在一定范围的柜台内，他们一般不走入顾客的空间，只有顾客将选好的药品带到收银台时，店员才会主动服务。顾客可在不受打扰的情况下，悠闲在店内选购、参观、阅读说明书。

**（三）药品区药品类别面积与位置的配置**

**1. 药品区药品类别面积的配置** 各类药品的面积分配可以根据某类药品所必需的面积来定，还可以根据消费者的购买比例及某类药品的单位面积的利润率来定。一般比例参见表3-2。

表3-2 各类药品面积分配比例表

| 药品种类 | | 面积配置比例 |
| --- | --- | --- |
| 非处方药 | 感冒咳嗽类 | 5% |
| | 肠胃类 | 3% |
| | 外用 | 3% |
| | 儿科 | 5% |
| 处方药 | | 30% |
| 保健品 | | 20% |
| 医疗器械 | | 10% |
| 其他区域 | | 10%~50% |

这种面积配置比例不是绝对的，每一地区消费者的收入水平、消费习惯、消费水平和疾病发病率都不尽相同，每个经营者必须根据自己所处区域的特点及竞争的状况做出药品面积配置的抉择。另外，药店的面积分配还要结合药店的总营业面积和药店多元化经营状况，如果经营了其他的产品，就要根据具体情况加以分析。

**2. 药品位置配置** 针对药店药品种类繁多的特性，药品位置的配置按消费者的购买习惯来确定较好，并且相对地固定下来，方便消费者寻找。

因为购买处方药的顾客比较少，处方药一般不需花时间比较，因此通常摆放在各个逆时针方向的入口处或营业场所的四周；而购买频率较高的感冒类和慢性病药品，因为要花较多的时间来进行挑选，这类药品通常应摆放在距离入口较远的地方；一些生殖性保健用品、治疗传播性疾病的药品应配置在不显眼的地方。

从高度上来说，与视线相平或稍低于视线的位置，最容易引起人的注意，而较高或较低的位置，顾客注意的程度会很低，所以药店一般会根据预销售情况，进行药品位置的配置。

**拓展阅读**

**注重女性消费心理的药店卖场设计**

在日本，连锁药妆店的最大目标顾客群体是女性，尤其是年轻女性居多。为此，日本很多门店在卖场设计上利用商品陈列来有效调动顾客的购物视线与移动路线。常见策略：①店内照明亮度维持在1600Lx以上，即使在晴天时顾客进店后也不会感到店内昏暗。②为了给顾客以商品琳琅满目的印象，采取以"沿墙壁面陈列"商品为主的铺货模式，通路货架则采用低于人体身高的设置，尽量多的陈设中心岛。③遵循"反重力陈列"原则，在铺货黄金线（人眼睛的高度）陈列最畅销的商品，而一些重量、体积大的商品则按重力原则，依次由黄金线向下陈列，扩大顾客的视线范围。④注重"色彩"搭配。通过"色"的利用，营造有效的卖场氛围，延长顾客滞留店内的时间。

**3. 药品陈列要求**　药品的陈列应当符合以下几点要求。①按剂型、用途以及储存要求分类陈列，并设置醒目标志，类别标签字迹清晰、放置准确。②药品放置于货架（柜），摆放整齐有序，避免阳光直射。③处方药、非处方药分区陈列，并有处方药、非处方药专用标识。④处方药不得采用开架自选的方式陈列和销售。⑤外用药与其他药品分开摆放。⑥拆零销售的药品集中存放于拆零专柜或者专区。⑦第二类精神药品、毒性中药品种和罂粟壳不得陈列。⑧冷藏药品放置在冷藏设备中，按规定对温度进行监测和记录，并保证存放温度符合要求。⑨中药饮片柜斗谱的书写应当正名正字；装斗前应当复核，防止错斗、串斗；应当定期清斗，防止饮片生虫、发霉、变质；不同批号的饮片装斗前应当清斗并记录。⑩经营非药品应当设置专区，与药品区域明显隔离，并有醒目标志。

### （四）顾客活动区流动线设计

**1. 什么是顾客流动线**　顾客流动线是指店内顾客的流动方向。由于店内顾客的流动方向是被店方有计划地引导的，所以也把顾客流动路线称"客导线"。实质上顾客流动线就是药店通道，是顾客购物与药店服务员补货的必要通路，其设计要方便各方人员行走和参观浏览。药店的客流量多少对于销售额有很重要的影响作用，要把药店建好，就需要使顾客尽可能地多停留，并购买所需药品，尽可能地提高来店顾客数和购买单价。

**2. 药店顾客流动线设计的原则**

（1）**方便顾客出入**　药店内顾客流动主线是主通道，顾客流动的副线是副通道。主副通道的区分是根据药店营销目标和药品的布局及陈列设计安排的。良好高效的通道设计，要求能引导顾客按设计的自然走向，步入药店的每一个角落，能接触尽可能多的药品，消灭死角和盲点，使入店时间和药店空间得到最高效的利用。药店通道的设置既要"长"得留住顾客，又要"短"得一目了然，还得考虑到顾客走动的舒适性。大中型药店主通道的宽度一般在2m以上，副通道在1.2～1.5m，最窄的通道也要大于0.9m，因为这是两个人并行或逆身非侧身避让相遇时的最小宽度，药店的出入口结算台前的通道应适当宽一些，一般在2m以上，以免出现拥挤，造成混乱。

（2）**笔直平坦无障碍**　通道要平直，避免出现只能止步回走的情况，拉长顾客的回游时间，创造销售机会。药店通道地面应保持平坦，尽量处于同一个平面上，如果药店是由两个或多个建筑物改造而成，通路不平坦，就需要做好标志牌，以免顾客穿行不便，影响购物。通道要避免死角，通道内不能放置一些与药品陈列或者促销活动无关的物品，以免阻断药店的通道。

（3）**明亮清洁**　明亮清洁的药店通道、优雅轻松的购物环境，往往使顾客对店内药品产生一种新鲜优质的感觉。合理运用和安排有效空间内的灯光、音响、摆设、色彩，使之相互配合，才能营造出一派令顾客心旷神怡的物质、精神双重消费场所氛围。

（4）**"迂回曲折"，留住顾客**　通道设计时应促使顾客在自愿的情况下，吸引顾客停留更长时间，促使其消费，这就需要借助于连续展开不间断的药品陈列线来调节顾客的视觉，这样可以增强药品存在感，使店内药品最大程度地让顾客目之可及、伸手可得。

**3. 顾客流动线的设置**

（1）直线式通道　直线式通道（图3-2a）的起点是药店的入口，终点是药店的收款台。顾客依照货架或柜台排列的方向单向购物，以药品陈列不重复，顾客不回头为设计特点，它使顾客在最短的线路内完成药品购买行为。

（2）斜线式通道　斜线式通道（图3-2b）是货架或柜台和通道呈菱形分段布局。这种形式可供顾客看到更多的商品，顾客的流动不受约束，药店的气氛比较愉快，但不能充分利用药店面积。

（3）曲线式通道　曲线式通道（图3-2c）用不规则的方法设置通道，可任意布置柜台。顾客四处浏览无拘无束，顾客可随便采用不同路线到达药店的任何地方，气氛比较活跃、温馨，从而增加了随意购买的机会。但这种布局易浪费场地面积，顾客寻找货位不够方便，这种布局方式要求药店的规模不要太大，比较适用于开架自选型药店的布局。

（4）"回"字型通道　"回"字型通道（图3-2d），通道布局以流畅的圆形或椭圆形按从右到左的方向环绕整个药店，使顾客依次浏览药品，购买药品。顾客进入药店后，从一边沿四周"回"型浏览后再进入中间的货架。它要求药店内部一侧的货位一通到底，中间没有穿行的路口。

（5）"口"字型通道　"口"字型通道（图3-2e）一般适用于中小规模的药店，在店堂内放置货架摆放成口字，这种客导线有利于顾客在店内的回游，让顾客多浏览药品，增加顾客的购买机会。另外，药店也要以在店堂内摆放货架，形成"日"字型通道。

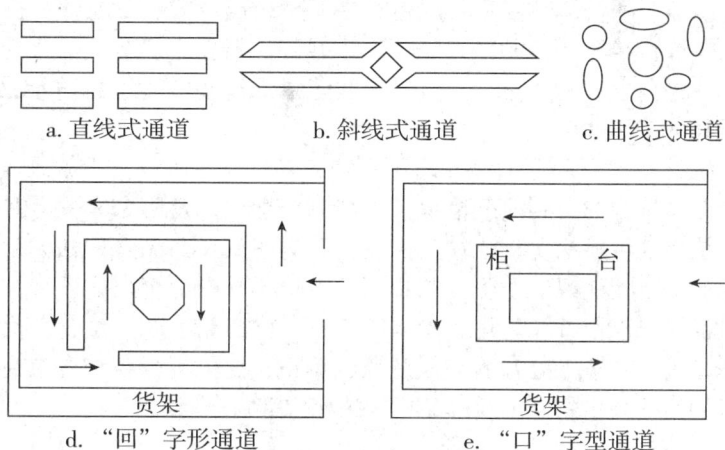

a. 直线式通道　　　　b. 斜线式通道　　　　c. 曲线式通道

d. "回"字形通道　　　　　　e. "口"字型通道

图3-2　药店顾客通道

**（五）营业场所的内部辅助区域设计**

**1. 收银台的位置与设计**　药店的收银台一般设在出入口处，由收银台在出入口处分隔成出入口通道。结账通道（出口通道）可根据药店规模的大小设置1~4条，然后根据营业规模的预测分别配置2~6台收银机，最好再设置医保刷卡结账通道，规模大的药店可以设置更多，也可以在不同的楼层的不同位置设置收银台，如处方药或中药饮片等区域。收银台的数量应以满足顾客在购物高峰时能够迅速付款结算为出发点。在条件许可的情况下，还可以设置一条"无购物通道"作为无购物顾客的专门通道，以免出入口处造成拥挤。

结账通道的宽度常以两位顾客可正常通过的最佳尺寸来设计，一般为 1~1.2m，长度一般为 6m，即扣除了收银台本身约为 2m 的长度之外，收银台与最近的货架之间的距离应该比较宽一点，以保证有足够的空间让顾客等候。

**2. 执业药师服务台** 各零售药店在营业期间应确保执业药师在岗，在岗执业药师切实做好处方的审核、调配工作，主动为顾客提供有关咨询服务。

药店应设立执业药师工作台，一般要求位置显著，有独立的区域空间。大型的药店，执业药师工作台最好能与处方药区域邻近。小型药店执业药师工作台可以与咨询服务台并列设置。一般可以在药店显眼的位置设置。如果药店经营规模比较大，可以增设药师数量，并且药师工作台可以设置在不同的位置，如果药店配备了 2 个以上的药师，可以把药师的工作台，一个设置成开放型的，一个设置成封闭型的，这样是考虑到消费者的隐私性。设施上，除放置药师桌椅外，还要设置顾客座位，提供饮水机，一次性纸杯。环境上要有舒适感。服务区的显著位置要悬挂药师服务内容标志，让顾客可以了解到药师的服务内容。

药师除了本职工作外，最好可以拓展业务，提供更多的超值服务，如提供用药的多种方案，为会员提供跟踪服务，为重点顾客建立档案等。为此，要求药店药师必须具备良好的业务水平。

## 拓展阅读

### 执业药师职责

我国《执业药师资格制度暂行规定》中明确指出："执业药师是指经全国统一考试合格，取得《执业药师资格证书》，并经注册登记，在药品生产、经营、使用单位执业的药学技术人员"。而广义的药师泛指受过高等药学专业教育，从事药学专业技术工作的个人。

职责：①必须遵守职业道德，忠于职守，以对药品质量负责、保证人民用药安全有效为基本准则。②必须严格执行《药品管理法》及国家有关药品研究、生产、经营、使用的各项法规及政策。执业药师对违反《药品管理法》及有关法规的行为或决定，有责任提出劝告、制止、拒绝执行并向上级报告。③在执业范围内负责对药品质量的监督和管理，参与制定、实施药品全面质量管理及对本单位违反规定的处理。④负责处方的审核及监督调配，提供用药咨询与信息，指导合理用药，开展治疗药物的监测及药品疗效的评价等临床药学工作。

**3. 服务台与咨询导购台的设计**

（1）服务台 是退货、缺货药品登记，为需要开发票的顾客开具发票，办理会员卡，接待和处理顾客异议的工作台。一般设置在人流较少的地方，如大型药店经常将服务台设置在出口外，离出口要保持一定的距离，不能影响顾客的进出。

（2）咨询导购台 咨询导购台一般临近进口处，主要是引导顾客购物，达到方便顾客的目的，可以采取人员服务与电子设备服务两种形式，实现不同性质顾客的导购方式互补。

**4. 存包处的设计** 规模比较大的药店，尤其是开放式自选药店，一般要设置存包处，存包处一般设置在药店的入口处，配备 1~2 名工作人员，如果出入口在一个方向，可以将存包处和服务台合并在一处。存包处有人工存包和自动存包柜两种方式，方便不同人群根据实际进行选择。

**5. 健康服务区设计**   健康服务区一般设置顾客休息椅、医药知识宣传栏、提供报纸、书和杂志、意见簿、垃圾桶、便民盒、触摸屏式电子药师、电子医师系统、多媒体系统、免费体验服务设施，还可布置绿色植物，进行艺术装点，美化环境，来调试顾客的心理，将休闲、娱乐和购药融为一体。

**6. 诊所**   有些药店为了促进药品销售，会与医疗诊所合作经营，合营诊所要符合国家相关规定。在场所设置方面要保证药店、诊所区域分开，人员通道分开，但要保持药店与诊所之间的关联性，方便消费者的沟通。一般在药店和诊所之间可以采取通明的玻璃设置，保持药店与诊所之间视觉上的通透性，也可以在玻璃墙上开个小窗口，便于消费者在药店购药时直接咨询医生。

**7. 行政办公区域与员工培训休息区**   药店的办公室，通常也称主控室。它主要有两个功能，一是作为药店 POS 系统和监控系统的主机房，一是作为药店主管管理药店的指挥平台。因此，办公室的设计可以在药店的一侧，设置为玻璃透视窗，便于药店主管能够对店内发生的事务随时监控和指挥。

员工培训区可以与员工休息区合用一个场所，区域里实现多种功能，如员工培训、更衣、储存、用餐、休息等。在该场所可以不定期地对员工进行知识和技能培训等。

**8. 仓库**   仓库的布局设计对药店药品布局安排有重大影响，因此也属于药店布局的重要一环。辅助区域的设计重点在于如何最合理、经济地解决后场与药店连接的补给线路规划。应在设计中注意以下几个方面。

（1）从仓库到药店的药品补给线路要选择最短距离以减少补货成本。

（2）从仓库到药店的流通路线，要采取单行道方式，减少各种药品补给线的交叉和共用。

（3）仓库、作业场地与药店的地面要平整一致，落差要以缓坡连接，不能出现台阶、门槛等，以保证药品补给的平稳顺畅。

（4）前后场连接处最好使用推拉门，可使出入口宽敞，利于大件药品的运送。

（5）对于实行正规配送货制的药店，仓库中的存货与上架药品之和是药店前一天销售量的 1.5 倍。

**9. 其他辅助区域**   我们还应根据药店的具体情况，设置一些其他区域，如经营中药材及中药饮片的药店应设置中药标本室（柜）；有与企业规模相适应、符合卫生要求的验收养护室，配备必要的验收和养护用工具及仪器设备；分装中药饮片应有符合规定的专门场所，其面积和设备应与分装要求相适应；大中型药店要设置为顾客服务的辅助区域，如卫生间、公共电话等。

## 二、药店设施与设备的管理

药店必须具备与经营规模相适应的设施和设备，配备与药品经营相关的设施设备是开办药店不可缺少的基本条件，是避免药品受室外环境影响的重要保障条件。

### （一）GSP 对药店设施设备的要求

2016 年 7 月 13 日公布的新版《药品经营质量管理规范》（GSP）对药店设施设备的要求如下。

第一百四十三条   企业的营业场所应当与其药品经营范围、经营规模相适应，并与药品储存、办公、生活辅助及其他区域分开。

第一百四十四条   营业场所应当具有相应设施或者采取其他有效措施，避免药品受室外环境的影响，并做到宽敞、明亮、整洁、卫生。

第一百四十五条　营业场所应当有以下营业设备。

（一）货架和柜台。

（二）监测、调控温度的设备。

（三）经营中药饮片的，有存放饮片和处方调配的设备。

（四）经营冷藏药品的，有专用冷藏设备。

（五）经营第二类精神药品、毒性中药品种和罂粟壳的，有符合安全规定的专用存放设备。

（六）药品拆零销售所需的调配工具、包装用品。

第一百四十六条　企业应当建立能够符合经营和质量管理要求的计算机系统，并满足药品追溯的要求。

第一百四十七条　企业设置库房的，应当做到库房内墙、顶光洁，地面平整，门窗结构严密；有可靠的安全防护、防盗等措施。

第一百四十八条　仓库应当有以下设施设备。

（一）药品与地面之间有效隔离的设备。

（二）避光、通风、防潮、防虫、防鼠等设备。

（三）有效监测和调控温湿度的设备。

（四）符合储存作业要求的照明设备。

（五）验收专用场所。

（六）不合格药品专用存放场所。

（七）经营冷藏药品的，有与其经营品种及经营规模相适应的专用设备。

第一百四十九条　经营特殊管理的药品应当有符合国家规定的储存设施。

第一百五十条　储存中药饮片应当设立专用库房。

第一百五十一条　企业应当按照国家有关规定，对计量器具、温湿度监测设备等定期进行校准或者检定。

## （二）温湿度要求

药品批发和零售连锁企业应根据所经营药品的储存要求，设置不同温、湿度条件的仓库。其中冷库温度为 2～10℃；阴凉库温度不高于20℃；常温库温度为 0～30℃；各库房相对湿度应保持在35%～75%之间。

## （三）药店设施设备的分类

把药店的采购、验收、陈列、销售等业务环节（设置库房的还有储存、养护环节）所用的设施设备按功能进行划分，常见的药店设施设备包括以下几项内容。

**1. 营业场所所需要的设施设备**

（1）药品陈列所需设备　主要包括货架、柜台（货柜）等。

（2）包装所需设备　包括打价机、封口机、打码机、手包机等。

（3）电脑、多媒体类设备　包括收银机、电脑、电视监控、服务器、打印机、复印扫描机、信息显示屏、触摸式电脑、电视等。

（4）特殊药品储存设备　主要包括冰箱、冰柜、特种药品专柜等。

（5）便民服务设施设备　包括空调、购物篮、推车、免费量血压、身高的设备，存包柜、饮水机、书架、垃圾箱、信息宣传栏（或电子触摸屏）等。

（6）促销类设施设备　包括店内外的可移动式广告牌、招牌、橱窗、标志物及灯箱等。

（7）员工休息区设施设备　包括更衣柜、休息桌椅、电话、微波炉等。

（8）安全设施设备　包括防火设备（灭火器、消防标识、消防通道、警铃、消防桶、消防铲、消防沙、紧急照明）和防盗设备（防盗门、防盗锁、监控设施、警示标语）。

（9）饮片类经营所需设施设备　包括计量衡器、调配工具、小型粉碎机、干燥机、煎药机等。

（10）各类标识牌。

### 2. 存储与保管所需设施设备

（1）保证药品正常储存的设施设备　包括货架、托盘、柜橱等。

（2）通风、防潮、调温、调湿设施设备　包括排风扇、通风机、除湿器、空调、冷柜、加湿器、散热器、烘干机、暖风机等。

（3）特种药品保管设施设备　包括专用保险柜、保险箱、加锁的专柜等。

（4）消防安全设施设备　包括灭火器、消防桶、消防管、消防栓、防盗门（窗）等。

（5）防虫、防霉、防尘类设施设备　包括纱窗、纱门、灭蚊（蝇、蟑螂）灯、鼠夹、鼠笼、电猫等。

（6）各类标识牌。

### 3. 验收、检验与养护用所需设施设备

（1）验收设施设备　包括天平、崩解仪、澄明度检测仪、操作台、灯检仪、紫外荧光灯、解剖镜、显微镜、水分分析仪等。

（2）防潮、防尘设施设备　包括空调、温湿度检测仪、除湿机、排风扇等。

### （四）药店设施设备配置的原则

**1. 适应性原则**　药店设施设备的配置必须与药店的经营规模、经营药品的品种和范围相适应。如果不相适应，多配，造成设施设备的闲置、浪费；配置不全，可能导致正常业务工作没有办法开展，进而导致出现工作差错与服务差错，甚至可能导致药品质量差错。因此，药店设施设备的配备必须按照 GSP 的规定条款要求，遵循适应性原则进行匹配。

**2. 终端视觉统一原则**　药店的设施设备种类繁多，形态、功能各异，既有静态摆放的，也有流动的（如室外流动广告）。这就要求我们在管理时要遵循终端视觉统一原则，所有设施设备按药店的统一装修风格和格调形成统一的视觉，给消费者整齐、整洁、统一的感官效果，而不是凌乱、杂乱无序、五花八门。

**3. 终端形象整合原则**　店内药品陈列、柜台陈列、落地陈列、壁架陈列、流动易拉宝、横幅、产品包装、药店装修饰材颜色等要形象鲜明、统一，文字清晰、明确。在产品宣传定位和整合营销推广上要形成统一、规范、系统化的运作。制作的选材、用料、配色要格调高雅、精美、大气。

**4. 规范配置的原则**　严格按照 GSP 的规定，药店要配齐、配全相关的设施设备，并保证设施设备处于良好的运行状态。对 GSP 没有严格要求的便民类设施设备，有条件的药店尽量配备齐全，并保持良好的运行状态。在管理上，要落实到人，在规定的时间内定期对设施设备进行保养、检查、维护，使之处于良好的工作状态。

### （五）药店营业场所设施设备的管理

#### 1. 营业场所环境管理

（1）卫生管理　为消费者创造一个干净、舒适、明亮的购物环境是药店经营的必备要求。为此，药店要保证地面的内墙、顶光洁，地面平整，无污染、积水。营业员要定期地对陈列器具、柜台、地面、卫生间、通道等进行保洁，营业员也要注意着装整洁，注意个人仪表仪容。

（2）色彩管理　要有统一的标准色，即应有一个主色调，再顺延这一主色调进行相近色彩的拓展。一般情况下，一个药店内的色彩不超过 3 种为宜。

（3）照明管理　药店要保持一定的照明亮度，即使在晴天时消费者进店后也不会感到店内昏暗。定期检查灯具是否处于两个工作状态，及时的更新坏损灯具。此外，在灯具选择时要尽量选择优质、高效、节能的新光源灯具。

（4）通风、气味管理　药店要保持空气清新通畅，冷热适宜，有条件的药店可以采用空气净化器，加强通风系统的建设，尤其是要尽量利用房屋的自然条件通风、采光，以节约能源。定期用紫外线灯光杀菌设施和空气调节设备，对营业场所空气质量进行监控，消除店内不良气味（尤其是卫生间），为消费者提供舒适、清新的购物环境。

（5）音响的管理　药店为了促销，可以采用音响等进行广播宣传，包括播放音乐、促销推介等，广告内容必须要与消费者的购物心理相结合，给顾客营造一个舒适的购物环境，以避免过于严肃的感觉。但是，音乐的声音、播放时段要严格控制，以防扰民，适得其反。

**2. 药品陈列展示设施及管理**　货架、柜台是药品营业场所、仓库主要的设施设备，应该符合牢固、安全、易于标识和识别其中所陈列药品的要求。

**拓展阅读**
### 药店营业场所需具备的营业设备

《药品经营质量管理规范》第一百四十七条规定：(一)货架和柜台。（二）监测、调控温度的设备。（三）经营中药饮片的，有存放饮片和处方调配的设备。（四）经营冷藏药品的，有专门冷藏设备。（五）经营第二类精神药品、毒性中药种和罂粟壳的，有符合安全规定的专门存放设备。（六）药品拆零销售所需的调配工具、包装用品。

（1）货架、柜台布局的原则

①合理性原则　药店内布局时应先将营业场所进行合理的分割。药店场所中不同部分面积的大小和设计对于销售额有着重要意义。营业场所内售货区、存货区、店员活动区和顾客流动区都应该有一个合理的分配。在科学、合理前提下尽量扩大药品的售货区域，压缩非营业性区域。

②经济性原则　药店要合理地进行物流管理，以求减少储运费用、降低成本。营业场所内通常使用一些较大型、不常移动的设备和设施，如：货架、储柜、柜台、收银台等，要充分利用空间，提高工作效率。

③合法性原则　根据 GSP 的要求，药店经营规模的大小不同，营业场所和仓库的面积要求也不同，这样药店的面积分配格局首先要符合各自企业经营面积的规定，然后，经营者再根据自身实际需要进行选择和设计。

（2）货架和柜台布局类型及特点

①格子式布局　格子式布局（图 3 - 3a）这是传统的药店布局形式。格子式布局是药品陈列货架与顾客通道都成长方形状分段安排，而且主通道与副通道宽度保持一致，这种布局也有两种情况，一种是开放型的布局，店员与顾客的空间是混合在一起的。另一种是半封闭型的布局，店员站在货架和柜台之间，营业场所四周属于封闭型，店堂中间采取开

放型的布局，一般把处方药陈列于封闭型货架内，OTC、保健品或食品可陈列于开放型货架上。

②岛屿式布局　岛屿式布局（图3-3b）是在营业场所中间布置成各不相连的岛屿形式，在岛屿中间设置货架陈列药品。这种形式一般主要陈列体积较小的药品，有时也作为格子式布局的补充。适用于药店引入的各种品牌专卖柜，即"店中店"形式。

③自由流动式布局　自由流动式布局（图3-3c）以方便顾客为出发点，把药品最大限度地展现在顾客面前。这种布局将格子形式和岛屿形式有机结合，顾客通道呈不规则路线分布。药店的四周可以设计成封闭性的货架和柜台的组合，而中间采取的是开放性的形状多变的货架或者是层次分的展台等。

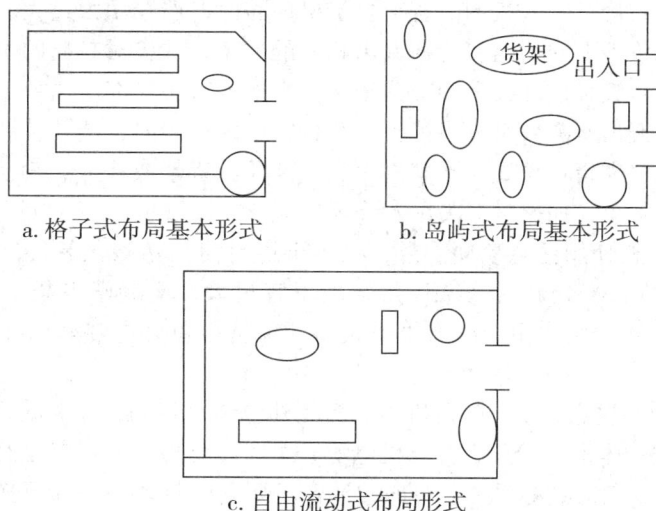

a.格子式布局基本形式　　b.岛屿式布局基本形式

c.自由流动式布局形式

图3-3　货架和柜台布局类型

（3）货架和柜台类型　①货架有不同的构造形式和规格，其设计既要讲究实用、牢固、灵便，便于营业操作，便于消费者参观，又要适应摆放各类药品的要求。货架的基本尺寸除了与人体高度和人体活动幅度密切相关外，同时还需考虑到人的正常视觉范围和视觉规律。一般紧靠墙壁放置的货架高度一般为1.6~2.2m，放置在店堂中间的货架一般来说高度为1.5m左右，长度一般为1.1~1.4m。货架的陈列黄金区是0.8~1.3m，是最富有吸引力且能充分展示药品的高度。②柜台的高度一般为80cm，宽80cm，与放置沿壁的货架组合形成隔离形的经营空间，可用于陈列处方药、贵重药品等，并施行上锁管理。③陈列展示台，一般陈列台展示特价药品、打折药品或新药，主要是用来吸引顾客，一般放置于药店的入口或货架的两端等比较显眼的地方。

（4）营业面积与通道的关系　营业者为了尽可能多地利用有限空间，经营者往往会不顾消费者的购物时的感受，为了尽可能多地利用有限空间，将货物陈列得密密匝匝，重复堆放，分类混乱，这样既浪费货架空间，又造成商品吸引力不够。因此，药店门店的一些细节设计，会极大地影响消费者的购买欲望。如，通道的设计，是不是主通道与次通道，其宽窄都一样呢？应该遵循什么原则？很显然，通道如果设计的过宽，门店的单位坪效不高，且给消费者有空荡荡的感觉；如果设计的过窄，则显得拥挤不堪，消费者会感觉很不舒适。通道的宽窄与店的面积大小，店的档次定位高低有直接关系（表3-3）。

表3-3 营业面积与通道的关系

| 药店营业面积（m²） | 主通道宽度（m） | 次通道宽度（m） |
|---|---|---|
| 40 | 1.2~2 | 0.85~1.1 |
| 60 | 1.2~2.5 | 0.85~1.1 |
| 100 | 2~3 | 1~1.1 |

**3. 包装打码设施设备的管理** 包装打码设备包括打价机、封口机、打码机、手包机、电子秤等。

（1）打价机使用注意事项 打价机用于药品价格标签的打印、粘贴。①按打价机说明书中的装纸要求将打价纸装入机内。合上打价机底盖时，严禁用力过大。②核对实物和标价无误后，按照标价签上的编码和价格调出相应的数字，并核对打出的价格、编码是否正确。③调校数字时，轻轻拉动数字调节器尾端，将指示箭头对准所调数字的位置后，再转动数字调节按钮，调出所需数字。当箭头在两数字中间位置时，严禁转动调节按钮。④打价机使用完毕后应放在指定位置，严禁随手放在药品、货架或地上。⑤当打出的字不清晰时，必须给油墨头加墨，加墨量1次在2~3滴。

（2）手动封口机使用注意事项 封口机用于压封商品塑料包装袋。①每次压封时间应控制在10秒以内，严禁超时。②压封强度不宜过大，应待塑料袋冷却后方可取出。③严禁空压机器。④应经常用干抹布擦拭机身，保持接口处电热丝洁净。清洁时必须切断电源。

（3）打码机使用注意事项 打码机用于药品外包装上打码，和电脑收银系统配备，使其药品价格管理成一体系。①开启打码机电源开关时，要检查指示灯是否显示色带、标签是否已经安装正常。②安装标签和色带时，注意不要划伤打印头。③更换不同类型的标签时，必须做好检测工作。④打印头必须2天清洁1次，若使用频繁，须1天清洁1次。⑤未经相关负责人员同意，禁止随便搬动、拔插打码机的电源线和数据线。⑥每天更换色带时，必须用酒精和棉签清洁打印头和滚筒。⑦若发现故障时，应立即和相关人员取得联系。

**4. 收银设施设备的管理** 收银设备包括收银机、不间断电源（UPS）、扫描仪、打印机等。

（1）收银机操作注意事项 ①收银机由收银员负责日常使用及管理工作。②每天必须清洁收银机及其外用相关设备，必要时候对收银机的键盘、内壳进行清洁。③开机时必须先打开UPS电源，再开启主机电源；关闭时必须先退出收银系统，关闭主机电源，再关闭UPS电源，盖上防尘罩。④不能用力敲击键盘、随意转动显示屏，以免造成显示屏数据线松动或扭动。⑤在收银机上，不能放置任何物品，周边不得放置液态物品，以防液体浸入机身。当收银机不小心浸入液体或金属时，须立即切断电源，通知相关人员到场处理。⑥当收银机出现故障时，立即通知相关人员到场解决，并尽量保护故障现场。⑦机器工作时不要打开机壳或其他盖板，以免造成不必要的伤害。⑧不要阻塞机器的通风口，否则会使机器内部过热而烧毁机器。⑨不要使用与机器不符的电压，否则会损坏机器。移动机器时，首先要拔掉电源线，否则会损坏电源线而造成短路或断路。⑩在更换打印纸时，要注意不要让其他物品卷入打印机的齿轮中，这样容易造成伤害事故。⑪收银机的维护应当周期性地定期进行。

（2）不间断电源（UPS）使用注意事项 ①保持UPS外壳的洁净，严禁把UPS放置于潮湿的地方，严禁在UPS及使用中的UPS外围放置任何物品。②开启电脑设备之前应先开启 UPS，关闭 UPS 之前应先关闭电脑设备。③在开启或使用 UPS 中发出警报声及非正常声音时，须立即通知相关人员。④在带电的情况下严禁搬动 UPS，严禁拔插 UPS 上的电源线。⑤不能在 UPS 上接电脑无关的设备，禁止超负荷运行。⑥未经相关人员的许可，严禁以任何理由打开机壳。⑦在使用中 UPS 电源一但短路，必须立即切断电源，通知相关人员到场处理。

（3）手持条码扫描仪使用注意事项　①开机前，先检查设备连接端子，是否插在正确位置。②如有异常现象（如扫描仪亮红灯、开机或扫条码无"嘟"声、商品信息无法输入等），须及时与相关人员联系。③接通电源后，扫描仪绿色指示灯亮，同时听到"嘟"响，而表示扫描仪处于待机状态。④使用时应注意商品条码是否有断码、变色、模糊等现象。⑤商品扫描时，手握扫描仪手柄，将扫描窗口对准商品条码，商品条码与扫描仪之间的距离不超过 30cm。⑥当扫描仪发出"嘟"声，表示商品条码已被识别输入。⑦待机时，须小心置于托架上，当收银台关闭时，也必须切断手持扫描仪的电源。⑧平常要保持扫描仪表面清洁，轻拿轻放，严禁摔碰。

（4）打印机使用注意事项　①必须保持清洁卫生，摆放整齐以及严禁随便移动或私自拆卸。②不能在换打印纸、色带、墨盒及撕纸时野蛮操作。针式打印机在工作时，应该用面板上的按钮调节纸张位置，禁止手动走纸。③打印机在打印时，使用人员应注意看守，如出现卡纸时应立即停机处理。④严禁在针式打印机上打印图形文件。⑤使用多层打印纸时，控制按钮一定要调到相应的数字指示位置。⑥未经许可严禁使用网络打印机。⑦若发现打印机有异常时，应立即与相关人员联系，严禁自行维修。

**5. 多媒体设施设备的管理**

（1）触摸式电脑使用注意事项　触摸式电脑的作用在于为消费者提供以下信息：所售药品的种类，同类药品中各种药品的价格、生产厂商、生产日期、有效期等。特别是对每一种药品还应提供药品说明书。①营业前必须开启。②保证营业期间正常运行，如发现问题及时通知相关人员。③营业结束后必须关闭。

（2）信息电视使用注意事项　信息电视主要用于播放药店的促销信息、广告、药店公告及新闻。①营业开始前必须开启信息电视。②信息电视必须保持图像清晰。③信息电视出现墨点，图像模糊、变形等，须立即通知相关人员。④营业结束后必须关闭信息电视。

（3）音响的使用　通过播放优美的音乐来迎合顾客的购物心理，也可进行广告宣传。

**6. 购物篮的管理**　购物篮为顾客在药店选购药品时使用，由工作人员负责整理和保管。

（1）在顾客使用购物篮后，如果杂物要及时清理并将购物篮归位到指定位置。

（2）每天应检查购物篮的使用状况。

（3）营业结束后，清点购物篮的数量。

（4）购物篮每天应检查 1 次，有明显的污迹应及时清洁。

**7. 顾客休息区及便民设备管理**　顾客休息区可配备的设备包括垃圾箱、绿色植物、饮水机、便民盒、顾客意见簿、缺货登记表、养生保健书柜等。便民服务可配备的设备包括测血压、身高、体重的设备，以及吸氧机、会员兑奖品橱窗、存包处、导购图等。

（1）定时检查检测仪器的指针是否归零，能否正常工作。

（2）经常擦拭橱窗的玻璃，使其光亮、整洁，能激发顾客想得到奖品的欲望。

（3）导购图放在存包处旁边，导购图和存包处要经常擦拭，使其整洁。

（4）注重吸氧机的清洁，在顾客吸氧后要及时消毒。

（5）及时清倒垃圾，保证饮水机正常使用。

（6）对休息区书柜要及时检查整理，避免零乱，如果发现书籍缺失或破损要及时补充或更新。

**8. 药学服务设备管理** 包括安全合理用药知识或日常保健卫生常识宣传板，执业药师导购台、热线咨询等。

（1）因季节、节日不同，应不定期更换宣传板上的内容，如春季是感冒的多发期，就可集中宣传感冒的防范和用药。特别是老年病等常见病，要增加其养生保健及调养的内容。

（2）执业药师导购台，应有执业药师坐堂咨询，为顾客审方并指导其合理用药。

（3）热线咨询要做到以服务为核心，热心周到进行工作。

**9. 药店广告宣传及管理** 包括店内广告，如招牌、橱窗、门、灯箱、POP广告、招贴画、吊旗等；店外广告，如广场标志物、小区专栏、氢气球悬吊广告、户外流动宣传方式车贴、车体广告等。

对于药店广告宣传物，一方面要保持其洁净，使其形象鲜亮，另一方面要根据广告的性质及时更新，更要符合《药品管理法》及《中华人民共和国广告法》的有关规定。

---

**拓展阅读**

### 药品广告不得出现的情况

药品广告中不得出现以下情形：①含有不科学地表示功效的断言或保证的；②说明治愈率或者有效率的；③与其他药品的功效和安全性进行比较的；④违反科学规律，明示或者暗示包治百病、适应所有症状的；⑤含有"安全无毒副作用""毒副作用小"等内容的，含有明示或者暗示中成药为"天然"药品的，因而安全性有保证等内容的；⑥含有明示或者暗示该药品为正常生活和治疗病症所必须等内容的；⑦含有明示或暗示服用该药能应付现代紧张生活和升学、考试等需要，能够帮助提高成绩、使精力旺盛、增强竞争力、增高、益智等内容的；⑧其他不科学的用语或者表示，如"最新技术""最高科学""最先进制法"。

---

**10. 安全设备管理** 安全设备主要包括防火设备和防盗设备。

（1）防火设备 防火设备包括：消防标志、消防通道、紧急出口、疏散图、火警广播、紧急照明、监控中心和相关的消防设施等。药店在开店前要制定一套完整的消防制度，配备一套完整的消防设备，经相关部门审核并通过后，才能开业。

（2）防盗设备 防盗设备包括警示标语、监控设施、电子防盗设备、专门的检查人员、收银机监视系统等。

**11. 经营中药饮片所需的调配处方和临方炮制的设备**

（1）调配处方、临方炮制的设备 包括冲筒、乳钵、铁碾（铁船、推槽、脚蹬碾）、切药刀台、药筛、戥称、托盘天平、电子天平、符合卫生要求的塑料袋、纸张、包装绳等，实际需要可配备药罐、大秤、清洁卫生用具、小型粉碎切片机、干燥设备等。

（2）调配处方、临方炮制的设备的管理 ①对衡器、计算工具、调配工具应定时检验基准是否归零，如没有归零应进行校正。②保持包装用品的清洁性，使其透明光亮如新，使药品没有陈旧的感觉。③对小型切片机，要经常检查其刀锋的锐度，并及时上油。

**12. 分类、指引、区别、识别设施** 在药店营业场所、货架、货柜及相关功能区域，对所经营的药品按照不同的类别、不同用途、不同品种的药品进行正确与清楚、易于识别的分类、区别与标识。如商品的陈列或商品的品种有变更时，此类标志应及时挪移或更换，并保持其整洁。

### （六）药店储存与保管设施设备及其管理

**1. 药店基本储存与保管设施设备及其管理** 药品基本储存的设施设备包括支架、货架、柜橱、和保持药品和地面之间有一定距离的地面衬垫物、底垫。货架有两种，其中单层地脚架用于大量成箱成件药品的堆垛，多层货架用于放置一些零星不成件的药品。

对这类设施设备的管理要点有如下几项。

（1）配置的设备应该符合 GSP 等条款的规定，应能与营业场所、仓库的内部结构相适合。

（2）注意防潮、防虫，使货架或其他设施处于良好的使用环境中。

（3）设备要经常保持清洁，保证木制的货架等设备不腐蚀掉屑。

**2. 特殊管理药品、贵重药品的专用保管设施设备及其管理** 专用保管设备包括专业保险铁柜、专用仓库。

有条件的企业对于特殊管理药品应设置专用仓库。仓库应为砖钢混结构，且无窗、无通风孔，安装钢制保险房门，防撞，并与附近公安派出所建立联系，以便做好重点防护的准备。无条件或经营数量较少而不需建立专用仓库的企业，要有特殊管理药品存放的专用保险铁柜，由钢制而成，结实，不易撬开、破坏，设置双门、双锁，或使用专业保险铁柜。

**3. 标牌及其管理** 库内对不同性质的药品要分区域储存，药品要做到分类码放，货位上设货位牌。如货位上的药品有变更时，此类标志应及时挪移或更换，并保持其整洁性。定期检查有标识设备状态的标识牌。设备正常运行时挂正常运行标识（绿牌），暂停运行时挂暂停运行标识（红牌），修理期间或待修理时挂修理标识（黄牌）。

库存药品应实行色标管理。其统一标准是：待验药品库（区）、退货药品库（区）为黄色；合格药品库（区）为绿色；不合格药品库（区）为红色。

### （七）验收、养护设备及其管理

**1. 通风、防潮设施设备及其管理** 仓库内通风、防潮设施包括：排风扇、通风器、吸湿剂和除湿机。以保证药库内通风、阴凉、干燥，符合药品存放条件。对这类设施设备的管理要点有以下几项。

（1）药库安装排风扇或通风器，根据药品的特性，可在适当的时候，开启机器持续适当长的时间。定时检查排风扇或通风器是否沾上灰尘，及时加以清理。

（2）可铺用吸湿剂，如生石灰、氯化钙、硅胶等，用木箱等盛装，置于库内四周货架下及门窗附近。当用石灰块作为吸湿剂时，石灰块变成粉末时应加以更换；当用氯化钙作为吸湿剂时，氯化钙变成水溶液应加以更换；当用硅胶作为吸湿剂时，硅胶变色时应加以更换。

（3）有条件的仓库可购置除湿机，根据需要可选用固定式或移动式，但该类设备投资较高，噪声和振动较大，用于结构严密的仓库。定时检查除湿机性能，记录存档，如发现有问题应及时修理。

**2. 检测和调节温、湿度的设施设备及其管理** 药品由于性质不同，对温度和湿度的要求也不相同，不同药品对温湿度各有一定的适当范围，当温湿度与药品性质不相适应时，就会对药品质量带来影响。

（1）设施设备 设备主要有温、湿度检测仪，以及空调、除湿机、散热器、供暖通道、电加湿器等。温度测量器可选用普通温度表、最高最低温度计、自动记录温度计、半导体点温计。湿度测量器可选用干湿球湿度计、毛发湿度计、通风湿度计、自记湿度计、手摇湿度计等。干湿球湿度计是最常用的相对湿度测量仪器。另外还要有一定的隔热设施，如墙体、屋顶材料的使用。仓库朝向和屋高也对仓库的温湿度有影响。喷雾洒水，用电加湿器产生蒸汽，以提高空气湿度。

（2）检测和调节温、湿度设施设备的管理 ①温湿度检测仪一般宜悬挂在不靠门窗而空气又能相对流通的地方，不宜悬挂在墙上或墙角处，并要避免日光直接照射。其高度以人的视线平行为准，一般以1.5m为宜。相对湿度应保持在35%～75%。②温湿度检测仪每季度应进行1次校验或检查，并做校验或检查记录。③最高最低温度计根据其使用原理，使用时不能横卧倒置，以免酒精渗入水银，使其所显示温度不准。④定期检查空调和除湿机等。空调和除湿机每次使用前后都应检查是否正常，填写"设备使用记录"。

**3. 符合药品特性要求的常温、阴凉和冷藏保管设施设备及其管理**

（1）设备包括空调、冷冻机组（冷柜）、散热器、暖气等。

（2）大部分药品可在常温下保存，该类药品置于货架上，利用空调来调节温度，对于需阴凉存放或冷藏存放的药品应配备电冰箱或小冷藏库，如生物制品、生化制剂等。

（3）药品的储存特性要求通常在药品包装的储存条件上注明。根据药品的储存特性，适当地启动空调、冷柜、散热器、暖气等相关设备。

（4）经常检查这类设备的性能，检查中发现的问题应及时向质量负责人汇报并尽快处理和备档。

**4. 防尘、防虫、防污染和防霉变等设施设备及其管理** 灰尘、虫、鼠等对药品的污染很大，特别是一些袋装药品，如葡萄糖等一旦发现鼠害，则严重污染药品。防尘、防虫、防鼠、防污染和防霉变的设备，包括纱窗、门帘、灭蝇灯、电猫、鼠夹、鼠笼等。定期检查纱窗、门帘是否有漏洞并及时修补。定期检查电猫、鼠夹等设备的性能，观察其是否生锈、是否正常工作，检查中发现的问题应及时向质量负责人汇报并尽快处理和备档。

**5. 验收养护用设施设备及其管理** 验收养护用设备包括崩解仪、千分之一天平、澄明度检测仪、标准比色液、操作台、灯检台。经营中药材、中药饮片的还应配置水分分析仪、紫外荧光灯、解剖镜或显微镜。管理要点如下。

（1）质量管理人员和养护人员应经常检查养护设备的运行状况，检查设备的配备情况是否达到GSP的要求，设备的运行状况如何，在检查过程中发现有不符合要求的设备，应向店长汇报，并提出维修或购置计划。

（2）对不能正常运转的仪器和设备，要及时维修，做好维修记录。对主要设备、精密仪器应制订保养和管理的方法，并建立使用记录、大修记录、检定记录。

（3）对于强制性检定的设备要按政府计量行政部门的要求按时进行检定，做好检定记录，填写"强制检定计量器具历史记录卡"，并形成档案。

## 三、药店环境管理

实践证明，药店的气氛在很大程度上会影响消费者购买行为，所以药店除了提供药品等商品，还要有愉快的购买环境、周到的服务等。通过店堂布局、环境卫生、仪表用语、音乐灯光等方面的精心安排，从视觉、听觉、嗅觉和感觉等角度为顾客营造一个温馨舒适、宽松和谐、赏心悦目的购物环境和氛围。

**（一）色彩**

**1. 色彩与顾客感受的关系** 人走到哪里第一感觉到的就是色彩。不同的色彩会让人感到舒畅还是沉闷。在药店内部恰当地运用和组合色彩，调整好店内环境的色彩关系，对形成特定的氛围空间能起到积极的作用。

各种颜色给人不同的感觉。暖色给人温暖、快活的感觉；冷色给人以清凉、寒冷和沉静的感觉；暖色向外扩张，前移；冷色向内收缩，后退。红色、黄色、橙色给人们温暖的感觉，被认为是"暖色"；蓝色、绿色和紫色通常用来创造雅致、洁净的气氛，被认为是"冷色"。了解了这些规律，可以对药店购物环境设计中药品陈列、陈列器具、天花板、壁面、地板及照明设施的色彩进行处理，使色调均衡协调，营造一个吸引人的购物环境。

**2. 药店装饰用色的注意事项** 药店的色彩布置，以让顾客感到舒适、轻松为前提，不同的药品可以用不同的颜色做背景。如将妇女保健品专区设计成粉红色，将儿童用药区设计成绿色，将中药饮片和部分中药材布置成金黄色的背景，而将注射剂等药品柜布置成浅蓝色背景，让顾客身临其境，勾起强烈的购买欲望。不过药店的色彩应以淡色调为主，若药店的面积不大，就不应用太多的色彩。相反，若面积较大甚至有多层，则可视药品、楼层的不同而采用不同的色彩。色彩运用应注意以下几点。

（1）药店的色彩淡色调为主 淡色调给人以健康向上的感觉，所以药店的主色是青草色，第一副色是白色，第二副色是橘色；而单纯深色调则给人以消极的感觉，如黑色，给人一种沉重、压抑的心理感受，与药店治病求人健康向上刚好相反，所以药店忌单独使用黑色。

（2）根据药店位置选择色彩 一般大型药店的不同楼层、不同位置，要求有不同的风格，使顾客依靠色调的变化来识别楼层和药品部位，唤起新鲜感，减少视觉与心理的疲劳。如药店一层营业厅，人口处顾客流量多，应以暖色装饰，形成热烈的迎宾气氛。也可以用冷色调装饰，缓解顾客紧张、忙乱的心理。地下营业厅沉闷、阴暗易使人产生压抑的心理感觉，用浅色调装饰地面、天花板可以给人带来赏心悦目的清新感受。

（3）避免大面积单纯用色 色彩也对人们的心情产生影响。不同的色彩及其色调组合会使人们产生不同的心理感受。例如，以红色为基调，会给人一种热烈、温暖的心理感受，使人产生一种强烈的心理刺激。红色一般用于传统节日、庆典布置，创造一种吉祥、欢乐的气氛。但是，如果红色过于突出，也会使人产生紧张的心理感受，一般避免大面积、单一采用。

（4）色彩要随季节做适当的调整 药店的色彩设计要想更好地刺激顾客的购买欲望，还应该随季节做适当的调整。在春季可以调配嫩绿色等偏冷色，给人以春意盎然的感觉；在炎热的夏季，药店以蓝、棕、紫等冷色调为主，顾客心理上有凉爽、舒适的心理感受；在秋季可调配橙黄色等暖色的色彩效果。给人秋高气爽的感觉；在冬季可调配浅橘红色等偏暖色系列的色彩效果，给人以温暖如春的感觉。

（5）利用色彩影响顾客视觉 可以根据营业场所不同的空间状况，利用色彩的远近感，改变顾客的视觉印象。如将天花板涂成浅蓝色，会给人一种高大的感觉；将药店营业场所墙壁两端的颜色涂得渐渐浅下去，给人一种辽阔的感觉；鲜明的暖色，显得较近，给人以面积缩短变小的感觉。因此对于狭长的店堂来说，一般把两侧墙壁涂成冷色（变宽），里面的墙壁涂成暖色（变短）；对于短并宽的店堂来说，一般把两侧墙壁涂成暖色（变窄），把里面的墙壁涂成冷色（变长）。

**（二）照明**

灯光照明是药店的"软包装"，体现着药店在一定时期的经营理念，好的照明设计既可以向顾客传递信息，还可以增加药品的魅力，增强药店的气氛，吸引顾客注意，方便顾客浏览商品，激发顾客的购买欲望，促进消费。

**1. 照明的类型与方式** 虽然营业场所采用自然光，既可以展示药品原貌，又能够节约能源。但自然光源受建筑物采光和天气变化影响，远远不能满足营业场所的需要，所以大型药店多以人工照明为主。药店的人工照明分为基本照明、特殊照明和装饰照明。

（1）基本照明  基本照明是药店为保持店堂内的能见度，方便顾客选购药品而设计的照明灯具。灯光应多采用纯白双管日光灯，因为日光灯的照明度最为均衡，同时双管日光灯还能够弥补单管日光灯的直射死角，而且纯白的灯光能够毫无保留地反射出药品的原始色彩。药店内一般照明、一般性的展示区，照度为600Lx；普通走廊、通道和仓库，照度为400～500Lx；在营业场所最里面或边角的地方，照度一般要求1200～1500Lx，用灯光效果来弥补顾客对边角的模糊视觉。

（2）特殊照明  就是为突出药品特质的重点照明，为了吸引顾客注意力而设置的灯具。药店设计特殊照明以加强药品的颜色和质地，店内药品陈列橱柜、重点陈列品、POP广告、药品广告、展示品、重点展示区等，照度为1200～1500Lx。其中对柜台局部照明，照度最好为普遍照明度的二倍。在分配药店内的照明亮度时，对药店的一些部位要进行重点照明，如柜台可以采取半直接照明等，不能千篇一律。

（3）装饰照明  装饰照明也称气氛照明，主要是通过一些色彩和动感上的变化，以及智能照明控制系统等，在有了基础照明的情况下，加以一些照明来装饰，令环境增添气氛。装饰照明能产生很多种效果和气氛，给人带来不同的视觉上的享受。对于夜间营业的药店装饰照明很重要，可以用霓虹灯、电子显示屏或用旋转灯吸引顾客注意。

①橱窗照明  橱窗照明是针对过往行人而设计的，因此，橱窗内的亮度必须比卖场高出2～4倍，照度为2000Lx。橱窗的照明不仅要有美感，同时也必须进行商品的视觉强化和气氛的烘托。所以，可采用下照灯、吊灯等装饰性照明，使灯光层次分明，具有表现力。同时应避免平均、单一的亮度。

②招牌照明  通过霓虹灯的装饰，使招牌明亮醒目。不同的霓虹灯可以烘染出店面的五彩缤纷，从药店招牌、广告牌，到装饰灯光，凡是夜间营业的药店都离不开它。霓虹灯的装饰一定要新颖、别具一格，可设计成各种形状，采用多种颜色。灯光颜色一般以单色如较强的红、绿、白等为主，突出简洁、明快、醒目的要求。有时，灯光的巧妙变化和闪烁或是辅以动态结构的招牌字体，能产生动态的感觉，这种照明方式能活跃气氛，更富有吸引力，可收到较好的心理效果。

③外部装饰灯照明  一般是装饰在店门前的街道上或店门周围的墙壁上，主要起渲染、烘托气氛的作用。突出药店的经营特色的同时，要与药店整体形象保持一致。具体装饰时可在店门拉起灯网，或者用多色灯网把店前的树装饰起来，也可以制成各种反映本店经营内容的多色造型灯，装饰在店前的墙壁或招牌周围，以招揽生意。

**2. 照明的光源位置与效果**  照明光源的位置不同，会给药店带来的不同气氛。

（1）从斜上方照射的光  这种光线下的药品，像在阳光下一样，表现出极其自然的气氛。这种光线适合于店堂内，以及柜台的最下面和中间层。

（2）从正上方照射的光  这种光可制造一种特异的神秘气氛，高档、高价产品用此光源较合适。这种光线比较适合于橱窗和柜台内。

（3）从正前方照射的光  在这种光线下，顾客如果正面平视物品，会挡住光源，在物品上留下影子，因此，此光源不能起到强调药品的作用。

（4）从正后方照射的光  在此光线照射下，药品的轮廓很鲜明，需要强调药品外形时宜采用此种光源，在离橱窗较远的地方也应采用此光源。

（5）从正下方照射的光  能造成一种受逼迫的、具有危机感的气氛。

所以最理想的是"斜上方"和"正上方"的光源。

**3. 店内外照明的注意事项**

（1）药店照明要重视亮度分布  为提高顾客注意力，先考虑其照明的变化及光的对比。

以均匀的亮度为主并作适当的阴影，使药品易见且有亲切感。考虑其器材的角度，避免直接投射客人，也不要有逆光。或用具有魅力的局部照明，强化药品的质感、立体感、光泽等特性，通过这些设计可全面提高照明对顾客购物的引导和促进作用。

（2）防止照明对药品的损害 光和热是导致药品变质的主要因素，因此一定要注意光线的热度，为防止因照明而引起药品变色、褪色、变质等类似事件的发生，要做到药品与聚光性强的灯泡之间的距离不得少于30cm，并经常检查药品是否有褪色的现象，如有要及时查找原因及时更正。

（3）实施绿色照明工程 选用优质、高效、节能的新光源新灯具。

（4）灯光的选择，要能画龙点睛，光和色是密不可分的，按舞台灯光设计的方法，为橱窗配上适当的顶灯和角灯，不但能起到一定的照明作用，而且还能使橱窗原有的色彩产生戏剧性的变化，给人以新鲜感。对灯光的一般要求是光源隐蔽，色彩柔和，避免使用过于鲜艳、复杂的色光。尽可能在反映药品本来面目的基础上，给人以良好的心理印象。

（5）选择灯光要恰当 光的不同亮度和颜色能够创造不同的气氛。白灯光耀眼而显得热烈，荧光灯柔和，一般药店两者并用。冷色（青、紫）用荧光灯较好，暖色（橙、红）用白炽灯更能突出药品的鲜艳。

（6）合理进行药店照明规划 药店的不同部位，所采用的光源强度不一样，假如药店店内的平均照明为1，超过1表示应特别加强。一般药店照明规划与基本要求如下：货架1.5～2.5倍；柜台1.5～2倍；展台3倍；橱窗2.5～4.5倍。

## （三）温度和湿度

药店营业空间内顾客流量大，空气易污浊，要保证店内空气清新通畅，冷暖适宜，一般应采用空气净化措施，加强通风系统的建设。还可采取紫外线灯光杀菌设施和空气调节设备，用来改善药店内部的环境质量，为顾客提供舒适、清洁的购物环境。

## （四）声音

药店的背景音乐可以吸引顾客的注意，指导顾客选购药品，还可以营造特殊氛围，促进商品销售，因此药店都会进行背景音乐设计。

声音的种类可对药店的气氛产生积极的影响，也可以产生消极的影响。音乐可以使顾客感到愉快，也可以使顾客感到不愉快。令人不愉快或令人难以忍受的音乐，会使顾客的神经受到影响，甚至毁坏药店刻意营造的购物气氛。

音乐要让人觉得流连忘返。如果店内所播放的音乐，能获得顾客喜爱，顾客会在一面聆听音乐的时候，选择更多药品。音乐可以创造药店的气氛，没有音乐的药店让人觉得安静得有点压抑感。音乐的选择应依时段不同，如开店前、上午、下午、晚间以及打烊前，而做不同的搭配。要掌握音乐的强度和音量，如果掌握不好，声音过高，则会令人反感，声音过低，则不起作用。

### 拓展阅读

#### 音乐与消费调研

美国一项调查研究显示：在药店里播放柔和而节拍慢的音乐，会使销售额增加40％，快节奏的音乐会使顾客在店里流连的时间缩短而购买的物品减少。

### （五）气味

药店中的药味在空气中弥漫，能让人感觉到阵阵药香。但令人不愉悦的气味会把顾客赶走，所以我们要尽量消除药店内的不良气味。

消除店内不良气味可以通过以下措施：①小型药店一定设置好通风设备，大中型药店还可采用空气过滤设备。②定期释放一些芳香气味。③如果新开张或店内刚进行过装修，有很大的异味，但是短时间内又无法消除时，药店应以张贴在店内的说明或告示牌的形式向顾客说明情况并表示歉意，顾客内心会觉得受到了尊重而愉快，本来比较浓的异味会被这种愉悦心情淡化。

### （六）卫生条件

保持环境清洁、药品整洁，为顾客创造一个整洁的购买环境，是文明经商的要求。在营业现场，每天的卫生工作要定人定时，经常打扫，将废旧包装物及时清理收回。陈列用具，展示的药品要每天擦拭，营业员也要着装整洁，讲究个人卫生。

---

📊 **岗位对接**

---

医药商品购销员（五级）国家职业标准中，对销售准备的要求是：能按卫生要求清洁营业场所，能按售前操作规程清点、添加药品。对药品保管的要求是：能按药品性质保管药品，能做好营业场所，仓库的温、湿度记录及调控。

---

## 实训三　设计药店空间布局图

### 一、实训目的
学习药店空间布局的方法、步骤和内容。

### 二、实训要求
能在规定时间内正确完成药店空间布局，布局合理。

### 三、实训内容
**1. 药店空间分区**　对门店内药品的药品陈列空间、营业员工作空间、顾客服务空间及其他辅助区域进行合理分区、规划。

**2. 顾客流动线设计**　对顾客流动空间进行合理分析，设计顾客流动线。

### 四、实训方法
模拟药店空间设计，每6人1组。由教师准备好设计用具及一定数量的道具、模型。

1. 首先确定此次设计所用的方式方法。

2. 做好设计前的准备工作，如准备道具、设计现场布置等。

3. 6人1组严格按照空间设计图的要求，按步骤进行规划、设计，并画出空间布局图。

4. 教师检查学生的设计图，同时观察并及时纠正学生在设计过程中不符合规范的步骤及操作。

5. 各组根据设计图，对门店目前的定位、经营范围及发展规划等基本情况进行简单的分析。

## 五、实训评价

表 3 - 4　实训评价表

| 序号 | 考核内容 | 考核要点 | 配分 | 评分标准 | 扣分 | 得分 |
|---|---|---|---|---|---|---|
| 1 | 设计前的准备工作 | 1. 空间布局设计。<br>2. 检查设计用具及准备耗材。<br>3. 设计员分工。<br>4. 对药店空间做整体的考察。<br>5. 电脑设计软件准备 | 2.5 | 1. 设计用具准备不齐全的，扣0.5分。<br>2. 没有检查设计机器和准备耗材的，扣0.5分。<br>3. 设计分工不合理的，扣0.5分。<br>4. 对空间规划要求理解错误的，扣0.5分。<br>5. 电脑没有设计软件及相关运用程序的，扣0.5分 | | |
| 2 | 设计药店空间布局 | 6. 对空间内部布局进行整体规划。<br>7. 对顾客流动线进行规划。<br>8. 对药柜等器具装备进行设计规划。<br>9. 药店空间辅助区域的设计 | 6 | 1. 空间整体布局不符合规范，扣1分。<br>2. 不能熟练运用顾客流动线类型进行规划的，扣1分。<br>3. 对药柜、台面高度、尺寸设计不合规范的，扣1分。<br>4. 对药店辅助空间规划不合理的，扣1分。<br>5. 药店空间功能存在缺失的，扣2分 | | |
| 3 | 设计图修订 | 10. 运用电脑软件对设计图纸进行修订。<br>14. 标注设计图纸尺寸 | 1.5 | 1. 设计图纸出现错误，扣1分。<br>2. 设计图纸子字体、数字标注不合规范的，扣0.5分 | | |
| | 合计 | | 10 | | | |

否定项：无

---

## 实训四　药店营业场所成本预算

### 一、实训目的
学习药店营业场所开办、布局、设计所需费用的核算方法。

### 二、实训要求
能在规定时间内正确完成药店营业场所的成本预算。

### 三、实训内容
**1. 药店营业场所成本构成**　分解、分类门店内药品的成本支出项目。

**2. 药店成本核算方法**　对药店营业场所的成本进行核算，了解成本核算的基本方法。

### 四、实训方法
模拟药店营业场所成本核算，由6人1组。由教师准备好核算用具、计算器等。

1. 首先确定此次核算的范围、方法。

2. 做好核算前的准备工作，如核算工具、核算方法、核算公式等。

3. 6人1组严格按照成本核算的要求，按核算项目及方法，按步骤进行核算，并制作成本核算一览表。

4. 教师检查学生的成本核算一览表，同时观察并及时纠正学生在核算过程中不符合规范的步骤及操作。

5. 各组根据成本核算表，对门店目前的成本构成、利润来源及发展趋势等基本情况进行简单的分析。

## 五、实训评价

表 3 - 5　实训评价表

| 序号 | 考核内容 | 考核要点 | 配分 | 评分标准 | 扣分 | 得分 |
|---|---|---|---|---|---|---|
| 1 | 成本核算前的准备工作 | 1. 药店营业成本构成分析。<br>2. 检查成本核算用具及准备耗材。<br>3. 小组成员分工。<br>4. 收集相关文件、资料。<br>5. 设计成本核算公式 | 2.5 | 1. 成本构成分析不全的，扣0.5分。<br>2. 没有检查成本核算用具和耗材的，扣0.5分。<br>3. 资料收集不全的，扣0.5分。<br>4. 成本核算公式没有设计的，扣0.5分。<br>5. 成本核算标准没有统一的，扣0.5分 | | |
| 2 | 药店成本核算 | 6. 人力成本核算。<br>7. 固定资产成。<br>8. 变动成本核算。<br>9. 药店装成本核算。<br>10. 其他成本核算 | 6 | 6. 人力成本核算不符合规范的，扣1.5分。<br>7. 固定资产成本构成及核算不全的，扣1.5分。<br>8. 变动成本构成及核算不全的，扣1分。<br>9. 装修成本核算不符合规范的，扣1分。<br>10. 其他不可控成本核算不符合规范的，扣1分 | | |
| 3 | 成本核算报表 | 11. 整理成本项目和汇总。<br>12. 填写成本构成一栏表 | 1.5 | 1. 成本构成项目汇总出现错误的，扣1分。<br>2. 填写成本构一栏表不合规范的，扣0.5分 | | |
| | 合计 | | 10 | | | |

否定项：无

---

## 目标检测

**一、选择题（下列每题的选项中，只有 1 个是正确的，请将其代号填在括号内）**

1. 销售药品时应做好准备，下列不正确的是（　　）。

    A. 检查环境卫生　　　　　　　　　　B. 整理柜台及货架

    C. 查验票据、工具是否有误　　　　　D. 坐堂医生到岗

2. 店堂内陈列广告不正确的是（　　）。

    A. 严格执行国家有关广告管理的法律、法规　　B. 需经药监部门审批

    C. 需进行备案　　　　　　　　　　　D. 可根据企业需求，自主决定

3. 对药品养护时库温湿度的记录要求是（　　）。

    A. 每天上午1次　　　　　　　　　　B. 每天下午2次

    C. 每天下午1次　　　　　　　　　　D. 每天上下午定时各1次

4. 销售前的物质准备是（　　）。

    A. 商品陈列　　　　　　　　　　　　B. 补货陈列

    C. 检查标签、熟悉价格　　　　　　　D. 以上均是

5. 药品仓库的湿度要求保持在（　　　）。

　　A. 30% ~ 40%　　　　　　B. 40% ~ 50%　　　　C. 50% ~ 60%　　　　　　D. 35% ~ 75%

6. 关于药品储存与养护叙述错误的是（　　　）。

　　A. 药品要按温湿度要求储存于相应的库中　　B. 在库药品均实行色标管理

　　C. 待检药品库（区）应为红色　　　　　　D. 对近效期的药品，应按月填报效期报表

7. 接待顾客的仪表仪态要求是（　　　）。

　　A. 上岗前应着企业统一的服装

　　B. 站立时要头正、颈直、两眼自然平视前方

　　C. 佩戴饰物样式不要过于夸张，体现文雅端庄

　　D. 以上均是

8. 关于医药商品购销员在营业中的服务规范叙述错误的是（　　　）。

　　A. 顾客一进店，营业员马上紧跟服务　　　B. 要说好第一句话

　　C. 拿递商品时要适时主动　　　　　　　D. 营业员要自始至终保持文明礼貌

（万晓文）

# 第四章

# 药店开办

## 学习目标

知识要求　**1. 掌握**　开办药店所必须具备的条件。熟悉零售药店 GSP 认证的程序。
　　　　　**2. 了解**　医保定点药店的要求与管理。
技能要求　能独立进行药店开办的申报工作。

　　药品零售企业有单体药店和药品零售连锁企业两种类型，本章主要介绍单体药店和零售连锁药店的开办条件、开办程序以及医保定点药店的协议管理。

## 第一节　药店的开办

### 案例导入　是筹建药店还是无证经营？

　　某零售药店向所在地药品监管部门递交了筹建申请，药品监管部门审核后批复同意其筹建，并在法定时间内进行了现场检查验收，但尚未核发《药品经营许可证》给该药店。在此期间，药品监管部门接到群众举报称，该药店货架（柜）内已摆放了数十种药品。经核查后，发现该药店尚未对外销售药品。

**讨论：** 该药店的行为是否合法？

**案例分析：** 根据《药品管理法实施条例》第十二条规定，零售药店申办人在完成企业筹建后，应当向原审批机构申请验收。本案中，当地药品监管部门已经对该零售药店的筹建情况进行了现场检查验收，现场检查验收虽然已经完成，但该零售药店并未取得《药品经营许可证》，也即意味着该药店没有对外销售药品的权利。

　　如果该药店仅仅是在货柜上摆放了药品而确实没有对外销售药品，则该药店的摆药行为应视为开业前的准备行为，对此种行为，药品监管部门不宜进行行政处罚。但为了预防违法行为的发生，执法人员应当提醒该零售药店注意守法经营，不能在未取得《药品经营许可证》的情况下对外销售药品。

## 一、申请开办药店的条件

　　开办药店需要满足相应的条件。

### （一）开办药店的基本条件

　　根据《中华人民共和国药品管理法》，开办药品经营企业需要具备如下基本条件。

1. 具有依法经过资格认定的药学技术人员。

2. 具有与所经营药品相适应的营业场所、设备、仓储设施、卫生环境。

3. 具有与所经营药品相适应的质量管理机构或人员。

4. 具有保证所经营药品质量的规章制度。

### （二）开办药店的办理条件

根据《药品经营质量管理规范》（2016 年 6 月 30 日修正），开办药店的办理条件如下。

1. 具有保证所经营药品质量、符合《药品经营质量管理规范》的规章制度。

2. 企业、企业法定代表人、企业负责人、质量负责人无《药品管理法》第 75 条、第 82 条规定的情形。

3. 具有与经营规模相适应的一定数量的执业药师。药品零售连锁企业质量负责人、质量管理机构负责人必须是执业药师，且质量负责人具有大学以上学历。零售药店的负责人为执业药师，负责处方审核的人员为执业药师。

4. 药品零售连锁企业配送中心仓库使用面积应不少于 300m²，并具有能够保证药品储存质量要求、与其经营品种和规模能力相适应的常温库、阴凉库、冷库。药品零售连锁企业若委托同一法定代表人的药品批发企业配送药品，不得另设配送中心仓库，且药品零售连锁企业购进的所有药品必须从同一法定代表人的药品批发企业采购。药品零售连锁企业不委托同一法定代表人的药品批发企业配送药品的，应设置独立的仓库。

5. 具有独立的计算机管理信息系统，能覆盖企业内药品的购进、储存、配送、销售以及经营和质量控制的全过程。能全面记录企业经营管理及实施《药品经营质量管理规范》方面的信息。符合《药品经营质量管理规范》对药品经营各环节的要求，并具有可以实现接受当地药品监管部门监管的条件。开办药品零售连锁企业，总部、配送中心、所属零售门店之间的计算机管理信息系统应实时连接，能实现数据实时交换。

6. 具有符合《药品经营质量管理规范》对药品营业场所及辅助、办公用房以及仓库（配送中心）管理、仓库内药品质量安全保障和进出库、在库储存与养护方面的条件。药品零售连锁企业药品经营场所（即注册地址）使用面积应不少于 100m²。

7. 开办药品零售连锁企业，必须具有 5 家（含）以上的直营门店（直营门店的《营业执照》应为总部《营业执照》的分支机构）。

## 二、开办药店的程序

开办药店的程序依次是：申请人申请筹建、申请《药品经营许可证》、申请《营业执照》、申请《药品经营质量管理规范》认证、办理税务登记（图 4-1）。

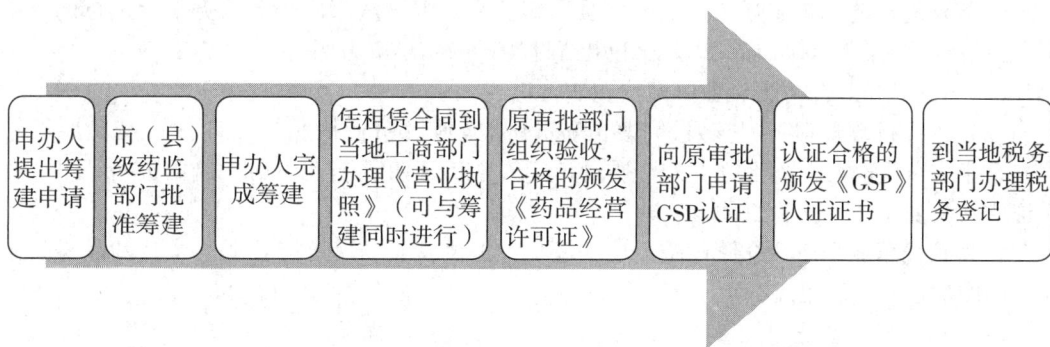

图 4-1 开办药店的申报审批流程图

**1. 申请筹建** 开办药品零售企业，申办人应当向企业所在地的市级药品监督管理部门或者省级药品监督管理部门直接设置的县级药品监督管理部门提出申请。受理了申请的药品监督管理部门自收到申请之日起 30 个工作日内，依据有关规定，结合当地实际（如常住人口数量、地域、交通状况等）进行审查，做出是否同意筹建的决定。

**2. 申请《营业执照》（可与筹建同时进行）** 凭租赁合同到当地工商行政管理部门办理登记注册。一般的程序是申请、审查核准、发照。即申请者首先向当地工商行政管理部门报送开业申请登记表，由工商部门进行核查，审查合格后颁发营业执照。

营业执照是营业单位从事生产与经营活动的凭证，凭营业执照才可以刻制企业的公章、开设账户，在核准登记的范围内从事经营活动。

**3. 申请《药品经营许可证》** 申办人在规定时间内完成企业筹建后，则应向原审批机构申请验收。原审批机构自收到申请之日起 15 个工作日内，根据《药品管理法》第十五条规定的开办条件组织验收，符合条件的，发给《药品经营许可证》。

**4. 申请《药品经营质量管理规范》认证（GSP 认证）** 新开办的药店，应当自取得《药品经营许可证》之日起 30 日内，向其发证的药品监督管理部门或者药品监督管理机构申请 GSP 认证。受理药店认证申请的药品监督管理机构自收到申请之日起 7 个工作日内，将申请移送到负责组织药品经营企业认证工作的省、自治区、直辖市人民政府药品监督管理部门。省、自治区、直辖市人民政府药品监督管理部门自收到认证申请之日起 3 个月内，按照国务院药品监督管理部门的规定，组织对申请认证的门店进行认证。合格的，发给认证证书。

**5. 办理税务登记** 办理税务登记的程序如下。

（1）提交税务登记申请，填写《税务登记表》。

（2）提供有关证件资料，主要包括：工商部门发给的《营业执照》、银行开户账户证明（没有开设银行账户的小药店不需此证明）、法定代表人的居民身份证以及税务机关要求提供的其他有关证件或资料。

（3）税务机关审核，整个审核过程一般应在 30 日以内完毕，审核合格后，发给税务登记证件。

## 三、药店的筹建与验收

### （一）药店筹建申请与受理

在选好建店地址后，申办人应当向当地的市级药品监督管理部门或者省级药品监督管理部门直接设置的县级药品监督管理部门提出申请筹建。

**1. 筹建的申请** 企业登陆当地市（县）级药品监督管理部门企业服务平台进行网上申报，并根据受理范围的规定，提交以下申请材料（以北京市为例）。

（1）《北京市药品零售企业筹建申请表》。

（2）工商行政管理部门核发的拟办药品零售企业《营业执照》复印件（交验原件）。拟办企业法定代表人、企业负责人、质量负责人学历证明、个人简历、执业资格证书、身份证原件及复印件（交验原件）。

（3）拟设营业场所、仓储设施、设备情况，拟设营业场所还应注明与最近药品零售企业之间的最短可行进距离。

（4）拟注册地址地理位置图、营业场所平面图（注明面积）。

（5）拟设仓库地理位置图、平面图（注明面积、长宽高）。

（6）开办零售（连锁）企业，还应提交所属各门店《药品经营许可证》（正副本）、《营业执照》复印件。

（7）申报材料真实性的自我保证声明，并对材料作出如有虚假承担法律责任的承诺。

（8）申请企业申报材料时，具体办理人员不是法定代表人或负责人本人的，企业应当提交《授权委托书》。

（9）开办零售（连锁）企业的，需说明连锁的管理体制。

材料标准：①申请材料应完整、清晰，要求签字的须签字，逐份加盖企业公章。使用A4纸打印或复印，按照申请材料顺序装订成册。②凡申请材料需提交复印件的，申请人须在复印件上注明日期，加盖企业公章。

**2. 筹建的受理**　药品监督管理部门遵循合理布局和方便群众购药的原则，自受理之日起30个工作日决定是否同意筹建。

### （二）药店验收申请与受理

若市（县）级药品监督管理部门同意筹建，申办人在规定的期限内完成药店筹建后，向原审批部门申请验收。

**1. 验收申请与受理**　企业登陆药品监督管理部门企业服务平台进行网上申报，并根据受理范围的规定，需提交以下申请材料（以北京市为例）。

（1）《北京市药品零售企业验收申请表》。

（2）工商行政管理部门核发的具有药品零售经营范围的《营业执照》复印件（交验原件）。

（3）营业场所、仓库平面布置图。

（4）执业药师资格证书及药学技术人员任职资格证书及聘用证明原件、复印件（交验原件）。

（5）拟办企业质量管理文件及主要设施、设备目录、计算机信息管理系统情况。

（6）《同意筹建通知书》。

（7）申报材料真实性的自我保证声明，并对材料作出如有虚假承担法律责任的承诺。

（8）凡申请企业申报材料时，具体办理人员不是法定代表人或负责人本人的，企业应当提交《授权委托书》。

材料标准：①申请材料应完整、清晰，要求签字的须签字，逐份加盖企业公章。使用A4纸打印或复印，按照申请材料顺序装订成册。②凡申请材料需提交复印件的，申请人须在复印件上注明日期，加盖企业公章。③以上证件和证明材料提供复印件，并提供原件验证。提交的材料一式二份。

期限：自受理之日起15个工作日（不含送达期限）。

**2. 验收审核标准**　依据《北京市开办药品零售企业暂行规定》对申请材料和现场检查进行审核。原批准筹建的药品监督管理部门在收到申请材料后，在15个工作日内组织验收，验收合格的发给《药品经营许可证》。

验收审核标准有如下几项。

（1）开办药品零售企业　①具有保证所经营药品质量的规章制度。②具有与经营规模相适应的质量管理机构或专职质量管理人员，配备一定数量的依法经过资格认定的执业药师或药学技术人员，从事质量管理、处方审核、药学服务等工作。③具有专用的计算机管理信息系统，该系统具有采购、验收管理功能、储存管理功能、销售管理功能等。④企业在国家有就业准入规定岗位工作的人员，需通过职业技能鉴定并取得职业资格证书后方可上岗。⑤企业负责人应当具有大学专科以上学历，熟悉国家有关药品管理的法律、法规、规章，具有基本的药学知识。企业法定代表人、企业负责人、质量负责人无《药品管理法》第七十五条、第八十二条规定情形的。⑥具有与其药品经营范围、经营规模相适应的营业场所，并具有相应的办公区及辅助用房。具有符合规定的设备、仓储设施以及卫生环境。

企业营业场所相对独立，且周边环境整洁。符合商业用途等规定要求。按照规定要求设置仓库。⑦具有向公众提供 24 小时药品销售服务的能力。

（2）开办药品零售（连锁）企业　①药品零售（连锁）企业总部应是企业法人，直接经营的非法人门店应达到（含）10 个以上。所有门店均已经持有《药品经营许可证》。②具有保证所经营药品质量的规章制度。③具有依法经过资格认定的药学技术人员。④药品零售连锁企业配送中心库房应实施信息化管理，面积应与其经营品种和规模相适应，库房应具有适合药品储存的专用货架和相应设施，其中零货拣选货位不少于 1200 个。⑤具有专用的计算机管理信息系统，该系统除具备采购、验收、储存管理、销售管理、质量管理信息广播等功能外，还应与配送中心、各门店联网，能够全面控制配送中心、连锁门店药品购进、储存、销售经营质量管理全过程。

## 四、GSP 认证

根据《中华人民共和国药品管理法实施条例》，新开办药品经营企业应自取得《药品经营许可证》之日起 30 日内，向发给其《药品经营许可证》的药品监督管理部门或者药品监督管理机构申请《药品经营质量管理规范》认证。

企业首先需登陆当地市（县）级药品监督管理部门企业服务平台进行 GSP 认证网上申报（以北京市为例）。

### （一）GSP 认证的申请与受理

企业登录北京市食品药品监督管理局企业服务平台进行网上申报，并根据受理范围的规定，需提交以下申请材料。

1. 《药品经营质量管理规范认证申请书》1 份。

2. 《药品经营许可证》及《营业执照》正副本复印件以及相关许可的证明文件复印件 1 份。

3. 重新换证的企业提交上次认证的《药品经营质量管理规范认证证书》复印件及上次认证检查或追踪检查《不合格项目情况》复印件 1 份。

4. 企业实施 GSP 情况综述，内容至少包括以下内容。

（1）企业基本情况，重新换证的企业还应提交上次认证以来《药品经营许可证》许可事项变更情况。

（2）企业组织机构及岗位人员配备情况。

（3）企业设施设备配备情况。

（4）企业质量管理文件建立情况。

（5）企业计算机系统概况，简述对药品经营质量管理风险的管控情况。

（6）各岗位人员培训及健康管理情况。

（7）企业药品经营活动各环节工作运转及其质量控制情况。

（8）企业实施电子监管工作情况。

（9）企业实施 GSP 过程中发现的问题及其整改措施与整改情况。

（10）企业其他需要说明的情况。

5. 企业 1 年内有无经销假劣药品情况的说明 1 份。

6. 企业法定代表人、企业负责人和质量管理人员情况表 1 份。填写人员包括：法定代表人、企业负责人、质量管理人员，并附其简历、企业出具的任职证明复印件、身份证复印件、学历证明（毕业证、学位证等）、技术职称证明，若为执业药师须提供执业药师注册证（需注册在本企业）复印件。

7. 企业药品处方审核、验收、养护、中药饮片调剂人员情况表 1 份。填写人员包括：处方审核、验收、养护、中药饮片调剂人员，并附其简历、企业出具的任职证明复印件、身份证复印件、学历证明（毕业证、学位证等）、技术职称证明，若为执业药师须提供执业药师注册证（需注册在本企业）复印件。

8. 企业经营设施、设备情况表 1 份。

9. 企业所属药品经营企业情况表 1 份。

10. 企业药品经营质量管理文件目录 1 份。

11. 企业组织机构的设置与职能框架图 1 份。

12. 企业营业场所和仓库的方位图 1 份。

13. 企业营业场所、仓库的平面布局图 1 份（注明仓库长、宽、高及面积，经营场所长、宽及面积）。

14. 申请材料真实性的自我保证声明 1 份，并对材料做出如有虚假承担法律责任的承诺。

15. 凡申请企业申请材料时，申请人不是法定代表人或负责人本人的，企业应当提交《授权委托书》1 份。

注：凡被要求限期整改的企业，申请复查的，只需提供认证整改报告、复查申请 1 份。按照药品零售企业 GSP 认证程序受理环节办理。

材料标准：①申请材料应完整、清晰，要求签字的须签字，每份加盖企业公章。使用 A4 纸打印或复印，装订成册。②凡申报资料需提交复印件的，申请人须在复印件上注明日期，加盖企业公章。

### （二）GSP 认证的审核

**1. 材料审核**

（1）申请材料规范、齐全、有效，加盖企业公章。按顺序统一装订成册。

（2）申请材料符合《药品经营质量管理规范》等相关规定要求。

**2. 现场检查**

（1）审核人员制定现场检查方案后，将现场检查书面通知书提前 3 日发至被检查企业。

（2）现场检查由组长负责，检查组由 3 名 GSP 认证检查员组成，依据《药品经营质量管理规范》进行现场检查，填写《GSP 现场检查记录》或《GSP 现场检查不合格项目情况表》。《GSP 现场检查不合格项目情况表》应由企业质量负责人签字确认。同时检查组填写《现场核实企业有无违规经营假劣药品情况表》，企业负责人签字并加盖公章。

（3）现场检查组长制作《GSP 现场检查报告》，检查组人员签章，于检查后第二天将《GSP 现场检查报告》、《GSP 现场检查记录》或《GSP 现场检查不合格项目情况表》交审核人员。

### （三）GSP 认证现场检查结论评审及公示

1. 根据现场检查报告和检查结论提出审查结果。

2. 将通过认证现场检查的企业名单报当地食品药品监督管理局办公室上网公示（7 个自然日）。

### （四）出具审核意见

根据审查结果和公示情况，在规定期限内出具审核意见。

### （五）行政许可决定

1. 对准予许可的，发放《药品经营质量管理规范认证证书》。

2. 对不予许可的，下达《不予行政许可决定书》和《药品经营质量管理规范认证不合格通知书》。

3. 对限期整改的，下达《药品经营质量管理规范认证整改通知书》，责令限期整改。

## 第二节　基本医疗保险定点零售药店的管理

基本医疗保险定点零售药店的开设，在给参保的城乡居民购药带来了便利的同时也提升了药店的经营业绩。

为进一步减少行政干预，促进公平竞争，按照《国务院关于第一批取消62项中央指定地方实施行政审批事项的决定》（国发〔2015〕57号）文件要求，国家人力资源与社会保障部研究制定了《关于完善基本医疗保险定点医药机构协议管理的指导意见》，明确要求全国所有统筹地区于2015年底前，全面取消社会保险行政部门实施的基本医疗保险定点医药机构（含医保定点药店、定点医疗机构，下同）资格审查项目，改为社保经办机构和医药机构协议管理。并同步完善协议管理，提高管理服务水平和基金使用效率。

人力资源与社会保障部对完善协议管理也提出了明确的要求。

1. 统筹地区人社部门应及时将定点医药机构的条件向社会公开，有关条件要体现基本医疗保险制度与管理的要求，包括医药机构规划布局、服务能力、内部管理、财务管理、信息系统等方面的内容。

2. 依法设立的各类医药机构，无论其级别、类别和所有制性质，均可对照条件自愿向社保经办机构申请成为医保定点，社保行政部门不再进行前置审批。

3. 经办机构要建立公开透明的评估机制，探索通过第三方评价等方式开展评估，选择服务质量好、价格合理、管理规范的医药机构谈判签订服务协议。

4. 要不断完善服务协议，除了明确服务人群、服务范围、服务内容、服务质量、费用结算、违约处理等基本内容外，还要体现总额控制指标、具体付费方式和标准、费用审核和控制等内容，并根据医保政策和管理的需要及时补充完善，有条件的地方还可以探索长短期协议相结合的动态协议管理办法。

5. 经办机构和定点医药机构要严格履行服务协议，社保行政部门要加强行政监管，同时要拓宽监督途径、创新监督方式，动员社会各界参与医疗保险监督。

### 一、基本医疗保险定点零售药店的定义

基本医疗保险定点零售药店，简称医保定点药店，是指符合基本医疗保险定点条件，经社会保险经办机组织评估确认并签订服务协议，为基本医疗保险参保人提供配购药及相关服务的零售药店。

处方外配是指参保人员持定点医疗机构处方，在医保定点药店购药的行为。

---

**拓展阅读**

#### 发改委鼓励处方外流，药品销售挤向零售端

2016年7月25日，国家发改委发布《关于促进医药产业健康发展的指导意见重点工作部门分工方案》（以下简称《方案》）。同时，禁止医疗机构限制处方外流的

方向再次得到明确。

《方案》要求，医疗机构应当按照药品通用名开具处方，并主动向患者提供处方，保障患者的购药选择权。推进各类所有制医疗机构设备共享，推动医疗机构间检查结果互认。

自2009年新医改以来，一系列政策推动医药分开。此前出台的多个政策文件均明确提出，采取多种形式推进医药分开，禁止医院限制处方外流，患者可自主选择在医院门诊药房或凭处方到零售药店购药。

不过，多年来，在"以药养医"的医疗环境下，公立医院主导处方药市场的格局尚未完全改变。据海通证券测算，2014年国内医院药占比约为38%，如果压低至30%，意味着1/4以上的药品将被挤出医院。在医院用药结构中，约55%为针剂、45%为口服制剂。由于针剂风险较大，在院外没有注射渠道，因此只能是口服制剂流向院外，在药品总量挤出1/4，且只能是占比不足医院用药一半的口服制剂被挤出，意味着1/2的口服制剂将被挤向零售终端。

业内人士认为，处方药的导入，将对零售药店的业务模式产生深远影响，包括导入后零售药店将直接对接大量的慢病和重大疾病患者，渠道价值和对工业企业的话语权将大幅提升，同时，患者资源以及大数据的沉淀，也将使零售药店药事服务、慢病管理等创新业务落到实处，并可能与医保、商业保险产生更深层次的商业模式创新。此外，部分一向不重视零售市场的外资药企，已经组建了零售团队，包括阿斯利康、默沙东和赛诺菲等企业，纷纷涉足药店零售市场。

## 二、申报医保定点药店的条件

申报医保定点药店要具备以下条件。

1. 取得《药品经营许可证》《药品经营质量管理规范认证证书》半年以上，主营业务为药品零售业务，近两年内无违法、违规经营行为、提供虚假资料申请定点和因违规解除医保服务协议记录。

2. 具备及时供应基本医疗保险药品目录内药品及24小时提供服务的能力，配备与本单位签订劳动合同并缴纳社会保险的专职执业药师、药师。执业药师、药师的执业地与注册地点一致，营业时间保证有一名以上执业药师在岗。

3. 具备独立的计算机管理系统且符合与基本医疗保险信息系统联网结算条件。

## 三、医保定点药店的申报程序

医药机构将通过自愿申请、组织评估、协商签约、登记备案等环节，实现社保经办机构和医药机构协议管理。各级社会保险经办机构负责受理申请、开展评估、协商谈判、签订协议、协议备案等工作。

社会保险行政部门应修改和完善定点资格审查条件和申请提报材料，规范提报材料的名称，使申报条件更宽，提报材料更规范，择优选取范围更大，努力营造公开公平公正的竞争环境。在强化监管方面，各地要从重准入转向重管理，着重加强事中、事后监管，通过服务协议明确经办机构和医药机构双方的权利义务，规范医药机构服务行为，完善退出机制，提高管理效率。在优化服务方面，进一步简化办事程序，优化工作流程，提升服务质量。要充分体现公开、透明、平等，将定点机构的条件及签约流程、规则、结果等面向社会公开，引入参保人和社会多方共同参与医药机构评估，建立充分沟通协商的谈判机制，促进医药机构为患者提供良好服务。

协议管理医保定点药店的提报工作程序通常为：发布通知、受理申请、组织评估、评估结果公示、公布定点、签订协议、备案。

**1. 发布通知**　社会保险经办机构一般每年1次集中受理零售药店医保定点申请。并在机构网站上发布有关通知。

**2. 受理申请**　依法设立的各类零售药店均可根据医疗保险医药服务的需要和条件，根据自身服务能力，自愿向统筹地区经办机构提出申请，并如实提供服务范围、服务规模、服务质量、服务特色、价格收费等方面的材料，配合做好经办机构评估工作。

统筹地区人力资源社会保障部门要及时公开医保定点药店应具备的条件。有关条件要体现基本医疗保险制度与管理的要求，包括医保定点药店的规划布局、服务能力、内部管理、财务管理、信息系统等方面的内容。

符合条件的零售药店，可以向社会保险经办机构书面申请医保定点药店，并提交下列资料。

（1）《营业执照》《药品经营许可证》和GSP认证证书及复印件。

（2）从业人员名册、执业药师（执业中药师）、药师等专业技术人员的执业资格证明材料。

（3）法定代表人和负责人身份证明、营业场所的房产证明或租赁协议，地理位置示意图。

（4）社会保险经办机构制定的《零售药店定点申请表》等其他材料。

申请单位提交的申请材料齐全且符合规定的，社会保险经办机构自收到申请之日起5个工作日内，作出是否受理的决定，并告知申请单位。申报材料不齐全或者不符合规定的，在5个工作日内一次性书面告知申请单位需要补正的材料。申请单位应当在5个工作日内补正，逾期未补正的，视为自动撤回申请。

**3. 组织评估**　统筹地区人力资源社会保障部门要制定医保定点药店评估规则和程序。经办机构开展评估要注重听取参保人员、专家、行业协会等各方面意见，探索通过第三方评价的方式开展评估，保证程序公开透明，结果公正合理。

对已受理的零售药店申请，社会保险经办机构成立评估组，组织人员进行评估。评估实行回避制度，有直接利害关系者不能作为评估人员参加评估。

评估包括材料查验、现场查验和综合评估。评估组查验材料不符合要求的书面告知当事人。材料符合要求的进行现场查验，提出查验意见。评估组复核材料与现场查验结果后提出综合评估意见。

**4. 评估结果公示**　社会保险经办机构根据评估结果，将评估符合条件的零售药店通过网站向社会公示，公示期7天。公示期满后15个工作日内，确认是否定点。对未确认定点的，应当说明理由。

**5. 签订协议**　社会保险经办机构与医保定点药店应签订服务协议。服务协议内容除应包括服务人群、服务范围、服务内容、服务质量、费用结算、违约处理等基本内容外，要适应预算管理、付费方式改革、医药价格改革、医保行为监管等政策和管理要求，进一步细化总额控制指标、具体付费方式、付费标准、费用审核与控制、药品管理、监督检查、信息数据传输标准等内容，并根据医保政策和管理的需要及时补充完善。

**6. 公布定点**　经办机构根据评估结果，统筹考虑零售药店服务资源配置、服务能力和特色、医疗保险基金的支撑能力和信息系统建设以及参保人员就医意向等因素，与零售药店平等沟通、协商谈判。要根据"公平、公正、公开"的原则，鼓励零售药店在质量、价格、费用等方面进行竞争，选择服务质量好、价格合理、管理规范的零售药店作为医保定点药店。

确定定点的药店由社会保险经办机构与之签定服务协议后向社会公布,供参保人员选择购药。

**7. 备案** 双方签订协议后并报同级社会保险行政部门备案。

## 四、医保定点药店的监督管理

**1. 监管机构及职责分工** 社会保险经办机构按规定对医保定点药店进行监管,按年度考核。健全执业药师管理、社保卡使用管理、诚信服务信用等级等制度。

市级社会保险经办机构负责制定实施方案并具体负责市辖区零售药店医保定点药店的评估和协议管理等工作,办理情况和相关资料报市社会保险行政部备案。

县(市)社会保险经办机构具体负责县(市)的医保定点药店评估和协议管理等工作,并将办理情况和相关资料报市社会保险行政部门和市社会保险经办机构备案。

**2. 严格履行服务协议** 经办机构和医保定点药店要严格遵循服务协议的约定,认真履行协议。对违反服务协议约定的,应当按照协议追究违约方责任。

**3. 加强行政监督** 社会保险行政部门根据社会保险法等相关法律法规的规定,可以通过调查、抽查等多种方式对经办机构和协议管理的医药机构执行医疗保险政策法规、履行服务协议情况以及各项监管制度落实情况进行监督检查。发现违法违规行为的,应提出整改意见,并依法作出行政处罚决定。涉及其他行政部门职责的,移交相关部门。涉嫌犯罪的,移送公安机关。

**4. 创新监管方式** 拓宽监督途径、创新监督方式,探索通过参保人员满意度调查、引入第三方评价、聘请社会监督员等方式,动员社会各界参与医疗保险监督。畅通举报投诉渠道,及时发现问题并进行处理。

## 五、医保定点药店的变更

医保定点药店名称、法定代表人、经营地址等发生变更时,应在有关部门批准变更后的15日内携带有关批准文件及本办法第四条所需资料,到社会保险经办机构办理变更手续。

医保定点药店变更时不符合定点条件的,终止服务协议;符合定点条件的改签服务协议。定点零售药店因违规被调查、处理期间不得申请变更信息。

医保定点药店不按上述规定办理相关手续的,社会保险经办机构可以停止其医疗保险费用结算。

**📊 岗位对接** ─────────────────────────────

医药商品购销员(五级):药品销售。内容包括:销售准备、销售实施、销售记录。

─────────────────────────────

## 📝 实训五 申报药店

**一、实训目的**

通过实训,掌握开办药店的办理条件,熟悉申报药店的程序,明确需要准备的材料。

**二、实训要求**

1. 学生能正确指出开办药店的办理条件。

2. 学生能正确指出药店应取得的证照。

3. 能按照要求准备好药店筹建申请和药店验收申请所需要的材料。

4. 学生总结陈述条理清晰，语言简洁准确，PPT 制作精美合理。

### 三、实训内容

学生准备好相关的申报资料。

### 四、实训方法

**1. 实训前准备**　授课教师指导学生学习《药品经营质量管理规范》《药品经营许可证管理办法》的有关内容。

**2. 实训过程**

（1）学生 5 人为 1 组，选出组长，实行组长负责制。

（2）每组学生按照要求，准备好模拟的申报材料，并制作成 PPT。

（3）各组选 1 名同学进行总结陈述，并展示 PPT。

### 五、实训评价

表 4 - 1　实训评价表

| 序号 | 考核内容 | 考核要点 | 配分 | 评分标准 | 扣分 | 得分 |
|---|---|---|---|---|---|---|
| 1 | 开办药店的条件 | 学生写出开办药店的办理条件 | 2 | 1. 不能写出开办药店的办理条件的，扣 1.5 分。<br>2. 办理条件书写不完整，缺 1 项扣 0.5 分 | | |
| 2 | 开办药店的程序 | 1. 学生指出药店应该取得的证照。<br>2. 学生写出开办药店的程序 | 3 | 1. 不能写出药店应取得的证照的，扣 1 分，证照项目书写不完整的酌情扣 0.5～1 分。<br>2. 不能写出开办药店程序的扣 2 分，程序书写有问题的，视情况酌情扣 0.5～1 分 | | |
| 3 | 开办药店所需的材料准备 | 1. 学生准备好药店筹建申请和验收申请模拟的申报资料。<br>2. 学生准备好汇报的 PPT | 5 | 1. 不能准备出筹建申请和验收申请模拟申报资料的，扣 3 分。申报资料准备不完整的酌情扣 0.5～2 分。<br>2. 汇报 PPT 制作精美的得 2 分，否则酌情扣 0.5～1 分 | | |
| | 合计 | | 10 | | | |

否定项：无

---

## 目标检测

**一、单项选择题**（下列每题的选项中，只有 1 个是正确的，请将其代号填入括号内）

1. 筹建零售药店申请的受理机构是（　　）。

　　A. 省级药品监督管理部门　　　　　　B. 国家药品监督管理部门

　　C. 市（县）级药品监督管理部门　　　D. 市（县）工商行政管理部门

2. 按照 2016 版 GSP，零售药店的负责人必须是（　　）。

    A. 药师          B. 主管药师        C. 副主任药师      D. 执业药师

3. 申报药店的程序，第 1 步是（　　　　）。

    A. 申请筹建                    B. 申请验收

    C. 申请 GSP 认证            D. 取得《营业执照》

4. 现阶段，我国对医保定点药店实行（　　　　）。

    A. 资格审查          B. 协议管理        C. 前置审批        D. 自行挂牌

5. 负责与医保定点药店签订协议的是（　　　　）。

    A. 卫生与计生委              B. 药品监督管理部门

    C. 社保经办机构               D. 社保行政部门

6. 药品零售连锁企业配送中心仓库使用面积应不少于（　　　　）$m^2$。

    A. 200             B. 300         C. 400        D. 500

二、多项选择题（下列每题的选项中，有 2~4 个是正确的，多选少选均不得分，请将其代号填入括号内）

1. 零售药店必须取得（　　　　）。

    A. 药品经营许可证          B. 药品 GSP 认证证书

    C. 药品批准文号             D. 营业执照

2. 对医保定点药店实行协议管理，其目的是（　　　　）。

    A. 减少行政干预             B. 促进公平竞争

    C. 提高管理服务水平        D. 提高基金使用效率

3. 以下哪些是医保定点药店的评估环节（　　　　）。

    A. 材料查验         B. 现场查验        C. 公布定点        D. 综合评估

（俞双燕）

# 第五章

# 陈列药品

## 学习目标

知识要求　**1. 掌握**　药品陈列的基本原则、技巧及调价操作注意事项；POP 广告的表现形式、设计手法等。

　　　　　**2. 熟悉**　药品陈列的要求、药品陈列的技巧与艺术。

　　　　　**3. 了解**　药品货位布局的原则；POP 广告的概念、特点等方面的知识。

技能要求　1. 能运用陈列技术进行药品的陈列。

　　　　　2. 会制作手绘 POP 海报。

## 案例导入

**案例：**某药房在西药组展示柜摆放某抗感冒药大型包装盒及其名为"卡通胶囊先生"的跳跳卡。当顾客走到店门口，透过明亮的玻璃就已经清楚地看到并做出决定。结果，在 20 天时间里，该药大约多销售了 200 盒。在抗感冒药货架前面的低柜里摆放着各种祛火药，店员在出售抗感冒药时总会顺便问询顾客是否有嗓子痛等症状，要不要服一些含片等，经常会收到意想不到的效果。

**讨论：**1. 药品陈列的位置与销售有什么关系呢，跳跳卡有什么作用呢？

　　　　2. 为什么要将祛火药摆放在感冒药货架前面的低柜里？

## 第一节　药品陈列的基本知识

### 一、陈列的概述

　　商品陈列技术，是视觉传达的一种形式，是一种无声的销售语言。良好的陈列不仅可提升品牌形象，还能让原本没有生命的商品变得生动、有活力。合理的陈列商品能够起到展示商品、刺激销售、方便购买、节约空间、美化购物环境的各种重要作用。据统计，店面如能正确运用商品的配置和陈列技术，销售额可以在原有基础上提高 10%。

## 拓展阅读

### 法国经商谚语

　　即使是水果蔬菜，也要像一幅静物写生画那样艺术地排列，因为商品的美感能撩起顾客的购买欲望。

药品陈列是以药品为主题，利用药品固有的形状、色彩、性能，通过科学分类和艺术造型来突出重点、反映特色，以引起顾客的注意，提高顾客对药品的兴趣，增加记忆和信赖的程度，从而最大限度地引起顾客的购买欲望，最终达到提升销售的目的。药品是无生命的，而通过药品的陈列展示则可使药品生动起来。有研究表明，同一种药品，引人注目的陈列比普通陈列可以增加 10 倍以上的销量。

药品陈列是一种视觉销售，良好的陈列能够显著增加药品的视觉冲击力，使顾客产生购买的冲动和欲望。随着药品零售业的发展，竞争越来越激烈，药品陈列越来越受到经营者的重视，成为行业关注的焦点之一。日本卖场营销研究所的研究表明：消费者计划好的购买行为会受到销售现场各种因素，如店内陈列、广告的影响而改变。在发达国家，72%的消费者购买决策取决于销售现场的各种偶然因素。实践证明，药店药品销售的形成除了消费者自主购买、店员推荐外，药店内有计划的精心布置和陈列能迅速地传达药品的品牌、名称、功能主治、价格、产品品质等信息，从而帮助消费者比较、选择和购买。

药品的陈列是零售药店整体环境的重要组成部分，药品陈列是艺术与科学的结合，应体现药店和药品的品牌价值。零售药店药品的陈列应该与药店的企业文化，药店的整体环境和气氛相一致，凸显药店的特色，体现药店的风格，树立良好的药店形象。对于零售药店所售的品牌商品，陈列绝不仅仅是货品的陈设，它缩短了药品品牌与消费者之间的距离，直接将产品与销售部门连接。药店的陈列风格是品牌文化的具体表现，药品的陈列是吸引顾客注意，突出品牌产品的途径。因此提高药品陈列的美观度，从视觉上激发顾客的购买欲，提升顾客对品牌药品和非品牌药品的认知，让陈列成为商品与顾客沟通的工具，提升消费者的认同感，能对药店销售产生积极影响。

药品陈列的目的，就是最大程度地促进销售，提高产品的市场竞争力。提升药房品牌价值，规范药房商品陈列形象，增加顾客信任度与药房竞争力。规范重点商品、必备商品、品牌商品的陈列，维护药房品牌形象，提升药房毛利率。为顾客创造更好更舒适的购物环境，吸引和留住顾客，刺激购买欲望，增加药房销售额。

药品陈列在日常的药品销售中占有极其重要的位置，做好药品陈列往往能达到事半功倍的效果。因为陈列有以下作用几点作用。

（1）提升药店整体形象　成功巧妙的商品陈列，不但可以给商品增加美感，还美化了整个门店的面貌，提升了购物环境，容易引起顾客的好感，使购物成为一个心情舒畅的过程。

（2）方便顾客购买　陈列的本质是将药店经营的药品摆放出来，方便顾客浏览、了解和购买，使顾客在最短的时间内以最直接的方式找到自己所需要的药品。

（3）诱发和引导顾客　商品陈列具有培养顾客新的消费需求，引导顾客消费的作用，所以可以通过有选择地让消费者重点认识某种商品，诱发消费者的购物兴趣，有经验的经营者往往会将最新的商品摆放在最醒目、最前面的位置，目的就是要将最新的商品信息告诉顾客，以一种无声的方式对顾客的消费进行引导。

（4）促进销售，加速周转　商品陈列通过陈列架、陈列方式、灯光营造、商品价签和功能标注等辅助手段，可以突出重点推销商品的特点、性能及用途，给顾客造成强烈的视觉刺激，留下深刻印象，从而促进销售频率的增长，带动商品及流动资金的周转。

（5）体现管理水平　商品陈列的优劣，可以反映出这家药店的经营管理及专业化水平的高低，反映出药店营业员的业务水平和服务态度，可以使顾客切实感受到药店高水平的经营管理和积极的服务态度，从而更愿意来本店购药。

药品陈列对于提高销售业绩有促进作用，但并非决定因素。尤其在竞争日益激烈的药品销售过程中，做好药品陈列的同时，还要提升药店的专业化服务水平，如用药咨询、药品售后服务等。美观舒畅的环境、条理清晰的陈列、专业便捷的服务，是现代药店提升整体形象和口碑的必要条件。

## 二、药品陈列的基本知识

**1. 陈列的磁石点理论**  磁石点理论是指在卖场中最能吸引顾客注意力的地方，配置合适的商品以促进销售，并引导顾客逛完整个卖场，以提高顾客冲动性购买比例。

（1）磁石点理论作用  ①在卖场中最能吸引顾客注意力的地方配置合适的商品进行销售。②商品配置能引导顾客逛完整个卖场（死角不应超过1%）。③增加顾客冲动的购买性（冲动购买占60%～70%）。④提高销售额的关键是提高顾客的冲动性购买率。

（2）磁石点理论的要点  ①第一磁石点：主力商品。第一磁石点位于主通路的两侧，是消费者必经之地，也是商品销售的最主要的地方。此处应配置的商品为能吸引顾客至卖场内部的商品，包括消费量大的商品和消费频度高的商品。消费量大、消费频度高的商品是绝大多数消费者随时要使用的，也是时常要购买的，所以将其配置于第一磁石的位置以增加销售量。②第二磁石点：展示观感强的商品。第二磁石点位于通路的末端，通常是在卖场的最里面。第二磁石商品负有消费者走到卖场里面的任务，在此应配置的商品有几种。a. 最新的商品。消费者总是不断追求新奇，10年不变的商品，就算品质再好、价格再便宜也很难出售。将新品配置于第二磁石的位置，必会吸引消费者走入卖场的最里面。b. 具有季节感的商品。具有季节感的商品必定是最富有变化的，因此，卖场可借季节的变化做布置，吸引消费者的注意。c. 明亮、华丽的商品。明亮、华丽的商品通常也是流行、时尚的商品。由于第二磁石点的位置都比较暗，所以配置华丽的商品来提升亮度。③第三磁石点：端架商品。端架是面对着出口或主通路的货架端头，第三磁石点商品的基本作用就是要刺激消费者，留住消费者。通常情况下可配置特价品、高利润的商品、季节的商品、购买频率高的商品、促销商品等。④第四磁石点：单项商品。第四磁石点指卖场副通道的两侧，主要是陈列线中间能引起消费者注意到的位置。这个位置的配置，不能以商品群来规划，而必须以单品的方法对消费者表达强烈诉求。可配置的商品有热门商品、特意大量陈列的商品和广告宣传商品。⑤第五磁石点：卖场堆头。第五磁石点位于结算区域（收银区）前面的中间卖场，可根据各种节日组织大型展销、特卖的非固定性商品，以堆头为主。

**2. 药品陈列点、线、面**

（1）陈列点  又称为陈列位，即陈列的位置。只有将药品以适当的形式（考虑数量、价格、空间、组合方式）陈列在适当的位置，才能最大限度地提高销量，提升品牌，因为现在患者购买行为随机性很大，这是药店区别于医院药房的最大特点。

有关资料表明，一般来讲，人们购买行为习惯和认知定势有以下一些特点。①90%的人不喜欢走很多路或掉头购买所需药品。②人们不愿意到嘈杂、不干净或黑暗的地方。③人们不愿意俯身、踮脚、挺身。④人们视线喜欢平视，不喜欢仰视或俯视。⑤人们通常喜欢逛商店时左转，逆时针而行。⑥人们直行是视线喜欢倾向右面。⑦在商店、药店人们以平均每秒1米速度行走，人的眼睛望东西如果小于1/3秒是不能够留下印象的。

对于传统的非开架药店来说，以下陈列点的陈列效果较好。①店员习惯停留位置，在其后方的背架视线与肩膀之间的高度位置及其前方的柜台小腿以上的高度（第1层）位置为较好位置。②消费者进入药店，第一眼看到的位置，即卖场正对门口位置。③各个方向不阻挡消费者视线（主要为沿卖场顺、逆时针行走时视线）的位置。④光线充足的位置，在卖场内主要是正对卖场光源的位置。⑤同类药品的中间位置。⑥靠近柜台玻璃的药品较距玻璃较远位置的药品容易受到注意。⑦非处方药采用自选形式的，患者较易拿取的位置为优势位置。⑧著名品牌药品旁边位置。⑨消费者经常经过的交通要道。

对于敞开式药店销售来说，中等身材的顾客主动注视及伸手可及的范围，从地板开始60～180cm，这个空间称为药品的有效陈列范围。其中，最易注视的范围为80～120cm，称为黄金地带。60cm以下、180cm以上是顾客不易注视接触的空间，60cm以下常用于陈列购买频率极低的药品或作为库存空间。180～210cm常作为库存空间以补充陈列的货源。210～260cm虽难以吸引近距离注视，但可吸引远距离注视，具一定展示诱导功能，可作为装饰陈列或广告空间。

视觉习惯决定陈列位置，视平线即购买线。"黄金视线"是指药品陈列的位置与顾客的视线齐平或仰角15°视线投射到货架上的范围。在黄金视线内，顾客容易看见和取放药品，所以"黄金视线"对销售的贡献很大。另外，零售药店货架的高度应保持约为1.2～1.6m之间，此高度的货架不需要顾客特别的弯腰或抬头就能看见货架上的药品，称为"最佳移动视觉区域"，也是顾客关注率最高的区间。

门店的"黄金分割轴"是指门店中央向上下左右延伸的"十"字轴线，该轴线是零售药店在陈列布局时置放首推商品的主要区域。通过长期的视觉研究，药店出入口的位置和"黄金分割轴"被认为是最容易被消费者识别的区域，为了突出陈列效果，可以采取"瀑式陈列"和"岛式陈列"两种方案，门店出入口可采取"岛式陈列"，突出商品"气势"；位于"黄金分割轴"的货架上可采取"瀑式陈列"，突出商品"整洁"。

选择陈列点时，除以上位置外，还应注意保持药店的陈列区域划分相对稳定，方便顾客再次购买。

（2）陈列线　陈列线就是药品实物陈列和POP药盒陈列要形成一种线性关系，即有连续性，可以引导患者的购买行为。一些厂家的药盒在卖场码的很引人注目，如果正是患者关心的，会引起患者一丝注意，但转了一下，没有发现药品后，会马上取消进一步查看的念头，转去购买别的药品或者向店员咨询自己适应证药品。所以，如果条件许可的话，POP形式的药盒陈列尽量和实物药品陈列接近些，另外，配合其他POP广告、指示牌等或者导购员引导消费者。

（3）陈列面　陈列面是指面向消费者的药品的单侧外包装面，销售额可随着陈列面的增大而增加，这是个不争的事实，在诸多的调查中，有这样一个数据可以形象的显示增加陈列面可以提高药品销量（表5-1）。

表5-1　陈列面与药品销售量的关系

| 陈列面倍数 | 销售指标 | 随陈列面增加销售量增加（%） |
| --- | --- | --- |
| 1 | 100 | +18 |
| 2 | 123 | +23 |
| 3 | 140 | +40 |
| 4 | 154 | +54 |
| 5 | 161 | +61 |

一般来讲，在药店中马上能吸引顾客目光的，一定是那些陈列面积大的产品，而在药店中陈列面积最大的，一定是那些知名品牌的"明星药品"。曾经有过一个统计，当一种药品的陈列面积增加3倍时，它的销售可以增加30%，而当陈列面积增加5倍时，销售额可

以增加 100%。

成功的陈列面都具备以下特点。①占据药店内的最吸引顾客的位置，药品包装面正面向外，确保消费者对药品商标、品牌、品名、包装留下印象。②采用堆箱形式的陈列面的稳固性，因为这样陈列不易翻倒，确保安全。③大多产品集中排列。④至少 3 个以上陈列面，因为有 1 个陈列面较易被标签挡住。⑤陈列面上留有至少两个缺口，给人以此药品正在热卖中的感觉。

**3. 陈列货架标准化** 对于封闭式销售来说，典型售货柜台及货架既要便于各种身材顾客的活动，又要便于普通身材营业员的活动。为此商品柜台一般高度为 90～95cm，宽度为 46～60cm，货架宽度一般为 46～56cm，高度不应超过 160～183cm，营业员活动区域宽度为 76～122cm，顾客活动区域宽度为 45～610cm，考虑到有的顾客需坐着挑选商品，而营业员需站着提供服务，陈列柜的高可降至 86～91cm。柜台和开放式货架尽可能尺寸、款式规范统一，方便药店统一布局和调整，使店堂内整齐划一，视觉上整洁舒适，从而为员工发挥多样化陈列提供方便和足够的空间，也使消费者进入店堂后能安心选择陈列的药品。

**4. 常见陈列区陈列** 正对店门或迎着主通道与视线等高的柜台和货架位置、收银台附近等都是最佳的陈列点，通常陈列主推产品、高利润产品，有助提高门店的经营业绩。靠近仓库或工作间出入口、光线较弱、店堂边缘位置等，展示效果较差。

（1）货架陈列 根据消费者心理，把货架分为上、中、下 3 段来陈列商品，以达到最大的经济效益。在药店中所谓好的陈列位置是指"上段"，也就是与顾客的视线高度相平的地方，最不利的位置是处于接近地面的地方，即下段。根据美国的一项调查资料显示，商品在陈列中的置进行上中下 3 个位置的调换，商品的销售额会发生变化。从中段上升到上段，增长 63%；从中段下降到下段，减少 40%；从下段上升到中段，增长 34%；从下段上升到上段，增长 78%；从上段下降到下段，减少 32%；从上段下降到中段，减少 20%。

①货架上、中、下分段陈列要求 上段：陈列"希望顾客注意"的商品，如推荐商品、有意培养的商品，需求弹性高的商品，靓丽色彩的商品。中段：陈列价格适中，销量稳定，主推商品。下段：陈列周转快、体积大、重量重、需求弹性低、滞销的商品。

②卖场货架陈列要求 价格牌整齐，无灰尘，分类标识牌整洁、无脱落残缺。货架第 1 层商品陈列的高度保持基本统一，不得遮挡分类标识牌。货架上方不得有供应商空盒广告（公司有此类广告签约的除外）。黄金位置主要陈列季节性、高毛利、品牌、广告商品。同类的高毛利品种和品牌相邻陈列，尽量做到高毛利品种陈列面大于品牌品种。

（2）收银台陈列 主要陈列"冲动性购买商品"、季节性商品、价格较低及体积较小且毛利较高的商品、主题促销赠品，如：唇膏、口香糖、棉签、棒棒糖、金嗓子之类。收银台端架陈列商品货源要充足，陈列要丰满，美观，不得缺少价格标签。收银台灵活而且有爆炸标签的提示，黄金位置陈列的商品对刺激顾客的购买欲和增加销售有很大意义。

（3）端头货架陈列 端头是指放置在双面中央陈列架两头的货架。通常端头货架在店堂走廊的两边，是顾客注意力及易达到的位置。端架的陈列，品种不多，可以随时更换品种，保持新鲜感而且重点突出。

端头货架陈列要求：①价签整齐，无灰尘。②端架黄金位置主要陈列季节性、高毛利、品牌、广告商品，同类的高毛利品种和品牌相邻陈列，尽量做到高毛利品种陈列面大于品牌品种。③货源充足，陈列丰满，美观，不得缺少价格标签。④每组端架上所陈列的商品大小、品类与色系相近，大小相差很大的商品不陈列在同一层端架上，每层陈列的商品品种数不超过 5 类，陈列位紧缺的药房不受陈列数量限制。⑥端架顶层商品高度保持统一，不遮挡分类标识牌。⑦根据商品的高度适当调整层板的高度，端架可以陈列单一的大量商品，也可以几种商品组合陈列。

（4）柜台陈列　柜台陈列要求：①商品陈列要整齐，美观，不得有空位，不得缺少价签。②柜台第一层应陈列高毛利、品牌、广告商品。③同类的高毛利品种和品牌相邻陈列，尽量做到高毛利品种陈列面大于品牌品种。④每组柜台上所陈列的商品大小、品类与色系应相近，采用平铺陈列的方式。

（5）花车、堆头陈列　花车、堆头的陈列要求：①堆头的器材是公司统一的矮柜、专用的堆头架。②商品选择以高毛利、重点推荐、季节性、促销商品（包括近效期）等商品为主。③花车、堆头商品整齐，堆头上方的商品要高矮一致，1个花车、堆头原则上不超过5种商品。④堆头的商品高度不低于80cm，不高于120cm，不可以将商品直接堆放在地上进行销售。⑤货源充足、陈列丰满、美观、直立陈列、正面朝外、不能颠倒，同一花车、堆头商品的颜色相近。⑥配有相应的POP海报提示，POP海报制作可以手工书写或统一印刷，但必须美观、工整。⑦堆头不应堵塞通道，堆放位置应在出入口、空旷的地面或其他醒目的位置，以不影响顾客通行为准。

## 拓展阅读

### 陈列实际操作顺口溜

**1. 陈列4个要点**　能竖不躺上下齐，左大右小高到低，正面朝外勿倒置，标签商品要对齐。

**2. 陈列7条直线**　层板摆放1条线，端头高度1条线，地堆4角1条线，纸箱开口1条线，前置陈列1条线，上下垂直1条线，排列方向1条线。

**5. 商品陈列步骤与规范**

（1）商品陈列的步骤　①根据店堂空间位置和陈列柜与货架的规格数量，规划好相应的商品分类。②根据二八原则，列出各中、小类中的重点商品。③找出各种陈列柜与货架的黄金位置。④各类商品进入相适应的区域和位置，进行陈列。

（2）货架商品陈列的基本规范　①方向从左到右：以站在卖场的顾客从外向内看过来的方向为准（进药房方向右侧的货架和柜台相反）。②从矮到高：包装盒矮的陈列在左侧（或右侧）。③商品前缘直线陈列：以商品包装盒的前缘为准，所有商品前缘对成一条直线。④货架上下阶梯陈列：从下往上，每层货架商品的前缘形成阶梯状，依次向上，依次向里，让每一层货架商品都能尽可能被站在货架前的顾客清楚看到。⑤单品造型陈列：需要重点推荐的商品可以摆成圆形、金字塔型、阶梯状、重叠型、交错型或悬挂型等，以便区别于其他的商品。⑥单品前进前出：随时保证商品陈列的美的造型，通俗地说就是把近效期的商品摆放在货架的前缘（条柜相反），当前面的商品售出以后，及时将后面的商品推向前，确保前缘直线陈列，动态调整。⑦日期先产先出：销售商品时先把近效期的售出，随时保证药房商品有效期是最长的。⑧若同一层货架商品较多，不能完全平放时，商品可侧身摆放，但必须注意把每个商品的正向完全朝一个方向。⑨从商品包装尺寸作为参考因素：上小下大，上轻下重，上单品下中包装进行垂直陈列。⑩较小的商品放在货架的上面，较重较大的商品放在货架的下方，以增加安全感及视觉美感。

**6. 商品陈列自查要点** ①价格标签是否面向顾客的正面。②商品有无被遮挡，无法显而易见。③商品上有无灰尘或杂物。④有无价格标签脱落或者价格不明显的商品。⑤是否做到了取商品容易，放回也容易。⑥商品群和商品部门区分是否正确。⑦货架上放在最上面的商品是否堆放得过高。

### 三、药品的 GSP 陈列

药品作为一种特殊商品，关系到人类生命健康，所以不能像其他商品一样陈列，必须按照我国的《药品管理法》和《药品经营质量管理规范》（国家食品药品监督管理总局令第 13 号）等相关规定进行陈列。在我国《药品经营质量管理规范》中规定药品陈列应当符合以下要求。

（1）按剂型、用途以及储存要求分类陈列，并设置醒目标志，类别标签字迹清晰、放置准确。

（2）药品放置于货架（柜），摆放整齐有序，避免阳光直射。

（3）处方药、非处方药分区陈列，并有处方药、非处方药专用标识。

（4）处方药不得采用开架自选的方式陈列和销售。

（5）外用药与其他药品分开摆放。

（6）拆零销售的药品集中存放于拆零专柜或者专区。

（7）第二类精神药品、毒性中药品种和罂粟壳不得陈列。

（8）冷藏药品放置在冷藏设备中，按规定对温度进行监测和记录，并保证存放温度符合要求。

（9）中药饮片柜斗谱的书写应当正名正字。装斗前应当复核，防止错斗、串斗。应当定期清斗，防止饮片生虫、发霉、变质。不同批号的饮片装斗前应当清斗并记录。

（10）经营非药品应当设置专区，与药品区域明显隔离，并有醒目标志。

## 第二节　药品陈列技术

### 一、药品陈列的基本原则

陈列药品的目的是为了将药品在合适的位置卖出去，所以一切陈列的出发点都是为了销售药品，而绝非追求陈列本身。从这一点出发，陈列必须是在遵守我国法律与法规的基础上，最大限度地将药品展示给顾客，最终促进药品的销售。药品陈列的基本要求包括：①陈列保持整齐，美观，新颖，醒目。②货架与货区做到"三洁""四无""六不见"，即药品洁、货柜与货架洁、服务设施洁，地面无杂物、无痰迹、无瓜果皮核、无纸屑、无烟蒂，架上不见使用暖瓶、水杯、饮具、抹布、卫生用具等所有与销售无关的物品。除此之外，药品陈列还应遵守以下几项原则。

**1. 药店布局、陈列必须符合 GSP 规定**　药品陈列应严格遵循《药品经营质量管理规范》要求，确保药品质量。依据 GSP 规定，药品陈列要符合 3 个基本原则："分类存储""先进先出""近期先出"原则。"分类贮存"要求药品按剂型、用途以及储存要求分类陈列，要做到"四分开"：药品与非药品分开；处方药与非处方药分开，处方药不得开架自选销售；内服药与外用药分开；易串味的药品与一般药品应分开。"先进先出"和"近期先出"则要求店员陈列药品时把生产日期靠前的药品摆在最前面，以最大限度减少药店不必要的经济损失。特殊管理的药品要严格按照国家的有关规定存放。

### 药品分类小常识

**1. 按功能分类**

A. 药品　非处方药：内服药、外用药；处方药：内服药、外用药。

B. 非药品　（口服）食品、保健品；（非口服）妆、消、械、计生用品。

**2. 根据销售排名，进行分类**

A 类　销售额前80%。

B 类　销售额百分比15%。

C 类　其余5%（注意：销售百分比与相对应名次，与门店实际品种数量有关）。

**3. 按照药品销售情况和药品的贡献度大小**　分为畅销药品、主力药品、策略药品、基本药品、滞销药品。

**2. 易见易取原则**　指商品正面面向顾客，不被其他商品挡住视线。货架最低层不易看到的商品要倾斜陈列或前进陈列。货架最上层不易陈列得过高、太重、易碎商品。整箱商品不要上货架，中包装商品上架前必须全部打码上架，否则不能上架。

药品陈列就是为了方便顾客、促进销售。因此店员在陈列药品要遵循"易见""易选""易得"原则。①"易见"是指陈列的药品要让顾客容易看得见，能够从多角度、多方位看清楚所陈列的药品。对卖场主推的新品或 DM 上宣传的商品突出陈列，可以陈列在端架、堆头或黄金位置，容易让顾客看到商品，从而起到好的陈列效果。顾客选购药品时一般通过横向搜索和纵向搜索来寻找目标药品。所以，首先应按功效的差异把药品横向陈列在不同区域，顾客可较容易地快速确定目标药品的大致陈列位置；其次，根据顾客的视觉习惯，以上下方向观看更方便，药品零售商由此把药品集团（药效相似、剂型不同的药品，一种剂型就是一个药品集团）以纵向陈列为佳，纵向陈列能使同类药品呈现出直线式的系列化，顾客一目了然。对于畅销或销售量较大的药品最好单独陈列，以量感陈列法摆放在药店入口处，既使药品陈列方式多样化，又保证畅销药品在第一时间映入顾客眼帘，可极大地促进药品销售。②"易选"则是顾客可以方便、迅速地选择药品。药店在陈列药品时，可以把功效相关的药品相邻陈列，比如心脑血管的老年用药专柜旁放置益补类的保健品，止咳药附近陈列消炎药，使整个卖场形成一个个关系链。顾客在买药时就不用来回奔波，既方便了顾客，又诱导了顾客，引发他们的连带购买行为，可极大地促进药品销售。③"易得"就是顾客要较容易地获得目标药品与相关信息。店员陈列药品时应把药品一字排开，保证药品外包装的正面面向顾客。此外，药品陈列得不宜过高或过低，以中等身材顾客站立伸手可及的高度为陈列上限，弯腰平视的位置为陈列下限。一般从地面开始 60 ~ 180cm 的空间为药品的有效陈列范围，也是顾客易取药品的范围。

### 什么是DM?

DM 是英文 direct mail advertising 的省略表述，直译为"直接邮寄广告"，即通过邮寄、赠送等形式，将宣传单、宣传册、宣传品送到消费者手中、家里或公司所在地。

　　DM 除了用邮寄以外，还可以借助于其他媒介，如传真、杂志、电视、电话、电子邮件及直销网络、柜台散发、专人送达、来函索取、随商品包装发出等。DM与其他媒介的最大区别在于：DM 可以直接将广告信息传送给真正的受众，而其他广告媒体形式只能将广告信息笼统地传递给所有受众，而不管受众是否是广告信息的真正受众。

　　**3. 满陈列原则**　　"横看一条线，前后一般齐，货品全上架，货满客自提"。满陈列就是把商品在货架上陈列得丰满些，要有量感，俗话说"货卖堆山"。一般情况下，药品占据的空间应占所分配空货架陈列空间的 1/2 以上，并能保证及时补充药品。视觉研究中，陈列的丰满程度决定货架美观度，丰满的货架、充足的货品将会对消费者产生一定的心理暗示。据美国一项调查资料表明，满陈列的超市与做不到满陈列的超市相比较，其销售量按照不同类别的商品可提高 14% ~ 39%，平均可提高 24%。满陈列可以减少卖场缺货造成的销售额下降。

　　**4. 先进先出原则**　　"FIRST IN，FIRST OUT"。药品都有有效期和保质期，顾客总是习惯于拿货架前面的药品，所以每次将上架药品放在原有药品的后排或把近效期药品放在前排以便于销售。

　　**5. 关联性原则**　　药品仓储式超市的陈列，尤其是自选区（OTC 区和非药品区）非常强调商品之间的关联性，如感冒药区常和清热解毒消炎药相邻或止咳药相邻，皮肤科用药和皮肤科外用药相邻，妇科药品和儿科药品相邻，维生素类药和钙制剂在一起等。这样在顾客消费时产生连带性，既方便了顾客购物，也便于营业员进行连带销售，从而提高客单价。

---

### 拓展阅读

#### "啤酒与尿布"

　　"啤酒与尿布"：沃尔玛超市的营销分析家，在统计数据时发现店内的啤酒和尿布的销售量总是差不了多少。一经分析，原来是做了父亲的年轻人在经常给小孩买尿布的同时，自己也捎带上瓶啤酒，于是这家超市的老板就把啤酒和尿布这两样看起来风马牛不相及的商品摆放在一起。

---

　　**6. 同一品牌垂直陈列原则**　　垂直陈列与横式陈列相对而言，指将同一品牌的商品，沿上下垂直方向陈列在不同高度的货架层位上。其优点有：①人在挑选商品时视线上下移动较横向移动方便，故垂直陈列可满足顾客的方便性，又能满足商品的促销效果。②货架的不同层次对商品的销售影响很大，垂直陈列可使各商品平等享受到货架不同的层次，不至于某商品占据好的层次销量很好，而其他商品在比较差的层次销量很差。垂直陈列有两种方法：一是完全垂直陈列，对销量大，或包装大的商品从最上一层到最下一层全部垂直陈列；二是部分垂直陈列，采用主辅结合陈列原则，将 4 和 5 层或 2 层和 3 层垂直陈列。

　　**7. 主辅结合陈列原则**　　药品仓储式超市商品种类很多，根据周转率和毛利率的高低可以划分为 4 种商品。①高周转率、高毛利率的商品，这是主力商品，需要在卖场中很显眼的位置进行量感陈列。②高周转率、低毛利率的商品，如感康、白加黑等品牌药。③低周转率、高毛利率的商品。④低周转率、低毛利率的商品，这类商品将被淘汰。主辅陈列主要是用高周转率的商品带动低周转率的商品销售，例如将感康和复方氨酚烷胺片陈列在一起，同属于感冒药，只是制造商不同，感康品牌好，顾客购买频率高，属于高周转率商品，但由于药品零售价格竞争激烈，使这类商品毛利非常低，所以要引进一些同类商品增加卖场销售额。将同类商品与感康相邻陈列，陈列面要大于感康，使店员推销商品时有主力方向，又可以增加毛利。一些卖场的销售额很高，但毛利却很低，和商品的陈列有很大关系。

**8. 季节性陈列原则**  在不同的季节将应季商品（药品）陈列在醒目的位置（端架或堆头陈列），其商品陈列面、量较大，并悬挂 POP，吸引顾客，促进销售。

## 二、药品陈列的常用技巧

药店掌握药品陈列的方法和技巧并能够熟练地运用，对提高药品的销售量和竞争力，利用药品陈列加强对购买者的视觉冲击力，最终实现提高整体销售量的目的都具有重要作用。药品陈列的方法和技巧有很多，但需要根据自身的实际情况，选择科学的陈列方法和技巧，以充分体现药品丰富性及其活力，吸引更多的顾客。同时，也需要在实践中不断探索新的科学的陈列方法和技巧。

**1. 药品陈列的一般方法**

（1）垂直陈列法  所谓垂直陈列，是相对于横式陈列而言的，或者说是为了避免横向陈列，它是指将同一类药品，沿上下垂直方向陈列在货架的不同高度的层位上。这种陈列遵循了顾客在选择物品时往往视线的程度上下移动比横向移动方便的规律。系列药品的垂直陈列，也叫纵向陈列，不可横向陈列，两者关系不可颠倒。实践证明，两种陈列所带来的效果确实是不一样的。纵向陈列能使系列药品体现出直线式的系列化，使顾客一目了然，可以看清楚整个系列商品，从而会起到很好的销售效果。系列药品纵向陈列会使 20% ~ 80% 的销售量提高。与此同时，垂直陈列使得同类药品平均享受到货架上各个不同的段位，不至于产生由于横向陈列而使同一种药品都处于一个段位上，因而带来药品的销售状况不是好就是差的问题。同时也不会由于同类药品的横向陈列所造成的降低其他类药品所应享受的货架段位的平均销售利益。

（2）沿墙陈列法  为给顾客以商品琳琅满目的印象，在商品陈列上非常注重对店内墙壁的利用，采取以沿墙壁面陈列商品为主的铺货模式。而通路货架则采用低于人体身高的设置，并尽量多地陈设中心岛，使顾客能够很自然地在店内环游移动。店门口多采用开放式设置，使行人从店外能够一目了然地看到店内顾客试用化妆品等选择购物的景象，营造橱窗效果，吸引过往行人的注意。

（3）中心陈列法  中心陈列法也可称为突出陈列法，就是将价格高低不同的同类药品放在一起。陈列时着重突出某一种或几种药品，其他药品则起辅助性作用。着重陈列的药品有：药店的主力药品，流行性、季节性药品，反映药店经营特色的药品，名贵药品等。这些药品或者应占用较大比例的陈列空间，或者要用艺术手法着重渲染烘托气氛，抑或是陈列于比较显眼的位置上。突出陈列的另一种形式，是将某些药品陈列在特殊的位置，如货架侧面、收银台等，商品如润喉片、创可贴等。这是小药品可采用的一种形式，主要用以活跃店内陈列气氛，吸引顾客，但不可过多。

突出陈列是一种打破单调感的方法，其目的是把顾客吸引到中央陈列架的地方去，运用这种方法陈列的推销过程中的药品、廉价药品等能够引起顾客的特别注意，提高其周转率。这是因为，提高药品的露出度增加了药品出现在顾客视野中的频率，突出了其廉价性、丰富感,并给顾客一种十分繁忙的感觉。这种陈列方法虽然有效,但在同一药店内不能大量采用,以免形成障碍,影响顾客的视野及行动路线。

(4)集中陈列法 集中陈列就是按药品规格大小、价格高低、等级优劣、花色繁简、使用对象、使用价值的关联性、品牌产地等顺序进行陈列,以便于顾客选购。这种方法主要用于周转快的药品,这是在药品陈列中最常用和使用范围最广的一种方法。使用集中陈列方法,需要注意的是:①规格要由大到小,价格由贱到贵,等级由低到高,花色由简到繁、由素到艳,使用对象如老人用药、儿童用药、妇科用药等。②要给周转快的药品安排好位置。这也是一种极其有效的促进销售额提高的手段。

**2. 药品陈列的常用技巧** 按照消费心理学的观念,一般顾客的消费心理可分为下列 7 个阶段:注意、产生兴趣、联想、产生欲望、作比较、有确实的信心、决定。通过陈列来调节顾客心理以最终达到顾客满意,将利于药品的销售。

## 拓展阅读

### 药店常用货架分类及规格

**1. 1.8m 高货架** 主要陈列于陈列区靠墙处,一般分为8~9层,陈列的黄金位置为从上到下数第二、第三层,可陈列体积比较大的商品。

**2. 1.35m 高货架** 主要陈列于陈列区的中央区,一般分为5层,陈列的黄金位置为首层,可陈列商品体积较小或中等的商品。

**3. 凉茶框(斜口栏)** 主要陈列于陈列区靠墙处,一般分为4层,陈列的黄金位置为从上到下数第一、第二层,可陈列袋装的凉茶、饮料等。

**4. 玻璃柜** 分为低柜和高柜,用于陈列处方药、特色药品和贵重药品。

(1)橱窗陈列 利用药品或空包装盒,采用不同的组合排列方法展示季节性、广告支持、新药品和重点促销的药品。可利用综合式橱窗陈列(横向、纵向、单向)、系统式橱窗陈列、主题式橱窗陈列(节日陈列、事件陈列、场景陈列等)、季节性橱窗陈列等。

(2)专柜陈列 一般都是按品牌设立的,为同一厂商的种类药品的陈列。也有的按功能设立,就是将具有相同或相关联功能的药品陈列为同一专柜,如男性专柜、减肥专柜、糖尿病专柜等。

(3)利用柱子的主题式陈列 一般来讲,柱子太多的药店会导致陈列的不便,但如果将每根柱子作主题式陈列,不但特别而且能够营造气氛。

(4)端架陈列 是指双面的中央陈列架的两头。展示季节性、广告支持、特价药品、利润高的药品、新药品及重点促销的药品。端架陈列可进行单一大量的药品陈列,也可几种药品组合陈列于端架,展示的药品在货架上就有定位。

(5)分段陈列 上段属于感觉性陈列。主要用于陈列希望顾客注意的药品、一些推荐药品、有意培养的药品。黄金段是指人眼最易看到、最易拿到的位置。主要陈列具有差异化、有特色的药品或高利润的药品、自有品牌药品、独家代理或经销药品、广告药品等。中段一般是陈列价格较便宜、利润较少、销售量稳定的药品。下段主要陈列周转率高、体积大、重的药品。可陈列需求弹性低的药品。

(6)黄金位置陈列 主要是用于陈列重点推荐的药品,如高毛利率、需要重点培养、重点推荐的药品。对于敞开式的销售来说,中等身材的顾客主动注视和伸手可及的范围,是从地板开始 60～180cm，这个空间称为药品的有效陈列范围。其中最易注视的范围为80～120cm，这个位置被称黄金地带。黄金线指男性 85～135cm、女性是 75～125cm。次要高度指男性 70～85cm 或 135～145cm、女性为 60～75cm 或 125～135cm。60cm 以下，180cm 以上是顾客不易注视接触的，60cm 以下常用于陈列购买频率极低的药品或作为库存空间，180cm～210cm 常作为库存空间以补充量感陈列的货源，210cm～260cm 虽难以吸引近距离注视，但可吸引远距离注视，具有一定的展示诱导功能，可作为装饰陈列或广告空间。另外，为方便顾客取放药品，货架上陈列的药品与上隔板应有一定距离，通常以手能够进去拿出药品为宜，太宽了影响货架使用率，太窄了顾客难以拿取药品。

（7）量感陈列　如堆头陈列、多排面陈列、岛式陈列等。量感陈列产生"数大就是美"的视觉美感和"便宜"、"丰富"等刺激购买的冲动，它分为规则陈列和不规则陈列两种。规则陈列是将药品整整齐齐地码放成一定的立体造型，药品排列井然有序，通过表现药品的稳重气息，使顾客对药品质量放心，可扩大销售。不规则陈列是将药品随意堆放在篮子、盘子等容器里，不刻意追求陈列的秩序性，给顾客一种便宜、随和的印象，易于顾客在亲切感的鼓舞下触摸挑选药品。适合于量感陈列的药品主要有：特价药品或具有价格优势的药品、新上市的新药品、新闻媒介大量宣传的药品。对于采用量感陈列的药品，在卖场的数量不足时，可在适当位置用空的包装盒做文章，设法使陈列量显得丰富。

（8）质感陈列　质感陈列着重强调的是药品自身优良品质和特色，以显示药品的高级性，适合于品牌、高档、珍贵的药品。这种陈列从量上来讲是极少的，甚至是一个品种陈列，主要通过陈列用具、光、色的结合，配合各种装饰品或背景来突出药品极富魅力的个性特色。

（9）集中焦点陈列　也就是利用照明、色彩、形状、装饰，制造顾客视线集中方。顾客是药品陈列效果的最终评判者，陈列应以视线移动为中心，从各种不同的角度，设计出吸引顾客、富于魅力的陈列法则，并且将陈列的"重点面"面向顾客流量最多的通道。"重点面"可以是药品的正面，也可以是药品的侧面。确定"重点面"的因素可以来自多方面，如：以可见药品的最大形象、能显示丰富感来决定。以可见药品内部结构、能识别质地、结构来确定。以容易陈列，能简化操作、省工省时的面来决定。以顾客重视的面来决定。

（10）悬挂陈列　无立体感的药品悬挂起来陈列，产生立体效果，增添其他特殊陈列方法所没有的变化。科学的、独具匠心的药品陈列形式，可以使药品具有生命力，具有自我推销的能力。因此，需要掌握药品各种陈列方法和技巧，开拓思路，加以灵活、综合地运用，以收到良好的效果。

### 三、陈列药品的标调价管理

**1. 药品的标价卡管理**　在门店的 POP 中，有一种直接标明药品的名称、剂型、规格和价格的，我们通常把这种 POP 称为标价卡、价签。在购买药品时，价格是很多顾客关注的信息之一，特别是对老年顾客来说，药品价格在他们作出购买决策的过程中起到重要作用。因此，药店应尽量保持药品价格稳定，如果药品价格有变动，应及时更换价签、标明新价格。店员在做陈列工作时也应经常查看是否有价签缺失，如有缺失应立即补充新价签，时刻做到药品明码标价。

传统的标价卡，是普通名片大小的纸片，放置或粘贴在货架上，主要的作用是便于顾客识别价格，对促进产品的销售没有太大的作用。实际上，通过改变标价卡的大小以及书写的方法和形式，可以使重点推荐的药品更为醒目，更能有效地传达商家的意图，能营造出一种更为浓厚商业气息，能有效地促进产品的销售，提高销售业绩。比如药品用比较正规的价签，而保健品由于包装比较鲜艳可配以色彩相宜、外形多样的价签，给顾客不同的视觉感受，以增加药品销售量。但无论用什么样的价签，药店都要遵循"一药一价签"的原则。

药品价签注意事项：价签应与商品——对应；不要遮挡商品的重要信息，如：品名、成分、含量、规格、品牌等；价签一般不要粘贴到药品包装上；如价格是打贴到药品包装上，要统一打贴到固定位置；价格调整的药品价签须由专人核查，特别是列入 DM 宣传单和 POP 等海报品种，防止出现错误。

**2. 药品调价操作及注意事项**　价格是市场的杠杆，这直接影响企业的竞争力、规模和效益。价格是市场销售中最敏感、最活跃的要素，企业要长期在市场上扩大市场占有率，就必须根据市场条件的变化来调整产品的价格，以取得最大经济利益。

调价是商品在销售的过程中，由于某些内部或外部环境因素的发生而进行调整原销售价格的过程。

（1）调价原因　①内部原因。如企业经营方向与目标的调整，药品成本的变化，促销活动的特价，连锁企业总部价格政策的调整，商品质量有问题或快到期商品的折价销售等。②外部原因。如政府物价管理部门价格调整，市场供求的变化，同类商品的供应商之间的竞争，季节性商品的价格调整，受竞争商家价格的影响以及消费者的反应等。

（2）调价操作　物价员接到政府物价管理部门或企业物价管理部门调价通知后，应立即填《商品变价单》，确认新售价，变更账面库存金额，按新金额填营业日报表。填新标价签，变更库有商品明细账或电脑系统新售价。通知销售人员变价事项，变价凭证整理归档。

---

### 拓展阅读

#### 什么是价格弹性？

所谓价格弹性，即是需求量对价格的弹性，则指某一产品价格变动时，该种产品需求量相应变动的灵敏度。它反映了顾客对价格变化的敏感度。简单来说，如果顾客对价格变化敏感，说明该商品价格弹性高，如果对价格变化不敏感，说明价格弹性低。

请举例：哪些药品价格弹性高，哪些药品价格弹性低？比如处方药和非处方药，常用药和特殊药。

---

（3）调价操作注意事项　①调价应注意的事项。调价无论何种原因引起，一般由经营总公司采购部门负责，采购部门将调价的通知及时传达到各个分公司，再由分公司通知各销售人员执行。在执行中应注意几项内容。a. 在未接到正式调价通知之前，销售人员不得擅自调价。b. 正确预计商品的销量，协助公司做好调价的准备。c. 销售人员要做好商品标价的更换，在调价开始和结束时都要及时更换商品的物价，标牌及贴在商品上的价格标签。d. 做好商品陈列位置的调整工作。e. 要随时检查商品在调价后的销售情况，注意了解消费者和竞争者的反应，协助公司做好畅销调价商品的订货工作，或是由于商品销售低于预期而造成商品过剩的具体处理工作。②调价时商品标价注意事项。商品价格调高时，则要将原价格标签去掉，重新打价，以免顾客产生抗衡心理。商品价格调低时，可将新的标价打在原标价上。每一个商品上不可有不同的两个价格标签，这样会招来不必要的麻烦和争议，也往往导致收款的错误。③分析顾客和竞争对手的反应。企业对产品提价或降价，都必然影响购买者、竞争者、经销商和供应商，如购买者对于价值高低不同的产品价格的反应有

所不同。购买者对于那些价值高，经常购买的产品的价格变动较敏感，而对于那些价值低，不经常购买的商品，即使单位价格较高，购买者也不大注意。此外，购买者虽然关心产品价格变动，但通常更为关心的是此产品的质量、效果如何。如果各方面能够使购买者满足，就可以把这种产品的价格定的比竞争者高，取得较多的利润。④注意竞争对手的调价。当竞争对手发动变价时，企业必须尽力理解对手的意图以及变价延续的可能时间。如果必须作出迅速反应，企业就应事先计划好对付竞争对手的各种可能的变价反应。a. 维持价格。降价会使利润减少过多，如果保持价格不变，市场占有率不会下降太多，以后能恢复市场阵地。b. 保持价格不变，同时改进产品、服务、沟通等，运用非价格手段来反攻，采用此战术比削价和低价经营等合算。c. 降价。降价可使销售量增加，从而使成本费用下降。市场对价格很敏感，不降价就会使市场占有率下降，市场占有率下降，以后难以恢复。企业降价后，应尽力保持产品质量和服务水平，而不应降低产品质量和服务水平。d. 提价。企业推出某些新品牌，以达到围攻竞争对手的品牌，取得利润的目的。

## 四、制作手绘 POP 海报

POP 广告是许多广告形式中的一种，它是英文 point of purchase advertising 的缩写，意为"卖点广告"，简称 POP 广告。POP 广告的概念有广义的和狭义的两种。广义的 POP 广告的概念，指凡是在商业空间、购买场所、零售商店的周围、内部以及在商品陈设的地方所设置的广告物，都属于 POP 广告。如：商店的牌匾、店面的装潢和橱窗，店外悬挂的充气广告、条幅，商店内部的装饰、陈设、招贴广告、服务指示。店内发放的广告刊物、进行的广告表演以及广播、录像电子广告牌广告等。狭义的 POP 广告概念，仅指在购买场所和零售店内部设置的展销专柜以及在商品周围悬挂、摆放与陈设的可以促进商品销售的广告媒体。

### 拓展阅读

#### 手绘 POP 的发展历史

POP 广告起源于美国的超级市场和自助商店里的店头广告，POP 的出现是因为第一次世界大战后美国经济普遍萧条不振、市场也很低靡、广告费用成为厂家的负担。因此，在经济速变及人力的考虑下、POP 式广告逐渐攻占了其他媒体。20世纪30年代以后，POP 广告在超级市场、连锁店等自助式商店频繁出现，于是逐渐为商界所重视。1939年，美国 POP 广告协会正式成立后，自此 POP 广告获得正式的地位。60年代以后，超级市场这种自助式销售方式由美国逐渐扩展到世界各地，所以 POP 广告也随之走向世界各地。

近年来，由于日本引进店头展示的行销观，店家们开始重视门面的包装，而店面上出现大量以纸张绘图告知消费者讯息的海报出现，其中有大量印刷的，也有手工绘制的，形成一波流行的潮流。而之中最令人侧目的是手绘 POP 的兴起，已成为一项艺术和文化。

POP 广告形式活泼富有意味，在销售现场中凭借强烈色彩、优美的图案、诙谐幽默的构思等特点，唤起消费者对商品的兴趣和亲切感。POP 广告不仅能够把商品的优越性、内容、质量和使用方法等属性清晰明确地告诉消费者，还能忠于职守、不知疲倦地宣传着商品的优越性，更好更快地激发消费者跃跃欲试的购买欲望，所以 POP 广告又有"最忠实的推销员""无声的推销员"等美称。在众多的 POP 广告应用中,由于手绘 POP 广告被认为简易、经济、快速、最直接有效和最为流行的"导卖点"广告形式而在市场中大为流行。

手绘 POP 是 POP 广告的一种,是通过创意和设计,用一些简单的工具随手绘写出 POP 广告。手绘 POP 是商品进入到流通领域后的最后一种广告形式,所以也称之为"终点广告"。POP 具有如下功能。①在有限的空间引起顾客的注意,可迅速地向消费者提供最新商品信息,制造焦点。②唤起顾客的潜在购买意识。③营造销售氛围。利用 POP 广告强烈的色彩、美丽的图案、突出的造型、幽默的动作、准确而生动的广告语言,可以创造强烈的销售气氛。④树立和提升企业形象。

POP 的制作相对较为简单,大部分的 POP 广告是用水性的马克笔或是油性的马克笔和各种颜色的专用纸制作。POP 的制作方式、方法很多,材料种类不胜枚举,但以手绘 POP 最具机动性、经济性、亲和性。手绘 POP 的制作基本原则为:容易引人注目;容易阅读;一看便知诉求重点;具有美感;有个性;具有统一感和协调感;有效率。手绘 POP 必须具备以下 3 个基本点:醒目、简洁、易懂。①醒目。顾客对不同颜色有不同的感觉,黄色给顾客一种价格便宜的感觉,与冷色系相比,顾客大多更喜欢暖色系。使用不同颜色的纸制作 POP,易引起顾客的特别注意。另外,POP 的面积还应该根据商品的大小、书写的内容而发生变化。对于成堆摆放的特价商品,应该采用大型的 POP,而对于货架摆放的小型商品,在制作 POP 时则要注意用纸的大小,不要将商品全部挡住为好。②简洁。POP 是吸引顾客注意商品的手段,将商品的特点总结成条目,便于顾客阅读,也就便于顾客了解商品。应该尽量将商品的特点总结成条目,并且至多 3 条。POP 书写要求每张 POP 上不超过 2 个商品信息,张贴在透明玻璃橱窗的 POP,正反两面都应有商品信息。内容简洁、明了,主题突出。字体端正、清晰,忌字体潦草,每张 POP 不得超过 3 种书写颜色,一般以红、蓝、黑 3 种为主。③易懂。介绍商品的语言要让顾客一目了然,不能含混晦涩。

**1. POP 制作材料**  马克笔:分角头及圆头两种笔头,又分酒精、水性、油性 3 种溶液的马克笔。纸张:铜版纸、海报纸、牛皮纸、彩胶纸、有色卡纸等。其他辅助工具:尺子、小刀、剪刀、绘图铅笔、修改液、橡皮、双面胶等。

**2. 手绘 POP 的构成**  手绘 POP 构成要素包括:主标题、副标题、说明文、指示文、版面装饰。但不是所有的 POP 都要有以上全部要素。主标题是整幅 POP 作品的最重要的设计要素,所以要吸引读者进一步阅读的兴趣。明确的视觉主线应该是从上而下,依次为:主标题—副标题—正文—联系信息。

(1)主标题  是手绘 POP 的重心,最能吸引消费者目光。所以字体一定要醒目、清晰、容易阅读,形成对消费者最直接的视觉冲击。一般主标题控制在 3～5 字之间,2～3 种装饰方法,位于版面左边靠上的位置。

(2)副标题  如果主标题不能充分说明 POP 内容,则需副标题起补充说明的作用。副标题要比主标题小,颜色也要比主标题少,不能超出主标题,不能喧宾夺主。字数控制在 4～6 字以内,装饰方法在 1～2 种。

(3)说明文  即正文,将内容、目的说明的文案。陈述内容应控制在 3 项以内,最具魅力的信息应写在前面,诱使读者往下阅读。正文字不须装饰,但要和主标题和副标题区分颜色和字号,特殊重点要变换色彩和字号,比如数字、称呼、价位、打折、赠品等等。对 POP 的内容及诉求目的进行详细说明。手绘 POP 广告的说明文如为横式排列,通常以"左右无字间,上下有行间"的原则来描绘。

(4)指示文  指示文在 POP 中占据位置不是很大,一般在内容最上和最下端,一般以记号笔书写为主。它是提示和声明 POP 海报的具体商家业户,如出品名称、联系电话、联系地址等重要信息。文字大小不要超过上面的说明文，但是电话等数字信息可以强调的加大。出品名称如没有确定的颜色或字体，一般采用黑色。

（5）版面装饰　包括字形装饰、指示图案、辅助线、饰框等。文字修饰可使字体更美观；饰框可加强版面整体感；插图可美化画面，让 POP 更加生动，进一步吸引消费者注意。插图在海报中不是主体，但它可以调节画面的色彩，调节画面的平衡，解释说明主标题，活跃广告氛围。

### 3. POP 字体基础

（1）字体　字体为手绘 POP 的根本，是手绘 POP 的灵魂。练习基本字体是手绘 POP 的必要条件与根基。

①正体字　又称方块字，字体呈方体形状，是 POP 字体中最容易书写的一种，字体横平竖直、比例均匀，给人以工整、正统的感觉。基本结构为左右结构和上下结构。左右结构的字形为部首偏少，另一部分较宽；上下结构的字形上下两部分大小差距不大。

正体字的特点：横平竖直、充满格子、均衡布局；上下顶头、左右碰壁，基本上是直立和扩充的感觉。

②变体字　又称 POP 标准字、POP 海报体、POP 活体字等，是在正体字的基础上，将结构严谨的字体变为趣味动感的字体，以应对不同的表现主题。上下结构的字体书写为上大下小；左右结构的字体书写成部首小，另一部分大的形式。

变体字的特点：①字体重心下移。字体中的笔画相对地往下落。②见口放大。在字体中如果有"口"字出现，要把"口"字扩大、放大，这样更能体现变体字的特点。③字体梯形化。书写的时候，相对把字体下部放宽一点，形成一个梯形，这样字体更具稳定性。④字体扩充。在虚拟的框架方格中，让字体占满整个方格。⑤横笔画书写变化。如第一笔是横，则向右下倾斜书写。如果有 2 笔或 3 笔是横，相对把下面的横拉直或者反方向倾斜，这样字体更具有稳定性，更具活力。

---

### 拓展阅读

#### 胖胖字

**1. 胖胖字的概念**　从字面上理解，胖胖字就是笔画写的圆圆滚滚而且字体结构显得胖胖的文字，同样我们也可以理解为把字写成空心字的样子，然后加肥加胖，因此被形象地称为胖胖字，也有叫气球字的，因为其肥胖可爱很受设计师们的喜爱。

**2. 胖胖字的由来**　一张完整的 POP 海报由主标题、副标题、正文、插图装饰图案等部分组成，其中最为重要的就是标题字。因为它是整张海报所要表现的主题，如果这个标题我们用正体字或者活体字来书写的话，虽然看起来正统、规范、有力度，但很难添加图案或图形，这样就使标题字看起来呆板、生硬，而且也缺乏生命力和亲和力。为了让标题字看起来更具有魅力和亲和力，我们需要采用一些新的技法来表现标题字，这个时候就产生了——胖胖字。

---

（2）运笔　运笔是书写的关键。①握笔基础。握笔不宜过高，笔与纸成 60°角，运笔要稳，力道均匀，速度一致。马克笔有平头和斜头，握笔时与平时握笔相同，但要求笔尖与纸面完全贴平，画出来的笔画要求横竖等宽，且线条间保持平行，间距均匀。②运笔基

础。以手腕带动笔锋，如果所写的字较大，运笔时须以整个手肘来移动，而不能只移动手腕，确保笔锋与纸面接触的情形不会改变。既定方框中，肘靠桌书写。横笔触由左至右，直笔触由上至下，皆不可超过两条黑线，斜笔触练习亦同。③接笔的技巧。一笔拆成很多笔。注意笔画手写方向、顺序及接合处的整齐度。不是"写"而是"画"。不要以书写的方式来运笔写字，应以画字的手法。

（3）书写方法　①放弃汉字正常的比例框架结构。POP 字体的精髓即创新灵活，需要大家将汉字从另外一个美学角度重新书写，常用手法有头大身小，反转偏旁与部首原比例，左高右低等等。②转笔。POP 字体绝大多数情况下需要把原来折划的笔画书写为圆笔画，在书写过程中应当练习好转笔的技巧。③字距。POP 字体书写时，字与字之间没有字距，通常采用前字压后字的手法，即前字的右边或下边的笔画与后字左边或上边的笔画形成一定的遮盖关系，也可采用一些装饰手法使字与字之间关系紧密，无需考虑字距问题。④笔画的统一。画面当中，一组 POP 字体所有字的笔画需要统一协调，这样才能使字体风格保持一致，画面的视觉效果理想。

（4）POP 字书写原则　运笔的基础就是"米"字八方向，字的描边遵循右下左上。一定要做到横平竖直，运笔要稳，力道均匀，写出的线条才匀称、丰满。笔直，斜划也是如此，运笔时笔杆朝着笔画前进的方向，笔杆和纸张成倾斜60°角，运笔不要施太大力，以免拖不动，墨水会晕开来。

POP 正字体书写原则：①满格书写。尽量填满整个方格，笔画向四边扩张，注意笔画间的间距。②空间分配。上松下紧，左窄右宽。③部首变形。是"画"非"写"，不要以惯有的书写习惯去写 POP 字。

POP 变体字书写原则：①重心下移，见"口"放大，把字写成"梯形"，字在方格内扩充，如果一笔是横，则向右下倾斜书写，如有2笔或3笔是横，相对把下面的横拉直或者反方向倾斜。②左右结构字体，相对把部首放小。左中右结构字体，中间稍大，左右稍小。上下结构字体，上下比例形成三七或者二八。半包围结构字体，包围部分放小，不全封闭。

（5）POP 字变体字及书写要领　①圆弧字书写要领。将文字当中的方框写成圆形，尽量画的圆一些，这种字体仅对方框内的笔画发生作用，其他的笔画不受影响，与基础字体的写法相同。②波浪字书写要领。在文字当中选择一两处笔画，将其做以波浪形的变化，注意不要把全部笔画都写成波浪形的，那样会使文字显得很凌乱。③软口字书写要领。在写"方框"类笔画时，将最后一笔写成柔软的曲线形，改曲线为纵向收笔，从"方框"的左上角开始向右下角画，注意不要画的生硬，要柔软有弹性才好。④断字口书写要领。在写"方框"类笔画时，不把它完全封闭，留下一个或者两个缺口，缺口的位置要留在笔画转折的地方，而不要把完整的笔画从中间生硬地断开。⑤弧线字书写要领。这种字体是把文字当中所有的笔画都弯曲或弧线，而没有硬直的笔画。⑥细尾字书写要领。细尾字的装饰大多出现"撇""点"或"捺"上面。当笔运行至上述笔画的末端时，笔尖向旁边推，这样就会出现一个很细的并且垂直于该笔画的装饰线。⑦细折字书写要领。当遇到有横向竖转折的笔画时，笔尖的方向保持不变，即横向起笔横向收笔。⑧花点字书写要领。将文字当中的点去掉，换成具体的图案，让文字变得更活泼，同时也增添了装饰性。⑨软体字书写要领。这是用马克笔模仿毛笔字的形态而创造的一种很活泼的字体，难度较大，不易掌握。该字体当中横笔画一般较粗，其他笔画较细，所有的笔画都柔软有弹性。

**4. POP 字体装饰**　在手绘 POP 中，文字装饰效果起着至关重要的作用。如果单独用一种颜色来书写文字，会显得整个版面比较单一，没有立体感。字的笔画就如人的骨架，只有当你给它穿上不同风格漂亮的衣服后才会变得更加美丽。因此我们在书写过程中要考虑怎样把文字处理得更加显眼，更具有可看性。字体装饰还可以加强视觉效果，美化文字，让字体构成更精美、丰富，更具个性，吸引观者的视线。

（1）**字体的外部装饰**　①字体的轮廓装饰。字体书写完成后，沿着字体外轮廓进行勾边，一定要按照字体的笔画顺序进行，而且轮廓线的颜色要和字体本身的颜色区分开，一般有 3 种方法。a. 实线轮廓。用黑色比笔勾画轮廓，把整个字包围起来，使字体更加醒目。有时候还在黑色描完基本轮廓上，在原有的基础上用另一种颜色进行描绘，让字体颜色更加丰富，达到刺激视觉的作用。b. 断线轮廓。对字体进行轮廓描绘时采用画虚线的方法，使字体看起来有通气性，但不要把断线画得太多太密，那样的话画面会显得比较凌乱。c. 双实线轮廓。进行轮廓描绘时只描字体笔画中间的部分，笔画的两端不画，既可增强字体整体感，又具有通气性，但绘制双实线的时候要保持一致，不可参差不齐。②字体的花边装饰。就是在字体的外部整体添加一些装饰性的图案或花纹，一般适用多个字组合的时候，使字体的整体感集中，可以根据自己的创意进行绘制。③字体背景装饰。给字体整体增加一个或几个大面积的背景。但要注意背景的颜色不要过深，否则会喧宾夺主。

（2）**字体的内部装饰**　①中线装饰。在字体完成后按照字体的骨架画出中线。当遇到十字交叉的地方描实心的节点、三叉口交叉描半圆的节点。中线也可以描出字体外部，但要注意，中线的颜色必须要与字体区分开来。②字体分割装饰。在字体内部添加图案，可根据自己的创意来设计，但要注意分割字体的颜色反差要大一些，如果分割多个字的话，分割的图案要一致，增强字体的整体感觉。③高光装饰。在字体书写完成后，用修正液给字体添加一些高光效果。一般在字体的转折处，使字体更加有立体感。④布纹装饰。在字体内部描绘类似布纹的图案。⑤木纹装饰。在字体内部先涂底色，然后用深颜色画上类似木纹的年轮，有时还可以加上钉子等图案。⑥字体内部封闭装饰。给字体进行轮廓装饰后，会出现一些封闭空间，可以将这些空间填充颜色，但填充的颜色一定要和字体的颜色反差大一些，而且尽量选择一些比较亮的颜色，有时也可以在封闭的空间内填上不同的颜色，丰富整个字体组合。⑦字体内部图案装饰。字体书写完成之后，在字体内部还是画一些重复的单元图案。使其颜色和字体本身的颜色反差大一些。

（3）**字体的立体装饰**　①字体的叠压装饰。字体的基本笔画画完之后，在进行轮廓装饰时，把部分笔画或字根进行单独描绘。需要注意的是一般要把笔画少的字根放在最上层，不然就会使整个字体很难辨认。②字体的立体笔画装饰。给字体假设一处光源，在和光源相对的一面为字体描绘出阴影，增强字体的透视效果。③字体内部阴影立体装饰。在基本笔画写完后，用深色马克笔画出在字体内部产生的阴影效果。

（4）**字体的变形装饰**　①字体基本笔画变形。把字体本身的一些笔画进行变形。最常用的就是把笔画当中的"点""撇""捺"等进行变化或者是换成另外一种颜色。②字体笔画象形装饰。把字体本身有的某个笔画省去，用具体的图形来代替。但代替笔画的图形一定要和字面本身的意思相近，否则容易让人误解。在书写的时候要进行好规划，哪一部分笔画是省略的，用什么图案来代替。

**5. POP 张贴**　POP 张贴要离产品近，与商品相随。不可遮挡住商品、视线。应挂在重点商品上。应放在一定的位置上。要经常保持清洁干净。在尺寸和颜色上应与商品保持平衡。一般长形垂直张贴，横形张贴可右边倾高。

**拓展阅读**

### 药店常用促销标牌

1. "药师推荐、店长推荐、特惠商品、会员专享"等提示牌书写美观，不能变形破旧，不可遮挡商品和标价签。

2. "爆炸花"用于商品促销，体现商品的不同卖点及价格。

3. "药师推荐、店长推荐"等提示牌主要用于高毛利商品的促销。

4. "特惠商品"提示牌主要用于价格形象宣传，用在具有价格优势、进行特价促销以及赠品附送促销的商品。

5. "会员专享"提示牌主要用在只有会员才可以以会员特价购买的商品。

### 6. 手绘 POP 的注意事项

（1）消费者心智有限  以最简单的标题吸引消费者注意，向下阅读。字数控制在 30 字左右。

（2）过多的延伸使消费失去焦点  同一 POP 内陈述内容应控制在 3 项以内，内容要相互关联。

（3）消费者厌恶混乱  ①版面整。留天留地、留左留右，遵循"左右无字间，上下有行间"原则。②颜色简单。不要超过 4 种颜色。

（4）消费者缺乏安全感  备注加以说明，礼品堆头、体验区等物料及营业员加以配合。

（5）消费者印象不会轻易改变  最佳视觉高度 1.45m、节日消费习惯、品牌忠诚度。

（6）时间有限  制作时间一般不要超过半小时。

**岗位对接**

医药商品购销员（五级）国家职业标准中，对药品陈列的要求是：能按用途、剂型、性质及管理要求分类陈列药品。

## 实训六  药品陈列分类识别

### 一、实训目的
掌握药品的常用分类方法及类别，能按用途、剂型、性质及管理要求分类陈列药品。

### 二、实训要求
能在规定时间内正确完成药品陈列分类识别。

### 三、实训内容
1. 按药品的作用及用途分类。
2. 根据药品在人体内的作用部位分类。
3. 根据化学组成分类。
4. 按药品保管习惯分类。
5. 按分类管理办法分类。

### 四、实训方法

模拟药店现场，由教师准备好陈列所用的药品，由3~4人为实训单位进行分组，根据教师所列药品进行快速分类识别，记录药品识别及分类结果。

### 五、实训评价

表5-2 实训评价表

| 序号 | 考核内容 | 考核要点 | 配分 | 评分标准 | 扣分 | 得分 |
|---|---|---|---|---|---|---|
| 1 | 分区分类摆放 | 1. 药品与非药品分开、内服药与外用药分开、处方药与非处方药分开区域。<br>2. 需冷藏的药品与其他药分开区域，特殊管理药品单独区域摆放，拆零药品单独区域摆放。<br>3. 要求主要以作用用途进行分类、分区域摆放，不要求中药与西药分开摆放。<br>4. 易混淆药品应分隔摆放。<br>5. 在同一个区域内摆放的药品在分作用用途的基础上同时按剂型集中摆放 | 6 | 1. 区域混淆每个扣0.5分。<br>2. 分类混淆每个扣0.5分。<br>3. 易混淆品种未分隔每个扣0.5分。<br>4. 剂型未相对集中每个扣0.5分。<br>5. 同品名或同品种不同规格药品未相临摆放每个扣0.5分 | | |
| 2 | 整齐摆放 | 1. 同一药品摆放在一起（前后摆放，但不得有间隙，且近效期在前）。<br>2. 同品名或同品种不同规格药品相临摆放，相临品种间的间隙不能过大（不超过二指距离，体积过小品种以价签距离为准）。<br>3. 商品正面向前（可立放，也可平放），不能倒置。<br>4. 50ml以上的液体剂型应立放，不能卧放 | 4 | 1. 同一药品未摆放在一起每个扣0.5分。<br>2. 同品名或同品种不同规格药品未相临摆放每个扣0.5分。<br>3. 正面未向前每个扣0.5分。<br>4. 商品倒置每个扣1分。<br>5. 整体摆放混乱扣1分 | | |
| | 合计 | | 10 | | | |

否定项：无

## 📝 实训七  药品陈列综合实训

### 一、实训目的

通过实训，能根据药品陈列原则和GSP的要求，运用各种陈列方法、技巧独立完成门店药品的陈列工作。

### 二、实训要求

1. 药品陈列是否符合陈列原则和GSP的要求。

2. 能够根据场地、货架实际情况运用恰当的陈列方法和技巧陈列。

3. 药品陈列美观大方，颜色搭配合理。

### 三、实训内容

**1. 药品的一般分类陈列** 将准备好的药品按照陈列的基本原则与要求分别陈列于适当的位置，同时完成理货、清洁工作。

**2. 节假日的店堂布置与陈列** 以小组为单位，每个小组分别以五一国际劳动节、六一国际儿童节、国庆节、重阳节、元旦、春节等节日为背景，设计以庆祝节日为主题的门店陈列。

### 四、实训方法

模拟药店现场，由3～4人为实训单位进行分组，并选出组长。

1. 由店长负责，按实训内容与要求共同协商，制定出陈列的方案。

2. 在指定的区域按设计好的方案实施陈列。

3. 观察各小组自己的陈列。

4. 各小组根据陈列原则、陈列方法等相互陈列中的错误，修正陈列。

5. 结束并整理。

### 五、实训评价

表5－3 实训评价表

| 序号 | 考核内容 | 考核要点 | 配分 | 评分标准 | 扣分 | 得分 |
|---|---|---|---|---|---|---|
| 1 | 整洁 | 货架、场地清洁 | 1 | 1. 有肉眼可察觉的污渍、灰尘或破损扣0.5分。<br>2. 摆放混乱、缺乏整理扣0.5分 | | |
| 2 | 标价签管理 | 标签有无及位置 | 2 | 1. 有货无签、有签无货、货签不符、不对应或不统一放置第一件商品左下角的，每品每项扣0.5分。<br>2. POP书写不清楚或未对应商品张贴的每品扣0.5分 | | |
| 3 | 药品陈列 | 1. 分类分区原则。<br>2. 集中、纵向陈列。<br>3. 黄金分割法陈列。<br>4. 易见易取原则。<br>5. 季节性陈列原则。<br>6. 端架陈列。<br>7. 先进先出原则。<br>8. 满陈列原则 | 5 | 1. 未按分类分区原则陈列扣1分。<br>2. 未按分类做集中、纵向陈列的每处扣0.5分。<br>3. 商品未按黄金分割法陈列的每处扣0.5分。<br>4. 商品未正面朝外、被遮挡，无法易取易放的每品扣0.5分。<br>5. 未遵循上小下大，上轻下重，每品每项扣0.5分。<br>6. 商品与上层货架层板间距未遵循二指原则，每座货架扣0.5分。<br>7. 应季品陈列不突出、不明显的每品扣0.5分。<br>8. 一个地堆或端架最多陈列两种商品，如有两种以上多余每品扣0.5分。<br>9. 商品陈列未遵循先进先出原则的每品每项扣0.5分。<br>10. 陈列量不丰满每品扣0.5分 | | |

| 序号 | 考核内容 | 考核要点 | 配分 | 评分标准 | 扣分 | 得分 |
|---|---|---|---|---|---|---|
| 4 | 节假日氛围陈列 | 关联原则、醒目原则 | 2 | 陈列不突出，商品未做关联陈列每处扣2分 | | |
| | 合计 | | 10 | | | |

否定项：无

## 实训八　手绘 POP 海报的制作

**一、实训目的**

能够独立完成 POP 海报的制作。

**二、实训要求**

能在规定时间内完成手绘 POP 海报的制作。

**三、实训内容**

**1. 手绘 POP 海报的制作**　设计一款以 XXX 活动为主题的促销活动，根据场地与促销活动主题设计制作 POP 海报。

**四、实训方法**

模拟药店现场，由 3~4 人为实训单位进行分组，并选出组长。

1. 准备好制作 POP 海报的材料。

2. 确定海报的整体编排。

3. 设计 POP 海报的主副标题及字体。

4. 设计 POP 海报的说明文。

5. 设计 POP 海报的配色与装饰。

6. 张贴 POP 海报。

7. 拍摄照片，记录 POP 海报制作过程。

**五、实训评价**

表 5-4　实训评价表

| 序号 | 考核内容 | 考核要点 | 配分 | 评分标准 | 扣分 | 得分 |
|---|---|---|---|---|---|---|
| 1 | 海报整体印象 | 1. 海报主题：主题明确，内容充实，有吸引力。<br>2. 海报内容：健康向上，有时代感、有创意、有特色 | 2 | 1. 主题不够明确，内容单一，扣 1 分。<br>2. 内容简单，没有亮点，扣 1 分 | | |
| 2 | 海报艺术设计 | 1. 视觉效果：视觉效果好，海报设计统一和谐，有体现自己作品主题的风格特色。<br>2. 美工设计：设计含量高，注意色彩搭配，有视觉冲击力，注重版式风格，能迅速、准确的传达信息 | 5 | 1. 视觉效果不太好，与主题风格不太协调，扣 3 分。<br>2. 色彩搭配出现问题，视觉冲击力不够，扣 2 分 | | |

续表

| 序号 | 考核内容 | 考核要点 | 配分 | 评分标准 | 扣分 | 得分 |
|---|---|---|---|---|---|---|
| 3 | 海报技术运用 | 1. 技术含量：海报整体的技术水平高，体现一定量知识积累和运用。<br>2. 内容可扩充性：方便添加一些字体或更新内容 | 3 | 1. 整体技术运用水平不高，创新不够，扣2分。<br>2. 不方便更新，内容扩展性不够，扣1分 | | |
| | 合计 | | 10 | | | |

否定项：无

## 目标检测

**一、填空题**

1. 拆零药品应集中存放于_____，并保留原包装的标签说明书。

2. 危险品不应陈列，因需要必须陈列时，只能陈列_____或_____。

3. 中药饮片装斗前应做质量复核，饮片装斗前应写_____。

**二、选择题**（下列每题的选项中，只有 1 个是正确的，请将其代号填在括号内）

1. 盘点时应对所陈列药品应每（    ）个月进行检查并记录，药品应按剂型或用途以及储存要求分类陈列和储存。

A. 1      B. 2      C. 3      D. 4

2. 药品零售企业应当分柜摆放的药品是（    ）。

A. 处方药、非处方药      B. 甲类非处方药、乙类非处方药

C. 处方药、甲类非处方药      D. 处方药、乙类非处方药

3.《药品经营质量管理规范》的英文缩写是（    ）。

A. GCP      B. GLP      C. GMP      D. GSP

（张　强）

第六章

# 销售药品

## 学习目标

知识要求　**1. 掌握**　药店的接待礼仪，常用药品的知识、药品销售的方法。识别成交的信号和方法。

　　　　　　**2. 熟悉**　接近顾客的时机和处理顾客异议的方法。针对各类疾病的连带销售技巧。

　　　　　　**3. 了解**　门店员工应具备的基本素质、药品销售的基本步骤。

技能要求　1. 能运用常用药品的知识促进药品的销售。

　　　　　　2. 会正确处理销售过程中的异议。

## 第一节　接待顾客

### 一、药店员工接待礼仪

礼仪是在人际交往中约定俗成的行为规范与准则，是礼貌、礼节、仪表、仪式等具体形式的统称。接待礼仪是指药店员工在接待顾客的过程中，形成的被大家公认的和自觉遵守的行为规范和准则。而礼仪规范总的来说应该满足"四士"风格：外在如绅士、内心如护士、知识如博士、作风如战士。

**1. 仪容仪表**　仪容仪表主要指店员的容貌、服饰着装、姿势和举止风度。店员的仪容仪表决定了顾客的第一印象。一个店员美丽的容貌，新颖大方的着装，稳重高雅的言谈举止，既表现了个人良好的精神风貌，也代表了整个药店的精神风貌，直接影响着顾客的购买情绪。

店员的仪容仪表要求为以下几项。①精神饱满，精力充足，保持充足睡眠，调整自己的情绪，体现文明礼貌的职业形象。②着装规范，尽可能统一服装，并保持服装的干净、整洁。③统一佩戴工号牌，便于顾客识别和监督。④保持个人清洁卫生，面容干净。男员工不留长发，要求前不过眉，后不过领，禁止剃光头、不留胡须、不得有文身，不染有色发型。女员工化淡妆、忌浓妆艳抹、指甲不得超过2mm、不得涂指甲油、不染发（黑色除外）、不烫发、不留奇异发型，女员工留长发应以发带或发夹固定，不得留披肩发。避免头发蓬乱、有头皮、有头油过多，有口臭或体臭，不掩口打喷嚏、打哈欠等不雅姿态。

**2. 行为举止**　行为举止主要指店员接待顾客的站立、行走、言谈表情、举止等方面的。店员的言谈清晰文雅，举止落落大方，态度热情持重，动作干净利落，会给顾客以亲切、愉快、轻松、舒适的感觉。相反举止轻浮，言谈粗俗，或动作拖拉，漫不经心，会使顾客产生厌烦心理。

门店工作人员在工作中要做到以下几项。①站立姿势。不能驼背、耸肩、插兜等，手不能叉腰、交抱胸前，或放在背后。站立时不能斜靠在货架或柜台上。②坐姿。应端正，不得跷二郎腿，不得坐在工作台上，不得将腿搭在工作台、座椅扶手上，不得盘腿。③书写。应在指定的地方或办公室进行。④不能在店面搭肩、挽手、挽腰，需要顾客避让时应讲"麻烦您！请让一下"。⑤不得随地吐痰、乱丢杂物，不得当众挖耳、抠鼻、修剪指甲，不得跺脚、脱鞋、伸懒腰。上班时间不得闲聊，不得哼歌曲、吹口哨。⑥接待顾客时，咳嗽、打喷嚏应转向无人处，并说"对不起"。⑦不在卖场议论顾客以及其他同事是非。⑧注意自我控制，在任何情况下不得与顾客、客户或同事发生争吵。⑨上班时间不能吃食物、不得看与工作无关的书报杂志。⑩商品轻拿轻放，顾客正在看货时，勿从中穿过。

**3. 服务纪律** 服务纪律的具体要求有如下几项。①不迟到、不早退，不擅自离开工作岗位，有事应事先请假。②不在工作时间聚众聊天，玩手机，嬉笑打闹，扎堆聊天，阅读报刊和因私事会客长谈。③使用礼貌用语，不说服务忌语，不与顾客顶嘴吵架。④不在工作时间干私活，吃零售，在柜台服务时严禁吸烟。⑤不以结账、点货、制表等内部工作为由怠慢顾客。⑥不动用和侵占顾客遗留物品。⑦不私自使用门店商品和挪用货款。⑧不玩忽职守、假公济私和泄漏有关药店商业秘密。

**4. 语言要求** 接待语言要文明礼貌，要说"您好""有什么可以帮到您的""请""谢谢""稍等"等敬语。不能说"不知道""不清楚""自己看"等服务忌语，并要注意表达方法。①讲求顺序和逻辑性，清晰、准确地表达意思。②突出重点和要点，以引起顾客的兴趣和注意。③不讲多余的话，店员的语言必须服从顾客的购买行动。④不夸大其词，诚恳客观地介绍推荐。⑤因人而异，根据接待对象不同，选择不同的表达方式和技巧。⑥尽量讲普通话，可以适当地讲与顾客相同的方言。⑦避免使用命令式，多用请示式。

**5. 肢体语言** 肢体语言主要包括以下几项。

（1）三米微笑 对视线范围三米内的顾客微笑。微笑是指：心里想着让你高兴的事，努力保持心情愉悦，目光友善、温和，嘴角轻轻上扬，可感觉到颧骨被拉向斜后上方。

（2）主动打招呼 顾客进门，接待员工必须微笑着，用微微上扬的语调向顾客打招呼。标准用语为："您好！"

（3）目光接触 有一个口诀是："生客看大三角、熟客看倒三角、不生不熟看小三角。"与不熟悉的顾客打招呼时，眼睛要看他面部的大三角。即以肩为底线、头顶为顶点的大三角形。与很熟悉的顾客打招呼时，眼睛要看着他面部的倒三角形。即眼睛与鼻子形成的倒三角形。与较熟悉的顾客打招呼时，眼睛要看着他面部的小三角。即以下巴为底线、额头为顶点的小三角形。

**6. 电话接待礼仪** 接听电话要求铃响3声内接听电话。标准用语："您好，××店。"或"您好，××部门。"通话过程中请对方等待时应主动致歉："对不起，请您稍等。"外拨电话开场语："您好，我是××店××，请问您是××吗？这时候打电话没打扰您吧？"外拨电话结束语："对不起，打扰您了，谢谢您，再见！"要求：①通话简单明了，不能用电话聊天，不打私人电话，不得在卖场使用手机接打电话、收发短信、微信、QQ等。②通话完毕，应等顾客或上级领导先挂断。③接打电话应面带微笑，语气平和、语调亲切。

## 案例讨论

案例：滴……滴……（营业员拿起电话）

营业员："您好，欢迎您致电×××店，有什么可以帮到您的吗？"

顾客："我想问一下你们店里有没有拜糖平？"

营业员："有，您如果需要可以来本店购买，如果您不能来，在周边500米社区内，我们可以送货上门的。"

顾客："我先问问，如果我需要，我会来的，谢谢。"（顾客挂断电话）

……

讨论：1. 你作为一名营业员接到这样的电话你会怎么办呢？

2. 此案例中的营业员接电话的时候遵循了哪些原则？

案例分析：该小案例就是最常见的药品供应查询，在案例过程中注意接电话的基本礼仪在电话铃声3声响起时接听电话，注意礼貌，对药店要相当的熟悉，但是尽管如此，还是难以揣摩顾客的真正意图，因此很难实现顾客的成交，就算成交也不会是马上成交。

**7. 递物与接物**　递物与接物是日常生活和工作，以及社交活动中常有的一种礼仪行为。体现了个人的礼仪素养。比如递交票据、钱款、药品等物品时，应该双手递上。若为剪刀等锋利物品，应将尖头面向自己。在递接名片时，一般情况下，是由地位低的人先向地位高的人递送名片，男士先向女士递送名片。递送时面带微笑，正视对方，身体略前倾，将名片正面朝上，恭敬地用双手拇指和食指分别捏住名片上端两脚，送至对方胸前。递送时说："我是××，请多关照。"接收对方递送的物品时，应双手接过，并点头致意或说"谢谢"。常见的药店规范用语和忌语可见表6-1所示。

表6-1　常见的药店规范用语和忌语

| 序号 | 规范用语 | 忌语 |
| --- | --- | --- |
| 1 | "您好！" | "喊什么！等一会儿！" |
| 2 | "有什么可以帮到您的吗？" | "买得起就买，买不起就别买！" |
| 3 | "请您到这边看看。" | "谁卖你的你找谁去！" |
| 4 | "我来帮您挑选，好吗？" | "没上班呢，等会儿再说。" |
| 5 | "您还需要其他药品吗？" | "不知道。" |
| 6 | "对不起，请您稍等，我马上就来。" | "您问我，我问谁！" |
| 7 | "抱歉，让您久等了。" | "到底要不要，想好了没有。" |
| 8 | "这是您的找钱，您走好，祝您早日康复！" | "没看见我正忙着吗？着什么急呀？" |
| 9 | "谢谢，请多提宝贵意见！" | "要买快点儿，不买站边上。" |
| 10 | "您别客气，这是我们应该做的。" | "交钱，快点！" |

## 案例讨论

**案例**：顾客进入零售药店，手按腹部，面部表情痛苦，营业员上前接待。

营业员："您好，您哪儿不舒服，有什么可以帮您?"

【营业员服务状态：急切、关心、真诚】

顾客："我从昨晚开始到现在拉肚子七八次了，整个腹部都不舒服，隐隐地疼。人也没力气，没精神，想买点药。"

营业员："您先坐下休息一下，是不是昨天吃东西不合适?"

【营业员服务状态：关注、投入，安排患者坐下，可以倒杯温水】

顾客："有可能吧，昨天晚上跟朋友去吃大排档了，冷的热的辣的也没讲究。"

营业员："……"

**讨论**：请分析该案例中的营业员的做法?

**案例分析**：当顾客需要医药商品营业员提供服务时，需要的不仅是简单的药物介绍，营业员的形体语言、语音语调都会影响到顾客的感受，因此，医药商品营业员能够合理运用适合情境的服务态度与语言，对服务质量有重要影响。

## 二、识别不同类型的顾客

### （一）根据消费者进店的意图来分

顾客进店的目的可能是：观赏、了解信息、购买。营业员在接待顾客的过程中，仅有热情是不够的，还需要通过主动介绍、多加询问的办法，揣摩顾客心理，迎合顾客需求，区别进行接待。

**1. 观赏者** 观赏者一般进入药店暂无购买意图，只是为感受气氛或为以后的购买做些准备，他们一般神态闲散，漫无目的，东看西看或者行为拘谨，犹豫徘徊，此时营业员应为顾客营造一个自由宽松的氛围，可以点头微笑后继续做自己的事，或者语言表达"您慢慢看，有需要您叫我。"随后，营业员可以继续接待其他顾客或做自己的事情，用余光关注一下观赏者即可。当顾客对某个产品表现出兴趣时，要在"讲"字上下功夫，明确顾客要求，多做介绍，耐心解释，当好参谋，进行热情接待，或许可能把握住一次商机。

**2. 了解信息者** 了解信息者的特点是：暂无明确购买目的，只是为了了解信息，如了解药品价格、咨询常见药品用法或者常见疾病用药等。针对此类顾客，营业员首先应调整好心态，不能流露出不满，更不能怠慢接待，而应将他视为潜在顾客，进行热情服务，耐心为他们介绍医药专业知识，宽容并鼓励顾客，在充分了解信息、做出比较的基础上再做决定，真诚而专业的介绍会能够让顾客信服与感动，从而留住潜在顾客。结合顾客的兴趣点，可以适当介绍药店的特色品、畅销品。

**3. 购买者** 购买者进入药店时，进店迅速，能够直奔柜台，进店后一般目光集中，脚步轻快，迅速靠近货架或商品柜台，主动提出购买需求，向营业员开门见山地索取货样，急切地询问商品价格，如果满意，会毫不迟疑地提出购买要求。或者对某一类医药商品表现出极大热情，或者围绕某个具体病症提出具体的问题和需求，此时，营业员要及时反应，热情开展服务。为促进成交，营业员要善于观察顾客，初步判定顾客的心理类型，适时采取恰当的方法进行接待。

### （二）根据消费者的行为类型来分

按消费者的购买行为类型不同，消费者可分为5大类：理智型、习惯型、经济型、冲动型、犹豫不定型和求名型。

**1. 理智型顾客**　理智型顾客的特点是对所要购买的商品的厂家、名称、规格等都问得比较完整，在购买前从价格、质量、包装等方面往往进行反复比较，仔细挑选。要求营业员接待服务要耐心，做到问不烦，拿不厌。

**2. 习惯型顾客**　习惯型顾客的特点是进店后直奔向所要购买的商品，并能讲出其厂家、名称和规格，不买别的代替品。要求营业员要在"记"字上下功夫，记住这类顾客及其常用的商品，尊重顾客的习惯，千方百计地满足他们的需求。

**3. 经济型顾客**　经济型顾客的特点是以价格低廉作为选购商品的前提条件，喜欢买便宜一些的商品，进店后需要熟悉商品，精挑细选。接待这类顾客，要在"拣"字上下功夫，让他们挑到满意的商品为止。另有少部分顾客专买高档保健食品类，作为礼品，此时要求营业员能够说明商品价格、性能、用途、优越性，让顾客相信物有所值。

**4. 冲动型顾客**　冲动型顾客一般购物目标明确，但在购买商品前通常没有足够的准备，以主观感觉为主，容易受商品的外观、包装、商标、广告宣传和营业员劝说的影响，一般不太注重商品的价格，能迅速做出购买决定。对这类顾客，要在"快"字上下功夫，同时要细心介绍医药商品的性能、特点和用途，提醒顾客注意考虑和比较。

**5. 犹豫不定型顾客**　犹豫不定型顾客购买医药商品时，考虑问题顾虑较多，对事物体验深刻，行动谨慎迟缓。购买商品时，往往犹豫不决难以做出决策，即使做出了购买决策也可能反悔而中断购买行为。针对这类型顾客要求接待要在"帮"字上下功夫，耐心介绍不同医药商品的差别，结合顾客实际情况，当好参谋，帮助顾客确定要选购的医药商品。有些顾客由于患有难言之隐的疾病，或者药品涉及顾客隐私，在购买商品时有躲闪、不安、犹豫，不自在等表现，可能四处张望却不提出购买要求。针对这种类型顾客，应由年龄相近，性别相同的营业员就近进行接待，在接待过程注意小声说话，照顾顾客的心理感受，尊重和保护顾客的隐私。

**6. 求名型顾客**　求名型顾客爱赶"时髦"、讲"奇特"，追求商品的新颖样式，往往不问价格、质量。特点：希望能得到别人的赏识与悦目，想法单一，崇拜名牌产品，在选购时特别注意商品的牌子，对价格高低并不过多考虑，要面子形的。针对这种类型顾客营业员应该多讲解商品最适合这种高层次的人使用，给予其成就感和肯定，他们都喜欢别人的奉承，切不可揭开其老底，多顺应其心理，多一份认同，让其将营业员当作知己，多讲解选择产品后带来的感受和优越感。

---

**案例讨论**

案例：顾客进入零售药店在解热镇痛抗感冒药的柜台浏览。

营业员："您好，有什么可以帮到您的吗?"

顾客："我有点受凉，感冒，头疼，低烧，流鼻涕，昏昏沉沉三四天了，多喝水多休息也不见好。"

营业员："您别着急，感冒的病程一般要持续一周左右的。如果您有发烧症状，或者这几天感冒症状严重了，建议您可以考虑吃3~4天的感冒药，缓解一下症状，不然还是挺难受的。"

顾客："可这些感冒药都挺贵的，也不知道之间能有多大差别？"

营业员："您方便说一下您从事的工作吗？一般感冒药会有犯困、嗜睡的问题，如果您担心影响工作的话，可以考虑日夜百服宁或者白加黑。"

顾客："我不想吃西药，有合适的中药感冒药吗？"

营业员："那您试试感冒清热颗粒吧，主要针对受凉引起的感冒。"

顾客："……那先来一盒试试吧。"

**讨论：** 请分析案例中的顾客属于哪种类型，这些类型的顾客的接待原则是怎样的？

**案例分析：** 该案例是有明显的犹豫不定型和经济型顾客的特征，本身对药品认知不多，考虑价格因素，此外还有较多的顾忌，医药商品营业员要做到：问不烦，拿不厌，努力帮助顾客做好参谋。

### （三）不同年龄顾客的购买心理特点

不同年龄顾客由于各种因素的综合作用，使其具有各自不同的典型特征，就引起营业员的重视。

**1. 少年儿童的购买心理特点** 少年儿童群体一般是由父母做出购买决策，但可以对其父母对购买药品产生一定影响。然而在实际的购买过程中，少年儿童购买目标明确，购买迅速，更容易参照群体的影响，选购商品具有较强的好奇心，以直观、具体的形象思维为主，对商品的注意和兴趣一般是由商品的外观刺激引起的，容易诱导，而对别人的推荐较少异议。购买商品具有依赖性，同时推荐的药品注意包装、味道和色泽等方面需满足他们的心理需要。

**2. 青年的购买心理特点** 青年一般指16~35岁之间的人群，青年群体的消费心理特征是重时尚、赶潮流，喜欢新颖、奇特、有创意的商品，注重商品的科技成分以及商品的个性化、形象化。因此针对青年群体应该提供专业化的服务，推荐的商品体现人文化，注重文化底蕴的商品。

**3. 中年的购买心理特点** 中年时由青年向老年的过渡时期，年龄一般在35~55岁之间，中年购买行为比较理智，冲动性小而计划性强，重视商品的实用性，较为理性，对商品的品质、效用、价格更加重视，容易建立对商品品牌的忠诚度。针对中年群体在推荐时应该强化药品的品质，突出药品的使用价值，对他们采取平价销售、优惠和折扣等方式，提供优质的销售服务，让其感到物超所值。

**4. 老年的购买心理特点** 老年群体主要指55~60岁年龄段及以上的人群，是药店的主要消费人群，老年人习惯性购买心理强，对老字号倍感亲切，注重产品的质量和功能，消费理性强，要求服务周到方便，对保健品的需求增大。因此针对老年群体在药店推荐药品时要耐心解释，循循善诱，并从情感的角度出发，倾注关怀，给他们以尊重和礼遇。或者因为老年顾客行为不方便，推介时如果能从售后服务的途径解除顾客的担忧，则可有效地促进购买。

## 三、接近顾客的技巧

### （一）接待顾客的标准话术

**1. 当顾客进店时，应面带笑容，点头示意，主动打招呼**

（1）标准用语 "先生，您好！""小姐，早上好（中午好，下午好，晚上好）！""小姐，新年快乐！""王阿姨，您今天气色真好！"

（2）服务要领 积极主动地打招呼，提供帮助，微笑及目光与顾客接触，亲切开朗的语气，态度诚恳，老顾客可称呼姓氏。

**2. 顾客不需要协助时**

（1）标准用语 "××（称呼），您请随便看看或请慢慢看，需要时请随时叫我。"

（2）服务要领 面带微笑、目光友善。避免出现因顾客不需要协助而感到失望与不悦，避免语气敷衍或机械化。

**3. 主动向有需要的顾客提供协助**

（1）标准用语 "您好！请问有什么可以帮到您？"

（2）服务要领 立即放下工作，主动走近顾客，礼貌询问。避免怕麻烦的态度，只说"等一会"，还在继续手头的工作。

**4. 顾客指明需要某种商品时**

（1）标准用语 "××，您需要某某药 N 盒是吗？""好的，请稍等！我这就拿给您。每天服用 N 次，每次服用 Y 粒，另外还要注意……"

（2）服务要领 立即放下手头上的工作，主动替顾客拿取商品，禁止说"在那边，自己找！"

**5. 顾客所需商品缺货，应主动介绍其他同类产品，禁止硬性将商品推荐给顾客**

（1）标准用语 "××，很抱歉，您需要的某某药现有 5 瓶，如果可以的话，您先买 5 瓶，其他 15 瓶将在周三到货。"如果顾客急需，"我立即帮您组织调货，大约需要 ×× 时间，请您稍等或帮您送货上门。"如确实无货，应主动介绍其他同类产品。"××，很抱歉，您需要的某某药暂时没有，不过，这里有跟它同样功效的另一种产品某某药，我给您介绍一下，好吗？"

（2）服务要领 态度诚恳，如果顾客坚持购买他指定的商品，应立即进行登记顾客联系方式和商品名称，同时承诺回复的时间。严禁说："不知道、没有货了、卖完了、没有这种商品、不知道是什么商品"。

**6. 主动帮助手持大量物品的顾客**

（1）标准用语 "××，我帮您拿个购物篮装上。"

（2）服务要领 主动递上购物篮，有可能的话，帮助顾客将货物拿到收银台。

**7. 顾客咨询专业问题，没有把握回答**

（1）标准用语 "这个问题，请我们的药师/医生给你解答好吗？××，请您到这边来。这位是我们的王药师。王药师，刘小姐胃痛，请您帮助一下。"

（2）服务要领 引领顾客到药师咨询处。介绍药师给顾客，简要向药师介绍顾客情况。避免直接说"我不懂"或向顾客乱解释。

---

📎 **拓展阅读**

### 接待顾客的 "六声一微笑"

顾客进店有招呼声，
提出询问有解答声，
顾客不适有关怀声，
挑选商品有介绍声，
服药方法有交代声，
顾客离开有道别声，
服务始终面带微笑。

### （二）根据顾客不同心理阶段的接待步骤

**1. 观察阶段** 根据顾客进店目的，一般可以将顾客分为4种类型：有备而来型，即顾客有明确的购买目标型，进店后迅速靠近相应药品柜台。半确定型，即顾客有大致购买方向，但对具体药品、类型等不是很清楚；难为情型，即顾客有购买目的，但不清楚具体购买品种，又羞于与营业员交流，通常表现为在店内停留时间长，反复溜达；随意闲逛型，即顾客进店没有购药打算，以浏览闲逛为主。（图6-1）

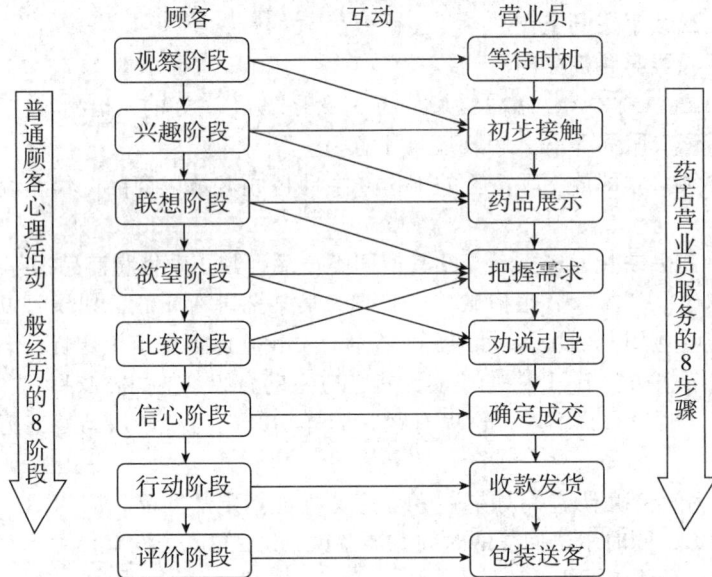

图6-1 药店营业员根据顾客心理变化接待顾客的流程图

**2. 兴趣阶段** 顾客在注视药品之后，如果进一步留意药品的品牌、价格、使用方法等内容说明顾客对这一产品产生兴趣了，这时顾客会根据自己对产品的主观的感情判断再加上自己所关注的客观因素进行综合考虑，以做出适合个人需求的选择。

**3. 联想阶段** 顾客在对药店商品产生兴趣后，顾客对产生兴趣药品的疗效存在期待，从而会激发顾客的个人联想，如"服用这个药后会有什么样的效果呢？"营业员要充分认识联想阶段的重要性，它直接关系到顾客是否要购买该药品，因此，一名优秀的营业员应该能够适时的丰富顾客的联想，让顾客充分信任药物产生的疗效，从而促进顾客下定决心购买。

**4. 欲望阶段** 当顾客对药品的疗效产生美妙的联想后，会产生购买商品的欲望，但由于对类似产品缺乏了解，容易产生疑问"有没有比这个产品更好的同类药品呢？"这种疑虑会对顾客产生微妙的影响，使顾客既对该商品产生购买欲望，但又不会立即决定购买，而进入下一阶段。

**5. 比较阶段** 顾客购买欲望产生后，心中就会进行多方面的权衡，如"这个产品的价格和品质是综合性价比最高的吗？会不会偏贵或者质量不够好呢？"这时目标商品的同类产品的适应证、药效、价格、服用方便程度等指标将成为顾客比较的重要因素，此时是药店营业员发挥专业知识和沟通技能进行接待咨询的最佳时机。

**6. 信心阶段** 经过一番权衡比较之后，顾客可能树立信心，觉得"这个药品还可以"，从而决定购买。也可能经过比较后失去信心，不再购买此药店商品转而关注其他同类商品，甚至不再购买此类商品。影响顾客信心的主要因素包括：①药店营业员的咨询接待能力。②顾客对医药商品质量及品牌的信任程度。③顾客对药品零售企业的信任程度。④顾客的用药习惯等个人因素。

**7. 行动阶段** 当顾客树立信心，决定购买后，会立即行动，确定成交，付清货款。此时，营业员应该能敏锐地意识到成交时机，快速开具票据，待顾客付款后，验收发货，并对商品进行适宜的包装。

**8. 评价阶段** 顾客购买药品离开后，对药店服务的满意度评价主要取决于：①购买商品过程中所享受的营业员提供的优质的药学服务。②药店商品产生的疗效能够达到顾客的期待。如果这两项的满意程度都较高，则顾客对药店的忠诚度将提高。

### （三）接待顾客的技巧

药店营业员的工作，是直接同顾客打交道。因此，要满足顾客需要，完成销售任务，必须熟练掌握接待技巧，首先从耐心倾听开始，正确自如地接待每一位顾客，以热情的态度和巧妙的语言艺术引导顾客，成功达成交易。

**1. 耐心倾听** 接待顾客过程中，不论顾客称赞、说明、抱怨，还是驳斥、警告、责难，营业员可以从中了解到顾客的购买需求。耐心倾听顾客的诉说，顾客会认为得到了尊重，从而愿意合作。

（1）用心倾听的原则

①耐心 不要打断顾客，很多顾客喜欢说话，尤其喜欢谈论他们自己、他们的家人。顾客说得越多，越感到愉快，这对销售很有利。药店营业员在这时要克制自己，不要打断顾客的谈话。

②专心 学会诚恳专注地倾听，在倾听顾客说话时，要真诚地凝视对方的眼睛，以示诚恳专注。要与顾客保持目光接触，观察顾客的面部表情，注意他们的情绪变化。

③关心 站在对方的立场倾听，要带着真正的兴趣倾听顾客在说什么，要理解顾客所说的话，也要对顾客的话理智地判断真伪、对错，必要时可重点附属对方所讲的内容，以确认自己的理解和对方所表达的意思一致。

（2）有效聆听的步骤

①发出准备聆听的信息。首先，需要准备聆听不同的意见，从对方的角度想问题。其次，营业员需要和讲话者有眼神上的交流，给予讲话者充分注意。

②采取积极的行动，包括对讲话者频繁点头，鼓励对方继续说。在听的过程中，也可将身体略微前倾，这是一种积极的姿态，表示愿意听、努力在听。同时，对方也会反馈更多的信息。

③理解对方全部的信息。聆听的目的就是为了了解对方全部的信息。在沟通的过程中没有听清楚、没有理解时，应该及时告诉对方，请对方重复或者解释。

（3）倾听过程中的注意事项

①不要打断顾客的谈话，尤其不要有意识地打断对方兴致正浓的谈论。

②听清楚对方的谈话重点，排除对方说话方式的干扰。

③适时地表达自己的意见，以便让对方感到始终都在被认真倾听。

④用心去寻找对方谈话的价值，并加以积极的肯定和赞美。

⑤配合表情和恰当的肢体语言，以便更生动形象地表达。

⑥避免虚假的反应，以便认真倾听对方的讲话和做进一步的解释。

⑦在倾听时，不能干其他与倾听无关的事情。

**2. 营业繁忙，有序接待**　在顾客多、营业繁忙的情况下，营业员要保持头脑清醒，沉着冷静，精神饱满，忙而不乱的做好接待工作。

（1）按先后次序，依次接待　营业员接待时要精力充沛，思想集中，看清顾客先后次序和动态，按先后次序依次接待。

（2）灵活运用"四先四后"的原则　营业中在坚持依次接待顾客时，要注意灵活运用"四先四后"的原则，使繁忙的交易做到井井有条。"四先四后"的原则是：先易后难，先简后繁，先急后缓，先特殊后一般。

（3）"接一顾二招呼三"和交叉售货穿插进行　营业员要运用好"接一顾二招呼三"的接待方法，在接待第 1 位顾客时，抽出空隙询问第 2 位顾客，并顺便向第 3 位顾客点头示意。也可视情形采用交叉售货，将商品拿递给第 1 位顾客，让其慢慢挑选，腾出时间去接待购买商品挑选性不强的顾客，力争快速接待，快速成交。

（4）眼观六路，耳听八方　营业员在同时接待多位顾客时，尽管人多手杂，有的问，有的挑，有的取货，有的需开票等，但营业员必须保持清醒的头脑，既要准确快速的接待顾客，又要避免出现差错（包括照顾商品安全、不错拿、乱放等）。要求做到眼快（看清顾客先后次序和动态），耳快（倾听顾客意见、谈论），脑快（反应灵敏，判断准确），嘴快（招呼适时，答问迅速，结算报账快），手快（动作敏捷，干净利索，取货、换货、展示、包扎、找零迅速），脚快（依据售货操作的需要，及时移动）。通过眼、耳、脑、嘴、手、脚，协调配合。

**3. 特殊情况，特殊接待**　营业员每天要接待各种各样的顾客，而且每一个顾客的心理特点各异，情况不一，要做到不同情况下，使每个顾客都满意，这就要求营业员不仅要有较高的思想觉悟、政策水平和比较熟练的售货操作技术，而且还要有一套特殊接待的方法和技巧。

（1）接待代人购买药品的顾客　营业员一般可采取一问（问使用人的病情）、二推荐（根据代买人的口述情况推荐适用药品）、三介绍（介绍推荐药品的疗效与功能，以及用法和用量、禁忌等）、四帮助（帮助顾客仔细挑选药品）的方法接待。

（2）接待老、幼、病、残、孕顾客　这类顾客在生理上和心理上有特殊情况，因此在购买药品时，更需要营业员的帮助、关心与照顾，在顾客多的情况下，营业员应主动和其他顾客商量，让他们先买先走。同时，还要根据不同情况，妥善接待。如老年顾客，一般记性较差，听力不好，营业员应耐心地仔细询问，一字一句地慢慢地对药品进行介绍。对病残顾客，尤其是聋、哑、盲人和手脚伤残的顾客，更要关怀备至。接待盲人，要仔细询问病情，认真负责地帮助他们挑选好药品，钱货应逐件放在他们手中，并一一交代清楚。接待聋、哑人，要多出示药品让他们挑选，并要学会一些哑语，以便弄清意思，满足需要，必要时可用书写的方法进行交流。儿童来买药品，往往是急来、急买、急走，不挑选，不看找零，拿了就走，因而容易出差错。接待时营业员要特别关照，让他们先买，买好后还要关照他们把购买的药品拿好，把找回的钱票收好，防止丢失。遇到儿童持大面额钱票买货，要查明情况。对怀孕的女顾客，要优先接待，注意关照。

（3）接待结伴而来但意见又不一致的顾客　营业员应掌握顾客心理，判明谁是买主，然后根据主要服务对象，当好参谋，要以满足购买者本人或当权者的要求为原则来调和矛盾，尽快成交，引导购买。

**药店零售工作的要诀**

对主动咨询者，需热情周到。

对有备而来者，需业务熟练。

对盲目就新者，应认真负责。

对小心谨慎者，要不厌其烦。

对随意浏览者，应顺其自然。

对难于启齿者，应避免尴尬。

## 第二节 推介药品

### 一、常用药品知识介绍

#### （一）药店营业员问病卖药流程

1. 问顾客需求是什么？（"您好，有什么可以帮到您的吗？"）

2. 顾客如不能明确地说出药物的，便问他现在的症状。（"您哪里不舒服？"）

3. 问顾客的病史和以前做过的相关检查。（"您有×××病吗？您检查过没有？"）

4. 问用药史和过敏史。（"您用过什么药？对×××过敏吗？"）

5. 介绍药品的功效与特点等。（"这药有×××的作用，是治疗×××的！"）

6. 介绍药品的用法用量。［"您知道怎么服用不？这药是一天吃（用）×次，一次吃（用）×粒"］

7. 叮嘱注意事项、生活禁忌、联合用药禁忌。

8. 如顾客能明确说出自己需求的药品或自己选购的药品，我们也要坚持做到介绍第6、7项步骤，给顾客介绍用法用量和注意事项。（图6-2）

#### （二）药店常见疾病或症状用药推荐

**1. 感冒** 感冒是一种常见的呼吸道疾病，分为普通感冒和流行性感冒。其中流行性感冒是由流感病毒引起的一种极易传染的呼吸道疾病。

（1）诱因 引起普通感冒的原因：当过度疲劳、受惊、淋雨、受寒时，感冒病毒可迅速繁殖，释放毒素，引发鼻、咽、喉部发生炎症。此时咽部细胞失去抵抗力，口腔中一般不危害人体的细菌会乘势繁殖，引起细菌继发感染。引起流行性感冒的病毒分甲、乙、丙3型，并有多种亚型，它是通过吸入空气中含病毒的小颗粒，或通过接触流感患者污染的物品而受到传染。

（2）症状表现 普通感冒主要包括鼻部症状和全身症状，其中鼻部症状明显，如：鼻塞、流鼻涕、打喷嚏、流眼泪。而全身症状相对较轻，如头痛、咽喉痛、肌肉关节痛。一般不发热。流行性感冒患者起病急骤、畏寒、高热（38~39℃）、咽痛、全身酸痛、乏力、鼻塞、打喷嚏、头痛。

（3）患者主诉与店员问病 "近日因工作繁忙，过度疲劳，昨天又淋雨。现头痛，咽干，周身酸痛。请问是感冒吗？吃什么药？"当患者来到柜台前时，你首先应先查询患者本人的年龄、性别，然后进一步查询。

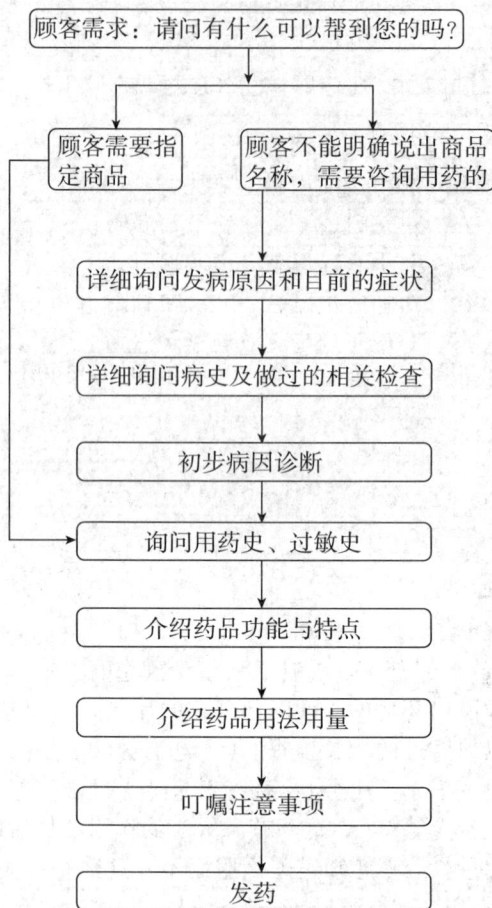

图 6-2 药店营业员问病卖药流程

①"您是突然发烧的吗？体温多少？"（普通感冒一般不发烧，个别有 37.2～37.3℃ 微热。流行性感冒起病急骤、高烧可达 39℃）

②"您全身肌肉、关节酸痛吗？"（流行性感冒发烧时伴头痛，全身酸痛）

③"您发热较高，今天是第几天了？"（流行性感冒一般发热持续 3～5 日）

④"您周围的同事或家人有发烧吗？"（流行性感冒很易传染别人）

⑤"有哪些具体症状？"（如全身酸痛、咽痛、流涕、鼻塞、打喷嚏，以便对症选药）

⑥患者有无眼睛红、痒、鼻痒、突发性打喷嚏等情形？（患者只有这些症状而无其他感冒症状的话，则可能为过敏性鼻炎而非感冒）

⑦患者有无其他疾病如糖尿病、青光眼、心脏病、高血压，甲状腺疾病等。（因为这些患者需谨慎应用某些抗感冒药）

⑧"症状持续多久了？"（一般感冒持续 3～7 天即可痊愈，若超过 7 天仍未缓解反而加重，则可能有并发症，应建议患者就医）

（4）对症用药 应根据感冒症状不同，选择不同的抗感冒药。

①感冒初起，鼻塞、咽干、流涕、打喷嚏、流眼泪等（临床称为卡他症状），可选用复方伪麻黄碱缓释胶囊。

②畏寒，发烧，头痛初起，伴有全身肌肉关节痛，可选用阿司匹林、对乙酰氨基酚、

布洛芬、芬必得、萘普生、贝诺酯、牛磺酸等，复方制剂如：复方对乙酰氨基酚片。

③感冒症状较重、发热、头痛、流涕、打喷嚏、鼻塞、咽痛、咳嗽咯痰等，可选用含有伪麻黄碱、马来酸氯苯那敏、二氧丙嗪、人工牛黄、右美沙芬等的复方抗感冒药。

④对于流行性感冒患者，可重点选用含有金刚烷胺、人工牛黄、板蓝根浸膏、葡萄糖酸锌的复方制剂抗感冒药。

⑤患者如咽痛、咳黄痰，为预防细菌合并感染，可建议患者应用一些处方药抗菌药，如磺胺类的复方新诺明，喹诺酮类的诺氟沙星、氧氟沙星，抗生素类的罗红霉素、阿莫西林等。

（5）用感冒药时的注意事项

①服用抗感冒药时，要注意只用一种，不应重复用药，否则可对肝、肾功能造成损害。

②应用含有伪麻黄碱的药品抗感冒时，老年人、心脏病、高血压、甲亢、青光眼和前列腺肥大等患者谨慎使用。同时注意含麻黄碱制剂的限量规定和购买要求。

③凡驾驶机、车、船等人员或其他机械操作者，工作时间内禁用含有马来酸氯苯那敏、盐酸苯海拉明的抗感冒药，患者也要谨慎使用。

④服用抗感冒药时，禁止饮酒、尽量避免抽烟。

⑤孕妇、哺乳期妇女慎用抗感冒药。

⑥服用感冒类药物，疗程为 3~7 天，症状不缓解应建议去医院就医，前列腺肥大建议患者去医院就医。

⑦服用感冒类药物不宜与滋补类药物同服。

⑧感冒时注意多休息，病情较重或年老体弱者应卧床休息，多饮水，忌辛辣刺激食物，室内保持空气流通。

---

**案例讨论**

**案例：**顾客进入零售药店。

营业员："您好，有什么可以帮到您的吗？"

顾客："我儿子感冒了，有点发烧、流清鼻涕，我想买小儿氨酚黄那敏胶囊和对乙酰氨基酚片。"

营业员："小儿氨酚黄那敏胶囊中含有对乙酰氨基酚、马来酸氯苯那敏、人工牛黄。如果服用小儿氨酚黄那敏胶囊不能同时服用对乙酰氨基酚，以免重复用药。"

顾客："是这样啊，那麻烦帮我拿小儿氨酚黄那敏胶囊吧。"

营业员："好的，请问您儿子今年几岁了？"

顾客："今年 9 岁了。"

营业员："好的，请您拿好药。并注意让您儿子多喝水、多休息，少吃辛辣刺激性的食物，可以配合吃点维生素 C。如果用药 3~7 天，症状未缓解，请咨询医师或药师。"

**讨论：**1. 感冒用药的推荐要注意什么？
　　　2. 儿童感冒用药的推荐与成人感冒用药的推荐有什么异同？

**案例分析：**该案例就是最常见的小儿感冒药物介绍，在案例过程中注意儿童感冒用药家长不易分清，含相同成分感冒药较多，易出现过量用药现象，要求能够熟练掌握常见复方感冒制剂组成成分，指导患者安全、合理用药。并且注意感冒药的禁忌证（如本例中 1 岁以下儿童禁用），同时能够做一定的健康指导。

**2. 咳嗽、咯痰** 咳嗽是呼吸系统疾病的常见症状，为机体的一种防卫性功能，咳嗽能将呼吸道内异物和病理性分泌物排出体外，起到排除异物，清洗呼吸道的作用。痰液为呼吸道发生炎症时产生的过多分泌物，其刺激呼吸道黏膜引起咳嗽，并将痰液咳出，称咯痰。

（1）诱因　任何能刺激呼吸道以致诱发保护性咳嗽反射的物质均能引起咳嗽。例如：感冒、流感、鼻窦炎、呼吸道感染时，产生的大量黏液刺激呼吸道黏膜可出现咳嗽，其中较常见的病因为急性上呼吸道感染。偶尔吸入的小颗粒、尘埃、烟雾等均可引起咳嗽。

慢性、持续性的咳嗽通常是病理性病变所致，其可能因为吸烟、变态反应疾病、哮喘，慢性支气管炎而引起，也可能是肺气肿、肺结核、肺癌的征象。

（2）症状表现　由于病因、病程、时间、性质的不同，咳嗽和咯痰的表现也不同。

①流行性感冒的咳嗽为干咳或有少量白痰，多伴有背痛、发热（体温在 39℃ 以上）、头痛、咽痛。

②上呼吸道感染多为突发性咳嗽。

③百日咳引起的为阵发性咳嗽。

④慢性支气管炎、支气管扩张多引起连续性咳嗽。黄色或淡黄色痰提示呼吸系统有化脓性感染。

⑤黄绿色痰则见于肺结核、慢性支气管炎。

⑥铁锈色痰多见于大叶性肺炎。

⑦而大量黏稠痰则多见于支气管扩张、哮喘发作、肺炎初期等。

（3）患者主诉与店员问病　前几天因患普通感冒，现咳嗽频繁，晚上不能安睡，影响了正常的休息，想买一种镇咳祛痰药。首先询问患者本人的年龄、性别，然后进一步查询。

①"您咳嗽多长时间了？"（近日突发咳嗽、咯痰，较多为急性上呼吸道感染所致）

②"您咳嗽时是否还伴有发热、全身酸痛？"（普通感冒或流感引起的咳嗽）

③"咳嗽多在早晨、白天、还是晚间？"（白天偶尔干咳或少痰多见于感冒，夜间咳嗽多为肺结核引起，晨间咳嗽剧烈多为慢性炎症或吸烟引起）

④"您咳嗽有无痰液？"（一般的轻微干咳为感冒所致）

⑤"痰液是什么颜色？"（痰液稀、薄白为感冒所致，如呈铁锈色痰，并伴有胸闷气喘则考虑合并细菌感染，注意是否为肺炎）

（4）对症用药及注意事项　咳嗽是机体保护性反射。首先必须查明引起咳嗽的原因，如确为感冒或流感引起的咳嗽、咯痰，则可推荐感冒类的非处方药。如考虑为其他疾病引起的咳嗽，则必须在医师确诊后选用药品并注意。

①镇咳药主要用于无痰干咳，咳嗽伴有大量咯痰时不宜使用镇咳药，因其不利于痰液的咳出。

②凡中枢抑制性镇咳药，如右美沙芬、苯丙哌林、喷托维林等，禁用于有精神病史患者及哺乳期妇女。机动车驾驶员、高空作业者工作时间内禁用此类药物，肝肾功能不全者，哮喘患者以及孕妇应该慎用。

③胃肠刺激性较大的祛痰药，如氯化铵、愈创木酚甘油醚等禁用于溃疡病患者及严重肝功能不全的患者。

④服用镇咳祛痰类中成药者，禁食辛辣、油腻、腥冷的食物。

⑤含有麻黄的中成药，对高血压、心脏病患者慎用。

⑥中成药冲剂（颗粒剂）含糖的，对糖尿病患者慎用。

⑦服用镇咳祛痰药 7 天，症状仍未见缓解的，建议患者去医院。

**3. 疼痛** 疼痛是许多疾病的一种常见症状，是机体受到物理性或化学性因素的影响，刺激痛觉神经纤维而发生的一种保护性反应。

（1）诱因　引起疼痛的原因有很多，常见的疼痛如头痛、关节痛、肌肉痛、神经痛、牙痛、痛经等，都是由物理性或化学性刺激而引起的。物理性刺激包括压迫、痉挛、牵引等，化学性刺激包括病毒、细菌的毒素、体内某些坏死组织的分解产物等。

（2）症状表现　不同部位的疼痛其特征，发作时间，疼痛程度，伴随症状均不同。

①头痛　很多疾病都可引起头痛，其症状可以表现为整个头部或局部头痛。局部头痛又可以表现为额部，头侧部（偏头痛）以及后头部疼痛。如感冒引起的头痛位于头顶部或头侧部，并伴发烧、怕冷。神经衰弱引起的头痛不剧烈，但持续时间长。高血压、颅内占位病变、眼屈光不正、青光眼、鼻窦炎也可引起头痛。

②关节痛　可伴有或不伴有关节局部改变，主要表现为疼痛与活动受限。感冒或流感引起四肢关节痛，但无红、肿。痛风、类风湿性关节炎引起的疼痛常伴有红肿、痛、热、僵硬，或红肿、疼痛在早晨加重，类风湿性关节炎反复发作，可导致关节变形与僵直。50岁以上老年人常发生肩周炎，有"五十肩"之称。

③肌肉痛　感冒常伴有全身肌肉酸痛，尤其是流感，肌肉过度疲劳、用力伸长（运动过度）、受凉等均可引起肌肉痛。发生在摔倒或突然移动之后引起扭伤或拉伤，前者疼痛位于所损伤的关节，关节迅速肿胀、僵硬并难以移动，后者在损伤部位锐痛，继而僵硬、压痛、有时肿胀。

④神经痛　沿着神经走行方向疼痛，如坐骨神经痛表现为臀部及大腿后侧，小腿后外侧的窜痛。

⑤牙痛　牙质过敏、龋齿、牙周病均能引起。

⑥痛经　表现在行经前后或行经期下腹痛、腰酸、下腹坠胀或其他不适，还可出现头晕、低血压、面色苍白及出冷汗，多见于未婚或未孕妇女。

（3）患者主诉与店员问病　顾客诉说头痛，四肢酸痛，关节痛，要求购买止痛药。

顾客来到柜台前，你首先要询问患者的年龄、性别、职业，然后进一步询问。

①"您什么部位疼？多长时间了？"（根据疼痛的部位和类型，来判断是何种疾病所致的疼痛）

②"您有四肢酸痛，关节痛，伴有发烧，流涕，鼻塞等症状吗？"（如有这些症状，可能为感冒或流感所致）

③"您关节疼痛多长时间了，有无红肿，灼热的感觉？"（多为炎症）

④"您最近摔倒过吗？进行过强度大的劳动或运动吗？"（可能为摔伤、扭伤）

⑤"您的腹痛是否与月经周期有关？"（可能为痛经）

（4）对症用药及注意事项　对疼痛患者绝不可轻易给药，以免掩盖和贻误病情。并注意以下几项内容。

①无论何种疾病引起的疼痛，均须找出病因，进行对症治疗。与此同时，为减轻疼所带来的不适，在不影响病因治疗的同时，可推荐使用一些非处方药。

②对于止痛，非处方药应用不得超过5天，症状不缓解，应建议患者去医院就医。

③服用西药用于解热、镇痛、抗炎时要注意以下事项。a. 阿司匹林类禁用于孕妇及哺乳期妇女。b. 肾功能不全、高血压、心功能不全、消化道溃疡、血友病以及其他出血性疾病患者慎用。c. 服药期间禁止饮酒。d. 不要同时服用两种或两种以上的本类药物。e. 服用本类药物时如还需服用其他药物时，要告诉患者可能发生什么样的药物相互作用。

④服用中成药时必须明确病因，辨证选药。

⑤中成药药酒不能兑其他白酒同服。

**4. 维生素、矿物质缺乏症** 维生素与矿物质是人类维持生命与健康、促进生长发育所必需的微量元素，它们是组成人体的重要物质，如缺乏或不足，则可产生一系列疾病。

（1）诱因 在不合理的饮食习惯、偏食，处于妊娠期、哺乳期，老年人，某些疾病如高热，劳动量过大使消耗增加，以及生活条件差等情况下，均可因维生素和矿物质的供应量不足或需求量增加，如再加上长期得不到补充，就会导致一系列疾病。

（2）症状表现 常见的症状是维生素 A、维生素 D、维生素 E、维生素 K、维生素 $B_1$、维生素 $B_2$、维生素 $B_6$、维生素 $B_{12}$、烟酸、烟酰胺、叶酸等缺乏，而引发的疾病，如夜盲、舌炎、口腔炎、阴囊炎、周围神经炎、脚气病、食欲不振、消化不良、坏血病、佝偻病，甚至影响生长发育。

矿物质是维持人体正常生命活动所必需的物质，有些矿物质为酶的组成部分，能调节多种生理功能。人体中钙、磷、钠、钾、镁、硫、氯化物等含量较大，称常量元素；铜、氟、碘、铁、锌、铬、硒、锰、钼、镍、钴、锡、铅、硅等含量甚微，称微量元素。常量元素是构成人体骨骼和牙齿的重要成分，可维持体液平衡、细胞正常活动和神经肌肉兴奋性，如缺乏钙则易引起老年人和妇女骨质疏松，腰、腿、膝酸痛，微量元素对激素、细胞膜起激活和稳定作用，如锌缺乏可引起味觉、嗅觉失常、食欲不振和儿童生长发育不良等，碘缺乏可引起甲状腺肿大，铁缺乏可引起缺铁性贫血。

（3）患者主诉与店员问病 日常食欲不好、偏食、体质虚弱、容易累，希望购买一些营养保健药品。顾客来到柜台前主诉后，应先询问患者的年龄、性别和职业，然后进一步查询。

①"您（70岁老人）夜间常有腿部抽筋吗？腰背酸痛吗？"（可能是骨质疏松，需要补钙）

②"您有眼角膜干燥、皮肤干燥、经常感冒吗？"（可能缺乏维生素 A）

③"您有齿龈发肿、流血、牙齿松动吗？"（可能缺乏维生素 C）

④"您孩子上课经常注意力不集中、智力偏低吗？"（可能缺锌）

⑤"您总是感到疲乏、精力不好吗？"（可能缺乏维生素及矿物质）

（4）对症用药与注意事项 在药店关于维生素与矿物质的缺乏有药品和保健品可供选择，看其严重程度来判断是选择药品还是保健品。

在选择药品时注意使用某些维生素后出现的特点，比如维生素 $B_2$ 服后尿呈黄绿色。

**5. 慢性咽炎** 慢性咽炎是指咽部黏膜、黏膜下及淋巴组织部位的炎症。

（1）诱因 引起慢性咽炎的原因有：慢性咽炎是由急性咽炎反复发作及咽部经常受到刺激转变而来，也可由慢性鼻炎、慢性扁桃体炎以及龋齿等影响形成。各种慢性病，如贫血、便秘、下呼吸道慢性炎症等都可继发本病。

（2）症状表现 主要表现在：咽部有明显异物感、干燥、发痒、灼热、微痛，咽部常有稠厚分泌物，故患者常作吭哧动作，一般晨起时症状更为明显，一般无全身症状。

（3）患者主诉与店员问病 入冬以来经常感到咽部干、疼、痒，有异物感，多痰，咳嗽，热饮时咽疼。当患者来到柜台前时，首先应查询患者本人的年龄、职业。

①"您最近是否感冒、发热？"（可能是感冒引起的扁桃体炎或咽炎）

②"您最近有发热吗？周身酸痛吗？"（是否是感冒引起的咽痛）

③"您经常患急性咽炎吗？"（急性咽炎反复发作可引起慢性咽炎）

④"您有慢性鼻炎、便秘或支气管炎吗？"（这些病都可能继发慢性咽炎）

⑤"您抽烟吗？喜食辛辣食物吗？"（刺激咽部产生炎症）

⑥"您最近是否工作较累、身体疲乏、又受了些寒？"（这类情况可引起慢性咽炎，中医云外邪乘虚而入）

⑦"身体还有其他不适之处吗?"（慢性咽炎患者全身无其他不适之处）

（4）对症用药及注意事项

①西药选用主要以抗菌消炎药物为主，可以选用青霉素类、头孢类、大环内酯类和喹诺酮类抗菌药物。

②中药主要以清热解毒类为主，包括黄氏响声丸、慢咽舒宁、咽炎片等。

③慢性咽炎避免急性咽炎反复发作。

④进行适当体育锻炼、保持健康规律的作息、清淡饮食、保持口腔清洁、避免烟酒刺激、保持良好的心态从而提高自身整体免疫力。

**6. 手、足癣** 手足癣是最常见的皮肤病之一。中医称手癣为"鹅掌风"，足癣俗称"脚气""脚湿气""香港脚"。

（1）**诱因** 手足癣是致病性真菌感染指（趾）间及掌跖皮肤所致，主要是红色毛癣菌、絮状表皮癣菌感染。近几年来，白色念珠菌及其他酵母杆菌感染也屡见不鲜。足癣的主要传播途径为公用拖鞋、公用洗脚盆、公用浴池，以及毛巾互相感染，手癣大多由足癣感染而来，常由搓足引起。

（2）**症状表现** 手、足癣根据症状不同分为3型。

①水疱型 足底或手掌出现群集或散在的小疱，针尖或米粒大小，瘙痒较重，往往由于搔抓而继发感染，可引起丹毒和淋巴管炎。

②糜烂型 主要见于足趾间，由于潮湿、浸渍而使表面发白，剥去白色表皮，为基底发红的糜烂，瘙痒较重，在湿热条件下工作或生活的人多见。

③鳞屑角化型 此型以干性鳞屑、皲裂为主，皮肤角化较重，干燥、粗糙、寒冷季节多见，多发生手足皲裂。

（3）**患者主诉与店员问病** 多年来患有香港脚的患者，夏季病情严重，脚趾间奇痒，有小水疱，用手搓揉后，水疱破裂，基底发红，可挤出液体，冬季则脚后跟皲裂，可购买一些非处方药治疗。

店员首先询问患者的年龄、性别，用过什么药物，然后进一步查询。

①"您的足癣是否已有好多年了?"（足癣不易彻底治愈，主要因患者治疗不耐心，治疗方法不得当，导致反复发作，夏季尤甚）

②"您家属中有类似病情的人吗?"（一般家中可能因公用拖鞋、毛巾等互相感染）

③"您手部，如手掌或手指间也经常发痒，有时会有水疱吗?"（因经常搓足而引起手部感染真菌）

④"您冬季发生手足皲裂吗?"（皮肤角化，寒冷冬季常见）

（4）用药与注意事项

①西药可以选用抗真菌类外用药，如咪康唑、酮康唑、联苯苄唑、特比奈芬、克霉唑等，口服维生素 $B_1$，严重者可口服抗真菌类药物，但是一般情况不口服，只有如深部或灰指甲之类的真菌感染才建议口服，口服此类药物肝脏毒性较大。

②针对鳞屑角化型可选用足光散、复方土槿皮酊等。

③已患有手足癣，应注意个人、家庭及集体的卫生，不公用毛巾、拖鞋等。

④在应用上述药物治疗的同时，还应注意个人卫生，如手套、鞋袜最好左右分别穿戴，并经常洗换，保持干燥清洁。

⑤避免接触患癣的猫狗等动物。

⑥如瘙痒严重，并由于抓挠而感染、化脓，自觉疼痛，应去医院诊治，以防并发丹毒或淋巴管炎。

⑦如使用外用药病情好转，尽量还连续使用 7 天，有利于防止复发。

**7. 结膜炎、沙眼** 结膜是覆盖在眼球和眼睑表面的透明黏膜。结膜炎是由于细菌或病毒感染结膜引起的炎症。沙眼是一种特殊类型的结膜、角膜炎，接触感染而发病，呈慢性进展，是一种社会性疾病。

（1）诱因 多种微生物（包括细菌、病毒、衣原体）可引起结膜发炎，花粉、尘埃、化学物质等可引起过敏性结膜炎。沙眼是由一种称为沙眼衣原体的微生物感染所致。是一种传染性很强的结膜病，主要通过分泌物经手、毛巾、污水等传播。沙眼引起的病变，损害角膜可造成视力损害。

（2）症状表现 结膜炎一般分为以下 3 种类型。

①细菌性结膜炎 双眼充血、羞明、怕光、灼热感、瘙痒、分泌大量黏稠液体，晨起时会因分泌物过多睁不开眼睛。

②病毒性结膜炎 眼睛流泪，淋巴结肿大，单眼有少量黏液分泌。

③过敏性结膜炎 结膜充血，痒而流泪。

（3）患者主诉与店员问病 几天来，感觉眼痒、流泪、双眼充血，经常想揉眼睛，眼睛怕光且有灼热感，分泌大量黏稠液体，晨起时会因分泌物过多睁不开眼睛。

患者来到柜台前主诉后，应先查询患者本人的年龄、性别。然后进一步查询。

① "你有眼睛瘙痒、怕光、难以睁开吗？"

② "家人有类似症状吗？"（因为结膜炎有传染性）

③ "家里人是公用脸盆和毛巾吗？"

④ "最近去游泳池游泳了吗？游泳池卫生如何？"

⑤ "是否每年到这个季节都会感觉眼部不适？鼻子有过敏症状吗？"（过敏性结膜炎）

⑥ "最近受到了某种化学刺激，如染发、空气污染等吗？"（有可能刺激结膜而发炎）

⑦ "耳前淋巴结有肿大吗？影响到视力了吗？"（是严重的结膜炎）

（4）用药与注意事项

①外用药：氯霉素眼药水、卡那霉素眼药水、新霉素眼药水、磺胺醋酰钠眼药水、红霉素眼药膏、金霉素药膏、四环素药膏、四环素可的松眼药膏、疱疹净眼药水、吗啉胍（病毒灵）眼药水、阿昔洛韦眼药水、利巴韦林（病毒唑）眼药水、利巴韦林滴眼液。

②中药内服：明目上清片、明目地黄丸、杞菊地黄丸等。

③注意个人卫生，不用脏手揉眼睛。

④不公用毛巾、脸盆等生活用品，不到卫生不符合标准的游泳池游泳。防止互相传染。

⑤沙眼较重或有并发症的应去就医。

## 拓展阅读

### 出现哪些情况患者应该看医生？

1. 眼睛出现较多脓性、黏稠分泌物。甚至晨起眼睛睁不开。

2. 视力明显下降，或视物不清。

3. 异物进入眼内。

4. 患者有看到光环的感觉。

5. 左右瞳孔大小不等。

6. 眼睛、眼周疼痛肿胀。

7. 原有眼疾的患者（如白内障、青光眼等）发生结膜炎。

**8. 胃病**　人们常说的胃病，一般是胃炎和胃及十二指肠溃疡（也称消化性溃疡）。胃炎是胃黏膜炎症的总称，此病常见于成人，但也可在任何年龄发病。胃及十二指肠溃疡经常发生于 40～50 岁之间，男性比女性常见。

（1）诱因　胃病是一种多病因疾病，诸如遗传、环境、饮食、药物，细菌以及吸烟、过度饮酒等都可引起胃病。上述这些因素可导致胃酸过度分泌而破坏胃、十二指肠的保护层，从而产生溃疡。现代理论认为，幽门螺旋杆菌在胃病的发生中扮演着重要角色。

（2）症状表现

①慢性胃炎的症状。a. 慢性胃炎无特异性症状表现，少数患者可无临床症状。常见症状为持续性上腹部疼痛，约占 85%，大多为隐痛，半数以上患者胃痛与饮食有关，空腹时比较舒服，进食以后出现不适，常因进冷食、硬食、辛辣或者其他刺激性食物而引起腹痛或使症状加重。有的患者还可因寒冷引起胃痛。b. 上腹饱胀感、嗳气、反酸、烧心、恶心、呕吐、食欲不振、乏力、呕血、黑便等也是慢性胃炎的常见症状。

②胃溃疡和十二指肠溃疡的症状。临床特点为慢性过程、周期性发作、节律性疼痛。a. 上腹部疼痛不适，表现为胀痛、烧灼样痛或饥饿样不适感。胃溃疡多在进食后 0.5～2 小时出现，即所谓餐后痛，表现为进食—疼痛—缓解的规律，如溃疡位置接近幽门，疼痛节律可与十二指肠溃疡相同。十二指肠溃疡的疼痛为右上腹痛，多在进食后 3～4 小时出现，进食后可减轻，又称空腹痛，疼痛也常在半夜出现，称夜间痛，故有疼痛—进食—缓解的规律。b. 反酸、烧心也是上消化道溃疡的常见症状。患者如伴恶心、呕吐，提示溃疡高度活动，如呕吐物为隔夜食物，表明有幽门梗阻。c. 本病患者还可有失眠、多汗、消瘦和贫血等症状。

（3）患者主诉与店员问病　患者来到药店柜台前，诉说一段时间以来上腹疼痛、嗳气要求购买胃药。

当患者来到柜台前，首先应查询患者本人的年龄、性别、然后进一步查询。

①"出现这些症状多长时间了？"（如果是当天突然疼痛，应排除急性胃炎）②"胃疼是时好时坏？还是经常隐痛？"（时好时坏的节律性痛为消化性溃疡，经常隐痛为慢性胃炎）③"胃痛是饭后或饭前？夜间痛醒过吗？"（饭前痛为慢性胃炎，进食后可减轻者为消化性溃疡，夜间痛者也为消化性溃疡）④"是否常使用非甾体抗炎药（如阿司匹林）？"（如病者有风湿性关节炎，则经常须服用阿司匹林、布洛芬等抗炎药，可伤害胃黏膜而致慢性胃炎或消化性溃疡）⑤"是否常饮烈酒、抽烟、喝浓茶、咖啡？"（均可伤害胃）

（4）对症用药与注意事项　无论胃炎或消化性溃疡，都是因为胃酸过多而胃黏膜损害加重所致，因此，治疗的药物一类是中和或减弱胃酸的药物。

以胃黏膜保护剂为例做一介绍。

①西药药物可选用。制酸剂：如碳酸氢钠、碳酸钙、氢氧化铝等。抑酸剂：雷尼替丁、法莫替丁、奥美拉唑等服药的疗程，一般是 4 周。胃黏膜保护剂：如丽珠得乐、麦滋林、果胶铋等。抗幽门螺旋杆菌：如丽珠胃三联。消化不良或胃动力药：如吗丁啉、西沙比利、莫沙比利、胃复胺、金双歧、健胃消食片、多酶片、大山楂颗粒等。中药治疗：香砂六君子丸、气滞胃痛冲剂、逍遥丸、元胡止痛片、胃苏颗粒、左金丸等。

②避免进食对胃黏膜有强刺激的饮食及药品，戒烟忌酒。

③注意饮食卫生，防止暴饮暴食。积极治疗口、鼻、咽部的慢性疾患。加强锻炼提高身体素质。

④叮嘱顾客胃病三分治，七分养，注意饮食规律。

⑤注意胃病的联合用药。

**9. 慢性肝炎**　慢性肝炎是指由多种病因引起的慢性肝炎性疾病，其病理改变为不同程度的肝细胞坏死和炎症，病程在半年以上。本病为一种常见性疾病，因可转变为肝硬化、肝癌，对人类健康危害极大。

（1）诱因　慢性肝炎一般分为慢性迁延性肝炎及慢性活动性肝炎两类，人们常说的慢性肝炎就是指的前者，多为乙肝病毒引起。此外酒精、药物、寄生虫等也可引起与病毒性肝炎相同的症状及肝损害。

（2）症状表现　慢性肝炎多见于30~50岁的男性，常见的症状是间歇性全身不适、乏力、食欲下降、肝区隐痛。病重时可出现黄疸、厌食、恶心呕吐、体重下降、低热、面部常呈黝黑，巩膜可黄染，可见到蜘蛛痣、肝掌、男性乳房发育。

（3）患者主诉与店员问病　近半年来常感全身乏力，食欲下降，有时有恶心，见油腻更甚，肝区并有隐痛，在医院医生已确诊为慢性肝炎，欲选择几种治疗药品，特别是非处方药。

首先应询问病人本人的年龄、性别、职业，然后查询下列问题，以便进一步选用药物。

① "您患慢性肝炎有多长时间了？"（6个月以上属于慢性肝炎）

② "最近是否到医院复查过？"特别是有关肝功能的检查，如谷丙转氨酶（英文缩写为ALT或GPT），正常值范围5~40U/L。谷草转氨酶（英文缩写AST或GOT），正常值范围8~40U/L。血清γ-谷氨酰转肽酶（英文缩写GGT或γ-GT），正常值范围8~50U/L。

③ "医师建议您服用哪些药物？"（药店非处方药只有肝炎辅助用药）

④ "目前还有哪些症状？如恶心、呕吐、厌油等？"（症状严重者应建议其及时去医院再诊治）

（4）用药与注意事项

①可以选用的西药。联苯双酯滴丸、葡醛内酯片（肝泰乐）、拉米夫定片、齐墩果酸片、阿德福韦酯片、西利宾胺片等。

②可以选用的中成药。肝必复胶囊、肝达康薄膜片、益肝灵片、肝宁片、护肝片、东宝肝泰片、复肝能胶囊、复肝宁片、甘利欣胶囊、肝达片、肝肾康口服液、鸡骨草肝炎冲剂、鸡骨草胶囊、健肝乐、解郁肝舒胶囊、龙胆泻肝口服液（丸）、双虎清肝颗粒、乙肝宁冲剂、益气舒肝片。

③慢性肝炎患者应该注意。"三分治，七分养"，合理饮食、充分休息、生活规律、心情舒畅、规范用药、定期复查。

## 拓展阅读

### 大三阳、小三阳

乙型肝炎是目前比较常见，也是对人类危害比较大的一种疾病，在医院化验室检查，我们常常会听到"大三阳"和"小三阳"之说，那么你知道"大三阳"和"小三阳"指的是什么吗？

"大三阳"是指：HBsAg（+）、抗HBc（+）、HBeAg（+）。

"小三阳"是指：HBsAg（+）、抗HBc（+）、抗HBe（+）。

**10. 神经衰弱**　长期精神紧张以及思想、生活压力大等原因，引起大脑皮质层兴奋与抑制过程失调的疾病称为神经衰弱。主要特点是极易兴奋、激动及疲倦，常有睡眠障碍和内脏不适等多种自觉症状，而一般体检及化验则无明显身体器官病变的表现。本病多见于青壮年，以脑力劳动者居多，女性多于男性。

（1）**诱因** 引起神经衰弱的原因主要是：长期工作繁忙，精神紧张，心理压力大，生活不规律，不能做到劳逸结合，是发生本病的常见原因。

（2）**症状表现** 神经衰弱表现为慢性发病，病情时轻时重，症状表现较多，可归纳如下。

①兴奋 易激动，心悸，胸闷，头部血管搏动，胃肠蠕动，出汗，入睡困难，易醒或多梦，起床后头重和身乏，精神时好时坏。

②神疲 终日精神萎靡不振，疲乏无力，注意力不集中，记忆力减退，不能胜任日常工作，食欲不振，性机能减退。

③头痛 头部如裹，持续疼痛，可因睡眠或转移注意力而减轻，因工作或焦虑而加重。

④烦躁 情绪不稳，易激动或急躁易怒，缺乏耐心。

⑤多疑 多愁善感，怀疑自己得了重病，到处求医

（3）**患者主诉与店员问病** 一年来因工厂不景气，下岗在家，经常为家庭生活与前途而发愁，晚间入睡困难、多梦，白天精神疲乏，感觉昏昏沉沉。

首先询问患者本人的年龄、性别、职业，然后进一步查询。

①"您下岗时间有多久？曾经是什么职业？"（如为脑力工作者更易患神经衰弱）

②"您是经常失眠，注意力不集中，疲乏，头痛吗？"（神经衰弱的典型症状）

③"您经常怀疑自己患有重病而四处求医吗？行为过分吗？"（神经衰弱可有多疑症状，但不至于思想行为很怪异，需与精神病患者鉴别）

④"您对自己的生活与前途自信吗？经常情绪低落、消极悲观吗？"（此症较为严重时，有可能是抑郁症）

（4）**用药与注意事项**

①可选用的药物有：谷维素、氯美扎酮、维生素 $B_1$、地西泮（安定）、全天麻胶囊、脑心舒口服液、灵芝胶囊、安神补脑液、参芪五味子糖浆、养心宁神丸、滋肾宁心丸等，也可联合用药，如：谷维素 10mg + 维生素 B110mg + 地西泮 2.5mg，口服，一日 3 次。这种联合用药治疗神经衰弱方法，能调节失眠、疲乏等症状。经临床验证效果较好，必要时睡前加服谷维素 20～30mg，或地西泮 5mg。

②地西泮与氯美扎酮均有中枢抑制作用，如白天应用此类药物，应提醒患者勿外出作运动，尤其不应骑自行车或操作机器设备。地西泮和氯美扎酮用于晚间催眠时，不应连续使用超过 1 周。

③怀孕、有药物过敏史以及经常饮酒者，患有肝炎、肺气肿、青光眼、重症肌无力、哮喘、严重精神抑郁等患者，一定要慎用地西泮。

④老年人慎用地西泮。

⑤谷维素、维生素 $B_1$ 及地西泮联合用药效果较好，特别适用于单独应用其中一种而效果不佳者。

⑥维生素 $B_1$ 应用以白天为宜，个别患者睡前应用，可能引起神经兴奋而不能安眠。

**11. 寄生虫病** 人们常说的寄生虫病通常是指蛔虫病和蛲虫病。

（1）**诱因** 蛔虫病是蛔虫引起的肠道寄生虫病，蛔虫的成虫寄生于肠道，引起蛔虫病。本病常见于 3～10 岁的儿童，也可发生于成人。发病率农村远高于城市。在温暖，潮湿和卫生条件差的地区，人群感染比较普遍。

蛲虫病是因蛲虫的成虫寄生于人体的肠道引起的，它是一种常见的人体寄生虫病，国内各地人体感染较为普遍。一般感染率城市高于农村、儿童高于成人、集体机构（如幼儿园等）生活的儿童感染率更高。

（2）症状表现　蛔虫对人体的致病作用主要由成虫引起，可产生以下症状。

①腹痛部位多在上腹或脐周围，多半呈间歇性发作。

②儿童还可出现精神不安、失眠、头痛和营养不良等症状，严重者甚至会导致发育障碍和智力迟钝。

③食欲减退、便秘或恶心呕吐、腹泻等消化道症状。

④引起变态反应（即过敏反应），患者可出现荨麻疹、哮喘、皮肤瘙痒、血管神经性水肿，有的还会出现结膜炎。

⑤民间诊断蛔虫病的经验是，根据面色不均匀、有白色虫斑，舌上鼓点，下唇内侧有血色小颗粒等，推断小儿可能患肠蛔虫病。

⑥蛔虫病有并发症，胆道蛔虫、肠梗阻。蛲虫的雌虫的产卵活动引起肛门及会阴部皮肤痛痒及继发性炎症，是蛲虫病的主要症状。患者常有烦躁不安、失眠、食欲减退、夜惊等表现，长期反复感染会影响儿童的健康成长。蛲虫异位寄生时，可产生以下严重后果。雌虫侵入阴道，可引起阴道炎、子宫内膜炎和输卵管炎等。雌虫侵入尿道，可引起泌尿系感染，出现尿频、尿急、尿痛等症。雌虫如在腹腔、腹膜、盆腔、肠壁等组织寄生，可引起以虫体或虫卵为中心的肉芽肿病变。

（3）患者主诉与店员问病　某青年妇女来到药店，诉说上一年级的儿子食欲不好，夜眠不安，有时腹痛，可能有寄生虫，需要购买打虫药，哪一种药好？

首先，应该查询孩子的年龄？性别？然后进一步查询。

①"您孩子参加过有关单位组织的蛔虫或蛲虫的普查吗？"（可以确定是蛔虫还是蛲虫）

②"您孩子发育如何？是否食欲不好？智力如何？"（可以判断是否是寄生虫病）

③"您孩子腹痛是持续的？还是间歇性的？疼痛的部位是在上腹部和肚脐周围吗？"（可以判断是蛔虫）

④"您孩子是否在入睡后经常搔抓肛门，并且惊吓？（是蛲虫的症状）"

⑤"您检查过孩子的肛周有小白线虫吗？"（是蛲虫）

⑥"您孩子有吸吮手指的习惯吗？"（不讲究卫生，容易感染蛔虫或蛲虫）

（4）用药推荐和注意事项

①内服　史克肠虫清片（阿苯达唑片）、安乐士（甲苯咪唑片）、驱虫消食片、驱蛔灵（枸橼酸哌吡嗪）、宝塔糖（磷酸哌嗪）等。

②外用　治虫栓（盐酸左旋咪唑栓）、蛲虫药膏等。

注意饭前便后要洗手，瓜果蔬菜必须洗净，小儿不要吸吮手指，且要经常将指甲剪短，蛲虫症患者要每天换洗患内衣、内裤、床单、浴巾、消毒马桶座板，直至服完驱虫药后1星期。

**12. 阴道炎**　阴道炎是由细菌或滴虫引起的阴道炎症。常见的真菌性阴道炎和滴虫性阴道炎。

（1）诱因　念珠菌性阴道炎，也称真菌性阴道炎，也称霉菌性阴道炎，是由于感染白色念珠菌引起的一种阴道炎症，也有少数患者感染其他念珠菌及类酵母菌而发病。

滴虫性阴道炎是妇科常见病，病原体是阴道毛滴虫，寄生于女性阴道内，也可寄生于男性尿道、包皮皱褶及前列腺内。滴虫性阴道炎的发病率约为10%～25%。滴虫性阴道炎是由厌氧的阴道毛滴虫所引起，其传染途径有：通过性交直接传染，经共用浴盆、毛巾、坐便器或污染的器械间接传染。

（2）症状表现　霉菌性阴道炎患者表现为外阴瘙痒、灼痛。严重时坐卧不宁、痛苦异常。还可有尿频、尿痛及性交痛。急性期白带增多，呈白色稠厚豆渣样。检查可见小阴唇内侧及阴道黏膜上附着白色膜状物，擦除可露出红肿黏膜面。急性期可见到白色膜状物覆盖下的糜烂面及浅表溃疡。分泌物可查到白色念珠菌。

滴虫性阴道炎的症状一般是：外阴瘙痒伴有白带增多，白带呈稀薄泡沫状，有腥臭味，是本病的典型表现。其次，间或阴道有灼热、疼痛、性交痛等。搔抓后常引起外阴炎、局部潮红、充血及轻度肿胀，如尿道口有感染，则可有尿频、尿痛、偶见血尿。医生检查时，可见阴道黏膜有散在的红色斑点，后穹隆有多量的液性或脓性泡沫状分泌物。在分泌物中可查到滴虫。

（3）患者主诉和店员问病

主诉一　近来外阴奇痒，阴道分泌物多，分泌物如豆渣样，有臭气。对工作及睡眠都有影响，严重时坐卧不宁。

首先询问患者年龄、职业，然后进一步查询。（可不必全部问到，看顾客想要表达的意愿，这涉及隐私问题）

①"外阴是否特别的瘙痒？"（本病可引起外阴奇痒难耐，坐卧不安）

②"白带的量多不多？"（本病的白带量多）

③"白带有无臭味？颜色？性状？"（本病白带有臭味，为白色，呈凝乳或豆腐渣样。这是真菌性阴道炎的典型症状，可区别于其他类型的阴道炎）

④"阴唇是否肿胀并有烧灼感？"（本病有此症状，严重时甚至排尿疼痛且困难）

⑤"是否最近因其他病而较长时间应用了广谱抗生素或皮质激素？是否患有糖尿病？是否处于怀孕期？"（这些都是该病的常见诱因）

主诉二　近来外阴瘙痒，白带多而有腥味，呈稀薄泡沫状。

店员可针对顾客情况询问。（可不必全部问到，看顾客想要表达的意愿，涉及隐私问题）

①"您外阴和阴道口除瘙痒外，还灼痛吗？"（滴虫性阴道炎的灼痛感明显，可用于区别于其他类型的阴道炎）

②"阴道分泌物有腥臭味吗？白带是泡沫样吗？"（白带为泡沫样是滴虫性阴道炎的特征）

③"阴道黏膜上有无出血点"（滴虫性阴道炎可见阴道黏膜上有散在的红色斑点）

④"您的爱人有尿频、尿痛、尿急等症状吗？"（滴虫可在夫妻之间相互传染）

（4）用药推荐与注意事项

①霉菌性阴道炎　a. 口服：制霉菌素、氟康唑、伊曲康唑（斯皮仁诺、易启康）、盐酸特比奈芬片。b. 外用：米可定泡腾阴道片、制霉菌素泡腾阴道片（原米可定）、克霉唑阴道片（凯妮汀）、克霉唑栓、克霉唑软膏、荷洛松乳膏、得立安软膏、肤阴洁湿巾、洁尔阴洗剂、妇炎康、青柏洁身洗液。c. 治疗用具：妇科冲洗器。

②滴虫性阴道炎　a. 一般治疗：保持外阴清洁。碧洁洗剂（甲硝唑氯己定）、青柏洁身洗液、高锰酸钾。b. 改变阴道酸碱度：醋酸洗必泰溶液、光泰溶液冲洗。阴道上药：甲硝唑阴道泡腾片、卿甲硝唑阴道泡腾片、甲硝唑栓、替硝唑阴道泡腾片（比适片）、替硝唑栓（循克源）、光泰软膏、光泰栓剂。c. 口服药物：甲硝唑片、替硝唑片、罗红霉素、氧氟沙星。

③阴道炎注意事项　注意夫妻同治，月经期间不宜用药、用药期间注意忌辛辣刺激食物，注意穿棉质内裤，勤洗勤换，注意卫生。

**13. 支气管哮喘**　哮喘的医学术语是支气管哮喘，这是一种慢性、非传染性呼吸道疾病，是在支气管高反应状态下由于变应原（过敏原或其他因素）引起的广泛气道狭窄的疾病。

（1）诱因　哮喘的病因是多方面的，归纳起来有两方面，即过敏性和非过敏性因素。过敏性因素包括花粉、灰尘、螨虫、动物毛发、食物（尤其是鱼虾类）、油漆、烟雾等。非过敏性因素包括遗传、呼吸道感染、药物（如阿司匹林等）、精神紧张、情绪激动、剧烈运动等。

（2）症状表现　哮喘的主要症状有，呼吸时可听到哮鸣音，呼吸短促，喘息以及咳嗽。轻、中度发作时，常见胸部发紧，阵发性咳嗽，有些患者有大量的痰、呼吸困难、烦躁不安、难以入睡，可听到呼吸哮鸣音。严重发作，呼吸困难、冒冷汗、不能讲话或平卧、面色青灰或苍白、肢端和口唇青紫。

（3）患者主诉与店员问病　前日下午去刚搬新居的朋友家后，实感鼻痒、喉痒、胸闷、咳嗽、气急、呼吸困难，去医院急诊后经治疗缓解，但这两天仍感不适，常常呼吸困难，偶有喘鸣音，希望选购一种止喘药。

店员问病：

①"您过去曾经犯过哮喘吗?"（哮喘多有反复发作史）

②"您家族中有患哮喘病的人吗?"（哮喘多有遗传或家族史）

③"您朋友家是新装修的新居? 您闻到油漆味了吗?"（可能对油漆过敏）

④"当时是否就感到胸部发紧，有轻微咳嗽和呼吸困难吗?"（哮喘初起的轻度症状）

⑤"您去医院治疗后，服用什么药? 昨天是否继续服药?"（可能没有连续用药）

⑥"现在您是否感到呼吸困难，不能讲话或平卧?"（哮喘严重发作，发展为哮喘持续状态）

患者有过敏史，此次可能对油漆过敏，未彻底治愈，现正处于哮喘严重发作状态。

（4）用药推荐与注意事项

①支气管解痉药　沙丁胺醇、硫酸特布他林（博利康尼）、氨茶碱、茶碱、酮替芬等。

②糖皮质激素　地塞米松、倍氯米松、泼尼松等。

③急性发作期用气雾剂、静脉滴注，急性发作但病情不严重者可用气雾剂、普通口服药。

④缓解期或预防时可用缓释片。

⑤抗菌药　预防感染、防止并发症等。

⑥其他　补液（葡萄糖、氯化钠等），吸氧等。

---

## 拓展阅读

### 正确的吸入技术

喘乐宁、必可酮均为手持定量气雾剂。使用前应上下晃动气雾剂，使用时取下瓶盖，用拇指按气雾瓶上端，中指及无名指扶气雾瓶下端，示指扶瓶体，将喷口放进患者口内，合并双唇含着喷口、呼气并开始吸气后，马上按气雾瓶上端喷雾，喷后憋气10秒，然后再呼吸。先喷必可酮，再喷喘乐宁。两次喷雾间隔1分钟。

**14. 疖肿**　疖肿是由于局部皮肤损伤或受到抓挠、摩擦、刺激、擦伤，引起毛囊及其所属皮质腺的急性细菌感染，所以也称毛囊炎。是农村和较差卫生环境的地区人群经常容易发生的疾病。

（1）诱因　引起疖肿的致病菌多为金黄色葡萄球菌和表皮葡萄球菌。其他因素包括免疫疾病患者、糖尿病患者、过度使用皮质激素类药品者、经常暴露在某些化学物质环境中者、较差的卫生状况、较差的营养与体质等情况。

（2）症状表现　疖肿好发于头面部、颈后、背部和臀部，开始为红、肿、痛的硬结，几天后硬结扩大，呈锥形隆起，中央形成脓点，以后化脓坏死，排出血性脓液后逐渐愈合。其中发生于鼻翼周围危险三角区及耳部的疖肿症状较重，危险性较大，可有发热、头痛等症状。如被挤压或挑破，细菌可顺血行流入颅内，发生感染后很危险。故疖肿严禁挤压。

（3）患者主诉与店员问病　在夏天工地上干活的 1 名工人，近两日背部出现两个红肿的硬结，压痛明显，今天硬结肿痛加重，拟购买一种治疗药。

患者来到柜台前主诉后，应先查询患者本人的年龄、性别，然后进一步查询。

① "您背部硬结、肿痛有多长时间了？"

② "近几日经常洗澡、换洗衣服了吗？出汗多吗？"

③ "还有其他身体不适吗？"（一般无身体其他不适症状）

根据患者的症状，是由于出汗多，有没有注意个人卫生，造成毛囊堵塞，而引起疖肿的发生。

（4）用药推荐与注意事项　可推荐的药品：聚维酮碘溶液、碘酊、乳酸依沙啶软膏（利凡诺软膏）、甲硝唑凝胶、杆菌肽软膏、红霉素软膏、盐酸金霉素软膏、复方新霉素软膏、鱼石脂软膏等。

注意事项：①平时注意皮肤清洁、剪指甲，勤洗澡、勤换衣。②对于疖肿初起时的红小结节，可以局部热敷，涂以2%的碘酊或聚维酮碘，也可局部涂以10%的鱼石脂软膏。1～2日后疖肿可能消退。③如果疖肿自然破溃，可以用消毒的生理盐水洗净创面，敷以红霉素软膏、金霉素软膏、甲硝唑软膏等。

## 二、药品推介的基本原则

柜台药品销售基本原则就是营业员在柜台药品销售过程中应当遵循的、贯彻始终的行为准则和指导思想。营业员唯有切实遵循柜台药品销售的基本原则，才能卓有成效地销售药品，创造出理想的销售业绩。

**1. 对症售药原则**　对症售药即营业员针对顾客的病症准确地将药品售给顾客。这一原则不仅是药店经营宗旨的具体体现，而且是对药品营业员职业道德的基本要求。它要求营业员不能为售药而售药，而应当是急顾客之所急、想顾客之所想，根据顾客的病症售药，使顾客用药少、康复快。同时，对症售药原则与药店的利润原则也是统一的。营业员坚持对症售药原则能使顾客极大地减少购药风险，增加满意度，从而能吸引更多顾客来选购药品。这无疑能扩大药品的销售额，增加利润总额。

**2. 销售药品效用原则**　药品效用是指药品满足顾客消症除病的能力。它取决于药品所治病症在保健中的地位和药品的疗效。药品的效用与顾客愿意给付的价格水平成正比。营业员从形式上看是销售药品，其实是销售药品效用。因为绝大部分药品顾客选购药品时，并不过多关心药品的包装、形态、产地等次要因素，最关心的是药品效用，对药品价格的关心也在药品效用之下。顾客对药品的疑虑大多集中在药品效用上。为此营业员要极力促使顾客消除疑虑、确信所购药品的效用。这与患者到医院看病不同。医生说，这药品有用，患者不会怀疑。顾客购药时，面对的是营业员而不是医生，并且营业员不能完全代替顾客完成购药选择。这就决定了营业员应当把药品效用放在首位，并贯彻在整个药品销售过程中。同时要坚持职业道德，决不销售假冒伪劣或过时失效的药品，对人民健康高度负责。

**3. 勇于承担责任原则**　销售药品与一般商品相比，顾客对药品营业员依赖性强、自主性差。在选购药品时，往往需要营业员帮助完成药品选购行为。在帮助顾客选购药品过程中，自然会产生一种担心：卖错药品、疗效相反，由谁承担责任？营业员若不愿意承担责任，就会拒绝帮助顾客选购药品，而完全由顾客自主选择。然而大多数顾客是没有能力自主完成选购的。在此情况下，顾客只能放弃购药，弃店而去。因此，为了做好每笔生意，营业员要有勇于承担责任的精神，以自己娴熟的业务能力，帮助顾客选购。但须注意下列事项：①不能完全代替顾客做出判断。②不得随意销售无法定医生处方的药品（指依法需凭医生处方才可购买的药品）。③不得销售违禁药品。④特别注意药品使用限制。

**4. 诚信为本的原则**　诚信的基本含义为诚实，不疑不欺，在人际交往中言而有信，言行一致，表里如一，在推介过程中不提供假劣药品，不传播虚假信息任意夸大药品的疗效。著名企业家包玉刚从小就受到"做人诚实可靠，做事规规矩矩"的训诫，并受益终生，成就辉煌业绩。他把讲信用看作企业经营的根本。他说，纸上的合同可以销毁，但签订在心上的合同是撕不毁的，人与人之间的友谊应建立在互相信任的基础上。

**5. 尊重顾客的原则**　尊重顾客是指在药品推销的过程中，推销人员应坚持以顾客为中心来开展各项工作。尊重顾客，最重要的是尊重顾客的人格。药店营业员首先应该明确自己的工作目标是推销药品，而不是评价顾客的人品、地位等。由于每个人受家庭影响、生活环境、受教育水平等多种因素的影响，人格表现也各种各样，作为药店营业员应淡化顾客的职业、地位、肤色，只要是推销对象，都应当视作"上帝"。尊重顾客还要关心顾客关心的内容以及保护顾客自身的隐私。不然，顾客就会认为推销人员与自己没有共同的语言，不尊重他们的感情，缺乏基本的同情心，自然，拒绝推销也就在情理之中。

如何尊重顾客，方式、方法因人而异。美国管理学家玛丽·凯曾说："赞美是一种有效而不可思议的力量"。现实中，许多顾客从内心深处渴望赞美，药品推销人员不妨利用各种方式、各类话题称赞自己的顾客，这样可能会收到很好的效果。

**6. 联合用药原则**　联合用药又叫关联销售是指在药店的销售过程中不单单使用一个药品满足疾病治疗或症状的缓解，而采用多种药物起到相互协同，相互补充的作用。顾客联合用药的目的是：增强药品疗效，减少不良反应或者毒性，延缓并发症的发生与发展、疾病预防。除了顾客联合用药的目的，对于营业员或者药店而言，也是增加销售额，毛利额，提升药店专业形象的很好的办法。

在销售药品时，为了适应顾客自尊心的要求，应对同类药品从低价至高价进行推介，同时应该熟悉各种药品的功效及适用人群，以便向顾客进行介绍。在介绍商品时，还必须注意说话的语调和口气，应态度诚挚，介绍恰如其分、简明扼要、速度平稳，语气应坚定、不容置疑，以坚定顾客的信心。应注意的是对于药品的功效应实事求是，绝对不能信口开河，夸大其词，以免破坏药店信誉及失去顾客信任。

## 三、药品推介的常用方法和技巧

**1. 药品介绍的方法**　介绍药品，就是营业员直接向顾客推荐药品，向顾客介绍药品知识，或对顾客所提出的有关药品的性能、特点、使用、保管等方面问题的答询。这是营业员促进销售、指导消费的一种手段。营业员要做到"一懂""四会""八知道",即懂得药品流转各个环节的业务工作,对所经营的药品会分类、会使用、会配伍、会推荐,知道药品的产地、价格、质量、性能、特点、用途、用法和保管方法。药品营业员只有十分熟悉自己所经营的药品的情况,才能得心应手的做好药品介绍工作,引起顾客的兴趣并使其购买。

介绍药品要注意严格遵守医药职业道德规范,维护消费者利益,实事求是地介绍药品,不夸大药品的优点,也不隐瞒药品的缺点。不以次充好,不将积压滞销药品说成是紧俏药品。尊重顾客的习惯、兴趣、爱好,有针对性地介绍药品,不盲目介绍或过分纠缠,给人以强买强卖的感觉。语言要简明扼要,语调语气要体现出热情、诚恳和礼貌。

营业员要掌握得当的介绍技巧和方法,可以边介绍、边展示,让顾客充分了解药品特点,促使顾客下决心购买。

（1）一般药品的介绍

①侧重介绍药品的成分、性能。对有特殊效能的药品的介绍,应从其成分、结构讲起,再转到其效能。例如,对儿童补钙制剂的介绍,应先从其成分介绍开始,它是由优质碳酸钙和维生素 AD 组成,因而其特点是容易吸收,具有有效帮助儿童牙齿和骨骼生长的作用。

②侧重介绍药品的质量特点。顾客对药品的质量往往都有很高的期望,营业员要特别抓住构成药品质量的主要因素、药品质量的标准等,给予积极的介绍,让顾客更好的做出选购决定。

③侧重介绍名牌产品的特点享有盛誉的名牌产品,要侧重介绍它的产地和信誉。营业员应主要介绍这些药品的产地、历史、质量工艺、信誉等,从而吸引顾客慕名购买。

④侧重介绍药品的作用特点顾客购买药品的目的就是为了防病治病、康复保健,因此,药品营业员应抓住药品的作用特点,特别是顾客感兴趣的特点,向顾客进行介绍,有的放矢地诱导顾客。

（2）新上市药品的介绍　新上市的药品,顾客对其不了解,需营业员积极向顾客推荐介绍。新药,宜着重介绍该药物类别、优点、药理特性、用途及使用方法。改进药品,或者仿制药品,宜着重介绍改进所在、价格优势等,同原来药品比较有哪些进步,突出其优点。

（3）进口药品的介绍　进口药品应有中文说明,营业员介绍药品时应实事求是,着重介绍其商标品牌、作用特点、质量信誉、使用方法。应把不良反应、使用注意事项方面的情况讲清楚,切忌盲目夸赞,言过其实。

（4）代用药品的介绍　顾客需要某一药品而本店暂时没货时,营业员要从顾客的实际出发,主动、热情地向顾客介绍可代用的药品。但是,在介绍代用药品时,要注意与原定药品在规格、用途以及价格等方面相接近,如某产地的药品缺货时,介绍另一产地的同类同质药品,或介绍用途相同的另一种同类药品。

（5）滞销商品的介绍　商品的滞销,一般是因顾客需要的变化、消费水平的改变、季节的变化、地域性消费习惯的差异等原因造成的,滞销商品不等于失去了使用价值,同时,由于顾客的消费水平不一,爱好各异,总有需要它的顾客。因此,营业员要注意分析顾客的心理活动,有针对性地做好宣传介绍,并主动帮助挑选,就有可能变滞销为适销。在介绍滞销商品时,一定要实事求是,既要介绍其长处,又要指出其短处。

**2. 药品推介中常用的技巧**　在药品推介中可以适时采用一些技巧,有助于促成成交,达到提高销售的目的,可以采用的技巧有以下几个方面。

（1）激将法　激将法是常运用的一种方法，是指适时地利用激励话语，促使准顾客下决心购买。使用本方法时应注意所引用的故事或推销用语是否足以促使顾客下决心购买。

（2）行动法　行动法是指马上行动，让犹豫不决的顾客下决心。"兵贵神速，一刻千金。"如果问顾客想不想要时，人人都会说"想"。而问顾客肯不肯花钱买时，谁都很难痛快地答复。在销售过程中，准顾客不会使用"我想买""我愿意买"等直接表达自己的购买欲望。因此，只要确认已到了促成的时候，就可以借助一些动作来协助促成。如开票或包扎药品等。

（3）机会不再法　机会不再法可以演绎为语言："这一次优惠的机会很难得哦！下一次就没有了，再考虑一下吧！"对于犹豫不决，三心二意的顾客，这种方式相当有效。一定要想清楚在最后关键时刻可采用强势行销的方式来达到目的。可以让顾客感受到营业员劝诫自己不要浪费的苦心，同时提醒自己将这笔钱放在更有益的用途上。这种促成话对于顾客虽然早已习惯了，可是奇怪的是即使重复再说一遍还是会产生一定的效果。因为这番说辞，可以让顾客有做决定的契机。要注意的是，时机尚未成熟的顾客绝对不可以使用此法。

（4）以退为进法　犹豫不决或对营业员强烈不信任的顾客，纵使不断加以诱导，也很难使顾客做出购买决定，但顾客对药品又确实很动心，此时最好还是以退为进，即"买卖不成，仁义在"的劝导。

（5）恐吓法　恐吓法是利用疾病的发展来恐吓，例如："症状是主要危险疾病的体现，耽误一天，危险一天""血脂高了引起心脑血管病""肝炎不及时治疗可诱发肝癌""风湿不迅速采取行动就会有残疾的危险"等诉求，在医学上有据可查，而且对那些医学常识少、对疾病重视度不高的顾客或他们的家属，都会取得很好的刺激作用。

（6）深度促销法　先销售某一药品，再渗透其他药品。一些顾客在购买了自己指定要购买的药品之后，最后却又买走了更多的药品。要抓住每一个顾客，仅仅销售其指定的药品是不够的，一定要深入了解顾客，增加购买机会。一般方法是在讲解药品知识时，注意与顾客进行交流，发现顾客健康方面的其他问题。借此发现新的购买动机并形成再次购买是完全可能的。因此，当拉近了与顾客的距离时，就会发现更多的商机。当发现顾客新的需求时，再推销药品时就容易多了，因为已经得到顾客充分的信任了。

（7）免费试用　让顾客有即时的体验免费试用策略多集中于医疗器械类商品。在顾客仍然犹豫不决时，让其免费试用，让其体验，可能会很快得到顾客的认可，从而迅速达成交易。

（8）强化大周期概念，促成更大交货量的交易　这一策略对显效较慢的药品一些疗程用药来说尤为重要。通过长期服用不仅可增强效果，同时加强了口碑宣传。

## 四、药品连带销售的技巧

**1. 连带销售的内涵**　不放弃任何一个销售的机会，这是每一个优秀的销售人员必须具备的素质。附加推销是提升销售人员业绩的一条有效的途径。它有两层含义：一是当顾客不一定立即购买某种药品时，可尝试推荐其他相关产品，令顾客感兴趣并留下良好的专业服务印象；二是当顾客完成购物后，尝试推荐与之相关的产品，引导顾客消费。常用的语言技巧有："我们还有多种……产品，让我给你介绍吧！""我们其他产品也有很多人在用，相信肯定有适合你用的，试一试这一种吧，我给你示范一次好吗？""没关系，将来有需要再来选购，你也可以介绍你的朋友来看看。""再看看其他产品，是否还有适合你用的？""你再买一盒这种……配合你买的……，效果会更好。""你是否还需要一台（盒）……?""你已经有了……型号，要是再加上……会更好的。"等。

**2. 药品的连带销售原则** 药品连带销售用药过程中可以遵循以下原则。

（1）药品＋非药品的原则 药品＋非药品主要源于在零售药店的商品中除了一部分具有国药准字的药品外，还有大量非药品的存在，比如保健品、医疗器械、日化用品、消毒用品等。因此在药品销售过程中，可以加一些辅助商品。比如：在高血压用药的时候可以搭配销售血压计和保健品中的深海鱼油、卵磷脂等。

（2）西药＋中药的原则 西药＋中药主要源于在药品的销售过程中，中药和西药都有各自的优势，中药更加注重病因，西药更加注重病症的解决，因此在很多情况下，冲突很小，况且优劣势可以互补，所以通常采用西药和中药联合销售。比如：妇科炎症用药中可以采用西药中的抗菌消炎药物搭配中成药中的清热解毒类药物，如：妇炎康片（胶囊）、金鸡片、妇科千金片等。

（3）内服用药＋外用药的原则 内服药是指必须口服，经消化道才能吸收的药物。外用药是指在体表黏贴的膏药，或涂抹的药物。内服用药＋外用药主要源于用药讲究标本兼治，内外兼修。因此在药品销售过程中可以将口服的和外用药联合销售。比如：过敏性荨麻疹可以内服抗组胺类药物氯雷他定、西替利嗪等，外用止痒的皮炎平、维肤膏等。

（4）主药＋辅药的原则 主药＋辅药主药源于中药用药过程中的君臣佐使，但是在药店药品销售过程中，主要是解决疾病的主体用药之外，加上一些辅助用药。比如，感冒时可以用复方成分的感冒药加上增强抵抗力的维生素与矿物质类药物，如维生素C、板蓝根颗粒、抗病毒口服液、艾条等。主药＋辅药的原则在运用过程中注意不能只卖辅药而不卖主药，这样对于疾病的治疗用处不大，会带来顾客的不满意。

**3. 药品连带销售在各类常见疾病中的运用**

（1）感冒 普通感冒可以用复方氨酚烷胺（或其他复合成分的西药感冒药）＋双黄连口服液＋艾条＋保健品（蜂胶、螺旋藻、复合维生素等）；流行性感冒可以用复方氨酚烷胺（或其他复合成分的西药感冒药）＋抗病毒口服液＋艾条＋保健品（同上）。除此之外还可以配合板蓝根、穿王消炎胶囊等。

（2）咳嗽咳痰 可以根据痰多、痰少的不同选择针对性的药品。痰多者可以用化痰类药物（氨溴索、乙酰半胱氨酸、愈创甘油醚等）＋中成药（止咳橘红胶囊/颗粒、止咳糖浆、益肺止咳胶囊等）＋保健品（维生素C、大蒜精油、蜂胶等）；痰少者可以用镇咳类药物（右美沙芬、喷托维林等）＋中成药（蜜炼枇杷膏、秋梨润肺膏、咳特灵等）＋保健品（同上）。注意如果痰多者，痰液有细菌感染应该联合抗菌药物使用。

（3）慢性咽炎 慢性咽炎是属于慢性疾病，顾客到药店买药一般是急性发作期，所以应该注意联合用药。抗菌药物＋中药消炎片（炎可宁、咽炎片、慢咽舒宁等）＋中药饮片泡水（胖大海、罗汉果、金银花、麦冬等）＋保健品（蜂胶、大蒜精油、复合维生素等）

（4）手、足癣 手、足癣 属于真菌感染，联合用药可以用外用的抗真菌药物（硝酸咪康唑、曲安奈德益康唑、盐酸特比奈芬等）＋中成药类（消风止痒颗粒、百癣夏塔热片等）＋保健品（B族维生素、大蒜精油、胡萝卜素等），如果是非水泡型还可以使用足光散泡脚。

（5）结膜炎、沙眼 结膜炎、沙眼在联合用药时可以抗菌类眼药水或膏（氯霉素、左氧氟沙星、环丙沙星等眼药水）＋清肝明目类中成药（夏桑菊颗粒、抗病毒口服液等）＋保健品（胡萝卜素、B族维生素等）。除此之外，建议顾客白天用眼药水，晚上睡前用眼药膏。

（6）胃病　众多胃病中药店顾客主要以慢性胃炎和消化性溃疡为主，以慢性胃炎主要靠三分治、七分养，消化性溃疡与慢性胃炎的联合用药差不多，所以是联合用药的重点。慢性胃炎可以选用西药的对症药物（抑酸药物：雷尼替丁、奥美拉唑等。解痉止痛药物：颠茄、阿托品等。制酸药物：碳酸氢钠、铝碳酸镁等。胃黏膜保护药物：硫糖铝、果胶铋等）＋西药抗菌药物（克拉霉素、阿莫西林、阿奇霉素等）＋中成药（胃康灵、胃舒宁、裸花紫珠胶囊等）＋保健品（大蒜精油、蜂胶、复合维生素及矿物质等）。在中成药的选择时消化性溃疡可以用溃疡胶囊。

（7）病毒性肝炎　病毒性肝炎很多患者来药店买药通常是已经有医生开的处方，处方中的主药一般是抗病毒的拉米夫定或抑制乙肝病毒的复制的阿德福韦酯，因此除了上述主药外还可以加上齐墩果酸片、中成药（乙肝灵、护肝片、降酶灵等），除此之外，加上保健品（角鲨烯、蜂胶、螺旋藻等）。

（8）神经衰弱　神经衰弱中的针对症状的主药以医生所开处方为主，然后加一些辅助药物，可加的辅助药物有：中成药类（安神补脑液、刺五加脑灵液、枣仁安神胶囊等）＋保健品（褪黑素、B族维生素、复合维生素等）。

（9）阴道炎　阴道炎根据不同的病因所用的主药不同。滴虫性阴道炎的主药为硝基咪唑类药物（甲硝唑、替硝唑、奥硝唑等）＋抗菌消炎药（左氧氟沙星、阿莫西林、氧氟沙星）＋内服中成药（妇炎康片、金鸡片、妇科千金片等）＋外用中成药（妇宁栓、复方苦参洗液、洁尔阴等）＋保健品（维生素C、大蒜精油、蜂胶等）；霉菌性阴道炎的主药为抗真菌类药物（氟康唑、克霉唑阴道片、硝酸咪康唑乳膏或栓剂等）＋护肝类药物（护肝片、水飞蓟宾甲片等）。

（10）支气管哮喘　支气管哮喘的联合用药为：西药对症药物（硫酸沙丁胺醇、氨茶碱、氯雷他定等）＋中成药（祛痰止咳胶囊、固肾定喘丸、消炎止咳片等）＋保健品（大蒜精油、蜂胶、葡萄籽素等）。

## 五、药品推介中注意事项

**1. 等待的注意事项**　等待即是指等待消费者进店的时间段。在这段时间里，为了让消费者在最初的观察中得出一个满意的印象，店员必须遵循以下几个原则。

（1）店员应站在规定的位置上　每个店员都有一个或数个属于自己看管的柜台，店员在药店所站立的位置是以能够照顾到自己负责柜台最为适宜，而且最好站在容易与顾客初步接触的位置上。驻店药师的位置应该是无论顾客多么拥挤也能看到整个药店的情况，以及药品的陈列情况，同时要在显眼易为顾客发现的地方，以便随时准备向顾客提供帮助。

（2）要以良好的态度迎接顾客　在没有顾客的时候，店员也应保持良好站立姿势和饱满的精神状态，最好站在离柜台10cm远的地方，双手在身前轻握，或轻放在柜台上，双目注视大门方向时刻准备迎接顾客。严禁看报、聊天、吃零食，或无精打采低头沉思等给顾客带来不愉快感觉的行为。

（3）等待时做好销售准备工作　在天气不好或其他原因引致顾客稀少的时候，不应因无所事事而影响情绪，而应安排其他工作，例如，检查商品、整理与补充货架或清洁货架及柜台，一方面可以保持店员工作情绪，另一方面可吸引顾客的注意。

（4）顾客第一原则　店员应该时时把顾客放在第一位。无论正在做什么，只要顾客一进门，就应放下手头的工作，注意顾客的一举一动，随时为顾客提供服务。

**2. 善于观察**　观察即是判断顾客所属类型，以采取相应的接待方法。对于全确定性顾客，应业务熟练，熟知同类药品的价格及摆放位置，对于顾客提出的购买要求，可以迅速而准确地进行取货、报价、包装、收银等操作。对于主动开口询问的半确定型顾客应熟悉各种药品的功效、适用人群及价格，热情介绍、对答如流，必要时转给药师进行处理。对于难为情的顾客，应细心观察顾客，主要留意哪一方面的药品，不怕尴尬，主动大方地进行询问及推介，应注意控制音量，以免引起顾客尴尬。对于随意浏览的顾客，应顺其自然，不主动向顾客询问或推介，应让顾客自然、舒适地在店内浏览，一旦顾客发现兴趣商品，有所示意，则应立即上前服务。

**3. 掌握接近时机**  药店营业员选择适当的时机、阶段去接近顾客。

①当顾客的视线与店员相遇时，要主动点头微笑，或说"早上好""您好"等问候语。

②当顾客花较长的时间去观察特定的商品，就是对此商品产生兴趣的证明，可能很快将心理过程转移到联想过程，此时是招呼顾客的好时机。

③当顾客用手去触摸商品时，说明顾客对此商品有兴趣，但并不确定，此时不能贸然上去询问，以免吓走顾客。

④当顾客观察商品一段时间后抬起头来，有两种可能，一是寻找店员进行询问，此时店员应把握住这个机会进行初步的接触；二是顾客决定不买了，想要离去，此时如果店员接近顾客，还是有挽回顾客的机会。

⑤当顾客表现出寻找商品的状态时，店员应该快步走向顾客，进行接触，最好是问："您需要什么？""请问有什么可以帮到您的？"

⑥当顾客顺路经过，看到货架、柜台或橱窗里的商品停下来时，是接近顾客的好机会。这时一定是某种商品吸引了顾客，如没有人招呼，顾客极可能继续往前走去，因此店员千万别放弃这个接近顾客的机会，应毫不犹豫地招呼顾客，但此时必须注意到顾客观察的商品，以便做出相应的介绍。

介绍药品时还注意与顾客保持适当的距离，太远会使顾客容易产生逃离的想法，而太近容易产生威胁感，也会使顾客不安。一般来讲，保持两人双手平举的距离是初次接触最安全和最易令人接受的距离。

**4. 药品销售中注意运用 FAB 法则**  药品推介的主要内容可概括为："FAB"即特征（Feature）、优点（Advantage）、利益（Benefit）。

（1）将产品特征详细地介绍给顾客  要以准确的语言向顾客介绍产品的特征。介绍的内容应当包括：药品的疗效、包装、工艺、使用的方便性及经济性、外观优点及价格等，如果是新产品则应更详细地介绍。如果产品在用料和加工工艺方面有所改进的话，也应介绍清楚。

（2）充分分析产品的优点  对不同类型、不同剂型、不同品牌的药品寻找出其特殊的作用，或者是某项特征在该产品中扮演的特殊角色、具有的特殊功能等。

（3）尽数产品给顾客带来的利益  推销人员应在了解顾客需求的基础上，把产品能给顾客带来的利益，尽量多地列举给顾客。不仅要讲产品外表的、实质上的利益，更要讲产品给顾客带来的内在的、附加的利益。从经济利益、社会利益到工作利益以至社交利益，都应一一列举出来。在对顾客需求了解不多的情况下，应边讲解边观察顾客的专注程度和表情变化，在顾客表现出已经发现自己关注的需求方面时，要特别注意多讲解多举例。

另外，门店员工还应以"证据"说服顾客。应用真实的数据、案例、实物等证据解决顾客的各种疑虑，促使顾客购买。

**5. 注意适时诱导**  所谓诱导是指营业员针对顾客购买主导动机指向，运用各种方法和手段，向顾客提供商品信息资料，对商品进行说明，使顾客购买动机得到强化，对该商品产生喜欢倾向，进而采取购买行为的过程。顾客购买动机的可诱导性为商业企业扩大商品销售提供了可能，营业员的诱导，可促使顾客的心理倾向购买方向，有利于帮助实现销售。但必须遵守顾客至上、遵守职业道德、积极善诱、灵活多样的原则，并采取科学的诱导方式，强化顾客购买动机。主要的诱导方式有以下几种。

（1）证明性诱导　包括实证诱导、证据诱导和论证诱导。实证诱导就是在购物现场向顾客提供实物证明的方法，如电视机当场释放给顾客观看，电子血压计当场操作示范等。证据诱导就是向顾客提供间接使用效用证据的方法，如向顾客提供已使用过该商品的顾客的资料，作为诱导顾客产生购买动机的证据。论证诱导就是以口语化的理论说明取得顾客信任的方法，如介绍商品的成分、生产工艺、性能、使用方法等。

（2）转化性诱导　在买卖交往中，有可能出现针锋相对的局面，使买卖陷入僵局，这时就需要通过转化诱导，缓解矛盾，缓和气氛，重新引起顾客的兴趣，使无望购买行为转变为现实购买行为。常用的转化性诱导方法。

①先肯定再陈述，如先肯顾客言之有理，使顾客从心理上得到满足，然后再婉言陈述自己的意见，这样做能起到好的诱导效果。

②询问法，如对顾客提出的问题，利用反问的方式，提出询问的问题，请顾客再做考虑，启发顾客的购买动机。

③转移法，如面对顾客提出的一些难以回答的问题，可采取转换话题，分散顾客注意的方法，间接地诱导顾客的购买动机。

④拖延法，如遇到顾客提出的问题无法回答准确、圆满时，先让顾客看商品说明书，以拖延时间给顾客充分、自由地考虑，以便产生诱导效果。

（3）建议性诱导　指在证明性诱导或转化性诱导成功后，不失时机地向顾客提出购买建议，抓住时机推介代用性或连带性商品，以达到扩大销售的目的。对顾客进行建议性诱导的关键是抓住提供建议的时机并提供与顾客需要一致的建议内容，提示购买的方便性与必要性，使其产生周到之感，满足顾客求方便、求实惠的心理。

## 第三节　处理异议

### 一、概述

**1. 异议的含义**　顾客异议又称为推销障碍，是指推销过程中顾客的异议与看法对推销工作产生的各种阻力和障碍。

**2. 异议的分类**

（1）需求异议　指顾客对销售的商品无需求。在对某一商品进行促销时经常出现。

（2）价格异议　指顾客对商品的价格不认同，是最常见的顾客异议。大多数顾客在购买商品时都可能会抱怨价格过高而提出降价要求，这就是典型的价格异议。

（3）信誉异议　指顾客表现对产品性能不信任。如怀疑药品的功效，对使用某种产品所能达到的效果不能确定等。

（4）服务异议　指顾客对工作人员的态度、行为、语言等不满意而产生抱怨，甚至投诉。这种问题常常与工作人员的工作方式有关。有时因为对推销人员的工作不满意而发展为对其所代表的药店不信任。

（5）竞争异议　指顾客对某一品牌（产品）的偏好而导致对另一品牌（产品）的不接受而提出的异议。如顾客一贯使用某个品牌的产品，从而对销售人员推荐的另一品牌产品表示怀疑和否定。

**3. 成因分析**

（1）原有信息的影响　在与销售人员沟通之前，顾客可能通过其他途径了解到一些商品信息，这些信息可能是正确的，也可能是不正确的，但这些信息必然给顾客的心理造成一定的影响，思维定势导致顾客难以接受销售人员的介绍而对产品异议。

（2）对销售人员不信任　购买者通常会认为销售人员一贯地"王婆卖瓜，自卖自夸"，而且夸大其词，因而对销售人员的介绍本能地不予接受。有些推销人员一味地只顾宣传，不考虑顾客的心理感受，更容易导致消费者对销售人员的反感和不信任感，从而导致异议的产生。

（3）缺乏自信　有些消费者可能了解的信息不全或本身信心不足，在购买商品时表现出犹豫不决，即使销售人员对产品的特点已进行介绍，仍不能完全消除疑虑而产生异议。

（4）期望得到满足　顾客的购买动机是多种多样的，大多数情况下顾客购买商品的同时，还有享受拥有商品时的愉悦与快乐的要求，更有获得尊重，获得别人认同的心理需要，因此如果销售人员在提供商品的过程中，只重视顾客获得商品的需求，而不考虑顾客的其他心理需要，则顾客很容易对销售人员的工作过程产生异议。工作人员与顾客发生争执，往往是因为顾客感觉没有得到应有的尊重或重视而发生的。

（5）提供的信息量不足　由于工作人员的专业素质差，能力水平低，不能完全解答顾客提出的问题，也不能提供恰当的途径与方法帮助顾客解决问题，就极易产生异议。特别是接待病患者时，工作人员如果解答顾客的问题缺乏专业性，很容易导致顾客对销售人员的不信任。

（6）顾客没有诚意购买　由于顾客没有购买需求，刺激状态下仍不能产生购买动机，故对销售人员提供的任何信息都没有兴趣，也不会去认真思考而产生异议。

## 二、处理异议的基本原则

### （一）心态调整

由于顾客异议可能影响销售人员的工作业绩，因而对销售人员造成较大的心理压力，有些销售人员甚至感到恐惧。而这种心态容易导致工作策略上的偏差，使销售人员与顾客的分歧进一步加大，最后可能发展到顾客投诉或抱怨。因此，处理顾客异议首先应从调整心态开始。

**1. 顾客异议是正常现象**　药品推销过程中，顾客对推销人员，对推销的商品以及对推销服务等提出或不满，是经常出现的事情，也是一种正常的反映。从利益角度看，推销人员与顾客永远是矛盾的两个方面，他们各自以自己的利益选择标准去衡量对方的利益趋向，异议的产生当在情理之中。

**2. 顾客有提出异议的权利**　影响顾客购买行为的因素很多，在各种因素作用下，顾客对销售的商品或服务提出不同的意见既是情理，也是顾客应有的权利。即使由于顾客的经历不同、观念不同而对推销人员、推销的商品形成偏见或成见，从而导致顾客带有较强的感情色彩，毫无理智地提出反对意见也是顾客的自由。销售人员可以引导顾客接受自己的意见和建议，但不可能强求任何顾客完全认同自己的看法。

**3. 有异议的顾客往往是潜在的顾客**　人们只有对与己无关的事物才会漠不关心，没有任何意见和看法。实践表明：提出疑问和异议的人往往是有购买倾向的人。有经验的销售人员通常能从顾客提出的异议中了解到顾客的真实需求，从而采取恰当的策略满足顾客需求，促进成交。

### （二）处理原则

一个推销员，应该能够妥善处理各种顾客异议，一旦出现异议，应首先从自身多思考原因，并坚持以下原则。

**1. 事前准备**　顾客异议常有一定的表现形式与发生规律，事前对顾客的各种反应进行预测和分析，交顾客可能提出的各种拒绝列举出来，就能做到对顾客异议心里有数，避免准备不足而导致张皇失措，失去机会。

**2. 选择恰当时机**　处理顾客异议的恰当时机需要根据实际情况进行把握，一般情况下，销售人员在与顾客沟通的过程中，通过观察和琢磨顾客表情、运作及谈话的用词、声调，从而觉察顾客异议主动进行解释是最好的办法。

绝大多数异议需要立即回答，如交货时间、地点、付款方式等。这既是对顾客的尊重，营造讨论问题、解决问题的氛围，还有利于中断顾客其他的异议，促进顾客购买。也有一些异议是不需要回答的。如无法回答的奇谈怪论，容易引起争端的话题，但异议显得模棱两可、含糊其辞和令人费解，或异议具有不可辩驳的正确性时，销售人员应保持沉默，不予回答。或装作没有听见，按自己的思路说下去。如果异议不是三言两语能够解释清楚，或者异议超过了销售人员的议论和能力水平，以及异议涉及较深的专业知识，不易为顾客所理解时，销售人员的仓促答复反而不利于异议的消除，这时销售人员可暂时保持沉默，等待合适的时机再进行处理。

**3. 正视顾客异议**　在一般情况下，顾客在异议未消除之前是不会做出购买决定的。因此，销售人员对顾客的异议应予以足够的重视，尽早让顾客把异议表达清楚，并予以圆满解决。回避顾客异议不能解决问题。

**4. 不与顾客争辩**　与顾客保持融洽的关系是推销成功的关键。销售人员应时刻提醒自己：争论的结果只能是感情和自尊的伤害。与顾客争辩，失败的永远是销售人员。因此，争辩是销售的第一大忌。然而，不与顾客争辩并不意味着一味地顺从顾客或不敢否定顾客的异议。有时，正面表述与顾客不同的意见也会收到不错的效果，关键是在正确把握表述的方式、语气、语调等技巧的应用，尽量把销售人员自己的意见说得委婉、亲切，避免使对方难堪。

### （三）基本策略

**1. 倾听**　倾听顾客的异议是解决顾客异议的前提。以恰当的语言的体态表达销售人员对顾客意见的认真对待和重视程度，是这一策略的核心和关键。因此当顾客表达异议时，销售人员目光平视对方，聚精会神地听，并适当地重复顾客所提出的反对意见，表示自己对顾客的意见已经了解，必要时可询问顾客重复的意见是否正确或选择反对意见中的若干部分予以诚恳地赞同等等，以向顾客传递出"尊重和重视对方意见，正想办法解决对方问题"的信息，从而创设出解决异议的良好氛围。

**2. 放松情绪，真诚沟通**　在正确认识顾客异议的成因及其价值的基础上，放松情绪，保持冷静，以灵活多变的方式提出问题与对方交流，是了解顾客真实需求、解决异议、促进成交的重要途径与方法。

**3. 审慎回答，保持友善**　商品销售，特别是药品销售工作涉及许多专业性问题，也可能涉及竞争对手的许多问题。顾客由于动机不同，可能以不同的方式提出异议。工作中不乏出言不逊，故意刁难的例子。销售人员必需谨慎地解答顾客的问题，坚持多赢的原则：

既要认识到促进交易是销售人员的天职，又要认识到即使交易不成，与顾客交个朋友交流一下信息和感受，也不失为一个好结局。既要突出自己的优势，又要与竞争对手保持友善关系，避免在顾客面前攻击对手。

## 三、处理异议常用的方法和技巧

处理顾客异议的技巧很多，需要在工作实践中认真体会和灵活运用。在此仅介绍几种最常用的方法与技巧。

**1. "是，但是"法** "是，但是"方法是一方面药店营业员要对顾客的意见表示同意，另一方面药店营业员又要解释顾客产生的意见的原因及顾客看法的片面性，也称为让步处理法。大多数顾客在提出对药店商品的不同看法时，都是从自己的主观感受出发的，往往带有某种偏见。因此，药店营业员先用一个"是"对顾客的话表示赞同，这样会让顾客感觉更容易接受，紧接着后面交谈的内容中包含"但是"的意思，这样效果会更好。只要能灵活掌握这种方法，就会使洽谈保持良好气氛，为自己的谈话留下余地。

---

**案例讨论**

**案例：** 顾客进入零售药店在维生素与矿物质柜台浏览。

营业员："您好，有什么可以帮到您的吗？"

顾客："我一直想买一盒钙铁锌给小孩吃，但听同事说她给自己小孩吃过没有什么用。"

营业员："是的，您说得很对，很多人给小孩服用钙铁锌后效果并不明显，但是您如果按照营养师的要求去做，长远的效果还是比较明显的，只是暂时感觉不明显而已，我们这里准备了一份维生素与矿物质的问答手册，会告诉你怎样判断小孩各种营养素与矿物质的作用及正确补充的方法。"

**讨论：** 该案例运用的"是，但是"的方法，此方法在哪些情况下运用？

**案例分析：** 该案例就是最常见的对于小孩维生素与矿物质的补充的疑惑，药店营业员先用"是"对顾客的话表示赞同，增加亲近感，然后用"但是"解释了没有明显效果的原因，让顾客纠正了对医药商品的误解。

---

**2. "高视角，全方位"法** "高视角，全方位"方法是顾客可能提出医药商品某个方面的缺点，营业员则可以通过强调医药商品的突出优点，以慢慢弱化顾客提出的缺点，这样会转移顾客的注意力，从而关注更多的优点。但是这种方法不适用于与成交有关的，顾客十分看重的或敏感性强的缺点。

**3. "问题引导"法** "问题引导"方法是通过向顾客提问题的方式引导顾客，让顾客自己消除疑虑，自己找出答案，这可能比让营业员直接回答问题的效果还好些。通过提出问题，营业员让顾客自己比较药品的不同优势，顾客自然而然就会同意营业员的建议。采用此种方法，要求营业员对医药知识非常熟悉，以帮助顾客进行客观的比较。

**4. "示范"法** "示范"法是通过示范表演来消除顾客对医药商品的疑虑或看法，让其真实体会医药商品的优点，而不仅仅通过语言。该方法在医疗器械的销售时使用最为广泛。

**5. "介绍他人体会"法**　"介绍他人体会"法是利用使用过该种医药商品的顾客"现身说法"的方式来说服顾客。一般来说，顾客都愿意听听使用者对医药商品的评价，尤其是顾客熟悉的使用者，会起到事半功倍的效果。这种方法具有极强的说服力，是营业员在处理异议时应当灵活的积极的采用，但是这种情况必须实事求是，不能杜撰。

---

### 案例讨论

**案例：**顾客进入零售药店在小孩的消化系统药物柜台前浏览。

营业员："您好，有什么可以帮到您的吗？"

顾客："我家小孩不喜欢吃饭，老是觉得肚子是饱饱的，我都不给她吃零食，但是还是不喜欢吃饭，吃得多一点就叫肚子胀，真不知道该怎么办？"

营业员："小孩挑食吗？。"

顾客："不怎么挑食的。"

营业员："上个星期有个家长也是你小孩这种情况，买了一盒健胃消食片，昨天又来买了一盒，说效果还不错，要不你也试试这种小孩子的健胃消食片，还是水果味的，小孩也挺喜欢吃的，你可以看看说明书。"

"……"

**讨论：**"介绍他人体会"法在哪些情况下运用？

**案例评析：**该案例就是最常见的对于小孩的肠胃消化不良用药咨询，营业员通过介绍其他家长的体会，来增加顾客对于医药商品的信任，这样的说服力极强。

---

**6. "展示流行"法**　"展示流行"法是通过揭示当今医药商品的流行趋势，劝说顾客改变自己的观点，从而接受药店营业员的推荐，这种方法一般适用于年轻顾客。

**7. "直接否定"法**　"直接否定"法是根据事实直接否定顾客异议的处理方法。直接否定对方易使气氛紧张而不友好，使顾客产生敌对心理，不利于顾客接纳意见，因此这种方法应尽量避免。使用直接否定法处理顾客异议的时候，一定要明白这是直接反驳顾客意见的方法，在表述时，语气要柔和、委婉，决不能让顾客认为是有意与他争辩，这样才能维护顾客的自尊心，从而产生交易的可能。

## 四、常见错误行为

**1. 争辩**　当销售人员认为顾客的观点不对时，本能地想通过争辩来使顾客改变自己的观点。这种做法适得其反。一则争辩不可能改变顾客的观点，正如一位优秀的推销员所说"你不可能通过争辩而令顾客喜欢啤酒"。二则争辩会增强顾客的抵触情绪，使其对销售人员失去信任而失去进一步沟通的机会。

**2. 表示不屑**　由于顾客的观点不对或态度不好，销售人员表现出一种不屑与其计较的态度，如不认真听取顾客的陈述，斜视对方或以其他体态语言表示顾客的意见不值得听取等。这种态度极易激怒顾客，使顾客感到自尊心受到伤害，从而产生对销售员乃至整个公司的不满，严重的会造成冲突，发展为争吵。

**3. 不置可否**　当顾客犹豫否决时，需要销售人员的意见以增强信心，如果销售人员对顾客的这种心理不置可否，或者无动于衷，则会导致顾客产生失望的情绪。

**4. 显示悲观或哀求**　对顾客提出的难以解答的疑问和异议，销售人员不是正面积极地应对，而是纠缠、乞求顾客购买。这对销售人员及其所代表的产品、企业形象是有害的。销售人员的基本素质之一是能够充分地挖掘自己代理的产品所具有的优点。在心理上要对自己代理的产品有信心。如果销售人员对自己销售的产品都没有信心而显示出悲观的情绪，又怎能使顾客对产品有信心而决定购买呢？

**5. 讲竞争对手坏话**　背后议论别人的缺点与不足是一种不守信的行为。因此顾客用竞争对手的情况提出异议时，如果讲竞争对手的坏话，容易使顾客对销售人员的道德品质产生怀疑，从而对其代理的产品失去信任。

**6. 答案不统一**　同一家店里不同的销售人员对同一问题的回答结果不统一，会使顾客无法判断答案的正确性而产生不信任感。

## 五、典型异议处理

### （一）价格异议的处理

价格异议是指销售过程中商品的销售价格与顾客所估计的价格有较大出入而提出的异议。

**1. 价格异议的成因**　价格异议的成因主要有以下几个方面。

①顾客将产品与其他同类产品的价格进行对比而得出该产品价格过高的结论。

②顾客的收入水平与产品价格较大，顾客难以接受。

③顾客根据心理定势，认为无论什么产品的价格，都要"砍"一下成交才不吃亏。

④对推销的产品总体评价不满意，不便说出它的不好，便以价格为借口推诿。

⑤顾客（中间商）想以更低的价格战胜竞争对手，或者为追求利润而不愿经营低价产品。

⑥顾客把销售人员的让步看作是自己谈判水平的象征，以此来显示自己的身份和能力。对价格异议成因的客观把握，有助于销售人员正确地选择处理的方法。

**2. 处理方法**

（1）强化价值观念，弱化价格意识　顾客购买商品时往往考虑的是能够尽量少付钱。是消费者正常购买心理的具体体现。而销售工作策略就是通过销售人员的介绍使顾客充分认识商品的价值，以激发顾客的购买欲望。以此来分散对价格的注意力。销售人员在工作中要注意掌握"不问价不报价，问价才报价"的策略，同时注意不要围绕价格问题同顾客讨论。即使报价也不必征询顾客的意见的看法，更不应对价格妄加评论。

（2）强调自身优势　顾客在购物时，往往在价格上与其他同类产品作对比而提出异议。销售人员可以从正面引导顾客正确看待价格差异，强调自己推销的产品所具有的优势所在，如品牌效应、顾客口碑、交货及时、售后服务灵活等。通过对产品各方面的综合分析，使顾客感觉到成交是理智的、正确的选择。

（3）解释相对价格　价格的"便宜"与"昂贵"是带有深厚主观色彩的心理感觉。所以销售人员除了要挖掘自身产品的优势外，还可以应用拆分的办法转移视线，说服购买。如顾客抱怨某药价格太贵，销售人员可以解释为"60元1瓶的价格是贵了些，不过一瓶可以用2个月，每天才花5角钱，不过是一根冰棍的价格"。或者"这种药与××药相比，每瓶贵1.5倍，可这种药的服用时间比××药长2倍啊！"

（4）延缓价格的讨论，适当隔离　顾客对价格的主观印象常常会相互感染，因此顾客提出价格异议时，应暂且放慢价格的讨论，可以说"价格一定会令您满意，我们先看看喜不喜欢再说……"同时尽快将提出异议的顾客带离现场以免影响其他顾客。

（5）适当让步　交易过程中，双方在价格上保持一定的弹性，各自做出让步，这是解决顾客价格异议的方法之一。因此销售人员对价格让步要有心理上的准备，报价时可以比实际定价稍高，留下一定的回旋余地。既保证了企业获得正常的利润，也满足了顾客的心理需求。但如果双方意见差异过大，销售人员需严格把握职责权限，应按程序向有关部门或领导请示汇报，这样既可向顾客表示销售人员的诚意与重视，也显示销售人员较高的素质修养。

### （二）质量异议的处理

质量异议是指顾客对药品的质量方面提出的异议或怀疑，是更深层次的推销障碍，需予以足够的重视，认真解释并将情况归纳分析，上报企业，以便及时处理。

**1. 质量异议的成因分析**　质量异议的原因主要有以下几个方面。

①商品确实存在（或曾经出现过）问题，如药品出现过过敏反应或热原反应等。

②因为是新产品或新药，顾客因缺乏了解而对其质量提出怀疑。

③药品的副作用较大，顾客难以接受。

④因心理定势，认为低价药品质量上难以保证。

**2. 质量异议的处理**

（1）推销员要深爱自己的产品，充分挖掘产品的优势　营业员要深爱自己的产品，充分挖掘产品的优势，这是优秀的营业员，冲破质量障碍的有力武器。营业员如果自己对销售的产品没有感情，在销售过程中应付，缺乏自信的热情，顾客难免产生"连他自己都不喜欢"的疑虑，使顾客把所有的注意力集中在商品本身存在的瑕疵上，最终影响销售。

事实上，人们对商品存在的瑕疵问题有一定的理解力，对药品存在副作用，只要耐心解释，一般情况理也都能理解和接受。药品的使用，就是有效性与安全性方面利益权衡的结果。因此，处理顾客质量异议的关键在于营业员要充分挖掘药品的优点。①可以多了解药品生产技术资料，如原材料、生产工艺、设备、质检等方面的信息，这样不仅可以增强与推销药品的感情，还有助于应对顾客提出的各种质量异议。②应加强专业基础知识的学习和培训，对药品剂型特点、价格、用途、毒副作用、贮存、保管等药品信息多一些了解和掌握，就能对顾客提出的质量异议进行正确的解释。

（2）肯定顾客的异议　当顾客对自己推销的产品提出异议时，即使是道听途说的误解，营业员也要予以充分肯定，决不可断然否定或急躁地予以反驳和辩论，应采用各种方法，让顾客消除异议。

①因药品价格过低而怀疑药品质量　销售人员可以通过展示有关资料来回答顾客的疑问，尤其是该药品的临床试验、专家意见、企业的生产许可证及质量检验报告等。这些资料由于具有权威性而易于说服顾客。

②因药品曾发生的质量问题提出疑问　销售人员应当首先肯定确有此事，然后再将企业对此所采取的纠正与预防措施逐一向顾客解释，必要时配合其他顾客现存对该产品的意见，则可消除异议。此时应注意的是绝不能断然否定顾客提出的曾经发生的事情，这样做的效果会适得其反。越是否定此事，顾客会越相信确有此事。

③因心理定势提出的质量异议　当顾客因心理定势而对药品的质量提出异议时，推销人员可以适度地予以否定，如可以说"许多顾客也有这种观点，但实际上并不是这样的……"先肯定，后否定的交流技巧，能保住顾客的面子，又让其体面地下了台阶。

（3）巧用道具　药品本身、说明书，介绍该药品的杂志、报纸、宣传册、顾客的留言、用户意见等相关资料都是极好的道具，销售人员的职责就是让顾客充分认识推销商品的价值。因此，灵活、巧妙地运用这些道具，能使顾客对产品的认识更全面、更深刻。

（三）服务异议的处理

## 拓展阅读

### 何谓产品?

产品通常是指具有某种使用价值的物质形体。但整体的产品要领还包括产品的实质、产品的形式和产品的延伸3个层次。

**1. 产品的实质** 是指产品能为消费者提供某种效用和利益，从而使消费者的需求得到一定的满足。产品质量是消费者需求的基本内容，是产品的基本要素，也称为产品的核心。如消费者购买药品不是为了获得某种化学成分，而是为了防病、治病。

**2. 产品的形式** 是指向市场提供的实体与劳务的外观形态，通常以品质、形态、商标、包装、装潢表现出来。如某些消费者购买保健品，不仅要求有保健作用，有时还期望产品的包装美观，且对药品的规格、剂型也有不同要求等。

**3. 产品的延伸** 已经不是商品实体本身，实际上是商品交换过程中，消费者由购买产品而得到的其他利益的总和。如质量保证、送货上门、售后服务、客户咨询等。这些附加利益也是影响消费者购买的重要因素。由核心产品、形式产品和附加产品3部分组成。

**1. 服务异议的成因分析** 服务异议就是顾客对附加药品提出的异议，是顾客在服务态度、服务质量、服务内容等方面提出的不满。其成因主要有几个方面。

（1）宣传力度不够 营业员对自己所代表的药店宣传力度不够，顾客不清楚可以享受到哪些服务，不知道附加利益有多大。

（2）因噎废食 指在以前的交易过程中，顾客没有享受到应该享受的利益而对药店不满。

（3）无中生有 顾客因道听途说，因误解而产生疑问。

（4）推销人员所代表的企业在服务方面确实存在问题。

**2. 服务异议的处理**

（1）真诚道歉 当发现顾客确定没有享受到应该有的服务时，销售人员应真诚地向顾客道歉。如果是因为误解而产生的异议，也应先为宣传解释工作不够到位而向顾客道歉，以创设良好的沟通氛围，为进行进一步的解释创造条件。

（2）积极纠正和有效预防 道歉和解释如果没有积极地纠正服务方面的不足，不能有效地预防服务异议的再次发生，易使顾客怀疑道歉的诚意而使异议进一步恶化，甚至产生投诉。因此，一旦发生服务方面的异议，除必须先道歉和解释外，更重要的是对顾客的意见进行统计与分析，积极地寻找解决问题的途径与办法。对已经发生的服务质量问题，应立即纠正，同时做好记录制定有效措施防止同类事件再次发生。

（3）加大宣传力度 服务的竞争是现代市场竞争的焦点之一。一般来说，顾客自身很难意识到药品推销的附加利益。因此加大推销服务内容的宣传力度，强化顾客的体验与感受，能有效地减少或消除服务异议。应该强调的是宣传的内容应实事求是，任何夸大的宣传，甚至为拉拢生意而为顾客许下不能履行的诺言，则必然导致服务异议而最终影响药店的形象及市场竞争力。

## 第四节 达成交易

### 一、识别成交的信号

顾客产生购买意图时就是适当的成交机会，营业员一旦发现顾客有购买意图，就要立即尝试着进行成交，迅速地诱导顾客做出购买决定，随时成交，不要犹豫不定。发现顾客有购买倾向就应当立即索要订单，一旦顾客的热情冷却，成交就变得困难了。增加成交机会需要营业员在销售过程中做到以下 3 条。①捕捉和识别顾客准备成交的信号。②把握好成交的适当时机。③同时运用一些有效的成交技巧，最后拍板成交。

一般来讲，成交信号是指顾客通过语言、行动、表情泄露出来的购买意图。顾客往往不会直接说出其产生的购买欲望，而是通过不自觉地表露态度和潜在想法，情不自禁地发出一定的成交信号。在与顾客接触的过程当中，要密切注意掌握最佳成交时机。所谓最佳成交时机，就是指顾客购买欲望最强、最渴望占有商品的时机，也就是各方面条件都成熟的时候。当这个时机来临的时候，顾客的言行表情会发出相应的信号。

**1. 顾客的言行发出的成交信号**

（1）顾客不再提问，进行思考时　顾客从一开始起就不断地问各种问题，过了一段时间后突然不再发问，此时，表明顾客正在考虑购买，如果这个时候，店员从旁劝说，则将促使其购买。

（2）话题集中在某个产品上时　顾客想买某一类药品，店员会拿出好几种作为比较，当顾客渐渐地放弃了其他几种，专注于某一种商品发问时，说明顾客已开始确立了对此商品的信心，此时如果店员稍微劝说，则可能成交，顾客询问该产品的细节，事实上他已经发送出购买的信号。假如顾客不想购买，通常是不会浪费时间询问产品相关细节的。

（3）顾客征求同伴意见时　在店员作完介绍后，如果顾客征求同伴意见，则表明顾客基本上已有购买的意愿，希望从同伴处得到肯定，是购买的信号。

（4）顾客不断点头对促销员的话表示同意时　当顾客一边看商品，一边点头时，就表示他对商品很满意，是成交的好时机。

（5）顾客关心药品售后服务问题时　当顾客询问售后服务细节的时候，其实他已第二次发出购买的信号。顾客只有真心要买产品的时候，才会关心产品的售后服务。如当顾客提出"这种药真能祛除黄褐斑吗？无效可否退款？"一类的话时，说明成交的机会来临。

（6）询问价格的时候　当顾客询问价格的时候，其实他已经再次发出了成交信号。如果顾客不想购买，通常情况下，顾客是不会浪费时间询问产品价格的。

（7）其他言行　顾客在购买的过程中计算各种数字时，也是成交的信号。例如：每天吃几粒，1 瓶吃多久，每天平均花费多少等。顾客散播烟幕式异议讯号时，这些异议并不一定都要解答，有针对性的解答一些促进成交即可。顾客开始与营业员套关系时，例如，问你哪里毕业的？她的一个亲戚也在那里毕业等。

作为一名销售人员，一定要牢记这样一句话：顾客提出的问题越多，成交的希望也就相应的越大。销售人员在捕捉和识别顾客的购买信号后，接下来就需要及时地把握订单成交的时机。

**2. 顾客肢体语言传达的成交的信号**　顾客的某些肢体语言会传达一些成交的信号。主要的肢体语言有：摸下巴，双手抱胸陷入沉思，表示已经开始进入思考，握着产品或简介，希望占为己有，身体成茶壶状，一手撑腰、一手撑腿，身体往前，双手平放桌面，面露愉快的笑容等等这些肢体语言传达的信号，说明顾客有很强烈的购买欲望，希望成交。

## 二、常用的成交方法和技巧

**1. 成交的方法**　当店员找出有成交的机会，而顾客又犹豫不决时，店员一定要坚守立场，努力说服顾客。促使其尽快下定决心。以下是几种促使顾客购买的常用办法。

（1）缩小范围　将介绍的药品逐渐集中在2~3个品种上，而把其他的都收回去，这样不但可以防止顾客犹豫不决，而且可掌握顾客的偏好。

（2）二选一法　应当问顾客"你需要这件或是那件?"而不应该问"你要这件吗?"

（3）观察顾客的喜好　确定顾客所喜欢的品种，假如店员能推荐顾客所喜欢的品种给顾客，则不仅可以加速成交，还会使顾客对你产生好感。顾客对于喜欢的品种有如下的几种动作。①视线焦点会集中在所喜欢的商品上，而对其他品种一带而过。②触摸次数最多。③通常摆放在手边的位置，以便随时触摸或者作为与其他品种进行比较的中心。

（4）动作促进法　如拿起发票准备填写，或拿塑料袋准备包装。

（5）感情促进法　为促使顾客下定决心，以真诚、恳切的态度与顾客对话，从而打动顾客的心，让顾客觉得你确实是在为他着想而下定购买决心。如"这产品真的不错，你可买支小装的试用一下?"之类的话。

（6）强调机会不多法。如，"这几天是优惠期，不买的话，几天后就涨价了""这种产品很好销，今天不买，就要等下一批进货了"等。

**2. 结束销售的技巧**

（1）替顾客做决定　人害怕做出错误决定，很多顾客不怕花钱，但是怕花错钱，比如顾客回答："我回去想想，我再考虑看看。"这个时候营业员可以利用二选一法则，比如，"根据您的需求，我觉得这两款产品……您要这一个还是那一个?"帮助顾客做好决定，切记拿多个品种，让顾客做选择。对于有选择障碍的顾客而言，难以促成成交。

（2）有限的数量和期限　利用顾客购买时的情境和相关促销活动，引导顾客马上购买，常用的语言为："因为我们的数量非常有限，所以……""我们促销的时间就只是这几天，过了就没有优惠价格了，所以现在是最划算的时候了……"这样使得顾客形成对未知的恐惧，以后不知道什么时候才有。

（3）提倡马上买　提倡顾客马上购买，不要相信"考虑看看"。例如，问题："我再考虑看看。"正确回答方法是："我相信这是您慎重的态度，只是我是一个非常想进步的导购员，我非常想知道您不购买的原因……"

**3. 成交注意事项**　在药品销售过程中，坚定顾客的购买决心，促进药品的销售，是每一个药品销售人员的职责所在。但同时也应注意以下几点。①切忌强迫顾客购买。②切忌表示不耐烦：你到底买不买? ③必须大胆提出成交要求。④注意成交信号，切勿错过。⑤进行交易，干脆快捷，切勿拖延。

📊 **岗位对接**

医药商品购销员（初级）国家职业标准：接待顾客，提供服务，会用礼貌用语，能与顾客交流，了解顾客需求；能主动、热情、耐心、周到的为顾客服务。

医药商品购销员（中级）国家职业标准：接待顾客的要求，能正确接待顾客的查询并做好记录。对药品销售的要求是，能够根据顾客需求推荐药品。

## 📝 实训九 接待礼仪

### 一、实训目的

能在药店正确运用相关服务接待礼仪。

### 二、实训要求

1. 学生能掌握药店营业员基本的仪容仪表要求。

2. 学生能在进行顾客服务时能够用正确适当的服务姿态和语言。

### 三、实训内容

GSP 模拟药房的顾客接待服务。

### 四、实训方法

**1. 实训前准备** 工作服、笔、纸、电话、药品的空包装盒等道具，在 GSP 模拟药房进行。

**2. 分组练习** 2 人 1 组，其中 1 人扮演药店营业员、1 人扮演顾客，进行走姿、站姿、肢体语言、言谈以及递物与接物的重复训练，老师在训练中针对学生的不足之处做修正。

**3. 实训注意事项**

注意：考核时由老师扮演顾客，学生扮演药店营业员。

1. 模拟从事某种药品的推介活动，能在活动中体现顾客接待的基本礼仪。

2. 能够灵活处理和礼貌回答由老师扮演的顾客提出的问题，做到随机应变。

3. 能运用优美的姿态、优雅的微笑、恰当的眼神、得体的语言赢取顾客的信任。

### 五、实训评价

表 6 – 2  实训评价表

| 序号 | 考核内容 | 考核要点 | 配分 | 评分标准 | 扣分 | 得分 |
|---|---|---|---|---|---|---|
| 1 | 仪容仪表 | 1. 着装整洁，干净。<br>2. 个人卫生：发型大方利落、颜面干净、手指甲短于指尖。<br>3. 精神面貌：饱满热情，乐观向上 | 2 | 1. 着装有折角、衣袖卷起、遗漏扣 0.5 分。<br>2. 披头散发、脸上有异物、指甲较长未修剪、涂指甲油扣 1 分。<br>3. 没有精神、两眼无神像没睡醒样扣 0.5 分 | | |
| 2 | 姿态 | 1. 站姿：表情自然、头正颈直、两眼平视，挺胸收腹、两臂自然下垂（或合拢放于下腹），两腿挺直。<br>2. 走姿：表情自然、速度适中，头正颈直、上身挺直、挺胸收腹、两臂收紧、自然摆动。<br>3. 手势：面带微笑，目视客人，手指并拢、抬手角度适中，自然大方。迎客和介绍药品有所区别 | 3 | 1. 站立时靠货架、抱胸、叉腰、与他人勾肩搭背、蹲站、叉腿等不雅站姿扣 1 分。<br>2. 走动速度过快或过慢、低头猥琐、从谈话的两人中穿过扣 1 分。<br>3. 手势用 1 个手指指人或物、面无表情、手舞足蹈扣 1 分 | | |

| 序号 | 考核内容 | 考核要点 | 配分 | 评分标准 | 扣分 | 得分 |
|---|---|---|---|---|---|---|
| 3 | 语言 | 1. 言语：亲切礼貌、眼神专注、距离合理，语速、语气适中，表达明确。<br>2. 电话表述：礼貌用语、语气亲切。程序得到，接听时间恰当 | 2 | 1. 语言粗犷、语速过快或过慢、声音太大或太小听起来不舒服，说话听不清，较远的地方大声呼喊等扣1分。<br>2. 铃响3声无人接听、没有告知店名、语气态度不佳、不耐烦，时间过长扣1分 | | |
| 4 | 递物接物 | 面带微笑、目视顾客，双手接递时说"谢谢"。 | 1 | 面无表情，单手递物接物、接到钱物等未道谢扣1分 | | |
| 5 | 临场表现 | 不紧张、不拘束、自然大方。灵活应变，对答如流，能较好地利用好专业知识 | 2 | 1. 说话紧张、拘谨扣0.5分。<br>2. 专业知识不能灵活运用扣1分。<br>3. 眼光闪烁、说话不自信扣0.5分 | | |
| | 合计 | | 10 | | | |

否定项：无

## 📝 实训十　异议处理

### 一、实训目的
能够正确地处理顾客的异议。

### 二、实训要求
1. 学生在处理顾客异议过程中能够很好地倾听。
2. 学生在处理顾客异议过程中能够保持良好的心态并进行适当地提问了解情况。
3. 学生能够恰当地处理好顾客提出的异议。

### 三、实训内容
以分组的形式分别模拟顾客和门店营业员，呈现不同类型的顾客异议并进行处理。

### 四、实训方法
**1. 实训前准备**　以某一类药品（如抗感冒药、抗胃溃疡药或抗贫血药等）确定工作范围，熟悉工作范围内各种药品的品牌、价格、性能。自备药品说明书及其他宣传资料，自行设计首推药品的促销政策。

**2. 综合训练**　学生分为A、B两组，分别扮演顾客和营业员，在工作范围内模拟训练顾客异议的处理技巧。要求"顾客"能够正确把握异议的特征，将3种以上异议呈现出来。"营业员"根据"顾客"的表现通过与其沟通，了解其真实意图，并运用恰当的方法处理。

**3. 注意事项**
（1）倾听　注意体态语言的运用。①与顾客保持恰当的距离。②目光平视对方，面部表情放松，面带微笑。③点头回应，并适时回答"好的""是""是的""嗯""噢"等。④适时道歉。

（2）提问　提问尽量运用开放式提问，以便了解顾客的真实意图，避免提出答案只有"是"或"不是"的问题，如提问"您用这个药有问题吗?"不如问"您用了这个药以后效果怎样?"在处理顾客异议的过程中注意运用标准用语。不得使用禁用语。

（3）承诺按事前设计的促销政策应答顾客异议。

## 五、实训评价

表6-3　实训评价表

| 序号 | 考核内容 | 考核要点 | 配分 | 评分标准 | 扣分 | 得分 |
|---|---|---|---|---|---|---|
| 1 | 仪容仪表 | 着装整洁，干净。 | 0.5 | 着装有折角、衣袖卷起、遗遍扣0.5分 | | |
| 2 | 顾客异议类型 | 1. 确定顾客异议类型。<br>2. 1组至少进行3类异议的处理 | 2 | 1. 不能确定顾客异议的类型扣0.5分。<br>2. 每组训练时每少1种异议的处理扣0.5分 | | |
| 3 | 倾听 | 1. 与顾客保持适当距离，有效倾听，目光关切。<br>2. 正确记录顾客异议、适时点头回应和道歉 | 2 | 1. 与顾客谈话的距离过近或过远，并在听顾客诉说时无所谓的态度扣0.5分。<br>2. 不能及时地点头回应，或者在听顾客诉说的时候干其他事情扣0.5分。<br>3. 在听顾客诉说时未做详细的记录扣0.5分。<br>4. 在听顾客诉说时是药店的责任时未及时的道歉扣0.5分 | | |
| 4 | 提问 | 1. 尽量使用开放式的提问。<br>2. 认同顾客的感受：对顾客表示同情。<br>3. 分析顾客异议的原因，提出解决方案可行。<br>4. 执行解决方案，得到顾客认可 | 3.5 | 1. 过多的封闭式提问扣0.5分。<br>2. 在顾客诉说时不能认同顾客的感受并表示同情扣0.5分。<br>3. 未能写出顾客异议的原因或原因不准确扣0.5分。<br>4. 不能提出有力的解决方案扣1分。<br>5. 不能马上立即采取解决方案，并且顾客不满意解决方案的扣1分 | | |
| 5 | 承诺 | 承诺按事前设计的促销政策应答顾客异议。 | 1 | 不能圆满的解决顾客的异议，并不能出示一些小礼品感谢顾客的意见的扣1分 | | |
| 6 | 礼仪 | 使用礼貌用语，没有禁语的出现、语速适中、灵活应变 | 1 | 1. 在处理异议的过程中出现不礼貌的禁语扣0.5分。<br>2. 处理异议过程中声音过小，不清晰让顾客不舒服听不清的扣0.5分 | | |

| 序号 | 考核内容 | 考核要点 | 配分 | 评分标准 | 扣分 | 得分 |
|---|---|---|---|---|---|---|
| | 合计 | | 10 | | | |

否定项：无

## 实训十一　药品推介综合实训

### 一、实训目的
能够运用常见疾病的知识合理推荐药品。

### 二、实训要求
1. 学生能够根据常见疾病的症状判断疾病的特征。
2. 学生能够推荐合理的药品并运用销售技巧介绍和销售药品并进行连带销售。
3. 学生能够对常见疾病进行一定的健康指导和服务。

### 三、实训内容
以分组的形式分别模拟顾客和门店营业员，针对常见疾病自设情景，进行药品的推介，要求扮演顾客的同学熟悉各类疾病的病症，扮演门店营业员的同学既熟悉各类疾病的表现，又熟悉各类疾病的用药和连带销售。

### 四、实训方法
**1. 实训前准备**　工作服、笔、纸、电话、药品的空包装盒等道具，在GSP模拟药房进行。

**2. 综合训练**　分组练习，2人1组，其中1人扮演药店营业员、1人扮演顾客，进行问病、药品的推荐与介绍、指导患者安全合理用药的重复训练，老师在训练中针对学生的不足之处做修正。扮演的顾客和药店营业员相互进行调换。

**3. 注意事项**　考核时由老师扮演顾客，学生扮演药店营业员。

（1）能够通过问询患者，准确的判断患者病情。

（2）能够根据患者的病情，推荐与介绍准确的药品，并介绍所选药品的治疗作用、用法与疗程、用药注意事项。

（3）能够针对疾病的特征进行有目的的连带销售。

（4）能够根据患者的实际情况，给予一定的健康指导。

（5）能运用规范的着装、专业的态度、得体的语言赢取顾客的信任。

### 五、实训评价

表6-4　实训评价表

| 序号 | 考核内容 | 考核要点 | 配分 | 评分标准 | 扣分 | 得分 |
|---|---|---|---|---|---|---|
| 1 | 语言沟通能力与礼仪 | 1. 仪容仪表：着装干净整洁，发型大方利落，颜面干净、手指甲短于指尖。<br>2. 对患者的态度：耐心亲切，眼神专注、距离合理，语速、语气适中，表达明确。<br>3. 礼貌用语：用语文明 | 1 | 1. 衣着邋遢、不整洁，披头散发，指甲过长扣0.25分。<br>2. 对患者粗暴、说话不清楚、不大方、紧张、眼神闪烁游离，待人不亲切扣0.5分。<br>3. 出现禁语，待人不礼貌扣0.25分 | | |

| 序号 | 考核内容 | 考核要点 | 配分 | 评分标准 | 扣分 | 得分 |
|---|---|---|---|---|---|---|
| 2 | 问病 | 1. 询问患者的主要症状，并做出初步的正确的判断。<br>2. 询问患者的生活、卫生习惯，找出疾病可能诱发因素。<br>3. 询问患者是否出现疾病伴随症状。<br>4. 询问患者的诊疗过程，如是否就诊、诊断何病、用药情况、效果如何。<br>5. 询问其他，如既往病史、饮食、睡眠等情况 | 3 | 1. 未详细询问患者的症状，且不能做出正确的判断的扣1分。<br>2. 未详细询问患者的生活、卫生习惯，难以判断病因的扣0.5分。<br>3. 未详细询问患者的其他的症状的扣0.5分。<br>4. 未详细询问患者的诊疗情况扣0.5分。<br>5. 未询问患者的既往病史、过敏史等扣0.5分 | | |
| 3 | 药物推荐与介绍 | 1. 根据具体病情，准确推荐2～3种合理商品，推荐的商品之间有联合用药的原则运用。<br>2. 介绍药品的治疗作用、用法与疗程、用药注意事项和其他非药品。<br>3. 能够准确判断联合用药是否合理、有无禁忌证。<br>4. 对药品分类、摆放熟悉，取药迅速、准确 | 5 | 1. 不能准确的推荐2～3种药物每错推荐1种扣0.5分，2～3种药物之间未体现联合用药的扣0.5分。<br>2. 不能准确介绍所推荐药品的治疗作用、用法用量及注意事项的扣1分。<br>3. 不能准确判断联合用药和介绍药物之间的相互作用及禁忌证的扣1分。<br>4. 不能快速准确地找到所需要的药品的扣0.5分 | | |
| 4 | 健康指导 | 对非药物治疗进行指导，卫生习惯、生活习惯、饮食等 | 1 | 未能针对顾客的疾病提出有效的健康指导的比如饮食、卫生习惯以及其他物理康复治疗方法扣1分 | | |
| | 合计 | | 10 | | | |

否定项：无

## 目标检测

**一、单项选择题（下列每题的选项中，只有1个是正确的，请将其代号填在括号内）**

1. 对待顾客的异议不可采用（　　）进行解释。
    A. 是、但是法　　　　B. 问题引导法　　　　C. 拖延法　　　　D. 展示流行法

2. 咨询服务礼貌用语的基本要求之一是（　　）。
    A. 干脆　　　　　　　B. 果断　　　　　　　C. 诚恳　　　　　D. 简短

3. 顾客查询处理记录不包括（　　）。
    A. 查询内容　　　　　B. 投诉内容　　　　　C. 顾客姓名　　　　D. 处理意见

4. 下列不能用于处理顾客异议的态度是（　　）。

    A. 情绪轻松，适时同情         B. 真诚欢迎，认真倾听

    C. 重述问题，表明了解         D. 忙碌无暇，很不耐烦

5. 处理顾客抱怨时的禁句不包括（     ）。

    A. 改天再联系你         B. 你不识字吗

    C. 我一直在听您讲述         D. 我绝对没有说过这种话

6. 顾客对于所购买的药品很重视，比较挑剔，属于（     ）类型顾客。

    A. 漠不关心型     B. 防卫型     C. 干练型     D. 软心肠型

7. 如果顾客表示"价格太高了"最有可能的原因是（     ）。

    A. 顾客出现了经济问题         B. 顾客不满意产品

    C. 顾客对营业员不满意         D. 顾客试探商品有无降价的可能

8. 访谈时回答顾客异议，采用直接否定法，要注意（     ）。

    A. 随时可使用         B. 语气要坚决强硬

    C. 不能考虑他的自尊心         D. 语气柔和婉转

9. 营业员与顾客谈话的距离最好为（     ）m。

    A. 2         B. 1.5         C. 1         D. 0.5

10. 下列商品不能联合用于支气管哮喘的是（     ）。

    A. 蒙脱石散     B. 蜂胶     C. 消炎止咳片     D. 硫酸沙丁胺醇

11. 下列商品不能联合用于普通感冒的是（     ）。

    A. 感冒灵颗粒     B. 维生素C     C. 雷尼替丁     D. 板蓝根颗粒

12. 下列商品不能联合用于水泡型足癣的是（     ）。

    A. 曲安奈德益康唑乳膏         B. 足光散

    C. B族维生素         D. 百癣夏塔热片

13. 下列商品不能联合用于慢性咽炎的是（     ）。

    A. 左氧氟沙星     B. 大蒜精油     C. 咽炎片     D. 布洛芬缓释胶囊

14. 普通感冒和流行性感冒的主要区别是（     ）。

    A. 暴发流行     B. 全身症状     C. 呼吸道症状     D. 白细胞计数减少

15. 以下不是服用感冒药的注意事项的是（     ）。

    A. 孕妇、哺乳期妇女慎用抗感冒药

    B. 服用抗感冒药时，要注意只用1种，因为大部分的感冒药均为复方成分

    C. 服用抗感冒药时，可以适当饮酒

    D. 服用抗感冒药时，注意多喝水，少吃辛辣刺激的食物

16. 下列关于促进成交的方法，错误的是（     ）。

    A. 缩小范围法     B. 动作促进法     C. 感情促进法     D. 强行推销法

17. 接待犹豫不定型顾客的关键点是（     ）。

    A. 在"记"字上下功夫         B. 在"帮"字上下功夫

    C. 在"拣"字上下功夫         D. 在"快"字上下功夫

**二、多项选择题**（下列每题的选项中，至少有两个是正确的，请将其代号填在括号内）

1. 下列商品可以联合用于慢性胃炎的是（     ）。

    A. 雷尼替丁     B. 阿莫西林     C. 螺旋藻     D. 胃康灵

2. 以下是成交的注意事项的是（     ）。

    A. 切忌强迫顾客购买         B. 切忌表示不耐烦

    C. 不能大胆提出成交要求        D. 进行交易，干脆快捷，切勿拖延

3. 以下选项是结束销售的技巧的是（     ）。

    A. 替顾客做决定             B. 有限的数量或期限

    C. 提倡马上买              D. 多拿几个同种类型的商品让顾客做选择

4. 促使顾客购买的常用方法有（     ）。

    A. 机会不再来法     B. 二选一法       C. 结束销售动作    D. 以情动人

5. 以下是价格异议的处理方法的是（     ）。

    A. 解释相对价格             B. 适当让步

    C. 强调自身优势             D. 强化价值观念，弱化价格意识

6. 处理顾客异议中的常见错误有（     ）。

    A. 统一答案                B. 争辩

    C. 显示悲观或哀求           D. 讲竞争对手坏话

7. 药品推介的主要内容可概括为："FAB"即（     ）。

    A. 特征（Feature）         B. 信任（Believe）

    C. 利益（Benefit）          D. 优点（Advantage）

8. 药品连带销售用药过程中可以遵循的原则有（     ）。

    A. 主药＋辅药的原则        B. 内服用药＋外用药的原则

    C. 西药＋中药的原则       D. 药品＋非药品的原则

（张  平）

# 第七章

# 药店收银作业

**学习目标**

知识要求　**1. 掌握**　药店收银工作流程及各种不同收银结算方式下的收银操作。
　　　　　**2. 熟悉**　药店收银员的工作职责。
　　　　　**3. 了解**　收银特殊情况的应对方法。
技能要求　1. 学会人民币的识别，收银中的找零技巧、连带销售技巧等；学会填写
　　　　　　各种收银单据。
　　　　　2. 能运用收银 POS 机准确快速完成收银操作。

## 第一节　药店收银工作常用知识和技巧

收银岗位作为药店中非常重要的工作岗位，要求收银员能严格按照收银规范来进行收银操作，熟练使用收银 POS 机来进行现金、各种卡的收银，能为顾客提供准确、快速的结账服务。掌握识别货币真伪技巧、收银找零技巧、装袋技巧等各种收银必备技能，并能应对收银中的各种特殊情况。但是作为药店的一员，收银员除了担负着收银工作职责外同时还承担着销售、防损、顾客服务等多项药店工作职能。收银员是直接面对顾客的，应根据顾客需要进行合理的连带销售，以提高客单价，在顾客结账前再次向顾客宣传本公司的促销活动以促进销售。并注意将顾客意见（如价格、缺货等）进行收集，反应给当班负责人，以提高门店的销售竞争力。我们知道，通过防止门店损失可以间接的提高门店的效益，因此收银员还应在收银中时刻注意做好防损工作，防止商品被盗及其他损失。另外，由于大多数门店都会把收银台放在药店入口处，可以说顾客在门店最先和最后接触的都是收银员，顾客在进店时往往会首先询问入口处的收银员，收银员应了解公司背景、企业文化、政策等，熟悉工作环境、掌握商品的摆放位置和价格以利于为顾客服务；而顾客在离店之前所有的最后印象就是收银员的服务，它会直接影响到顾客对门店的信任，从而从一定程度上决定了顾客下次的光顾，因此收银员也应具有较强的服务意识以做好顾客服务工作。由此我们可以知道收银员必须掌握相应的知识和技能才能胜任收银一这工作岗位。

### 一、商品条形码知识

条码（bar code）是指将数据编码为机器可识读的符号，这种符号由具有可变宽度的矩形的深色条和浅色空组成，条空并行排列。条形码技术是随着计算机与信息技术的发展和应用而诞生的，它是集编码、印刷、识别、数据采集和处理于一身的新型技术，是迄今为止最经济实用的一种自动识别和数据采集技术，具有操作简单、信息采集速度快、采集信息量大、可靠性高、投入成本低等优点，已成为世界通用的商务语言，全球已有 150 多个国家，几百万企业在使用，得到全世界采购商、消费者的普遍认可，应用覆盖了生产、加工、仓储、物流、销售等整个供应链领域。在国际贸易中，如果没有条码，就难以进入正规的卖场，同样，如果商品要在国内的零售卖场出售也必须要有条码。商品条形码是计算

机输入数据的一种特殊代码，借助光电扫描阅读设备扫描商品条码，迅速地将条形码所代表的如生产厂家、规格、数量、价格、生产日期、防伪信息等该商品的相关信息，准确无误地输入计算机，商品条形码的编码遵循唯一性原则，一个代码只能标识一种商品项目，以保证商品条形码在全世界范围内不重复，再与"销售点管理系统"（Point of Sale，简称POS）结合，用于管理商品。

如果按条码的维数来分，主要可分为一维条码、二维条码，一维条形码是只在一个方向（一般是水平方向）表达信息，而在垂直方向则不表达任何信息的条形码，而二维条码是可以在水平和垂直方向的二维空间存储信息的条形码。目前一维条码是使用最为广泛的条码。一维条码如果按码制来分，又主要可分为 EAN 条码和 UPC 条码等，而其中又以 EAN 条码占主流。下面我们将重点来介绍目前在我国药店收银中使用最为广泛的一维条码中的 EAN - 13 条码。EAN - 13 条码见图 7 - 1 所示，矩阵式二维条形码如图 7 - 2 所示。

## 拓展阅读

### 一维条码与二维条码的区别

一维条码是一种条码符号，在一维空间中使用条、空进行编码。一维条形码只是在一个方向（一般是水平方向）表达信息，而在垂直方向则不表达任何信息，其一定的高度通常是为了便于阅读器的对准。一维条形码的应用可以提高信息录入的速度，减少差错率，但是一维条形码也存在一些不足之处，它的信息容量低、使用的前提是必须依赖于数据库，而且它的纠错能力差，条码遭到损坏后便不能阅读。

二维条码是光学可识读符号，是可以在水平和垂直方向的二维空间存储信息的条形码，相对一维条码而言，它具有信息容量大、无需另接数据库，纠错能力强，准确性更高的特点。目前在电子票务、优惠券、会员系统等方面都已经使用了二维码，现在二维码的使用日趋广泛，相信在未来，二维码会有更大的使用空间。

图 7 - 1    EAN - 13 条码

图 7 - 2    矩阵式二维条形码

EAN 码由前缀码、厂商识别码、商品项目代码和校验码组成。商品条形码中的前缀码是用来标识国家或地区的代码，前缀码一般由 2 ~ 3 个数字组成，由国际物品编码协会（GS1）分配。前缀码后的厂商识别码一般由 4 个数字组成，是由所在国家或地区编码组织向申请厂商进行分配（如我国的条码就由中国物品编码中心统一向申请厂商分配）。厂商识别码后的商品项目代码一般由 5 位数字组成，由厂商根据商品条码编码规则自行编码，并上报到当地编码组织进行备案。校验码由 1 位数字组成，用来检验整个编码的正误，它是根据一定的运算规则由以上 3 部分数字计算得出。如图 7 - 1 所示，其中"693"是前缀码，由国际物品编码协会（GS1）分配；"5698"为厂商识别代码，由所在国家或地区编码组织分配；"57265"为产品项目代码，由企业自行分配；"9"为校验码，由标准算法计算得出。如陕西某制药企业生产的规格为 15 粒 ×3 板的龙生蛭胶囊的条码为 6950077609122，该企业生产的规格为 18 粒 ×2 板的脑心通胶囊条形码为 6950077609245，该企业生产的规格为 12 粒 ×4 板的脑心通胶囊的条形码为 6950077609252。

表 7 - 1  各国（地区）商品前缀码列表

| 前缀码 | 编码组织所在国家（或地区）／应用领域 | 前缀码 | 编码组织所在国家（或地区）／应用领域 |
|---|---|---|---|
| 690 ~ 699 | 中国 | 489 | 中国香港特别行政区 |
| 000 ~ 019 030 ~ 039 060 ~ 139 | 美国 | 958 | 中国澳门特别行政区 |
| 450 ~ 459 490 ~ 499 | 日本 | 471 | 中国台湾 |
| 020 ~ 029 040 ~ 049 200 ~ 299 | 店内码 | 978、979 | 图书 |
|  |  | 977 | 连续出版物 |

### 拓展阅读

#### 一维条形码中检验码的计算

首先，把条形码从右往左依次编序号为"1，2，3，4⋯⋯"从序号2开始把所有偶数序号位上的数相加求和，用求出的和乘3，再从序号3开始把所有奇数序号上的数相加求和，用求出的和加上步骤2的得数，然后求出和。再用10减去这个和的个位数，就得出校验码。

举个例子。

此条形码为：691456789325X（X 为校验码）

1. 5 +3 +8 +6 +4 +9 =35
2. 35×3 =105
3. 2 +9 +7 +5 +1 +6 =30
4. 105 +30 =135
5. 10 −5 =5

所以最后校验码 X =5。此条形码为6914567893255。

如果第5步的结果为10，校验码是0。

## 二、识别货币真伪的方法

1948 年 12 月 1 日，我国开始发行第 1 套人民币，至今我国已发行了 5 套人民币。目前市场上流通的人民币主要为第 5 套人民币。1999 年 10 月 1 日，在中华人民共和国建国 50 周年之际，根据中华人民共和国国务院第 268 号令，中国人民银行陆续发行第 5 套人民币。第 5 套人民币共 8 种面额：100 元、50 元、20 元、10 元、5 元、1 元、5 角、1 角。第 5 套人民币根据市场流通中低面额主币实际起大量承担找零角色的状况，增加了 20 元面额，取消了 2 元面额，使面额结构更加合理。第 5 套人民币采取"一次公布，分次发行"的方式。1999 年 10 月 1 日，首先发行了 100 元纸币；2000 年 10 月 16 日发行了 20 元纸币、1 元和 1 角硬币；2001 年 9 月 1 日，发行了 50 元、10 元纸币；2002 年 11 月 18 日，发行了 5 元纸币、5 角硬币；2004 年 7 月 30 日，发行了 1 元纸币。为提高第 5 套人民币的印刷工艺和防伪技术水平，经国务院批准，中国人民银行于 2005 年 8 月 31 日发行了第 5 套人民币 2005 年版 100 元、50 元、20 元、10 元、5 元纸币和不锈钢材质 1 角硬币。于 2015 年 11 月 12 日发行了第 5 套人民币 2015 版 100 元纸币。第 5 套人民币各面额正面均采用毛泽东同志建国初期的头像，底衬采用了我国著名花卉图案，背面主景图案分别选用了人民大会堂、布达拉宫、桂林山水、长江三峡、泰山、杭州西湖。通过选用有代表性的具有民族特色的图案，充分表现了我们祖国的伟大。

纸币真伪的鉴别通常采用直观对比（眼看、手摸、耳听）和仪器检测相结合的方法，即通常所说的"一看、二摸、三听、四测"的方法。"听"即通过抖动钞票使其发出声响，根据声音来分辨人民币真伪。人民币的纸张，具有挺括、耐折、不易撕裂的特点。手持钞票用力抖动、手指轻弹或两手一张一弛轻轻对称拉动，能听到清脆响亮的声音。"测"即借助一些简单的工具和专用的仪器来分辨人民币真伪。如借助放大镜可以观察票面线条清晰度、胶、凹印缩微文字等；用紫外灯光照射票面，可以观察钞票纸张和油墨的荧光反映；用磁性检测仪可以检测黑色横号码的磁性。而药店收银员鉴别纸币最为常用的方法是"看"和"摸"。下面以第 5 套人民币为例进行说明。（图 7 - 3 和图 7 - 4）

图 7 - 3　2015 年版 100 元人民币正面

图 7 - 4　2015 年版 100 元人民币背面

**1. 看安全线**　第 5 套人民币纸币在各券别票面正面中间偏左，均有一条安全线。100 元、50 元纸币的安全线，迎光透视，分别可以看到缩微文字"RMB100"、"RMB50"的微小文字，仪器检测均有磁性。20 元纸币，迎光透视，是一条明暗相间的安全线。10 元、5

元纸币安全线为全息磁性开窗式安全线，即安全线局部埋入纸张中，局部裸露在纸面上，开窗部分分别可以看到由微缩字符"￥10"、"￥5"组成的全息图案，仪器检测有磁性。2005 版全息开窗安全线，100 元、50 元的开窗在背面，20 元、10 元、5 元开窗在正面。2015 年版第 5 套人民币 100 元纸币针对公众的识别和机具设备的识别，设计了光变镂空开窗安全线和磁性全埋安全线两条安全线，两条安全线分别位于票面两边，也有利于防止变造人民币。2015 年版第 5 套人民币 100 元纸币的光变镂空开窗安全线位于票面正面右侧。当观察角度由直视变为斜视时，安全线颜色由品红色变为绿色；透光观察时，可见安全线中正反交替排列的镂空文字"￥100"。光变镂空开窗安全线对光源要求不高，颜色变化明显，同时集成镂空文字特征，有利于公众识别。磁性全埋安全线采用了特殊磁性材料和先进技术，机读性能更好。（图 7 - 5）

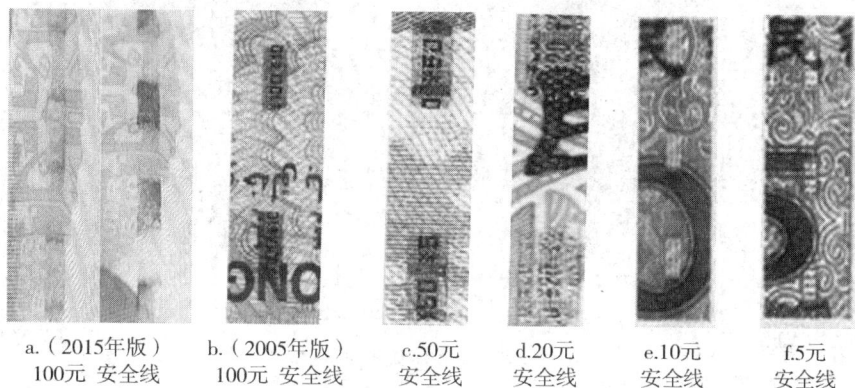

| a.（2015年版）100元 安全线 | b.（2005年版）100元 安全线 | c.50元 安全线 | d.20元 安全线 | e.10元 安全线 | f.5元 安全线 |

图 7 - 5 第 5 套人民币安全线

**2. 看光彩光变数字和光变油墨印刷数字**  第 5 套人民币 100 元券和 50 元券正面左下方的面额数字采用光变墨印刷。将垂直观察的票面倾斜到一定角度时，100 元券的面额数字会由绿变为蓝色；50 元券的面额数字则会由金色变为绿色。2015 年版第 5 套人民币 100 元纸币在票面正面中部印有光彩光变数字。垂直观察票面，数字"100"以金色为主；平视观察，数字"100"以绿色为主。随着观察角度的改变，数字"100"颜色在金色和绿色之间交替变化，并可见到一条亮光带在数字上下滚动。（图 7 - 6）

a.2015年版 100元 光彩光变数字　　b.2005年版 100元 光变油墨印刷数字　　c.50元 光变油墨印刷数字

图 7 - 6 第 5 套人民币光彩光变数字和光变油墨数字

**3. 看水印**  第 5 套人民币各券别纸币的固定水印位于各券别纸币票面正面左侧的空白处，迎光透视，可以看到立体感很强的水印。100 元、50 元纸币的固定水印为毛泽东头像图案。20 元、10 元、5 元纸币的固定水印为花卉图案。（图 7 - 7）

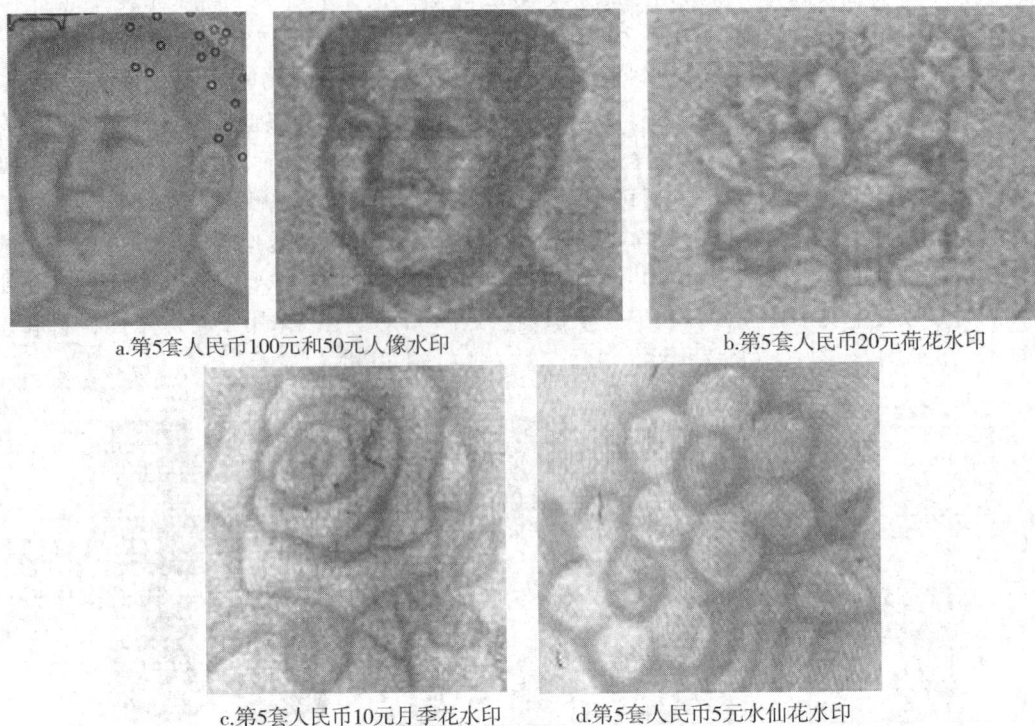

a.第5套人民币100元和50元人像水印      b.第5套人民币20元荷花水印

c.第5套人民币10元月季花水印      d.第5套人民币5元水仙花水印

图7-7 第五套人民币水印

**4. 看票面对接图案** 第5套人民币纸币的阴阳互补对印图案应用于100元、50元和10元券中。这3种券别的正面左下方和背面右下方都印有一个圆形局部图案。迎光透视，两幅图案准确对接，组合成一个完整的古钱币图案。2015年版第5套人民币100元纸币票面正面左下方和背面右下方均有面额数字"100"的局部图案。透光观察，正背面图案组成一个完整的面额数字"100"。（图7-8）

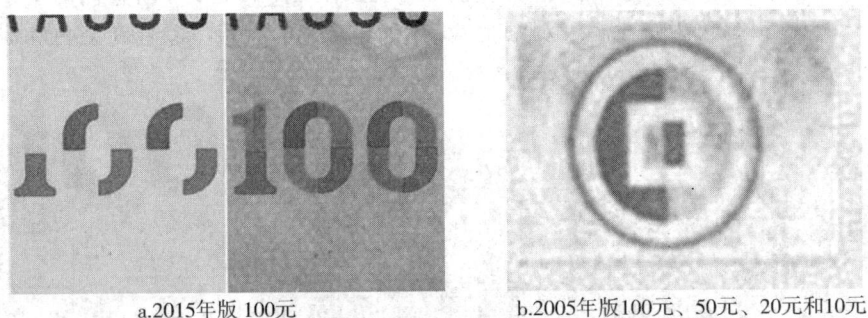

a.2015年版100元      b.2005年版100元、50元、20元和10元

图7-8 第5套人民币对接图案

**5. 双色异形横号码和横竖双号码** 2005年版人民币采用双色异形横号码，两位冠字八位号码组成，字符由中间向两边缩小，采用凸版印刷。2015年版第5套人民币100元纸币票面正面左下方采用横号码，其冠字和前两位数字为暗红色，后六位数字为黑色；右侧竖号码为蓝色。（图7-9）

a.2005年版100元、50元、20元、10元和5元
人民币的双色异形横号码

b.2015年版100元人民币的横竖双号码

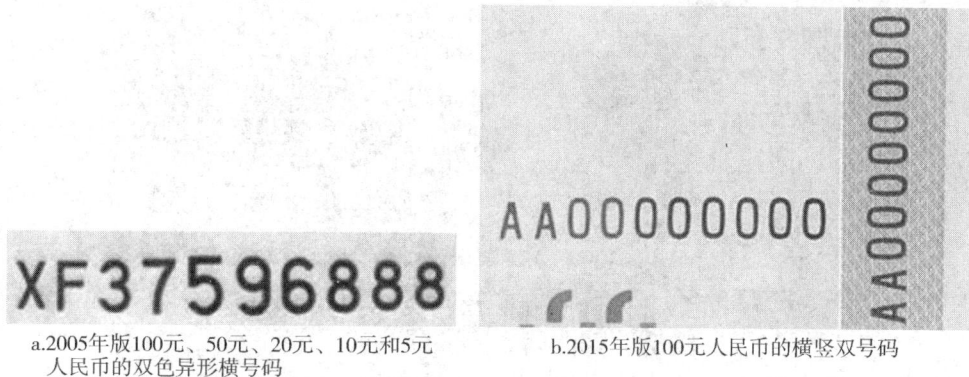

图 7-9　第 5 套人民币号码图案

**6. 看白水印**　第 5 套人民币各券别纸币的白水印位于票面正面横号码下方。透光观察，可以看到透光性很强的水印面额数字"100""50""20""10""5"。（图 7-10）

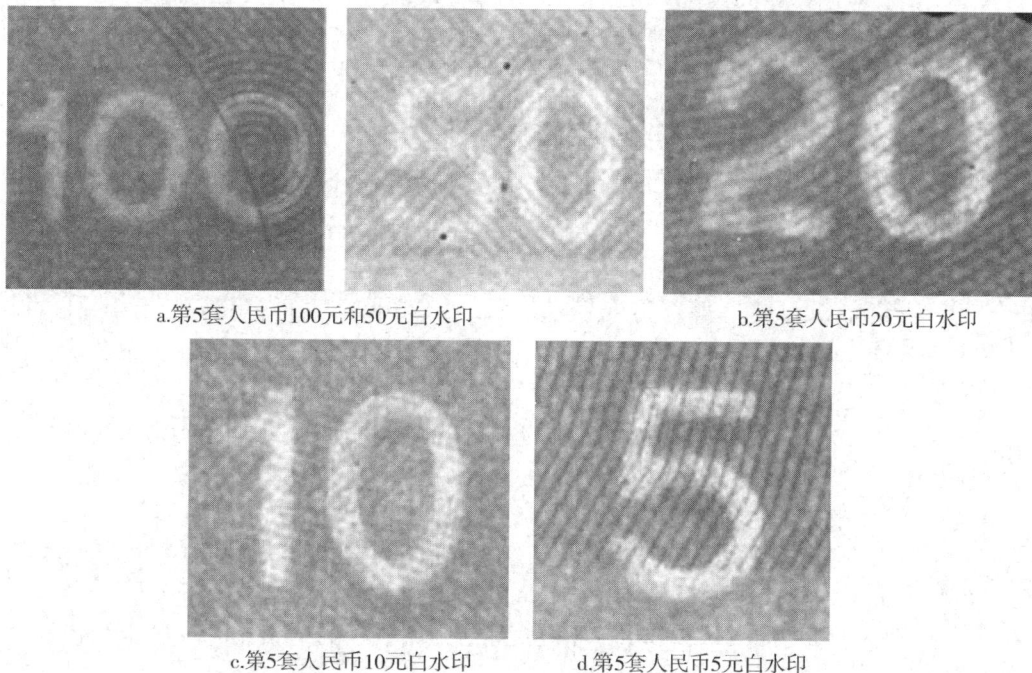

a.第5套人民币100元和50元白水印

b.第5套人民币20元白水印

c.第5套人民币10元白水印

d.第5套人民币5元白水印

图 7-10　第 5 套人民币白水印

**7. 摸**　摸人像、盲文点、中国人民银行行名等处是否有凹凸感，摸纸币是否薄厚适中，挺括度好。第 5 套人民币纸币各券别正面主景均为毛泽东头像，采用手工雕刻凹版印刷工艺，形象逼真、传神，凹凸感强，易于识别。（图 7-11）

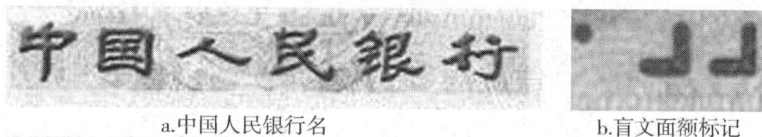

a.中国人民银行名

b.盲文面额标记

c.手工雕刻头像　　　　　　　　　　　　　　d.凹印手感线

e.手工雕刻头像　　　　　　　　　　　　　　f.凹印手感线

图 7 - 11　2005 版第 5 套人民币行名与手工雕刻头像

## 拓展阅读

### 100 元纸币中 2005 年版和 2015 年版的区别

与2005年版第5套人民币100元纸币相比，2015年版第5套人民币100元纸币在保持规格、正背面主图案、主色调等不变的情况下，对图案做了以下几种调整。

（一）正面图案主要调整

1.取消了票面右侧的凹印手感线、隐形面额数字和左下角的光变油墨面额数字。

2.票面中部增加了光彩光变数字，票面右侧增加了光变镂空开窗安全线和竖号码。

3.票面右上角面额数字由横排改为竖排，并对数字样式做了调整。中央团花图案中心花卉色彩由橘红色调整为紫色，取消花卉外淡蓝色花环，并对团花图案、接线形式做了调整。胶印对印图案由古钱币图案改为面额数字"100"，并由票面左侧中间位置调整至左下角。

（二）背面图案主要调整

1.取消了全息磁性开窗安全线和右下角的防复印标记。

2.减少了票面左右两侧边部胶印图纹，适当留白。胶印对印图案由古钱币图案改为面额数字"100"，并由票面右侧中间位置调整至右下角。面额数字"100"

上半部颜色由深紫色调整为浅紫色，下半部由大红色调整为橘红色，并对线纹结构进行了调整。票面局部装饰图案色彩由蓝、红相间调整为紫、红相间。左上角、右上角面额数字样式均做了调整。

3. 年号调整为"2015年"。

### 三、货币找零技巧

收银员在收款过程中往往会遇到需要给顾客找补零钱的情况，由于每班的收银备用金是有限的，因此收银员不能无限制的给顾客找零。为节约零钞，收银员在为顾客收银时要注意运用找零技巧来为顾客找补零钱。找零技巧的要诀在于"凑五、凑十原则"。例如，应找补顾客 9.50 元，如果运用找零技巧时，收银员首先礼貌的询问顾客"请问您有没有 5 角钱零钱"，这样就可以直接找给顾客 10 元的整钞。如果需要找给顾客 7.30 元，就可以问顾客"请问您有没有 2 角钱零钱"，这样就可以找给顾客 7.50 元。如应找顾客 16.00 元，就可以问顾客"请问您有没有 4 元零钱"等等。这样不但避免了零钱的找出，而且还从顾客那里得到零钱，开源节流，保证了零钱的充足。收银员在运用找零技巧时应特别注意说话的语气，应该礼貌、和蔼的询问顾客，切不可让顾客有被强迫被命令的感觉，如果顾客没有零钱也不要勉强，同时不管顾客有没有零钱，收银员都应该表示感谢。

### 四、商品装袋技巧

收银员在为顾客结账时如果遇到需要帮助顾客装袋的情况，首先需要根据顾客所购买商品的数量多少及商品的体积大小为顾客选择不同型号的购物袋，选择袋子大小时以装袋商品不能超过购物袋口作为标准。其次就是大袋（盒）的、重的商品尽量放在袋子底部，小袋（盒）的、轻的商品尽量放在袋子的上方。如果顾客同时购买了袋（盒）装的商品和瓶装的商品时应注意把袋（盒）装商品放在袋子的外侧，而瓶装商品放在袋子的内侧，以避免瓶装商品被撞碎。收银员应把装好商品的袋子双手交给顾客，并且注意要等待顾客拿稳袋子后才能松手。

### 五、收银台防损技巧

收银台的防损主要包括了避免漏结账、防止收银台符近的商品被盗、防止货币被顾客调包等 3 个方面。

1. 当顾客购买多盒药品时，收银员在为顾客结账的过程中应注意亲自数清楚商品数量，不能单凭顾客报数来结账，以免少刷商品数量造成收银损失。顾客购买商品时，收银员也应该一边扫描商品一边核对实物与收银机显示屏内的商品信息是否一致，以免出现收银错误。另外收银员在收银时还要注意顾客抱的小孩手中是否拿有未结账的商品，以免漏收银。

2. 收银台地方不大，放的东西却不少，有零零碎碎的小商品也有贵重高值商品，而且这里往往还聚集许多等待结账的顾客，收银员应具有较强的防损意识注意防止顾客乘机偷盗收银台附近的商品。

3. 收银员每天都要面对许多用现金结帐的顾客，识别货币真伪是收银员一项基本的技能。绝大多数情况下收银员都能准确快速的进行现金收银，但是面对一些别有用心的"顾客"，收银员可能还是难以避免因麻痹大意而犯下错误。特别是在药店里顾客比较多排队等待结账时，有些"顾客"却故意来回磨蹭，导致收银员情绪急躁，可能就会对顾客递来的假币只是粗略进行察看而使犯罪分子得逞。除此之外，收银员还应积极协助营业员看店，注意观察经过收银台的形迹可疑的人，做好门店防盗防抢工作。同时还要协助当班负责人一起防止内部员工的偷盗行为。

---

### 案例讨论

**案例：** 一天晚上，药店里顾客比较多，收银台前等待结账的顾客排起了队。一对情侣来到了收银台前准备买单，他们总共购买了 23.60 元的药品，那位男朋友说没有零钱直接先拿了 100 元的现金给收银员，收银员验过钞后正想放进收银机钱箱，他的女朋友又对收银员说：把 100 元给我，我这里有零钱。收银员就把 100 元给回了他的女朋友。于是那位女朋友开始翻她的包包和衣服口袋，在这位女朋友找零钱的过程中后面排队的顾客不断地大声催促："快点，怎么这么慢⋯"，女朋友找了半天却只凑足了 21.20 元，只好说零钱不够，又给回了收银员她手里一直拿着的 100 元，收银员这时也被催得有点着急，看见是女朋友手里一直拿着的 100 元，收到钱后看了一眼就放入了钱箱，继续为下一位顾客收银。

**讨论：** 1. 请问为什么这个收银员会收到假币？
2. 收银员在收银中应注意如何防止收到假币？

---

## 六、点钞技巧

收银员在收银过程中或者收银交接班时都需要运用到点钞技巧进行收银，点钞的基本要求是准、快。"准"，就是票币清点不错不乱，准确无误，点钞的关键是"准"，清点和记数的准确是点钞的基本要求。"快"，是指在准的前提下，加快点钞速度，提高工作效率。所以点钞就要注意精神集中，手点、脑记，手、眼、脑紧密配合，才能达到较好的效果。点钞方法也是多种多样，常见的手工点钞方法有：手持式单指单张点钞法、手持式单指多张点钞法、手持式四指拨动点钞法、手持式五指拨动点钞法、手按式单张点钞法、手按式多指多张点钞法等。这里简单介绍最常用的手持式单指单张点钞法和手按式单张点钞法。

**1. 手持式单指单张点钞法** 这是最常用的点钞法，用这种点钞法来点钞，由于持票所占的票面小，能看到的票面大，很容易发现假币。这种方法的基本要领是：左手横执票币，下面朝向身体，左手拇指在票币正面左端约 1/4 处，食指与中指在票币背面与拇指同时捏住票币，无名指与小指自然弯曲并伸向票前左下方，与中指夹紧票币，食指伸直，拇指向上移动，按住票币侧面，将票币压成瓦形（左手手心向下），左手将票币从桌面上擦过，拇指顺势将票币向上翻成微开的扇形，并斜对自己面前，接着用右手拇指指尖向下捻动票币右下角（幅度不宜过大），右手食指在票币背后配合拇指捻动，用无名指将捻起的票币往怀里弹，边点边记数，记数采用 1、2、3、4、5、6、7、8、9、1（即 10）；1、2、3、4、5、6、7、8、9、2（即 20）；1、2、3、4、5、6、7、8、9、3（即 30）；⋯1、2、3、4、5、6、7、8、9、9（即 90）；1、2、3、4、5、6、7、8、9、100。

**2. 手按式单张点钞法** 这种方法在速度上比手持式单张点钞法稍慢，基本要领是：把钞票横放在桌上，对正收银员，用左手无名指、小指按住票币的左上角，用右手拇指托起右下角的部分票币，用右手食指捻动票币，每捻起 1 张，左手拇指即往上推动送到食指和中指之间夹住，即完成了 1 次点钞动作，以后依次连续操作，边点边记数，点数至 100 张。

## 七、连带销售技巧

收银台作为顾客在药店逗留的最后一个环节，收银员应具有销售意识，抓准时机根据顾客的购买情况主动进行连带销售，以提高药店的客单价。具体来说收银员可以结合药店正在进行的促销活动根据顾客购买药品的类型、用途、季节、疗程以及金额等方面适当地进行连带销售，提醒顾客购买，达到提升顾客满意度及提高药店销售额的目的。药店中常用的收银连带销售标准话语主要包括以下几个方面。

**1. 会员专享**

（1）标准用语　"今天是会员日，购物双倍积分。板蓝根，家中常备，您可以来2包。"

（2）服务要领　微笑、点头，抓住会员日药店特有的优惠措施进行宣传。

**2. 健康提示**

（1）标准用语　"过两天冷空气来了，要注意身体哦，维生素C可预防感冒，现在有活动，价格优惠，您可以来1盒。"

（2）服务要领　关切的语气，抓住季节性用药的特点进行介绍。

**3. 疗程用药**

（1）标准用语　"养血生发胶囊，今天买5盒得6盒，刚好1疗程，非常实惠，您可以来5盒。"

（2）服务要领　针对购药的慢病顾客或者顾客购买的药品要求疗程用药才能更好显效时，应采用治疗周期及疗程用药的用药概念给顾客进行介绍。

**4. 新品推荐**

（1）标准用语　"秋季要润肺，刚到的秋梨膏，现在可以双倍积分，您可以来2瓶。"

（2）服务要领　对与药店有合作的药企生产的新品进行介绍。

## 第二节　药店收银工作流程

### 一、收银工作流程

#### （一）营业前

1. 收银员穿工作服，并检查服装是否干净、整齐，是否佩戴员工卡。发型、仪表应整齐、清洁。

2. 收银员进入收银区并整理、打扫收银台，保持收银台的整洁、有序。

3. 准备好收银必备用具。如购物袋、复写纸、打印纸、干净抹布、大胶条、笔、记录本、会员卡及会员申请表、暂停收银结算牌、验钞机、发票等，领取备用金。

4. 开机，检查机器设备运转是否正常，后台服务器与前台收款机连接是否正常，信息传输是否正确。

5. 收银员用个人工号登录收银POS机，上岗前要了解当日促销活动、价格变动及特价商品等最新信息，为当日收银工作做好准备。

#### （二）营业中

**1. 收银工作流程**　收银员在营业中的主要工作就是需要准确、快速地为顾客完成结账服务，一般来说收银的基本流程包括以下几项内容。

（1）欢迎顾客　收银员应在距离顾客2m左右位置面带微笑，主动问好"您好"，并且双手接过顾客手中的商品。

（2）扫描商品　收银员在扫描商品前应首先询问顾客有没有会员卡，是否需要购物袋，如果顾客需要购物袋，收银员应根据装袋先后顺序有选择的扫描商品，快速准确地找到商品条形码为顾客进行扫码，边扫描边装袋。并注意一边扫描商品条码一边察看商品品名、规格等信息是否与收银机屏幕内的商品信息一致，以免产生错误造成门店损失。在扫描同时还应注意看药品是否已经近效期或过期。由于某些高值商品会采用空盒陈列，收银员应注意是否有药品在包装盒内，避免发生销售空盒给顾客而引起顾客对门店的不满，造成顾客流失。

（3）连带销售　收银员在扫描完顾客所要购买的商品后，还应抓准时机根据顾客情况从会员专享、健康提示、疗程用药、新品推荐等方面主动进行连带销售，以提高药店的客单价。

（4）唱收唱付　收银员声音洪亮为顾客报总价"总共××元"，双手接过顾客递来的人民币，向顾客唱收"收您××元"，准确快速地进行验钞，熟练操作收银 POS 机，运用收银找零技巧为顾客进行找零，把找补的零钱双手递给顾客，注意大钞在下，小钞在上的原则，大声向顾客唱付"找您××元"。

（5）送别顾客　收银员礼貌地把收银小票双手递给顾客"这是您的小票和商品，请您核对一下并保存好"，同时面带微笑，礼貌送客，"谢谢，请慢走"。

**2. 收银标准话语**

（1）唱会员卡

①标准用语　"小姐（先生），您好，请问有没有会员卡？"

②服务要领　点头微笑、主动招呼顾客。

（2）扫描商品

①标准用语　"请您稍等。"

②服务要领　准确、迅速地扫描商品条形码，边扫描边核对商品信息是否正确。

（3）唱促销内容

①标准用语　"现在我们店里×××商品正进行促销，您看需要的话，可以看一下。这个季节，您看还需不需要来点×××商品。我们现在有新到货的×××商品，您要不要看一下？我们将在×××时候举办×××活动，欢迎您的参与。"

②服务要领　态度友善、热情，稍作提醒，拿取促销宣传单页介绍给顾客，指引顾客到推荐的区域。避免强硬推销或推介时语气敷衍，不能引起顾客兴趣。

（4）唱报

①标准用语　"总共×××元，谢谢。"

②服务要领　清楚地报出总金额，禁止催促顾客付款。

（5）唱收

①标准用语　"收您×××元。""请问您有×××元零钱吗？""总共收您×××元。"

②服务要领　双手接过顾客现金或卡。运用找零技巧收银后需再次唱收报总价。

（6）唱付

①标准用语　"小姐（先生），找您×××元。"

②服务要领　双手递给顾客零钱，并清楚报数。大钞在下面，小钞在上面。

（7）感谢顾客、道别

①标准用语　"这是您的小票和药品，请您核对一下并保管好。谢谢，请慢走。"

②服务要领　礼貌道别，微笑目送顾客离开。

**（三）营业后**

**1. 清点营业款项**　清点营业钱款及各项票据，按规定封存，填写收银缴款单，整理当日销售记录、账表，填写收银交接班本等。

**2. 整理收银台**　　收银员注意整理收银台，保证其整洁卫生，还应将滞留在收银台的商品放回相应的货架或柜台，同时应及时补足收银物品，为明日的营业做好准备。

**3. 关闭收银 POS 机**　　收银员在点清各收银款项及做好相应的记录后就可以关闭收银POS 机，结束今天的收银工作。

## 二、收银交接班管理

大部分的药店采取的是早班和晚班交替制，早班一般从 8：00 到 15：30，晚班一般从15：30 到 22：30 结束，每班的班次是采取"晚班 + 早班"的形式。

1. 收银员应提前 20 分钟到岗，早班收银员到岗后应清点收银物品、及时打开收银 POS机，做好营业前的准备工作，晚班收银交接班人员到岗后应及时与早班收银员做好交接工作，某些大型药店有多个收银台时，还会在晚班交接班时在收银台出示"暂停收银"的指示牌以免出现收银交接班工作的混乱。

2. 早晚班收银交接班人员在当班负责人的监督下打印解款小票，当面交接清点备用金、营业款、发票、银联单据、医保单据等相关票据和收银物品等，核对无误后，如实填写收银交班记录。早班营业款应该立即由早班收银员存到公司指定银行帐户后拿回银行存款回执单，把银行存款回执单、电脑解款小票和其他收银相关票据对应粘贴，完成早班收银交接班工作。晚班收银员应在当班负责人的监督下打印解款小票，当面交接清点备用金、营业款、发票、银联单据、医保单据等相关票据和收银物品，核对无误后，如实填写收银交班记录，晚班营业款、备用金和相关收银票据由当班负责人存入保险箱，晚班收银员第二天上早班时，一般应在上午 10 点钟之前将前一日晚班营业款存入指定银行，并把回执单及时粘贴于昨晚的收银单据栏目处。

3. 如果在清点收银款项和票据过程中出现与解款小票内容不符的情况，收银员应再次清点核对，查找原因，如果出现长款应按公司规定上缴公司存入公司银行账户。如果出现短款，应由当班收银员自己负责补足，且不管是长款或者是短款都属于收银差错行为，都要填写收银长（短）款报告单，并如实登记在收银交接班记录的备注栏目处。

4. 店长必须每天监督、检查存款情况，核对银行存款回执单金额是否与电脑解款小票相符，否则由此引发的责任由店长及相关人员共同承担。

## 三、收银工作注意事项

在收银工作中收银员在遇到特殊情况时应冷静处理、灵活应对，在保证收银工作正常进行的同时避免顾客投诉，维护公司的利益。

**1. 收银员有事需暂时离开收银台时**　　当收银员有特殊情况需暂时离开收银台时，应首先征得当班负责人的同意，并给已经在收银台前排队等候的顾客结完账，才能离开。某些大型门店如果有多个收银台时，为了避免不断有顾客继续在本收银台前排队，收银员应在收银台上摆放"暂停收款"牌，引导顾客去其他收银台结账，并礼貌给予说明。

**2. 遇到因特殊情况插队的顾客**　　当遇到因有特殊情况需插队的顾客时，应首先向其他被插队的顾客说明原因，并询问是否同意，如果其他顾客同意，可以帮助顾客收银。如果其他顾客不同意，应向这位插队的顾客说明情况，取得谅解。

**3. 遇到收银机发生故障或停电时**　　应当暂时停止收银，并及时把情况上报公司，待公司同意后，可记手工账，来电后或收银机故障排除后，在当班负责人的监督下及时把手工账输入收银机。

**4. 遇到门店盘点时**　　遇到门店定期盘点时，如果在盘点期间继续营业进行销售的，应注意所有收银数据一律采取挂单处理的方式，只有当盘点结束后再重新提单进行销售处理，以免出现收银差错。

## 第三节 药店收银 POS 机的操作

### 一、不同收银结算方式操作

在收银工作中顾客往往会提出不同的消费结算要求，因此收银的结算方式也可以说是多种多样的。比较常用的收银结算方式有现金结算、银联卡结算、医保卡结算等方式以及近年来兴起的微信、支付宝结算等新型的结算方式也迅速开始普及。但这里需要说明的是每个企业所使用的收银操作系统或软件各不相同，并且随着各个软件的不断升级换代，每个药店在实际操作中可能会存在一些差异。

**1. 现金收银** 现金结算是药店最主要的结算方式。进入收银 POS 机销售界面后，光标会自动停留在左下角的"输入"区域内，此时，扫描商品条码，收银机屏幕上将显示该商品的有关信息，表示销售了 1 件该商品，收银员快速核对商品信息是否与实物有误，无误，按"确认"键。如果顾客同一商品购买多件，收银员按"数量"快捷键，输入购买商品数量，按"确认"键；接着扫描顾客购买的另一品种的商品，操作同上，最后，屏幕下方会显示此笔交易的总金额，当顾客表示用现金结账时，收银员在"支付方式"选项框中选择"现金"项目，输入顾客付款金额，按"回车"键确认，钱箱会自动弹开，收银员把收到顾客的现金放入钱箱内，并根据屏幕出现的找零金额给顾客找补零钱，关闭钱箱，再按"确认"键，打印收银小票给顾客并提醒顾客拿好小票和商品，礼貌送别顾客，这笔交易完成，进入下笔交易。

**2. 会员卡收银** 收银员应在为顾客收款前需要确认顾客是否持有本药店的会员卡，如果有会员卡，收银员需先扫描会员卡条码（或输入顾客办理会员卡时留下的手机号码），按"确认"键确认会员卡，系统会自动获取商品会员价格或在后台自动进行积分，这时光标会自动移至商品"输入"区域。扫描商品条码或者输入商品名称的拼音检索，按"确认"键确认商品。其他步骤同现金收银，收银员还要注意在收银结束后应向顾客说明"您的会员折让是×××元，消费积分是×××"。

**3. 银联卡收银**

（1）开机 长按红色按键打开银联 POS 机，等待 POS 机自检，开机后需要"签到"，屏幕显示输入"操作员号"，收银员输入后按"确认"键，屏幕会提示"请输入密码"，输入密码成功后，屏幕会显示"已登录"，再次按"确认"健，屏幕显示"主菜单"界面，开机完成。

（2）刷卡结账 收银员给顾客结账时，应先扫描商品，告诉顾客商品的总金额，确认顾客使用银联卡付款后，收银员在银联 POS 机按"功能"键返回主菜单，按数字键"1"选择"1 消费"选项，收银员双手接过顾客的银联卡，在银联 POS 机上进行刷卡操作，刷卡机屏幕上会显示该卡卡号，收银员核对屏幕显示卡号是否与顾客银联卡卡号一致，正确无误，按"确认"键。接着银联 POS 机屏幕上会提示"请输入金额"，收银员再根据顾客的消费金额直接在银联 POS 机上按相应的数字键输入金额，核对无误，按"确认"键。接着银联 POS 机屏幕上会提示"请输入密码"，收银员请顾客输入银联卡密码，顾客输入密码后，这时银联 POS 机屏幕上会显示"处理中，请稍等"，连接银联中心，如果连接成功屏幕会显示"交易成功"，银联 POS 机会提示"是否打印交易小票"，按"确认"键，屏幕显示"打印凭单中"打印消费凭单，收银员撕下打印好的第 1 联卡单核对金额无误后，请顾客签字后收银员留存，屏幕上会显示"按确认继续打印"，第 2 联重复打印的刷卡联给顾客留存。然后收银员回到收银 POS 机，在收银 POS 机上的"支付方式"选择"银联卡支付"项目，并给顾客打印出销售小票，给顾客装袋药品，最后收银员将银联卡存根联及银联卡、收银小票一同还给顾客并致谢，本次收银完成。

（3）撤消　如果发现交易金额有误或者想取消本笔交易时，可以按"功能"键返回主菜单。在主菜单按数字键"2"选择"2 撤消"键，屏幕会提示"请输入主管密码"，收银员输入密码成功后，屏幕会提示"请输入原凭证号"，收银员输入原来已经打印出来的消费凭单上的凭证号，检查无误后按"确认"键，屏幕上会显示原交易的卡号、金额等交易信息，收银员核查无误后按"确认"键，屏幕显示"请刷卡"，接下来的操作流程与上面的刷卡交易流程相同，等待 POS 机打印单据后，这笔交易就已经撤消。

（4）每日结算　每日晚班结束后，还需要进行的是银联卡每日结算，这就需要用到 POS 机上的结算功能。在主菜单按数字键"8"选择"8 管理"键后，再按"5 结算"键，屏幕会提示"是否批结算"结算今天的刷卡笔数，收银员按"确认"键，屏幕上会显示今天的刷卡交易情况，收银员接着按"确认"键，屏幕提示"显示完毕"，收银员再次按"确认"键，屏幕自动显示"正在建立连接""连接中""已连接到银联中心，处理中"，最后屏幕会提示"交易成功"，"正在打印结算单，请稍后"，屏幕继续提示"是否打印明细"，按"确认"键，"交易成功"，打印刷卡清单，结算完成。

**4. 医保卡购药**　参保人员到医保定点零售药店购药，应持医疗保险机构统一发放的医保 IC 卡刷卡购药，医保卡不得转借和冒名使用。根据当地的社会医疗保险办法的规定，参保人员在药店购药时，可凭密码在 POS 机上刷卡使用，但无法提取现金或进行转账使用。

医保定点零售药店的收银员在上班时应打开药店医保收费系统，使处于屏幕"药品零售"界面，按医保刷卡的操作流程进行操作。当顾客表示用医保卡结账时，收银员审核顾客购买药品中属于医保类的药品，在收银 POS 机上为顾客扫描医保药品，得出顾客消费总额，如果超过规定的医保消费每日最高金额，应明确告知顾客，请顾客按限额进行购药，这时收银员就需要按医保刷卡的操作流程在另外一台电脑上的医保收费系统中完成收银操作。收银员接到顾客医保卡后在 POS 机上插卡、点击屏幕上的"读卡"键，注意核对姓名查看是否为本人购药，同时查看顾客医保卡内的余额是否足够结账，如果余额充足可以收费，请顾客输入密码，收银员依次输入"营业员"代码，选择"中药"或"西药"等项目，收银员输入顾客所购医保药品的名称，再次检查无误后，按"确认"键打印两联单据，白联药店自留，红联给顾客留存，收银员此时还需要在收银 POS 机上在"支付方式"项目中选择"医保卡"，并输入金额，打印销售小票。当本班收银工作结束后，收银员需把收银机打印的销售小票贴于白色医保刷卡单的右侧以备检查，收银员还应该注意定期进行医保数据传输和医保数据备份。

**5. 代金券支付**　药店为了促进销售、吸引顾客进店往往会采用代金券这种促销方式，通常是顾客在店内消费满相应金额即可发放一定金额的代金券，顾客下次来店消费时如果达到规定要求即可用代金券来抵扣现金消费，但是代金券一般不兑换现金、不找零、不开发票。

收银员在收取代金券时应做到：①核对代金券是否为有效代金券（如是否盖有公章、门店负责人是否签名、是否在有效期范围内等）。②收银员每日将收回的代金券统计记录金额、数量后，一同上交财务管理人员。

**6. 微信支付**　收银员给结账顾客报出消费总金额后，当顾客表示要用微信支付时，收银员应首先询问顾客是否绑定银行卡，如果已经绑定银行卡就可以在线用微信支付，收银员点击收银 POS 机上预装的在线支付软件的微信收银支付界面，点击"微信收款"项，输入金额，同时提示顾客打开个人微信，点击微信"我"，再按"钱包"，接着按"付款"，此时顾客手机屏幕上会出现一组条形码，收银员扫描（或手工）输入该组条形码，并核对无误后，按"确认"键，除此之外还有另一种方式就是收银员可以请顾客打开微信，扫描药店内的二维付款码来结账，当收银机屏幕显示"成功"，收银员在收银 POS 机上"支付方式"项目中选择"微信支付"，并输入金额，为顾客打印收银销售小票，交易完成。

**7. 支付宝支付**　收银员给结账顾客报出消费总金额后，当顾客表示要用支付宝支付时，收银员点击收银 POS 机上预装的在线支付软件的支付宝收银支付界面，点击"支付宝"项，输入金额，同时提示顾客打开手机支付宝，点击支付宝"付款"，手机屏幕上会出现一组条形码，收银员扫描（或手工）输入该组条形码，并核对无误，按"确认"键，支付宝即可完成付款，或者也可让顾客扫描店内二维码完成付款，然后收银员在收银 POS 机上"支付方式"项目中选择"支付宝支付"，并输入金额，为顾客打印收银小票完成交易。

## 二、处方药销售操作

药店可以在收银 POS 机上完成处方药销售的整个操作步骤，要求具有相应操作权限的人员按照"处方录入""处方审核""零售开票"，最后进行"处方调配发药"的顺序完成处方药的销售，具体步骤如下。

1. 点击"零售管理"中的"处方录入"，输入"处方开具单位""处方开具医师""购药人""购药人年龄""购药人性别""临床诊断"和"医嘱"等信息后，扫描药品条形码，输入"药品基本信息"等内容，按"保存"键。

2. 点击"零售管理"中的"处方审核"，选择"处方种类"下的"未审核"，按"确定"，点击"修改处方"进入处方单录入界面，在"审核人"项目下审核，按"保存"。

3. 进入"零售管理"中的"零售开票"，在"处方号"处调入处方单，进行销售结算，顾客结账。

4. 进入"零售管理"中的"处方调配发药"，选择"已出售"按"确定"，按"发药"键出现处方单界面，填写"核对人""调配人""发药人"后，按"发药"，显示"发药成功"，完成处方的销售。

另外，有些药店还没有做到完全在电脑收银系统上进行处方药的销售登记录入的，这时往往会采取在销售前先由药师审方，并在药店的处方药销售登记本上进行登记，然后在药店收银系统上按相应的销售操作进行收银。处方药销售登记表。（表 7-2）

### 表 7-2　处方药销售登记表

| 日期 | 购药人 | 处方内容 | 生产厂家 | 批号 | 有效期 | 数量 | 单位 | 审方药师 | 调配人员 | 复核人员 | 处方单位 | 处方医师 |
|---|---|---|---|---|---|---|---|---|---|---|---|---|
|  |  |  |  |  |  |  |  |  |  |  |  |  |
|  |  |  |  |  |  |  |  |  |  |  |  |  |
|  |  |  |  |  |  |  |  |  |  |  |  |  |
|  |  |  |  |  |  |  |  |  |  |  |  |  |
|  |  |  |  |  |  |  |  |  |  |  |  |  |
|  |  |  |  |  |  |  |  |  |  |  |  |  |
|  |  |  |  |  |  |  |  |  |  |  |  |  |

### 三、中药饮片销售操作

收银员在为购买中药饮片的顾客收银时，键入收银系统中代表中药饮片销售的收银快捷键，然后输入中药饮片名称的中文大写的第1个字母进行检索查询，查看收银屏幕显示的中药饮片名称是否与顾客所需中药饮片一致，核对无误，输入所需数量，按"确认"键，然后就可以根据顾客需要的结算方式来进行收银。

### 四、挂单操作

在收银台的结账过程中如果顾客临时需要更换商品或因其他原因暂时不能结账时，为了不延误后面其他顾客正常买单，此时收银员可以在收银POS机上采取"挂单"操作保存当前的交易数据，转入下一位顾客的销售，等此前的顾客需要买单时，再通过"提单"操作调出原来单据，继续完成前面的销售。

### 五、退换货操作

当班负责人确认退换货的，输入授权密码，收银员按公司规定办理退换货操作。打印"退货小票"，并请当班负责人在退货小票上签名确认。换货实行的是先退货、后销售的操作。退款或收（付）差额，每班结束后在《收银交接班本》上进行记录。

### 六、会员卡的办理与录入操作

越来越多的药店都开始重视会员制营销，通过发展会员，为会员提供差别化的精准的营销服务，为办理了会员卡的顾客提供商品折扣、累计积分、年终返利、礼品兑换等许多优惠活动，以提高顾客对本药店的忠诚度，最终达到增加药店利润的目的。为了不断增加药店的会员人数，收银员在收银时还肩负着会员卡的办理与录入工作，收银员在收银时应主动询问顾客是否有会员卡，若有则请顾客报出会员卡号或个人电话号码，按会员消费进行收银操作；若没有会员卡，则收银员应主动协助顾客办理，不断扩大药店会员人数，为后继的会员开发和管理打下坚实基础。

会员卡实行实名制，会员应填写真实信息资料，如姓名、年龄、地址、手机号码等，药店必须对会员信息保密。顾客在结账时出示会员卡或报给收银员个人手机号码，可以享受折扣优惠和积分。新会员应填写会员登记表。（表7-3）

**表7-3 会员登记表**

| 会员卡号* | | 发卡机构 | | | |
|---|---|---|---|---|---|
| 申请日期 | | 类型 | | □普通卡 | □白金卡 |
| 持卡人姓名* | | 性别 | | 年龄 | |
| 身份证号码 | | | | | |
| 地址 | | | | | |
| 移动电话* | | 固定电话 | | | |
| 常用药类型 | | 推荐人卡号 | | | |
| 最关心病种 | | | | | |
| □高血压 | □小儿保健 | □肝病 | | □痛风 | |
| □糖尿病 | □胃病 | □孕产期用药 | | □营养保健 | |
| □风湿疼痛 | □肾病 | □高血脂 | | □常见疾病 | |
| □冠心病 | □妇科保健 | □肿瘤病症 | | | |

*项目为必填项目

## 七、收银 POS 机常见故障的处理

**1. 开机后显示器不亮**　检查显示器开关、显示器电源线是否接触正常。

**2. 打印机不打印**　检查打印数据线与主机是否接触正常，检查打印机内打印卷纸是否已经用完，检查打印机内是否有打印卷纸被卡死，以致不能出纸正常打印，检查是否因为打印卷纸受潮而不能正常打印。

**3. 开机或使用过程中显示脱网**　检查网线是否连接正常，重启收银 POS 机，如故障仍未排除应请示上级及时处理。

**4. 收款箱不能正常开关**　检查收款箱内是否被东西卡住以致不能正常弹出，收银员应注意收款箱内不能装过多货币以免钱箱被卡死，或钱币容易掉入钱箱抽屉后面导致收款箱不能正常开关，检查收银 POS 机内关于收款箱的软件设置是否正常，以便及时更改，使收款箱能正常开关。

**5. 扫描枪不能扫描**　检查扫描枪数据线与主机是否接触正常，重新拔插扫描枪数据线看能否正常工作，检查收银 POS 机内关于扫描枪的软件设置是否正常，以便重新设置。

## 八、收银 POS 机的维护和保养

虽然不同的收银 POS 机的操作规程有所差异，但其在维护和保养方面的要求基本一致。主要应做到以下几个方面。

1. 应保持机器外表的整洁，不允许在机器上摆放物品，做到防水、防尘、防油。

2. 动作要轻，特别是在开启、关闭银箱时要防止震动。

3. 电源线的连接应安全和固定，不能随意搬动机器和拆装内部器件。

4. 断电关机后，至少在一分钟后开机，不能频繁开、关机，并经常检查打印色带和打印纸，及时更换色带和打印纸，保持打印机内部的清洁。

5. 定期清洁机器，除尘、除渍。

6. 应指定专人负责日常的维护工作，做到能熟练排除一般故障，及时更换色带，保持机器的正常运转。

## 第四节　财务单据管理

## 一、发票

发票是单位和个人在购销商品、提供或者接受服务以及从事其他经营活动中，开具、取得的收付款凭证，如果利用发票进行违法经营都应在追究其经营责任的同时，视其情节轻重追究其法律责任。目前药店所开的发票一般是两联版的增值税普通发票，它是由国税部门规定的税控发票开票软件开具的机打发票，它的基本联次为两联，第 1 联为记账联，是销售方记账凭证，由药店留存备查；第 2 联为发票联，是购买方记账凭证，交给顾客留存可作为报销凭证。发票的基本内容包括：发票的名称、发票代码和号码、联次及用途、客户名称、开户银行及账号、商品名称或经营项目、计量单位、数量、单价、大小写金额、开票人、开票日期、开票单位（个人）名称（章）等。

### （一）机打发票

**1. 机打发票开票流程**

（1）领取发票　纳税人持金税盘、发票领购簿及相关材料向主管税务机关领购增值

税普通发票，主管税务机关核对企业出示的资料及相关记录，确认无误后，按发票发售管理规定，将专用发票的起始号码及发售时间登录在金税盘内。新购的发票需要在已经安装好的增值税防伪税控开票系统的税控发票开票软件中读入购票信息，点击税控开票软件主界面的"发票管理"项目，再点击"发票读入"选项，将购票信息读入开票系统中，注意核对各种发票的代码、号码是否与纸质发票一致，如果一致，按"确认"键，将购票信息读入开票系统中，才能正式开具发票，如果不一致需要做退票操作后进行税局处理。

（2）开具机打发票　在开票软件的主界面点击"发票管理"，接下来点击"发票填开"选项，选择"增值税普通发票填开"选项，电脑会弹出"发票号码确认"对话框，收银员需要仔细核对电脑里面显示的发票种类、代码、号码与将要放入打印机打印的空白纸质机打发票的种类、代码、号码是否一致，如果一致，按"确认"键，出现增值税普通发票的开票表格界面，收银员依次填写"购买方"中的"名称"栏、"地址、电话"栏，再填写商品信息栏中的"货物或应税劳务、服务名称"项目，收银员继续填开"规格型号""单位""数量""单价""金额"等内容，填写完成后收银员再次检查纸质发票上的号码与电脑中发票号码是否一致、商品信息的填写是否有错，如果没有问题就可以开始打印了。由于机打发票的打印要求比较严格，要求打印内容一定要在发票制定的范围内，其中密码区的内容必须在规定的框区内，超出框外的内容是无法通过认证的，药店必须重开。因此为了防止打印位置错乱或者打印机出墨不畅等问题导致发票作废，收银员往往会在正式打印发票前，先用 1 张白纸预打印 1 次，然后把预打印的白纸放在空白发票前面透光观察位置无误后，再正式把空白发票放入打印机按"打印"键打印发票。对打印完成的发票收银员需要再次核对发票上的相关项目，核对无误后，收银员在发票第 2 联"销售方"处盖上本药店的"发票专用章"，交给顾客，并提醒顾客核对发票内容，同时应在交给顾客的收银小票上盖上"发票开讫"印章或用笔注明"已开发票"并签名。

（3）已开发票的作废　如已开发票需作废，应同时进行开票软件内已开发票的电脑作废和纸质发票的作废，而且必须确保纸质发票全部联次收回，方均可成功进行作废。具体的做法是，在开票软件的主界面点击"发票管理"，找到"发票作废"选项，点击进入，系统弹出"选择发票号码作废"窗口，选中 1 条或多条发票信息后，点击"作废"按键，系统会弹出发票作废确认提示框，确认后，出现作废成功提示，选中发票就被作废。另外已经作废的纸质发票必须妥善保管不允许丢弃。

**2. 机打发票使用注意事项**

（1）在增值税普通发票的购方信息栏中应注意，名称项不能空白，必须填写，且必须填写单位全称或个人全名，不能是简写。"地址、电话"栏，可以不填，但开票时建议最好填写顾客或企业的电话号码，以免当填写错误时可以及时联系。如购货方是个人，可以不用填写"纳税人识别号"和"开户行及账号"。如购货方是企业，则必须按发票管理办法的规定如实填写"纳税人识别号"和"开户行及账号"。

（2）填开商品信息栏中的"货物或应税劳务、服务名称"项，应该按照销售货物名称或劳务名称逐项如实填写，不得虚开或改变内容。

（3）收银员所开发票金额必须与顾客消费金额一致，不得多开。

（4）开票方应在规定的使用范围内开具发票，不准买卖、转借、转让和代开。

（5）安装税控装置的单位和个人，应当按照规定使用税控装置开具发票，并按规定及时向主管税务机关报送开具发票的数据。

**表7-4　××增值税普通发票**

1234567890　　　　　　　××增值税普通发票　　　　　　　NO12345678

发票联　　　　　　　　　开票日期：

| 购买方 | 名　　　称：<br>纳税人识别号：<br>地址、电话：<br>开户行及账号： | | | | | 密码区 | |
|---|---|---|---|---|---|---|---|
| | 货物或应税劳务、服务名称 | 规格型号 | 单位 | 数量 | 单价 | 金额 | 税率 | 税额 |
| | | | | | | | | |
| | 合　计 | | | | | | | |
| 价税合计（大写） | | （小写） | | | | | | |
| 销售方 | 名　　　称：<br>纳税人识别号：<br>地址、电话：<br>开户行及账号： | | | | | 备注 | |

第2联：发票联购买方记账凭证

收款人：　　　　　复核：　　　　　开票人：　　　　　销售方：（章）

### （二）开具手工发票

开具手工发票必须用圆珠笔，采用双面复写纸按序号全份1次复写，逐栏以中文填写，各栏目必须真实、完整，全部联次内容完全一致。

收银员在开具发票时应按规定进行填开。①填写客户名称时必须写全称，不能简写。②填写开票日期，必须是经济业务活动发生的实际日期，不能提前，也不能滞后，要做到当天开取。如因故无法当天开取，补开时日期不能颠倒。③发票填写内容必须和发票的使用范围（指公司所提供的商品及服务）一致，应该按照销售货物名称或劳务名称逐项如实填写，不得虚开或改变内容。④填写规格、计量单位、数量、单价时，必须按实际或标准填写，特别注意数字的填写应清楚、规范、不得连笔、涂改。⑤大小写金额数字的填写规范，按实际发生金额填开。必须同时填写大小写金额，不能只写大写，不写小写；也不能只写小写，不写大写。大写金额前应填以"⊗"符号封顶，小写金额前应划上人民币"￥"符号封顶。⑥发票上的开票人和收款人必须填写，并且开票人和收款人应分别是两个不同的人的签名（或盖章），发票的开票人应为收银员或当班负责人。⑦当发现开出的发票有错时，应按作废处理，必须完整保留出错联次，不能涂改、添笔、不得撕毁，不能缺联。如果已经撕开，必须完好的粘回原处，并在作废发票的每联上注明"作废"字样，以备查验。并且一般来说1本发票作废份数最好不要超过5份。⑧每个门店每次领取发票后应仔细察看"发票联"是否盖有公司财务章。严格按照发票类型填写发票，购物金额不足百元者，不能用百位发票，只能用十位发票来开具。⑨1本发票填完后，将所开的总金额、作废张数、作废发票号码用铅笔填写到发票封面右上角处，同发票一起交到公司财务部门，并做好交回登记。⑩当顾客持门店收银小票开具发票时，开票人应在收银小票上盖"发票开讫"印章或用笔注明"已开发票"并签名。

这里需要特别需要强调的是，为了进一步加快税收现代化，加强税源监控，我国已逐步取消手工发票，将全部采用机打发票。但是开具手工发票的方法对药店中其他手工票据的填开具有重要的指导意义和示范作用。

## 二、销售长（短）款报告单

在收银过程中往往会因为一些原因导致实际收到的金额与收银POS机中显示的应收金额之间存在差异，我们称之为收银差异。通常来说如果发生实收金额多于应收金额称为长款，长款需要上交公司，而反之实收金额少于应收金额的称为短款，短款则需要当班收银员自己来负责补足。但是无论是长款还是短款都是发生了收银差异，都需要向公司进行说明，应填制"收银长（短）款报告单"（表7-5）。

表7-5　收银长（短）款报告单

门店：　　　　　　　　　　　　　　　　　　　　　　　　　年　　月　　日

| 应收金额 | | 实收金额 | | 长（短）款余额 | |
|---|---|---|---|---|---|
| 原因分析 | | | | | |
| 审批意见 | | | | | |

店长：　　　　　　　　　　　　收银员：

## 三、收银缴款单

当班收银员在交接班前应对当班各项营业款项进行清点，准确填写公司专用的收银缴款单，收银缴款单一般1式2份，1份门店留存，1份复写上交公司财务部门。收银员填写完成后交由当班负责人进行审核，当班负责人应仔细核对本班收到的营业款项、卡单及票据等信息是否与收银员填写的收银缴款单内容一致，审核无误后在缴款单上签字确认。收银缴款单见表7-6。

### 表7-6 收银缴款单

门店：               年 月 日

| 摘 要 | 金 额 | | | | | | |
|---|---|---|---|---|---|---|---|
| | 万 | 千 | 百 | 十 | 元 | 角 | 分 |
| 现金 | | | | | | | |
| 银联 | | | | | | | |
| 省医保 | | | | | | | |
| 市医保 | | | | | | | |
| 微信 | | | | | | | |
| 支付宝 | | | | | | | |
| 代金券 | | | | | | | |
| 其他储值卡 | | | | | | | |
| 合计人民币（大写） | | | | | | | |

当班负责人：      收银员：

## 四、收银交接记录

收银员交接班记录是收银员交接班时进行工作确认的重要记录，收银员应认真对待，如实填写收银交接记录（表7-7）。

### 表7-7 收银交接记录

| 时间 | 现金 | 银联 | 省医保 | 市医保 | 微信 | 支付宝 | 代金券 | 其他储值卡 | 合计 | 移交人签字 | 接收人签字 | 备注 |
|---|---|---|---|---|---|---|---|---|---|---|---|---|
| | | | | | | | | | | | | |
| | | | | | | | | | | | | |
| | | | | | | | | | | | | |

## 五、门店借货记录

在连锁药店的经营与管理中常常会遇到顾客来店要货而本店又刚好缺货的情况，如果这时再到配送中心调货时间长，顾客必定不愿意等待，在这种情况下往往会采取到离本店最近的本连锁的其他门店借货的情况，在这种情况下借货门店必须做好登记，妥善保管以备查验。借货登记表见表7-8。

### 表7-8 借货登记表

| 日期 | 商品编码 | 商品品名 | 规格 | 生产厂家 | 单位 | 数量 | 金额 | 借货门店 | 借货人 | 经手人 | 审核人 |
|---|---|---|---|---|---|---|---|---|---|---|---|
| | | | | | | | | | | | |
| | | | | | | | | | | | |
| | | | | | | | | | | | |
| | | | | | | | | | | | |

## 六、门店零售月报表

门店零售月报表是门店每月销售业绩的直观数据总结，它真实反映了门店每月的经营状况，成为门店管理者评估门店经营效益、分析既定销售政策优劣的重要依据，同时它也为管理者制定门店下一步的销售策略提供了非常重要的参考。报表的填制既要满足公司的要求，也要符合财务的规定，并实行严格的保密制度。

**1. 报表格式**　报表要具备以下内容：门店名称、年月、现金、银联、医保、微信、支付宝、代金券、其他储值卡、当日合计、累计数、收银员、审核人等。

**2. 填制要求**

（1）报表填写真实、准确　整理当月单据后，收银员应如实、准确的按要求逐日逐次填入《门店零售月报表》的相应栏目，并逐日合计金额和累计金额。不得虚填虚报。

（2）报表的审核、上交　收银员填写完毕后仔细检查报表，核对无误后签字确认，并交店长审核，店长审核无误后，应在次月 1 日将报表上交公司财务部。

（3）责任追究　对于连续 3 个月报表填制不正确的门店，公司将根据实际情况给予相应的处罚。

**3. 负责人及保密制度**　一般情况下，收银员为门店零售月报表的填制负责人，店长为报表的审核及主要责任人。门店零售月报表是药品经营企业的机密文件之一，未经企业批准，任何人不得对外提供。否则，一经发现，企业有权依照法律追究其经济及法律责任。

### 岗位对接

医药商品购销员（四级）国家职业标准中，对收银的要求是：能正确按收银工作规程快速完成收银操作。

---

## 实训十二　收银作业

**一、实训目的**

能正确使用收银 POS 机完成各种类型的收银结算。

**二、实训要求**

1. 学生能运用收银工作礼仪及相关技巧快速操作收银 POS 机完成各种类型的收银作业。

2. 学生能处理常见的收银 POS 机故障。

3. 学生能掌握收银过程中的防损问题。

**三、实训内容**

收银结算及 POS 机的熟练运用。

**四、实训方法**

模拟药店收银现场，学生 2 人 1 组，1 人扮演顾客，1 人扮演收银员，教师保证收银POS 机的正常使用，并准备好相应的空白收银单据及收银耗材。

1. 教师讲解收银 POS 机的主要构成部件及其功能。

2. 教师演示收银软件的主要功能。

3. 教师演示不同结算方式下的收银操作过程。

4. 教师按收银工作考核模块的要求依次向学生进行演示。

5. 教师讲解快速收银的一些小窍门，包括收银机快捷键的使用等等。

6. 学生分小组练习收银，注意在收银过程中运用销售话术、收银标准用语，找零技巧等进行收银操作。

7. 教师验收学生学习成果，并进行点评。

### 五、实训评价

表7-9 实训评价表

| 序号 | 考核内容 | 考核要点 | 配分 | 评分标准 | 扣分 | 得分 |
|------|---------|---------|------|---------|------|------|
| 1 | 收银前的准备工作 | 1. 点钞。<br>2. 检查机器及准备耗材。<br>3. 收银员登录。<br>4. 查看当日变更的收银信息。<br>5. 整理收银台 | 2.5 | 1. 不能在规定时间内完成点钞操作的，扣0.5分。<br>2. 没有检查机器和准备耗材的，扣0.5分。<br>3. 不会用个人工号登录收银机的，扣0.5分。<br>4. 没有查看当日变更的收银信息的，扣0.5分。<br>5. 没有整理收银台的，扣0.5分 | | |
| 2 | 收银操作 | 1. 面带微笑，主动招呼顾客。<br>2. 收银标准话术的运用。<br>3. 识别货币真伪。<br>4. 操作收银POS机。<br>5. 找零技巧的运用。<br>6. 连带销售。<br>7. 能进行不同结算类型的收银操作。 | 6 | 1. 收银礼仪不符合规范，扣1分。<br>2. 不能熟练运用收银标准话术收银，扣1分。<br>3. 收取了假币的，扣1分。<br>4. 1分钟内不能完成指定的收银操作的，扣1分。<br>5. 没有运用找零技巧进行现金收银的，扣1分。<br>6. 没有运用收银台连带销售技巧的，扣1分 | | |
| 3 | 收银交接班 | 1. 营业款项和票据的整理。<br>2. 填写收银交接班记录 | 1.5 | 1. 营业款项和票据的整理出现错误，扣1分。<br>2. 不能按规定填写收银交接班记录，扣0.5分 | | |
| | 合计 | | 10 | | | |

否定项：无

## 目标检测

### 一、填空题

1. 收银员识别货币真伪时应注意的4点是：_____、_____、_____、_____。

2. 收银操作流程主要可以分为5步分别是：第1步迎客、第2步扫描商品、第3步_____、第4步_____、第5步_____。

3. 收银台的常用服务用语有：_____、_____、_____、_____、_____
_____。

**二、判断题**（阅读以下题目判断对错，并请在题后的括号内，正确的打"√"，错误的打"×"）

1. 在收银台等待顾客的收银员，需要顾客先与收银员打招呼后收银员才能与顾客打招呼。
（　　）

2. 药店收银员有急事不得随便离岗，但特殊情况只要经过经理同意后，不管是否有人接替
即可马上离开。（　　）

3. 收银员应快速正确地为顾客找零，把大钞放在最上面，零钱放在最下面。（　　）

4. 收银台不接待顾客兑换零钱的要求，所收款项一律只进不出。（　　）

5. 为更加彻底地清洁收银机，需用湿布来进行擦拭。（　　）

6. 当顾客购买药品，要求开具发票时，收银员可以根据顾客要求把发票内容填写"日用
品"、"办公用品"等。（　　）

7. 收银员在为顾客填开发票时，如果顾客要求购方信息栏中"名称"留空不写，收银员也
根据顾客要求不写。（　　）

8. 医保定点药店为了能吸引顾客，也可以允许顾客用医保卡来购买保健品。（　　）

9. 如收银员所开发票需作废，必须发票所有联次全部收回方可作废。（　　）

**三、选择题**（下列每题的选项中，只有1个是正确的，请将其代号填在括号内）

1. 收银员在药店中的工作职能包括（　　）。
   A. 收银　　　　　B. 销售　　　　　C. 防损　　　　　D. 以上均是

2. 条形码为6920560420268的商品代表商品来自（　　）。
   A. 美国　　　　　B. 德国　　　　　C. 泰国　　　　　D. 中国

3. 办理会员卡时，新会员需要填写会员登记表，不是登记表上的必填项目是（　　）。
   A. 持卡人姓名　　B. 会员卡号　　　C. 电话号码　　　D. 性别

4. 收银员收取顾客代金券时应注意的问题是（　　）。
   A. 查看代金券的日期　　　　　　　B. 查看代金券上的门店公章
   C. 查看代金券上门店负责人的签字　D. 以上均是

5. EAN-13码的最后1位为（　　）。
   A. 前缀码　　　　B. 厂商识别码　　C. 商品项目代码　D. 检验码

**四、简答题**

1. 收银标准话术包括哪些内容？
2. 收银员为顾客进行银联刷卡收银结算时有哪些基本步骤？
3. 在收银员在验钞中应注意查验人民币的哪些防伪标志？

（袁　玲）

# 第八章

# 售后服务

## 学习目标

知识要求　**1. 掌握**　药品退换货的原则，处理顾客投诉的原则。

　　　　　**2. 熟悉**　送货上门的流程，顾客投诉的原因。

　　　　　**3. 了解**　中药来料加工的规定。

能力要求　1. 能按照顾客的要求，完成送货上门业务。

　　　　　2. 能按规定给顾客办理退换货，会独立处理顾客投诉。

## 第一节　送货上门

### 一、药店送货上门的条件

对一些有特殊困难的顾客（如老、弱、病、残的顾客），或是一次购物数量较大的顾客，公司可以提供送货上门服务项目。营业员应提醒顾客公司有关送货的具体规定，诸如送货区域、送货时间、送货起送金额等。

### 二、送货上门的操作流程

1. 营业员准确报出药品价格后，确认顾客有送货需求时，应认真做好笔录，将顾客需求登记到《送药登记本》上，详细记录下顾客的姓名、联系电话、要求购买的药品或商品的品名、厂家、规格、数量、送货地址、要求送达时间等。如不能满足顾客送货上门的要求时，应及时向顾客说明。

2. 营业员按顾客要求准备商品。

3. 收银员将商品入机，打印送货小票。

4. 送货营业员应按《送药登记本》上的记录认真核对商品名称、规格、数量、厂家、发票或电脑小票等有无错漏，如有错误，应及时更正。

5. 门店对于已承诺的送货时间，应严格遵守，严格按预约时间将商品快递送达给顾客。如果有特殊情况，需提前打电话与顾客联系，另约时间，同时表示歉意，以取得顾客谅解。

6. 送货人员送药必须要佩戴工号牌，礼貌将药品、送货小票送到顾客手中，带回货款交收银员正式入机。

### 三、特殊情况处理

1. 如果店内现有人员不足时，此时不能执行送货作业，应向顾客说明情况，请顾客谅解，待人员到位时再打电话约定时间送货。

2. 如遇送货商品不符合顾客需求，如出现错送、漏送或品名、规格、数量有误时，应诚恳向顾客道歉，并另约时间，同时将商品与送货小票原封带回本店。顾客借故退药时，不得与顾客发生任何争执、冲突，应在表示歉意的同时，请顾客在送药本上注明退药原因并签字，回店后按退药操作程序处理。

3. 送货人员在送货途中如遇其他特殊情况，应及时向当班负责人汇报。

4. 在正常情况下，零售企业为顾客提供的送货服务，是不应该再额外加收任何费用的。但顾客对于送货提出某些特定的要求，如进行特殊包装、连夜送货上门或者与顾客达成协议的除外，费用一经议定，不得任意进行升降。

## 第二节　顾客退换货管理

### 一、药品退换货原则

**案例讨论**

据报道，有些电器商家为了吸引顾客，打出 7 天"无条件退换日"的口号，那么药品的退换货是否也可以仿效这些普通商品采取无条件退换货呢?

药品是一种特殊商品，售后服务也具备一定的特殊性和复杂性。在我国的药品管理法和 GSP 中规定，药品是特殊产品，除非是发生了质量问题，不然不要求店方退货给消费者。

从技术的角度看，药品的退换并没有什么难度。但从服务角度，从药品的二次销售负责的角度考虑，如果药品也像电器一样可以 7 天内"无条件退货"却存在着隐患，如一些药品的存放要求非常严格，不知情的消费者如果退回没有启封但是却因存放不当而变质的药品，由于店内的鉴别设备、店员的鉴别能力有限，这些药品有可能会损害下一位消费者的健康，并对药店造成较大的损失。另外，也不排除药品被调包的可能性，这可能导致各药房之间恶意竞争。

药品是一种特殊商品，涉及人的生命安全和身体健康，一般情况下药店拒绝退、换药品。但这又容易引起顾客对门店服务的不满。因此，当顾客要求退货时，门店遵循以下原则。

1. 须有本店购物电脑小票或发票。顾客无电脑小票（发票）原则上不退换货。

2. 存在药品质量问题且购物时间不超过 7 天的，无条件退换货。非药品质量问题的，原则上不退换货。但若有其他特殊情况，如商品经检查质量无异常、内外无破损、包装批号无问题，在确保不影响第二次销售的前提下，若纯属顾客选择误差，经权衡考虑可作换货处理，但互换商品必须遵循换出商品价格等于或略高于换回商品价格的换货原则。

**拓展阅读**

#### 提高售后服务质量

为了更好地进行售后服务，必须做好事前的预防工作。如公司质量检查部门必须保证所有配送中心提供给门店商品的质量，无假货和劣货。各门店必须定期自查，保证售出药品（商品）在有效期内，无虫咬、霉变、破损、污染等。各门店在销售商品时必须问病售药，对症发药，并站在消费者角度提醒该药品的使用禁忌、不良反应等。

## 二、退换货程序

药品的退换货程序可见图 8-1 所示。

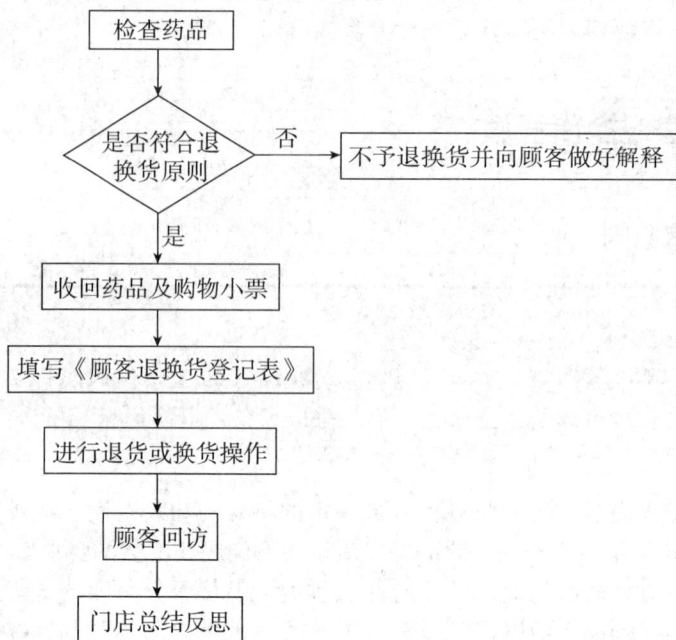

```
            ┌──────────────┐
            │   检查药品    │
            └──────┬───────┘
                   │
                   ▼
            ╱──────────────╲         否      ┌────────────────────────┐
           ╱  是否符合退    ╲───────────────▶│ 不予退换货并向顾客做好解释 │
           ╲   换货原则     ╱                └────────────────────────┘
            ╲──────────────╱
                   │ 是
                   ▼
            ┌──────────────┐
            │ 收回药品及购物小票 │
            └──────┬───────┘
                   │
                   ▼
            ┌──────────────┐
            │ 填写《顾客退换货登记表》 │
            └──────┬───────┘
                   │
                   ▼
            ┌──────────────┐
            │ 进行退货或换货操作 │
            └──────┬───────┘
                   │
                   ▼
            ┌──────────────┐
            │   顾客回访    │
            └──────┬───────┘
                   │
                   ▼
            ┌──────────────┐
            │  门店总结反思  │
            └──────────────┘
```

图 8-1  药品退换货程序

**1. 核查**  顾客要求退货时，当班负责人核查是否符合退换货原则、是否为本店出售的商品。①核对电脑小票（或发票）。②核对品名、规格、生产厂家、批号（可向采购部或物流配送部查询）等。③检查商品内外包装是否完整、本店专用标价签是否存在、是否在有效期内及商品质量情况。

不符合商品退换货原则的，如非商品质量问题或人为损坏或自购物日至今超过 7 日（含 7 日）等情况，不予退货。门店向顾客委婉作好解释，取得顾客的谅解。

**2. 当班负责人确认退换货的，输入授权密码，收银员按以下办理**

（1）回收电脑小票、发票（已开发票的一定要回收，并在原发票上注明"作废"字样），小票（发票）上还有其他商品的，如顾客需要，可将其他商品开发票给顾客。

（2）填写《顾客退换货登记表》，并按以下操作。①退货操作，用红笔、红复印纸开具销售小票（即红票）并请当班负责人在红票上签名，红票 1 式 3 联（1 联留底贴在《顾客退换货登记表》背面、1 联交给收银员留底、1 联交给顾客），将退货的凭证（原始电脑小票或发票、红票中 3 联中的 1 联）一起贴在《顾客退换货登记表》的背面。填写《顾客退换货登记表》相关项，退回货款，请顾客签名确认。②换货操作，请顾客重新挑选商品，实行退货、销售操作。

（3）按退换货时间先后顺序，整理《顾客退换货登记表》。每班结束后在《收银交接班本》上记录退货情况以及退款货收（付）差额情况。

（4）完善《顾客退换货登记表》相关项目（如回访及顾客反馈等工作）。

（5）区域经理每月定期核查《顾客退换货登记表》及退货商品，发现问题及时指正并处理。

## 案例讨论

**案例：** 顾客因咽炎购买了银花芒果颗粒，服用1袋后感觉不适，强烈要求退货。

**讨论：** 请结合所学知识，提出解决办法。

## 三、退回药品的处理

1. 检查退回商品的同批号是否存在同样的质量问题（无法鉴别的，请商品质量部门核减），将所有不合格商品放入不合格品格。

2. 填写退货申请单（注明原因），退回物流配送部。

3. 填写《门店商品质量问题报告表》。

## 拓展阅读

### 有关药品退换货的规定

2016年6月修订的《药品经营质量管理规范》有关药品售后的相关条款如下。

第一百七十四条　除药品质量原因外，药品一经售出，不得退换。

第一百七十七条　企业发现已售出药品有严重质量问题，应当及时采取措施追回药品并做好记录，同时向药品监督管理部门报告。

第一百七十八条　企业应当协助药品生产企业履行召回义务，控制和收回存在安全隐患的药品，并建立药品召回记录。

## 第三节　中药饮片代客加工

### 一、代客加工的条件

有中药煎药机、临方炮制工具的门店。

### 二、代客加工类型及处理方法

**1. 中药代煎**　由于对普通消费者而言，汤剂的制备颇为不便，且操作方法掌握不好，难以保证药品质量，故为方便消费者，在某些药品零售门店设有代客煎药的服务。汤剂是将中药饮片加水煎煮一定时间后，去渣取汁制成的液体剂型，主要供内服，少数可作洗浴、熏蒸、含漱用，它是我国使用最早、应用最广泛的一种剂型，目前仍是中医应用的中药剂型之一。

将煎煮得到的汤液进一步加热浓缩至一定稠度，即可得流浸膏。添加蜂蜜饴糖等制成煎膏。汤液浓缩的操作过程即成为煎膏。这种加工要求目前在门店中还比较少见。

（1）汤剂制备的一般办法

①冷浸　指将处方中的各味中药加入药量5~8倍量的冷水（或浸过药面1~2cm），浸泡约15~30分钟。

②煎煮　指将浸泡好的中药用"武火"加热至沸腾，再用"文火"保持微沸直至规定的时间。煎煮过程的火力与时间是控制汤剂质量的关键。

③过滤　指将煎好的中药进行去渣取汁的操作。必要时可用纱布作滤材进行过滤。

④复煎　为保证尽可能多地提取中药中的有效成分，某些中药需重复煎煮数次，成为复煎。

⑤合并滤液　多次煎煮得到的滤液浓度不同，需将其混合均匀后再按服用要求分成数等分单剂量包装。

（2）特殊煎法　为保证汤剂质量，确保疗效，制备汤剂时，某些中药需根据其特性进行特殊处理。

①先煎　是将中药先行煎煮一定时间后，再加入其他中药按常规共煎。先煎的中药因加热浸出的时间较长，有利于有效成分的充分提取，或通过长时间的加热以降低中药的毒性。故凡药材坚硬、水不易渗入组织内部的中药如石膏、牡蛎，毒性中药如生半夏、生川乌等，均应先煎。有些中药如火麻仁、天竹黄、石斛等，需先煎才有效，因此也必须先煎。

②后下　指其他中药煎煮一定时间后，再加入该药共煎的操作。后下的目的主要是缩短加热时间，以防止有效成分损失、破坏。故需要后下的中药主要是：含芳香挥发性成分的中药如薄荷、砂仁；不宜久煎的中药如大黄、麦芽、神曲、鸡内金等，均需后下。

③包煎　指将中药用布包裹后再进行煎煮。包煎目的主要是防止中药悬浮于液面或沉浮于锅底不利于煎煮，或防止中药中附着的绒毛状组织落入汤液中刺激咽喉，引起咳嗽。需要包煎的中药有：组织柔嫩、疏松的粉末、花粉、细小的种子，如青黛、蒲黄、苏子、葶苈子；含淀粉、黏液质较多的中药如车前子；附绒毛的中药如旋覆花等。

④另煎　指将药材单独煎煮取汁后再兑入其他中药的煎液，合并服用。如人参、鹿茸等贵重中药。

⑤烊化　指将胶质类中药加入其他中药的煎液中。或将胶类中药放入容器中，加入适量开水，加热熔化再与其他中药煎液混合服用。需要烊化的中药主要是胶质类、半固体、水溶性矿物药如阿胶、蜂蜜、芒硝等。

⑥冲服　指某些贵重中药、挥发性极强的中药或不溶解的中药加工成细粉，用其他中药的煎液冲服，以避免煎煮过程中有效成分损失。如麝香、珍珠、三七、人参等均可用这种方法服用。

**2. 中药材切片**　中药材切片是指将净选后的中药材进行软化处理后，切成一定规格的片、丝、块、段等形状的过程。其操作的目的是为了提高煎药的质量，或者利于进一步炮制、调配或存储。药材切制前需经过润泡等软化操作，使软硬适度，便于切制。但控制水的处理时间和吸水量至关重要。若浸泡时间过长，吸水量过多，则药材的成分大量流失，降低疗伤，并给饮片干燥带来不利影响。若饮片厚度相差太大，在煎煮过程中会出现易溶、难溶、先溶、后溶等问题，浸出物将会取气失味或取味失，达不到气味相得的要求。

**3. 中药材或饮片粉碎**　粉碎是借机械力将大块固体物质破碎成适宜大小的碎块或细粉的过程。其操作目的在于：①增加药物的表面积，促进药物的溶解与吸收，提高药物的生物利用度②有利于进一步制成各种剂型，如散剂、丸剂等③便于混合、加工及服用④有利于药材中有效成分的浸出。

药物粉碎的过程依药物的性质、医疗用途及制备的剂型决定。门店中常见的粉碎在粉碎度方面要求不高，主要是某些质地坚硬的中药或种子类在中药配方时需要打碎。为方便浸出，一般的中药加工成饮片即可，不需要过度粉碎。但有些中药可能要求有较高的粉碎度，如珍珠要求制成极细粉。也有些顾客为服用方便要求将中药代加工成粉末状。因此在门店为顾客进行中药的粉碎加工时，基本的原则是根据中药的用途适当控制粉碎程度。

### 三、代客加工注意事项

**1. 收到需代煎的中药**

（1）要向顾客核对、询问来料中药的名称、数量、代煎剂数、顾客姓名、联系电话、取药时间等，作好记录本并由顾客签名确认。

（2）门店按煎药程序操作，将煎好的中药按规定放置。

（3）顾客取药时，出示凭证，发药人员收回凭证，根据记录仔细查对，交代有关事项。

**2. 收到需切片的中药**

（1）要向顾客当面称量、核对药品的重量，向顾客说明药材切片后可能会有一定的损耗。

（2）得到顾客的认可后，按切片机的操作程序操作。

（3）切片完毕，包装好交给顾客。如顾客需事后取药，则应事前问清顾客姓名、联系电话、取药时间等，作好记录本并由顾客签名确认。顾客取药时需凭凭证取药。

**3. 收到需粉碎的中药材或饮片**

（1）要向顾客当面称量、核对药品的重量，向顾客说明药材或饮片粉碎后可能会有一定的损耗。

（2）对顾客需要粗粉的，可用冲筒冲打至所需程度；顾客需细分的则用打粉机打碎。以上得到顾客认可，按粉碎程序操作。

（3）粉碎完毕，包装好交给顾客。如顾客需事后取药，则应事前问清顾客姓名、联系电话、取药时间等，作好记录本并由顾客签名确认。顾客取药时需凭凭证取药。

**4. 其他要求**

（1）门店一般不进行外来中药材或饮片的干燥（烘烤）加工，烘（烤）箱只用于切片、粉碎前的处理。

（2）煎药、切片、粉碎均按门店的相关操作程序或规定进行操作。

（3）按规定填写有关记录。

## 第四节 顾客投诉处理

### 一、顾客投诉的原因

顾客投诉也称顾客抱怨，通常是顾客在购买后使用商品过程中对门店、对所购商品本身或门店所提供的服务感到不满意，并向工作人员诉求解决办法的一种常见行为。顾客投诉常见的原因如下。

**1. 对商品的投诉** 顾客对商品的投诉主要集中在：价格过高、药品质量差、标示不清、药品缺货。

**2. 对安全和环境的投诉** 服务场所的设施、设备、购物环境。意外事件的发生等给顾客带来不便或造成不好的影响，也可能因此而让顾客对门店产生不满而投诉。

**3. 对销售人员服务的投诉** 包括对销售人员的服务过程不满和售后服务不满。

一般情况下，对服务过程不满而发生的投诉通常在工作人员销售的过程中就可能发生。因销售人员的态度不佳，服务不规范或销售方式不当、甚至是错误的服务等原因，引起顾客不满，如未能及时、正确的处理，使顾客的不满情绪加强，最终将导致投诉。根据调查显示，目前我国企业存在的最大问题依然是服务态度的问题，而且很多客户投诉也都源于这些态度。因此，企业需要重点解决的依然是销售人员在服务过程中如何提高服务技巧的问题。

对销售服务不满主要是由于售前承诺的服务在商品售出后没有及时落实或落实不到位，从而导致顾客投诉。

## 二、处理顾客投诉的原则

顾客投诉是服务领域中较为常见的现象。处理得当，投诉的问题得到妥善的解决，也能增强企业的信誉，改善企业的形象；处理不当，投诉的问题不能得到妥善解决，会对企业造成极坏的影响，而且这种不良影响的传播速度很快，会干扰企业正常的营业秩序，严重的会导致客源的流失，因此工作人员必须重视顾客投诉，积极地寻求解决问题的办法并与顾客达到共识。

**1. 保持心情平静** 要理解顾客投诉是经营活动中的正常现象，投诉是顾客应有的权利，将心比心，把自己放在顾客的位置思考，就容易理解顾客的行为与观点。

根据调查发现，绝大部分不满意的顾客因为各种原因不会当面向门店投诉，他们会选择向其周围的人去传播这种不满，这种烂苹果效应的结果是对你的产品或服务产生不满的人将增加 10 倍。这个调查统计分析说明，我们应正确对待顾客的投诉，不仅不应该对投诉的顾客抱有敌意，指责顾客投诉，还应对投诉的顾客表示感谢，感谢他们的投诉帮助我们发现自身问题。把顾客投诉看作改进工作、提高工作质量的契机。也许因为企业的原因导致顾客的投诉，但如果这个投诉能得到很好的解决，最终会挽回客户对企业的信任，维护企业的良好形象，把投诉所带来的不良影响降到最低点。从某种意义上来讲，投诉对一家企业来讲可以说是一笔宝贵的财富，至少能最终为企业带来财富。

总之，我们既要重视顾客的投诉行为对企业形象的潜在影响，又不必过分激动，保持心情平静，有助于冷静地解决问题，避免处理不当进一步激化矛盾。

**2. 有效的倾听与道歉** 倾听与道歉是处理顾客投诉的关键环节。通过倾听，既要弄清楚顾客的真实意图，又要及时安抚顾客，防止事态的进一步恶化。

（1）听 想方设法地平息顾客的抱怨，先处理情感，后处理事件。一方面，由于顾客的投诉多数属于发泄性质，只要得到店方的同情和理解，消除了怨气，心理平衡后事情就容易解决了。因此，接待人员在开始面对顾客投诉时，必须耐心地倾听顾客的抱怨，避免与其发生争辩，先听他讲，多听少说，让顾客把心中的不满发泄出来。另一方面，顾客投诉时情绪通常容易激动，对投诉问题的表述也可能不够清楚，因此工作人员更加应该耐心、细致地倾听顾客的意见，设法搞清楚客户的怨气从何而来，以便对症下药，有效地平息顾客的抱怨，发现实质性的原因。

（2）问 选择适当时机询问事实情况。在使用各种方法使顾客的情绪平息后，在适当的时候详细询问事实情况，不要在顾客情绪激动甚至愤怒时询问事实情况，这样做容易使顾客的情绪更加难以控制。

（3）道歉 在顾客叙述结束时，接待人员必须站在顾客的立场上将心比心，诚心诚意地对顾客表示理解和同情，承认过失，对所有的客户投诉处理，都不应先分清责任，而是先表示道歉，"不好意思让您多跑一趟，给您添麻烦了！"这才是最重要的。对顾客真诚地道歉，就能使顾客感到自己的意见得到听者的尊重和重视，激动的情绪逐渐平静下来，为协商解决问题的办法创造条件。

另外，处理人员在与顾客交谈过程中还应注意：①尽量避免在人多的地方接待顾客投诉，应采取"隔离"政策，把顾客带离现场，请到休息室单独处理，以免造成对企业的不良影响。②不要在顾客情绪不稳定时与其发生争论，这样只会更加火上加油，适得其反。③要注意与顾客谈话时的距离，并关切地望着顾客以表示自己的诚恳，用点头等恰当地肢体语言，多用"是的""我知道""我很理解"等表示认同和肯定的语言，必要时简单重复顾客的意见以表示确实准确地了解了顾客的意见等。④谈话时切忌左顾右盼，表现得心不在焉或者不礼貌地上下打量顾客，盯视顾客躯体的其他部位，这些会加重顾客的抵触情绪，极易导致顾客愤怒，使问题解决的难度加大。⑤营业员应采取诚恳而不卑不亢的态度，可以道歉但注意不要盲目认错。

**3. 提供可执行的解决方法**　顾客投诉的目的不仅是发泄情绪，而且需要解决问题。因此处理顾客投诉就不能单纯地倾听，而是要积极地想办法，寻求解决之道，但绝不能轻易承诺。在耐心倾听完顾客投诉，顾客情绪比较稳定后，接待人员再客观地将事件的全貌即发生时的背景详细地描述出来，以使顾客冷静后能清楚解决问题关键所在。在双方僵持不下时，可以采取把难题丢给对方的方法，态度诚恳的询问"您希望我们怎么处理呢?"，化被动为主动。在劝导顾客时，最好采取3个理由来说明，因为3点容易最容易留存在人们的记忆里。

同时，确定解决问题的办法应遵循以下几个原则。①要为顾客帮助我们发现问题表示感谢。②必须是可执行的，超出执行能力范围的办法因不能实施而没有任何意义。办法再好但顾客不认可也不能解决矛盾。③是必须取得顾客的认可。

**4. 明确职责权限**　一般情况下，顾客向门店投诉，由店长或领班负责处理，遇到解决不了的问题，应及时上报区域经理解决。如果顾客向总部投诉，接待人员应及时将问题交由区域经理处理，重大问题需及时报公司相关部门协助处理。

## 三、处理顾客投诉的方法

**1. 顾客直接投诉的处理**　处理顾客直接投诉的要点，仔细倾听顾客投诉的内容，不要打断其说话或立即予以反驳，让顾客讲清楚问题，便于进一步处理。听完顾客投诉后，应向顾客表示歉意，并针对事件的原因加以探讨、判断，同时婉转的向顾客说明、解释，已取得顾客的理解与谅解。针对问题症结加以说明，接着提出合理的解决方法，为避免顾客更为不满，一定要多考虑顾客的立场而使事情得以圆满解决。

处理过程中应根据顾客的陈述预测顾客的心情和需求，以设定期望值，提供选择方案。常用的解决方案如下。

(1) 药品质量造成的投诉　向顾客诚恳的道歉，按顾客要求替顾客退货或换货，奉送顾客一份礼品。药品造成顾客的物质损失、人身伤害和精神损失，应按有关规定适当给予赔偿和安慰。仔细调查发生药品问题的原因，清查核对同批号的药品，杜绝类似事件的再度发生。

(2) 因药品使用不当造成的投诉　诚恳地向顾客道歉，如果确定店方的责任让顾客受损，应予退换，如果顾客不接受退换，店方应给予一定的补偿和安慰。如确由顾客使用不当而造成，切忌"得理不让人"。

(3) 因服务态度不佳造成的投诉　这类投诉往往没有确凿的证据，同时也与顾客的不同心理感受有关，所以这类抱怨处理起来比较困难。但有一点必须确定，正常人不会无缘无故的抱怨，所以，只要产生了这类抱怨，药店就必须承担责任，并作出相应处理。①店经理听完顾客陈述后，向顾客保证今后一定加强对药品销售人员的教育，杜绝类似情形的再度发生。②经理陪同当事人当面向顾客赔礼道歉，以期获得谅解。③加强对销售人员的优质服务教育，并建立相应的监督机制。

（4）重大投诉　如药物不良反应、药疗事故等，请公司领导协助处理。

（5）无法当场解决的投诉　有些顾客可能对任何的处理结果都不接受，此时应感谢顾客投诉，并态度婉转地留下顾客资料，承诺在最短时间内给予答复解决，这样可能缓解顾客的不满情绪。如需要用信件处理，应注意措辞一定要恭敬有礼，无错、漏字，直接进入主题，先向顾客致以诚恳的歉意，然后叙述事件的来龙去脉，肯定顾客的意见有建设性，将门店需要说明的事件详加解释，再次道歉。最后把门店地处理方法说明，以利顾客决定。必要时可由主要责任人员前往道歉，以表示公司处理事情的诚意，并希望能借此让顾客对公司产生好感，使问题得以缓和解决。如顾客不接受处理意见继续与对方商讨解决方案，至达成协议，再向上级回报。

**2. 电话投诉的处理**　顾客投诉的电话应由店长或领班接听，用礼貌的言语向顾客道歉，平息顾客的情绪，如在电话中未能处理解答，应及时做好相关记录（切记应留下顾客的电话号码），并在 24 小时内跟踪处理。如门店不能解决，应及时上报上级领导。

处理顾客电话投诉的具体步骤是：准备做好投诉记录→介绍自己及询问对方称呼→聆听对方所反映的问题及意见并作相关记录→向顾客道歉以缓和对方情绪→向顾客解释公司对该问题的一贯立场和处理方法→向顾客承诺了解情况并作出处理后再作答复→感谢顾客及时反映问题→把问题交给有关人员负责跟进处理→跟踪处理结果→回复顾客并再次向顾客致歉及道谢→投诉记录归档。

---

### 案例讨论

**案例：**某药店新近销售了一部分芦荟胶囊（具有排毒养颜的功效），销路很好。但在销售过程中，收到一些顾客投诉，投诉该产品存在质量问题，并要求退货。经抽查发现该产品确实存在质量问题。

**讨论：**假设你是此药店的负责售后服务的营业员，在售后服务过程中，面对顾客投诉，应如何处理呢？

---

## 四、服务标准语言

**1. 向顾客道歉**

（1）标准用语　"请问有什么可以帮到您？""对不起，让您多跑一趟。"

（2）服务要领　关心顾客的神情，避免因害怕顾客抱怨而回避。

**2. 聆听顾客，并作出回应**

（1）标准用语　"好的，好的""是的，是的""恩""噢"等。

（2）服务要领　诚恳、耐心地聆听顾客说，点头回应，不打断顾客诉说，点头回应，不打听顾客，挖掘顾客真正的不满意和需求。

**3. 再次向顾客致歉并说明情况**

（1）标准用语　"真的对不起，给您添麻烦了！""您使用×××商品，出现这种情况是……"

（2）服务要领　重视顾客的问题，耐心说明情况，避免让顾客感觉推卸责任。

**4. 协助解决顾客的问题**

（1）标准用语　"这个问题我们将立即……请您先停止使用，改用……"

（2）服务要领　态度诚恳地致谢，重新树立顾客的责任。

**岗位对接**

　　医药商品购销员（中级）国家职业标准中，对售后服务的要求是：掌握社交礼仪知识、医药商业服务规范；掌握咨询服务的类型、处理顾客投诉的原则与流程以及退货药品的处理规定。会用礼貌用语、能与顾客交流，了解顾客需求；能主动、热情、耐心、周到地为顾客服务能正确接待顾客的查询并做好记录、能处理退换货事件；能按规定的程序处理不合格药品及退货药品，并形成记录。

## 实训十三　办理退货或换货

**一、实训目的**

学习办理药品退换货的方法、步骤和内容，掌握药品退换货的操作流程。

**二、实训要求**

能正确、快速地处理顾客的退换货。

**三、实训内容**

**1. 电话接听**　顾客打电话咨询药品退换货事项时，营业员的态度、应对语言及方法。

**2. 办理退货或换货**　接待顾客退货或接待顾客换货。

**四、实训方法**

给定有关顾客退换货的情景，模拟退换货现场，学生3人1组，分别扮演顾客、营业员、收银员的角色。

1. 接待顾客电话时，营业员接待的标准话语。

2. 接待顾客来访时，收银员的态度亲切友好、语言规范，初步了解清楚顾客退换货的情况。

3. 检查商品是否符合退换货的原则。

4. 符合退换货要求的商品，按退换货操作步骤进行退换货操作。

5. 整理《顾客退换货登记表》（表8-1），并把相关单据贴在登记表的背面。

6. 检查退回商品的同批号商品是否存在同样的质量问题。

7. 进行用户回访。

**表8-1　顾客退换货登记表**

| 顾客姓名 | 购买日期 | 小票号码 | 联系电话 | 联系地址 | | |
|---|---|---|---|---|---|---|
| 要求退换货原因（质量情况） | | | 商品名称 | 商品编码 | 规格 | 数量 |
| 生产厂家 | | 金额 | 顾客要求 | | | |
| 处理结果（顾客签名） | | | 换货商品名称 | 金额 | 小票号码 | |
| 接待人 | 接待日期 | 回访人 | 回访情况 | | | |
| 回访日期 | 门店经理 | 备注 | | | | |

### 五、实训评价

表 8－2 实训评价表

| 序号 | 考核内容 | 考核要点 | 配分 | 评分标准 | 扣分 | 得分 |
|---|---|---|---|---|---|---|
| 1 | 营业员接待顾客（电话或来店） | 1. 接待顾客电话礼仪。<br>2. 接待来店顾客礼仪。<br>3. 接待顾客过程中运用标准话术。<br>4. 接待后形成一致意见 | 2 | 1. 不能正确使用接待顾客电话礼仪的，扣0.5分。<br>2. 不能正确使用接待来店顾客礼仪的，扣0.5分。<br>3. 与顾客交流过程中不能合理运用标准话术的，扣0.5分。<br>4. 接待后没有形成接待结果的，扣0.5分 | | |
| 2 | 收营员接待顾客退换货 | 1. 面带微笑，主动招呼顾客。<br>2. 与顾客交流过程中标准话术的运用。<br>3. 了解顾客退换货的情况。<br>4. 知道医药商品退换货原则。<br>5. 做出是否符合退换货标准的决定，并与顾客达成一致意见 | 5 | 1. 收银员接待顾客礼仪不符合规范，扣1分。<br>2. 收银员在接待顾客中不能熟练运用标准话术，扣1分。<br>3. 没能及时了解顾客退货还情况的，扣1分。<br>4. 不清楚医药商品退换货原则的，扣1分。<br>5. 没有做出是否退换货决定的，并没有与顾客达成一致意见的，扣1分 | | |
| 3 | 退换货办理 | 1. 对符合退换货标准的，收回药品及购物小票。<br>2. 填写《顾客退换货登记表》。<br>3. 实施退换货。<br>4. 登记表及票据的整理。<br>5. 顾客回访。<br>6. 门店反思 | 3 | 1. 没有收回药品及购物小票，扣0.5分。<br>2. 不能正确填写《顾客退换货登记表》，扣0.5分。<br>3. 不能实施退换货的，扣0.5分。<br>4. 不能及时整理登记表及票据的，扣0.5分。<br>5. 未进行顾客回访的，扣0.5分。<br>6. 未进行反思的，扣0.5分 | | |
| | 合计 | | 10 | | | |

否定项：无

## 📝 实训十四　处理投诉

### 一、实训目的
学习接待顾客投诉并能够独立处理投诉。

### 二、实训要求
能根据顾客投诉完成《顾客投诉登记表》的填写，并给出处理意见。

### 三、实训内容

1. 掌握接待顾客投诉的一般操作流程。
2. 填写《顾客投诉登记表》。

### 四、实训方法

模拟投诉现场，由学生 2 人 1 组，分别扮演顾客和接待人员的角色。

1. 接待人员接待顾客投诉时，态度应亲切友好、不卑不亢，语言规范。
2. 认真倾听，初步了解清楚顾客投诉的原因。
3. 进行登记并作好记录，填写相关表格，并表明态度。
4. 与顾客协商解决，对处理意见达成共识。
5. 整理《顾客投诉登记表》（表 8 - 3）。
6. 进行用户回访。

**表 8 - 3　顾客投诉登记表**

| 投诉日期 | | 顾客姓名 | | 顾客电话 | |
|---|---|---|---|---|---|
| 投诉对象 | | | | | |
| 处理结果及建议 | | | | | |
| 顾客意见（签名） | | | | | |
| 接待人 | | 接待日期 | | 回访人 | | 回访日期 | |
| 回访情况 | | | 备注 | | |

### 五、实训评价

**表 8 - 4　实训评价表**

| 序号 | 考核内容 | 考核要点 | 配分 | 评分标准 | 扣分 | 得分 |
|---|---|---|---|---|---|---|
| 1 | 接待员接待投诉顾客（电话或来店） | 1. 接待顾客电话礼仪。<br>2. 接待来店顾客礼仪。<br>3. 接待顾客过程中态度友好，语言规范 | 3 | 1. 不能正确使用接待顾客电话礼仪的，扣 1 分。<br>2. 不能正确使用接待来店顾客礼仪的，扣 1 分。<br>3. 与顾客交流过程中语言不规范，甚至引起冲突的，扣 1 分 | | |
| 2 | 顾客投诉分析及记录 | 1. 填写《顾客投诉登记表》。<br>2.《顾客投诉登记表》的内容填写完整，主要是 4W1H。<br>3. 分析顾客投诉的原因 | 3 | 1. 接待人员不知道需填写《顾客投诉登记表》的，扣 1 分。<br>2.《顾客投诉登记表》内容填写不完整的，扣 1 分。<br>3. 未能正确分析顾客投诉原因的，扣 1 分 | | |

续表

| 序号 | 考核内容 | 考核要点 | 配分 | 评分标准 | 扣分 | 得分 |
|------|----------|----------|------|----------|------|------|
| 3 | 顾客投诉问题的解决 | 1. 接待人员提出解决方案，并征求顾客意见。<br>2. 双方协商一致。<br>3. 执行解决方案。<br>4. 登记表的整理。<br>5. 顾客回访。<br>6. 门店反思 | 4 | 1. 未能及时提出解决方案的，扣0.5分。<br>2. 未征求顾客意见的，扣0.5分。<br>3. 未能按照解决方案执行的，扣1分。<br>4. 不能及时整理登记表的，扣0.5分。<br>5. 未进行顾客回访的，扣0.5分。<br>6. 未进行反思的，扣1分 | | |
| | 合计 | | 10 | | | |

否定项：无

## 目标检测

**一、选择题**（下列每题的选项中，只有 **1** 个是正确的，请将其代号填在括号内）

1. 下列不属于药店售后服务的是（　　）。
   A. 送货上门　　　　　B. 中药代客加工　　　　　C. 顾客投诉处理　　　　　D. 销售药品

2. 顾客投诉的原因不包括（　　）。
   A. 对商品的投诉　　　　　　　　　　　B. 对安全和环境的投诉
   C. 对服务的投诉　　　　　　　　　　　D. 退换货管理

3. 下列属于处理顾客投诉禁用语的是（　　）。
   A. "对不起，请坐。"　　　　　　　　　B. "这是公司的规定，我只是遵照执行。"
   C. "请问有什么可以帮到您?"　　　　　　D. "给您添麻烦了。"

4. 药店送货上门服务时，送货人员送药必须佩戴（　　），礼貌将药品、送货小票送到顾客手中，带回货款交收银员正式入机。
   A. 送药登记本　　　　B. 销售记录　　　　C. 工号牌　　　　　D. 采购记录

5. 药品退换货时，必须填写（　　）。
   A. 《顾客投诉登记表》　　　　　　　　B. 《顾客退换货登记表》
   C. 《送药登记本》　　　　　　　　　　D. 《销售记录表》

6. 中药代客加工的类型不包括（　　）。
   A. 中药代煎　　　　B. 中药材切片　　　　C. 中药材或饮片粉碎　　　D. 中药深加工

**二、简答题**

1. 药店商品退换货时，应遵循怎样的程序?
2. 药店进行中药代客加工时有哪些需要注意的问题。
3. 简述顾客投诉的原因有哪些?
4. 简述正确处理顾客投诉的方法。

（袁志学）

# 药品盘点和补货

知识要求　**1. 掌握**　门店盘点操作前准备工作及盘点的具体操作方法。
　　　　　**2. 熟悉**　盘点操作原则及盘点注意事项、补上货操作原则及注意事项。
　　　　　**3. 了解**　门店补上货的具体操作方法。
技能要求　1. 能运用盘点技术按要求完成盘点工作。
　　　　　2. 学会盘点过程中的具体操作方法。
　　　　　3. 能运用补上货的操作流程，完成补上货管理。

## 第一节　药品盘点管理

**案例导入**

案例：在日常生活中，我们偶尔能看到一些门店贴出告示，内容为"今日盘点，暂停营业"，但大部分的企业为了不影响效益，专门会把盘点的时间放在晚上 11：00 以后进行。一般门店都会 1 个季度盘点 1 次。

讨论：1. 门店为什么每季度要进行 1 次盘点？
　　　2. 门店是如何进行盘点作业的呢？

### 一、药品盘点的含义与目的

**1. 药品盘点的含义**　盘点是药店掌握自身资产状况和管理资产的有效方法。在门店作业中，盘点作业是一项最繁杂、最花费时间和人力的作业，但是盘点作业不仅能掌握现有的药品库存情况，而且还可以根据以往的库存情况进行分析，为改进药店的经营管理提供参考依据。

药店盘点是指定期或不定期地对药店内商品进行全部或部分的清点，以确定该期间实际库存和差异，从而掌握该期间内的实际损耗，它是考核药店定额执行的重要依据。药品盘点是药店经营活动中一项重要的工作环节。

**2. 药品盘点的目的**　药店在进行经营管理的过程中存在各种损耗，有的损耗是可见的和可控制的，可以利用现代化的管理手段进行统计。但是有些损耗是难以统计和计算的，如偷盗、账面错误等，这种情况下，就必须要开展定期或者不定期的盘点。盘点的主要目的有如下几项。

（1）掌握与控制库存　全面掌握目前店面药品的库存品种、数量和金额。

（2）了解店面商品的损益情况　比较实盘金额与账面金额的差异，确切掌握所有单品的调整状况。

（3）药品结构的调整　计算各类药品的品项数、库存比率、动销比率、毛利率、销售比率、存销比等，通过分析，调整药品结构，以实现更高利润。

（4）了解药品效期情况　清理滞销品、过期品等，及时登记、上报、下架。

（5）强化管理　通过比较，对损耗较大的运营部门、药品大组及个别单品等开展精细化管理。

（6）店面管理　通过盘点，了解商品的存放位置，整理环境并清除死角。

## 二、药品盘点的常用方法

盘点按盘物或盘账来分，可以分为实物盘点和账面盘点。按盘点区域区分，可以分为全面盘点和区域盘点。按盘点时间段来分，又可分为营业中盘点、营业前（后）盘点、停业盘点。按盘点周期来分，可分为定期盘点和不定期盘点。盘点也可以采用自动方式盘点。盘点方法列表于表9－1。

表9－1　盘点方法列表

| 名称 | 定义 | 使用范围及时间间隔 |
| --- | --- | --- |
| 1. 实物盘点 | 1. 实际清点存货数量的方法 | 1. 门店实物盘点 |
| 2. 账面盘点 | 2. 以书面记录或者电脑记录进出账的流动状况而得到期末存款余额或估算成本 | 2. 由财务部或计算中心进行 |
| 3. 全面盘点 | 3. 特定时间，将店内所有库存区域进行盘点 | 3. 一般1年2～3次 |
| 4. 区域盘点 | 4. 对店内不同区域进行盘点，一般以类分区 | 4. 部分区域盘点、抽盘 |
| 5. 营业中盘点 | 5. 盘点时门店仍然对外营业 | 5. 库存区域盘点、单品盘点 |
| 6. 营业（前）后盘点 | 6. 在开门前或者关门后进行盘点 | 6. 销售区域盘点 |
| 7. 停业盘点 | 7. 正常营业时间内停业一段时间盘点 | 7. 全面或者区域盘点 |
| 8. 定期盘点 | 8. 间隔固定时间进行盘点 | 8. 全面或者区域盘点 |
| 9. 不定期盘点 | 9. 间隔期不一致的盘点 | 9. 调整价格、经营异常、人事变动、重点商品、突发事件等 |
| 10. 自动盘点 | 10. 利用现代化技术手段辅助盘点 | 10. 门店商品盘点 |

## 三、药品盘点的流程

**1. 盘点的一般操作流程**　详见图9－1所示。

**2. 盘点的作业流程管理**

（1）建立盘点制度及标准　由总部统一制定，包括盘点方法、周期、账务处理、差异处理及奖惩制度等。

（2）组织落实　全部盘点或部分盘点的组织落实、区域划分等。

（3）盘点工作　要划分区域，责任到人。

（4）盘点前准备　人员组织、工具、通告、和环境整理、工作分配与盘前培训、各种资料整理等。

（5）盘点作业　资料整理与分析、库存调整、差异处理、奖惩实施等。

**3. 盘点的具体操作方法**　盘点正式开始前，要由盘点负责人向所有成员进行培训，说明盘点工作的重要性、具体要求、注意事项及异常情况的处理等等。

盘点作业可分3种：初点作业、复点作业及抽点作业。盘点作业最好是2人1组，1人负责清点，1人负责记录，由初点人和复点人配合完成。实施盘点时，应按照负责的区位，按商品货架顺序，逐架逐排依序由前至后，由上至下，由左至右进行盘点。

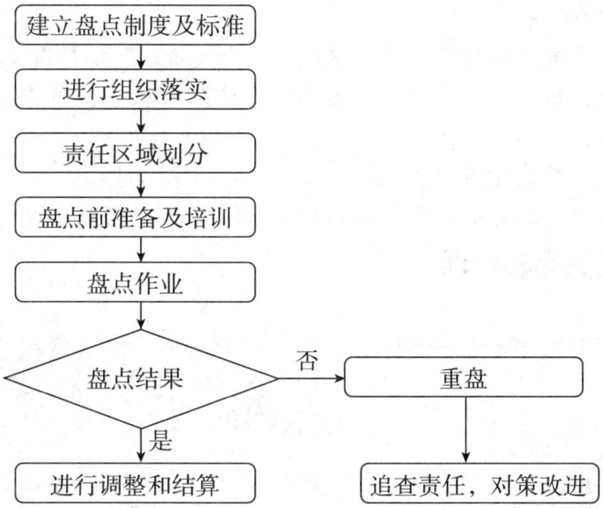

图 9 - 1　盘点的一般操作流程

（1）初点作业（初盘）　由初点人对货架商品展开盘点，按盘点表（表 9 - 2）顺序先读货架编号，然后读货号、品名、规格、单位、数量、零售价等，依次进行，而复点人此时作为填表者，如实根据初点人的读数进行记录或核对。初点作业须用蓝色圆珠笔来记录，并由初点人在初点处签名，以示负责。盘存者在盘点中，咬字要清楚，音量适中，以让填表者听清楚为原则。盘点时应顺便检查药品的有效期。

（2）复点作业（复盘）　由复点人对货架商品展开盘点，手持另一份盘点表，依序检查，先读货架编号，然后读货号、品名、规格、单位、数量、零售价等，依次进行，而初点人此时作为填表者，应如实根据复点人的读数进行记录或核对。复盘完之后对单，由初盘人员与复盘人员一起逐项核对两次的盘点数量是否一致，如不一致，两人再次核实盘点数量，确实盘点数量后，对差异进行修改，并签名确认。

（3）抽点作业（抽盘）　在初盘和复盘结束后，由门店店长或盘点负责人对盘点结果进行抽盘。抽点时应重点抽查：盘点表的书写是否符合规范；抽点容易漏盘的药品；抽点对门店影响较大的、单价高的药品；抽点有异议的药品；复查劣质和破损的药品情况。

**表 9 - 2　商品盘点表**

部门：　　　　　　　年　月　日　　　货架编号：　　　　　　盘点单号：

| 货号 | 品名 | 规格 | 单位 | 数量 | 零售价 | 金额 | 复点 | 抽点 | 差异 |
|---|---|---|---|---|---|---|---|---|---|
|  |  |  |  |  |  |  |  |  |  |
|  |  |  |  |  |  |  |  |  |  |
|  |  |  |  |  |  |  |  |  |  |

抽点：　　　　　　　　　复点：　　　　　　　　　　初点：

**4. 盘点中的注意事项**

（1）已完成货架编号定位的药品不可再随便移动。

（2）盘点时应顺便检查药品的有效期，过期、破损等药品应立即做记录并下架，统一收集以便处理。

（3）应注意不同药品的计量单位。

（4）每一货架盘点后在合计与单位的空白栏间，从右上至左下划斜线，并在抽点栏签名，以发挥确实核对的作用。

（5）盘点表上的数据应填写工整和清楚，以免出现难以辨认情况。

（6）盘点时写错的数字，不能再盘点表上用涂改液等涂抹，可将原数据划掉，重新书写并在修改处签名确认。

（7）对大件药品、堆头盘点时要注意安全，以防掉落造成伤害。

（8）盘点中应注意不要高声喧哗或阻碍顾客通行等，遇到突发状况应及时向负责人汇报。

## 四、近效期及滞销药品的处理

### 拓展阅读

#### 药品的有效期

药品的有效期，是指药品在一定的贮存条件下，能够保持质量的期限。药品由于各自理化性质的不同，具有不同的稳定性。通过一段时间，药品渐渐地失去效力。一些性质不稳定的药品，如抗生素、生物制剂、脏器制剂等，因其自身性质不稳定及不可避免的外界自然因素（光线、湿度、温度等）的影响，即使在规定的贮存条件下保存，其质量仍会随着时间的延长而逐渐变化。根据法律规定，药品必须在到期之前使用。

#### 1. 效期药品的管理

企业对药品效期应实行全过程的有效控制和管理，即在购进、储存、养护、销售及售后服务中，都应体现对效期的管理要求。购进时应遵循择优购进的原则，防止购进效期结构不合理、不能在预期的合理期限内全部销售和使用完毕的药品。储存时应按照药品的批号及效期合理储存，根据效期进行出入库管理。应加强对效期较短及近效期药品的养护，并定期催销，防止造成药品过期失效。销售时，既要遵循依法销售的原则，又要遵循合理销售的商业规则，合理预期其所销售的药品，药师及门店工作人员必须始终对到期或快到期的药品保持警惕。当验收货物时，核对调拨单，检查快到期的药品。上货、理货和盘点时，有必要再一次核查药品的有效期（失效期），保证在该药品的法定效期内合理使用完毕。

（1）药品效期的标示与识别　根据法规对药品有效期标识的有关规定，国产药品的效期标识方法有两种：①直接标明有效期为某年某月或某日，如有效期为 2016 年 6 月 12 日，表示该药品可用到 2016 年 6 月 12 日，2016 年 6 月 13 日不能再继续使用。②直接标明失效期为某年某月某日。如失效期为 2016 年 6 月 12 日，则表示该药只能用到 2016 年 6 月 11 日，2016 年 6 月 12 日起就不能再继续使用。

进口药品效期的标示有各自不同的表示方法：欧洲国家按日－月－年顺序排列，美国是按月－日－年排列，日本产品按年－月－日列。

进口药品表示效期的单词及其缩写有：Expiry date（Exp. Date）、Expiration 或 Expiring 表示失效期；Use before 或 Use by 意为在 xxx 以前使用；Validity、Duration 表示有效期；Stability 表示稳定；Storagelife 表示贮存期限。

（2）效期药品的预警　为防止药品积压导致超过效期而报废，企业通常制定效期药品预警制度，对近效期药品进行重点核查，并及时销售。具体要求有以下几项内容。

①检查和记录　效期在 6 个月以内的近效期药品，各店每月填报效期预警表。驻店药

师（店经理、医师）指导员工，根据商品分区管理，检查效期药品。检查、记录重点药品名、编码、批号、效期、数量、进销退存变化。每月盘点时对该表内容进行核对。该表每季度更新1次。

②效期药品的销售和处理　效期在1～6个月商品称为近效期商品，销售人员应对该类商品需予以特别关注，积极销售。对近效期商品进行有效的陈列，如使用特殊的色标标识等在标价签上作出员工周知的特别标记。销售人员应熟练掌握有关商品知识。在驻店药师（店经理、医师）的指导下及时进行广告宣传以促进销售。与此同时，也可以对积极争取采购部和供应商的支持，争取退货或更换陈旧的商品包装。

③预防措施　为了减少店面近效期商品的损失，需进行店面之间的调拨，如商品过期，不计入调入店面的损失，损失由调出店面承担。各门店的销售实行先产先出、近期先出的原则，即先销售老批号商品，后销售新批号商品。

④准过效期商品的处理　效期在1个月以内的商品为准过效期商品，准过效期商品门店一律下架。按企业有关制度进行处理。

⑤对已过期失效的药品的处理　除应按药品的报损处理方法处理外，还应该注意将废品敲碎深埋，不可随便抛弃，防止混用或引起人畜接触过敏事故的发生。

**2. 滞销药品的处理**　在零售店的经营过程中，滞销商品的存在是不可避免的问题。如果对滞销商品置之不理，那么将大大影响卖场的经营效率，同时也会使卖场失去原有的魅力。而且，滞销商品积压在仓库中或者摆放在货架上，资金难以周转，无法采购新商品，最终可能使卖场出现混乱。因此将滞销商品进行早期处理是卖场的一个重要职责。通过对滞销商品的早期处理，换回现金可以采购畅销商品摆上货架，能促进卖场商品的良性循环，是提高销售额的一个重要措施。

## 拓展阅读

### 药品滞销的原因

药品滞销的原因一般有以下3个方面。①药品1次采购数量过多，但销售速度相对过慢。②药品自身原因，如品质不好、包装问题、价格过高等。③药品陈列不当，如药品摆放位置不醒目，或与某些同类药品陈列在一起压抑不能突出主题等。

处理滞销药品，通常采用如下几种方式。①经常检查，发现滞销及时处理。②发现滞销首先采取更换展示位置，把滞销产品摆放到门店的黄金位置，或POP加大宣传力度，以期提高商品销量。实践证明，采用此方法一般可以处理1/3的滞销商品。③若是代销商品，在结账前如发现滞销，应快速退货。所以门店与采购应及时做好沟通，特别是在引进新品时必须随时注意销售状况。④如已经付款而仍产生滞销，可采取以下方式处理。a. 想办法退给供应商。b. 与供应商交涉，换其他新产品。c. 要求供应商降价出清（补价差）。d. 要求供应商提供赠品出清。e. 门店自行降价出清。f. 门店作一个专题性的促销，争取出清。

## 第二节　药品补上货管理

补上货是药品流通环节重要的组成部分，对药店销售、管理等具有重要意义。

## 一、药品补货管理

**1. 补货点** 补货点是指药品的采购需求，可直接由库存存货量来判定。当库存量小于补货点，就必须发出请购或采购行为，采购量应等于经济批量与补货倍量的最小联集。补货点告诉我们何时下订单可以避免缺货同时又保证库存最小。

---

> **拓展阅读**
>
> 在商品采购、存储、补货作业中，相关的术语具体含义如下。
> **1. 安全存量** 仓库中的安全存量。
> **2. 最低补量** 在采购时，供货商可接受的最小订购量。
> **3. 补货倍量** 因受限于商品包装，采购数量必须为此数量的整数倍数。
> **4. 补货点** 补货点 = 安全库存 + 补货周期内的需求

---

**2. 药店补货业务流程** 门店药品的来源主要有中心配送和外购两种方式，采用哪种方式补货，依据门店的性质而有所不同。目前业内主要采用总部集中采购、门店中心配送的补货方式，因此，中心配送是主流补货方式。

以中心配送方式为例，门店通过对商品销售情况的管理，产生补货需求。整理补货单，并上报配送中心。配送中心制单员根据当日送货路线对相应门店做备货。配送中心制单员生成拣货单，打印并登记单号，理货员按单拣货。配送中心制单员根据复核人员提供的复核完毕的拣货单修改其中的差异数量。配送中心制单员出库记账并打印门店送货单。物流送货并由门店收货确认。

**3. 药品补货方式**

（1）**整箱补货** 由货架保管区补货到流动货架的拣货区。这种补货方式的保管区为料架储放区，动管拣货区为两面开放式的流动棚拣货区。拣货员拣货之后把货物输送到发货区，当动管区的存货低于设定标准时，则进行补货作业。这种补货方式由作业员到货架保管区取货箱，用手推车载至拣货区。较适合于体积小且少量多样出货的货品。

（2）**托盘补货** 这种补货方式是以托盘为单位进行补货。托盘由地板堆放保管区运到地板堆放动管区，拣货时把托盘上的货箱置于中央，输送机送到发货区。当存货量低于设定标准时，立即补货。这种补货方式适合于体积大或出货量多的货品。

（3）**货架上层向下层的补货方式** 此种补贷方式保管区与动管区属于同一货架，也就是将同一货架上的中下层作为动管区，上层作为保管区，而进货时则将动管区放不下的多余货箱放到上层保管区。当动管区的存货低于设定标准时，将上层保管区的货物搬至下层动管区。这种补货方式适合于体积不大、存货量不高，且多为中小量出货的货物。

**4. 药品补货时间** 通常来说，门店可采用批次补货、定时补货和随机补货 3 种方式。

（1）**批次补货** 在每天或每 1 批次拣取之前，经电脑计算所需货物的总拣取量和拣货区的货物量，计算出差额并在拣货作业开始前补足货品。这种补货原则比较适合于 1 天内作业量变化不大、紧急追加订货不多，或是每 1 批次拣取量需事先掌握的情况。

（2）**定时补货** 将每天划分为若干个时段，根据门店需要进行及时补货。这种"定时补足"的补货原则，较适合分批拣货时间固定且处理紧急追加订货的时间也固定的情况。

（3）**随机补货** 随机补货是一种指定专人从事补货作业的方式，这些人员随时巡视拣货区的分批存量，发现不足随时补货。此种"不定时补足"的补货原则，较适合于每批次拣取量不大、紧急迫加订货较多以及1天内作业量不易事前掌握的情况。

**5. 门店补货的具体操作**

（1）下单与出库　门店根据销货及库存情况，确定补货品种，填写补货单，列明补货商品的货号以及补货的要求等。

药品经营企业要制定药品出库检查与复核制度和流程，明确责任人。着重规范以下几个方面。

①出库次序制度　应遵循"先产先出""近期先出"和按批号发货的原则。先产先出、近期先出是确保药品能够在有效期内使用，按批号发货是保证药品的可追踪性，以便质量管理。

②出库复核制度　药品出库时，应按照发货单或配送凭证进行质量检查和数量、项目的核对，做到货单相符。由于药品的特殊性，对麻醉药品、一类精神药品、医疗用毒性药品等特殊药品，更应建立双人核对制度。

③出库登记制度　药品批发企业在药品出库复核时，为便于质量跟踪所做的复核记录，应包括购货单位、品名、剂型、规格、批号、有效期、生产厂家、数量、销售日期、质量状况和复核人员等项目。药品零售连锁企业配送出库时，也应按规定做好质量检查和复核。其复核记录包括药品的品名、剂型、规格、批号、有效期、生产厂商、数量、出库日期，以及药品送至门店的名称和复核人员等项目。药品出库复核记录应保存至超过药品有效期后1年，但不得少于3年。

④不能出库发货的情况　如发现药品包装异响或渗漏、外包装损毁或不易辨识及脱落、药品超出有限期等情况，应及时向企业质量管理部门报告，进行相应处理。

⑤出库应及时、准确，尽量1次完成，搬运时应注意轻拿轻放，以防药品损毁。

（2）验收与入库　药品入库验收是药品进入经营环节的第1道程序。验收的目的是保证入库药品数量准确，质量完好。

药品验收由验收员根据原始凭证、发货票、入库通知单等各项要求进行检查，按规定进行抽样、化验，最后填写验收记录，并签字保存备查。

①药品验收时的抽样原则　按批号从原包装中抽取样品，样品应具有代表性和均匀性。一般情况下，每批50件以下（含50件）抽取2件；50件以上每增加50件多抽1件（不足50件按50件计）。在每件中从上、中、下不同部位抽3个以上包装进行检查，如外观有异常情况需要复验时，加倍抽查。

②药品验收的内容　数量、包装、标签和说明书、注册商标、批准文号、生产批号、质量保证期限、出厂检验报告或产品合格证、外观形状、内在质量等方面的检查。完成检查后，门店收货人员在凭证上签字确认。对存在问题的药品，门店有权拒收，填写相关表单并向配送中心退货。验收记录应记载供货单位、数量、到货日期、品名、剂型、规格、批准文号、批号、生产厂家、有效期、质量状况、验收结论和验收人员等项内容。

③门店销售的贵重药品　如中药材或饮片应由双人同时逐一验收并进行品名、产地、供货单位、生产企业、生产日期和批号等的检查，还应注意是否有发霉、虫蛀等不符合质量标准的情况。

④进口药品的标签　应用中文注明药品名称、主要成分、注册证号等，并配中文说明书。

**6. 补货时的注意事项**

（1）在营业高峰前和结束营业前容易缺货，店长应要求店员及时发现药品缺货情况，并进行补货。补货以补满货架、端架或促销区为原则，尽量不堵塞通道，不妨碍顾客自由购物，补货时要注意保持卖场的清洁。

（2）补货前要先对系统的库存数据进行确认，确定属于缺货时，将暂时缺货标签放置在货架上。补货品项依促销品项、主力品项、一般品项的重要等级依次补货上架。要依据药品的有效期必须遵循"先进先出"的原则。

（3）补货时，必须逐个药品检查有效期。对于近效期药品堆放在最明显处，并且挂近效期药品标示牌，其次填写近效期药品催销表，交给店长催销。发现过期药品必须第一时间下架，并立即通知主管进行处理。同时，要严格保证"先进先出"的原则，保质期较短的药品要陈列在货架的最外端，如果有旧包装商品，一般要先将旧包装商品消化完毕后才能将新包装商品上架。

（4）补货时要注意检查商品的质量、外包装以及条形码是否完好，价格标签是否正确。按区域依货架的顺序进行。店员可在不改变陈列位置和方法的前提下进行补货。

（5）补货时，必须保证所有商品正面朝外，如果补货完毕后商品仍然不能够充满整个排面，须将商品前移，保证商品从外部观察相对饱满。

（6）对已变质、受损、破包、受污染、过期、条码错误的商品严禁出售。

（7）补货时要利用工具（平板车、五段车、周转箱等）进行补货，以减少体力支出，提高工作效率。

（8）叠放在栈板上的货品，应注意重量及体积大的放在下层，体积小和易坏的放在上层，摆放整齐。

（9）补货完毕后速将工具、纸箱等整理干净。

（10）补货时药品要轻拿轻放，避免对药品造成损害及危害他人安全。

（11）补货完成后，要及时清理垃圾并送到指定点，存货送回库存区。

## 二、药品的上货与理货

**1. 上货与理货的顺序**　补货完成后，就进入上货与理货程序。上货与理货是将销售药品呈现给顾客的最后一步，也是门店销售最为直观的部分。门店货架多则十几乃至几十排，少则几排。药品种类繁多。因此，上货和理货必须按照一定的顺序进行，以更好地完成工作，促进销售。

上货和理货应按照端架—堆头—货架的先后顺序进行，在货架上应按照从前到后、从上到下、从左到右的顺序，将货品进行整理并摆放在合适的位置。同时应注意，所有做促销活动的药品，均应优先补货、上货和理货。

**2. 上货与理货的要求**

（1）力争做到当日来货当日上架和理货，促进销售流转。

（2）药品的位置要与其价格标签对应，并确认价格标签的准确、清晰，以免消费者辨识不清或产生误解。

（3）药品的陈列应保持正面向外，并位置整齐统一，激发消费者的信任感和购买欲。

（4）药品陈列应符合先进先出的原则，确保其有效期。

（5）药品的标签、包装和保质期应予以检查。

（6）药品的缺货标签正确放置。

（7）零星散货放置在正确位置。

（8）陈列位置要符合门店陈列图的要求。

（9）药品的陈列要符合安全原则。

（10）最好在每日销售高峰前后进行，以免影响销售最佳时期。

**3. 上货与理货中的注意事项**

（1）检查外包装、条形码等是否完好，破损包装应及时修复或进行其他处理。

（2）非销售单位和商品不得零星停留在销售区域，以免带来不必要的麻烦。

（3）必须将不同货号的货物分开，并与其价格标签的位置一一对应。

（4）上货时应注意保护药品、设备及工作人员安全，严禁踩、坐在药品和设备上，注意安全取、放、递药品，切忌从货架上往下扔东西，如因人为原因造成损失，则由该责任人负责赔偿。

（5）药品应按照指定位置摆放，不得随意更改和调整排面。

（6）上货和理货期间不得私自使用或带走药品，一经发现将严肃处理。

（7）上货和理货期间应准确、快速完成工作，尽量避免对销售的影响。

（8）上货和理货完成后，应及时清理相应杂物和垃圾，确保通道畅通、卫生和安全。

（9）对完成后的货架进行检查，发现问题及时解决。

### 岗位对接

医药商品购销员（四级）国家职业标准中，对商品盘点的要求是：能正确进行库存盘点和结算。对效期药品的要求是：能进行效期药品的管理。

### 实训十五 药品盘点

**一、实训目的**

学习药品盘点的方法、步骤和内容。

**二、实训要求**

能在规定时间内正确完成盘点任务，盘点过程规范。

**三、实训内容**

**1. 店内盘存** 对门店内药品进行盘点，并进行简单的数据统计及分析。

**2. 库内盘存** 对库存药品进行盘点，并进行简单的数据统计及分析。

**四、实训方法**

模拟盘点现场，由 3 人 1 组。分别扮演初点、复点及抽点的角色。由教师准备好盘点用具及一定数量的需盘点的药品。

1. 首先确定此次盘点所用的方式方法。

2. 做好盘点前的准备工作，如整理药品、检查盘点工具等。

3. 2 人 1 组严格按照盘点配置图的要求，按盘点操作规范进行初点和复点。

4. 由该组中剩下的另一名学生负责抽点。

5. 教师检查学生的盘点结果，同时观察并及时纠正学生整个盘点过程中不符合规范的步骤及操作。

6. 各组根据盘点结果，对门店目前的库存结构、商品质量等基本情况进行简单的分析。

### 五、实训评价

表 9 - 3 实训评价表

| 序号 | 考核内容 | 考核要点 | 配分 | 评分标准 | 扣分 | 得分 |
|---|---|---|---|---|---|---|
| 1 | 盘点前的准备工作 | 1. 人员组织分工。<br>2. 准备工具、资料、盘点单。<br>3. 发布盘点通告。<br>4. 盘点前环境整理 | 2 | 1. 不能在规定时间内完成盘点准备工作的，扣0.5分。<br>2. 没有进行人员分工，扣0.5分。<br>3. 没有准备相关工具、资料、盘点单，扣0.5分<br>4. 没有查看盘点环境的，扣0.5分 | | |
| 2 | 盘点操作 | 1. 初点作业。<br>2. 盘点时检查药品的有效期。<br>3. 复点作业。<br>4. 初盘复盘比对。<br>5. 抽点作业 | 6 | 1. 未按盘点表顺序，依次进行盘点，扣1分。<br>2. 没有检查药品有效期，扣1分。<br>3. 复点作业没有拿取新盘点单，扣1分。<br>4. 初盘人和复盘人未逐项进行两次盘点结果的比对，扣2分。<br>5. 没有找店长或负责人进行抽点作业，扣1分 | | |
| 3 | 盘点结果比对 | 1. 盘面与账面相符，进行调整与结算。<br>2. 盘面不合，重新盘点 | 2 | 1. 盘点结果与实际不符，扣1分。<br>2. 没有盘点结算，扣1分 | | |
| | 合计 | | 10 | | | |

否定项：无

## 目标检测

**一、选择题**（下列每题的选项中，只有 **1** 个是正确的，请将其代号填在括号内）

1. 盘点时应（　　）。
   A. 以单找货　　　　　　　　　　　　B. 以货找单
   C. 库存商品不需要盘点　　　　　　　D. 拆零商品不需要盘点

2. 对盘点操作的叙述，不正确的是（　　）。
   A. 盘点作业分为初点、复点和抽点
   B. 实施盘点时应按由右而左、由上而下的顺序进行
   C. 盘点时顺便观察商品的有效期，过期商品应随即取下
   D. 不同特性的商品的盘点应注意计量单位的不同

3. 盘点前理货应（　　）。
   A. 每种商品只能有 1 个货位　　　　B. 每种商品几个货位分别盘数
   C. 库存商品不需要上架　　　　　　D. 价签可随意放

4. 盘点表的抄写方式（　　　）。

　　A. 直接抄价签未核对商品　　　　　B. 不需要按顺序抄写

　　C. 产地规格不用抄写　　　　　　　D. 看货抄单

5. 盘点的目的在于（　　　）。

　　A. 掌握与控制库存　　　　　　　　B. 了解店面商品的损益状况

　　C. 通过盘点进行销售分析，调整商品结构　　D. 以上均是

6. （　　　）由货架保管区补货到流动货架的拣货区。

　　A. 整箱补货　　　　　　　　　　　B. 托盘补货

　　C. 货架上层向下层的补货　　　　　D. 随机补货

7. 上货和理货应按照（　　　）—堆头—货架的先后顺序进行，在货架上应按照从前到后、从上到下、从左到右的顺序，将货品进行整理并摆放在合适的位置。

　　A. 货架上层　　　　B. 端架　　　　C. 货架下层　　　　D. 促销柜

**二、填空题**

1. _____是药店掌握自身资产状况和管理资产的有效方法。

2. 实施盘点时，应按照负责的区位，按商品货架顺序，逐架逐排依序_____，由上至下，_____进行盘点。

3. 药品出库复核记录应保存至超过药品有效期后1年，但不得少于_____年。

4. 上货、理货和盘点时，有必要再1次核查药品的_____，保证在该药品的法定效期内合理使用完毕。

**三、判断题（阅读以下题目判断对错，并请在题后的括号内，正确的打"√"，错误的打"×"）**

1. 盘点时已完成货架编号定位的药品不可再随便移动。（　　　）

2. 盘点时写错的数字，可以在盘点表上用涂改液等涂抹，可将原数据划掉，重新书写并在修改处签名确认。（　　　）

3. 效期在1~6个月商品称为近效期商品，销售人员应对该类商品需予以特别关注，积极销售。（　　　）

4. 补货以补满货架、端架或促销区为原则，尽量不堵塞通道，不妨碍顾客自由购物，补货时要注意保持卖场的清洁。（　　　）

5. 补上货时，不用将不同货号的货物分开，并与其价格标签的位置一一对应。（　　　）

（王国妮）

# 第十章

# 药店促销管理

## 第一节　门店促销概述

### 一、门店促销的目的和特征

药店促销是指药店通过人员推销和非人员推销的方式，向广大消费者传递药品信息，引导、启发、刺激消费者产生购买动机，产生购买兴趣，做出购买决策，采取购买行动的一系列活动。按促销的具体形式划分，可分为：人员促销、营业推广、公共关系、广告。零售药店的促销活动以营业推广为主，人员促销和广告为左膀右臂，公共关系为辅的形式开展，结合了促销的4种具体形式，但是相对重要性程度不同。

**1. 门店促销的目的**　零售药店促销的目的主要有以下几个方面。

（1）提供信息，刺激需求　药品不同于其他商品，它的针对性强，而且主要是在医生的指导下使用。虽然零售药店的消费者不是药品详细内容的主要宣传者，但是可以对促销活动内容、形式等进行宣传，故零售药店在做促销活动时能够提供商品信息，主要包括商品品名和价格，甚至活动内容，从而激发消费者的购买欲望。

（2）突出重点，引起重视　由于药品市场竞争日趋激烈，对于同类药品，消费者往往不易比较它们之间的细微差别。因此零售药店通过促销活动，大力宣传自己所经营主推产品以及显示药店自身优势的品牌品种的特点和优点，使消费者能够产生深刻印象和好感，引起重视，从而使这些商品居于优势地位。

（3）树立形象，稳定市场　消费者对形象好、声誉高的药品零售企业所经营的产品具有较高的信任度，愿意购买并放心使用。说明药店的品牌形象会直接影响到经济效益。因此树立良好的药店品牌形象对于巩固其市场地位，增加经济效益显得十分重要。通过各种宣传促销活动，能增强消费者对药店的信任度。

**2. 药店促销的特征**　药店促销和其他商店的促销有共同之处，但是也有其自身的特点，主要有以下4个方面。

（1）药店促销规定的特殊性　药店促销的特殊性体现在法律法规对于药店销售药品时的相关规定。《药品流通监督管理办法》第二十条规定，"药品生产、经营企业不得以搭售、买药品赠药品、买商品赠药品等方式向公众赠送处方药或者甲类非处方药。"药店如果对处方药和甲类非处方药采取买赠的形式销售，无形中就会增加患者购买的药量，患者在没有专业医生和执业药师的指导下超量服用处方药和甲类非处方药，就会给用药安全带来诸多隐患。因此，药店根据商圈定位统筹安排合理促销，是药店之间的差异化竞争的需要。合理促销不等于不顾顾客的生命安全和身体健康；合理促销不等于不顾顾客的利益。合理促销需有利于顾客的身体康复，如运用专业知识进行"联合用药"；合理促销既能培养顾客的忠诚度，也能为顾客节约时间成本，如某些慢性病需要长期服药，向患者按"疗程荐药"等等。总之应该在法律法规的框架下进行合理的药店促销。

（2）药店促销的季节性　由于消费者在购买药店商品时也有一定的季节性规律，这就要求药店促销要根据消费者的购买规律进行有效的促销。在春季是药店生意最为红火的一个季节，因为春季的节日比较多，尤其现在流行着一种"送礼就送健康"的说法，自然这个季节是药店贵重药材和保健品的大卖季节。但是也要注意有"过年不上药店"的说法，所以这个季节的促销时间段也要把握好。除此之外，春季是一个流行病，普通感冒频发的季节，注意这类药品和保健品等的促销。夏季由于天气炎热，是疾病的高发季节，夏季的主要促销商品是解暑类、减肥类、个人护理品等商品。秋季天气凉爽，就全年比较是药店销售的淡季，但是由于天气干燥，促使护肤品、化妆品及一部分保健品（如太太口服液、美媛春、花旗参等）进入畅销期，同时，秋季的节日有中秋节和国庆节是两个比较大的节日，是应该抓住的时机。冬令进补是中国历史悠久的民间习俗，因此冬季是进行各类参茸补品的促销时机。冬季寒冷，是各种老年慢性疾病如高血压等的高发季节，应该注意用于预防这类慢性疾病药品和保健品的促销。总之，四季中，由于消费者的各种复杂的需求，药店的促销重点都是不同的。

## 拓展阅读

### 药店促销四季歌

春之歌——节日红火生意忙
夏之歌——消暑药品唱主角
秋之歌——中秋情粉墨登场
冬之歌——适时进补精神旺

（3）药店促销可以积极利用内外部的资源　作为药店的管理者，要善于对门店内外部的资源进行整合，包括连锁总部配置的、门店现有的、厂家促销资源、商圈资源等，可以与厂家、社区合作，开展合作双赢为目的的宣传，提高药店促销有效性，提升品牌影响力。零售终端是上游药厂非常关注的环节，药厂希望及时掌握顾客需要什么，包括价格、产品需求等信息，以指导厂家的生产和销售。终端促销活动便是终端与顾客、产品与顾客、企业与顾客沟通的最好时机，因此药店可以最大限度地获得厂家的资源，药店可以主动与厂家沟通，寻找更多的合作者和支持者来支持自己的促销活动，如邀请厂家共同开展互利互惠的主题促销活动，请他们提供活动经费和礼品赞助等。另外，一些超市店中店，也可与所在商超沟通，分享顾客资源。或者在其搞活动时，将药店的促销商品打印在对方的 DM 单上，这样可以节省促销费用。对于需要进社区举行的免费体检等活动，药店也应积极与所在社区沟通，以获得对方更大的场地支持。对于大型的连锁药店，在争取厂家资源方面的话语权利更大，这样可以以整个连锁公司出面，获得更多的资源。在大型连锁药店内部，同样的促销手段可以在多个门店复制，因此可以更好地节省促销费用。

（4）药店促销是药店战术性的经营工具，但是药店肯定不想促销只是作为"强心剂"作用，而是想将它的作用发挥到更加长久。所以，各个门店的促销战术新颖、形式多样，都力求促销活动形式避免单一化、同质化。在市场白热化的今天，最让跟随者头疼的是血本促销，结果是"赔了夫人又折兵"，其原因为促销活动方式老套陈旧，没有新鲜感、不新颖；采取差异化营销策略是保障促销效力，赢得市场的要点。在实际过程中，如果没有明确的目标导向，单纯用促销去拉动销量，结果很可能是用明天的销售换今天的销售。不仅如此，由于没有明确的战略目标导向，过多的运用促销，反而破坏了药店的形象，甚至使消费者丧失对该药店品牌的信心。因此，药店促销战术性特征同样要求与企业的整体营销战略相结合，符合整体营销战略发展的目标和方向，与整体药店的品牌形象一致。

## 二、门店促销的常用方法

促销活动的具体形式主要包括店头促销、健康讲座、社区推广、会议交流和公益活动5种。

**1. 店头促销**　店头促销是专营店的一种形象促销活动，指的是直接在店面进行的促销活动。主要表现形式有3种：特别展示区、货架两端（端头）和堆头陈列。这3者都是消费者反复通过的、视觉最直接接触的地方，而且陈列在这里的商品通常属于促销商品、特别推荐产品、特价商品和新产品。通过店头促销与目标消费者进行沟通，以提升品牌知名度，建立品牌认同，并增加销售量。注意特价商品的选择过程中一定是在药店商圈内最为敏感的名牌商品。

**2. 健康讲座**　健康讲座是会议营销的主要内容，它通过邀请专家开展讲座，把产品知识和健康理念通过科普教育的方式传递给消费者。只有把产品知识和健康理念讲透，让顾客先有一个理性的认知，才能促使其购买产品。

**3. 社区推广**　社区推广指的是在目标社区内进行的以树立企业的品牌形象，积极引导顾客的消费倾向，并最终提高产品销售额的促销活动。社区推广活动是对门店日常营运工作的重要补充。在做社区推广过程中应该注意与社区居委会的公共关系的维护。

**4. 会议交流**　利用会议的形式与目标受众聚在一起进行交流，以期通过这种相对轻松的交流环境，经过主持人的适当引导，使与会者接受有关产品的相关信息，并产生一定的认同感，最终利于产品的销售。

**5. 公益活动**　公益活动是与公益组织联手，比如医院、药监部门、环保部门等，充分借助其权威、公益的性质，搭建一个具有社会公信背景的销售平台，实施人性化的营销活动。药店借助公益活动与消费者沟通，以树立良好的企业形象，并借以良好的企业形象影响消费者，使其对该药店的商品产生偏好，在作购买决策时优先选择该药店商品的一种营销行为。

### 案例讨论

**案例：** 2016年年初老百姓大药房联合广场舞协会、天美健公司举办活动，自2016年初开始准备，4月开始在全省各地市拉开帷幕。老百姓大药房面向全省中老年人开展的健康类文化活动自"银发健康大使、老年书法大赛"后的又一关注关爱中老年人健康的运动推广，旨在通过广场舞大赛的形式，借助广场舞爱好者们充满朝气、充满快乐的健康舞步，走进全省的每一个地市、街道、社区，普及中老年人喜欢的运动——广场舞，鼓励他们走出户外强身健体，老有所喜，延年益寿。2016 年 5 月 25 日老百姓大药房健康广场舞大赛总决赛落幕。

案例讨论：老百姓大药房的此次促销活动主要是哪种形式？这样的促销活动的促销目的又是什么呢？

## 第二节　门店促销活动的策划

### 一、选择促销活动主题的方法

#### （一）主题的选择

选择促销主题时应注意如下问题。

**1. 主题要有广泛关注的社会意义**　有社会意义，才会引起消费者关注、公众关注、媒体关注，才会有人气。比如三八节主题："关注弱势妇女群体，三八免费妇检"。母亲节促销活动主题是："献给母亲的爱"。某儿童保健品的六一节主题是："关注您孩子的情商！"策划主题是本着公关第一，广告第二的思想，可请记者策划，可以以公关手段制作事件行销话题，使得促销活动主题由头具有较深的社会意义，从而取得较高的公众关注度。

**2. 主题传达的信息清楚明白**　明白你要干什么，真正有兴趣的人自然会来参与。一般较难同时有社会意义又表达得清楚明白，这是可以用副标题形式来说明。比如某心脑血管药品重阳节的促销主题："老吾老以及人之老"，副标题："高血压防治知识咨询义诊""高血压患者如何改换用药品种"等。这里切记不可就拿"买一送一"欺骗消费者，尤其是你送的这个"一"要说明白。

**3. 主题通俗顺口，容易明白与记忆**　促销的主题要做到通俗顺口，易说易记，比如，"××送健康，买也赠换也赠！"副题："用××产品同类产品空盒子可以换取××产品的赠品 1 盒。""买 1 盒××，就向奥运会捐献 1 分钱。"

#### （二）促销主题的类型

**1. 开业促销**　开业促销除了拉动销售之外，最大的目的就是利用开业促销的时机进行宣传，提高知名度，树立药店形象和品牌形象，以此赢得良好的市场口碑。开业促销应该首先确定开店日期，而开店日期最好是选在有节日或特殊的纪念日等，提前做好促销准备。调查当地市场情况，特别是竞争情况，以利进行有针对性的促销。其次开业促销应该借助厂家资源，共同协商促销事宜，并制定具体的促销办法，预测促销效果、进行费用预算后形成促销方案。再次，应该根据最终的促销方案向公司申请资源，并得到厂商配合，监督执行促销过程。最后，在开业促销过程中，如果出现问题及时改变方案内容或者启动应急方案。开业促销应该注意以下几个方面的内容。

（1）不要盲目对抗竞争的药店　新开店面临一个进入新市场的适应期，应以培育市场、刺激消费为主，而不宜直接剑指竞争对手、盲目高举高打，更不宜主动挑起价格战。

（2）忌毫无广告投放　应该在开业前就进行社区宣传，其他门店协同宣传，以及各种报纸 DM 单的发放等，新开店的促销更侧重于也更强调广告宣传，因为新开店对于消费者都不熟悉（单体店尤其如此），这个时候如果广告没有打响，再有力度的促销也不会产生很好的效果。

（3）开业促销应该选好时机  能够搭借重大节假日搞开业促销当然更好，如果不能，也要选择一个好的时机，比如周末、所在商场剪彩之日，或者当地市场的一些喜庆日期等等。

（4）忌忽视卖场气氛的营造  开业促销要想一炮打红，一定要营造出开张大吉的气氛，以招揽人气。比如利用拱门、气球、彩带、彩旗、巨幅、花篮、花圈、绶带、广告车以及POP等，制造气氛。如果条件允许，可搞一些现场表演、互动游戏之类的活动，比如邀请社区腰鼓队等，效果自然更好。

（5）忌厂家品牌不介入  开业促销，是厂家品牌宣传的一个好时机，为厂家品牌今后在该市场的发展作好铺垫。同时有些有名厂家参加，既可以获得促销资源，又可以更好地吸引人气。因此，厂家品牌和活动也要在促销宣传物甚至广告标题中得到体现。

（6）要注意多名药师的参与  药师的参与代表药店的专业性，为了树立药店专业的形象，在进行开业促销时应该让多名药师参加，可以让其他门店的药师来帮忙，这样既可以解决顾客关于用药知识、生理健康知识的疑问，又可以使得药店在这个商圈范围内树立良好的专业形象。

**2. 节日促销**  节日促销是药店增进销售，推广自有品牌商品的很好时机。在节日中人们由于节日的气氛进行冲动消费，愿意有新的尝试，实现购买欲望，因此药店做好节日促销是药店促销中必不可少的环节之一。节日促销应该注意以下几个方面的内容。

（1）节日促销要适时营造节日文化氛围  针对特定需求群体，制定目标品类策略，如三八节，要针对女性顾客，选取妇科用药、日化美容品、减肥类、女性保健品等，开展一系列相关联的促销活动。节日促销越来越为人们所推崇，不管是"母亲节健康爱护母亲"还是"春节好礼天天送"，在所有动之以情晓之以理的促销手段中，"节日"最终被药店不约而同地认为是最大的卖点。中国人节日情结重，而且又有送礼的好习惯，人们在几天的假期里逛商场大肆购物的时候，看到促销广告，难保不会去药店来个顺手牵"药"。

（2）精心设计节假日促销主题  零售药店要想在竞争激烈的节日促销中取胜，必须抓住各类节日的特点，塑造鲜明的活动主题，把顾客吸引到药店中购药，如"三八"妇女节要紧紧围绕关爱女性，针对女性用品举行各种促销活动。如"七夕节"也可以通过以"珍惜身边的爱人"为主题进行促销活动等等，通过这样主题鲜明的活动将顾客吸引到药店购药。营造一个好的主题，好的主题是整个促销活动的灵魂，是展现在消费者眼前的第一道关卡，主题吸引消费者才能促使他靠近产品。

（3）尽量延长促销时间  节日的时间是比较短的，在节日期间促销竞争又很激烈，因此可以适当把节日促销分为节前、节中和节后3个阶段，延长节日促销时间。特色活动应该比竞争对手早3~4天，以免被对手抢先。再好的策划，再好的时机，如果没有完整准确的规划预算，届时商品不充足，促销品不到位，顾客该买的买不到，该拿的拿不到，也必定影响整体活动的效果。

**3. 会员促销**  会员促销可以帮助药店准确找到目标消费者群，帮助药店判定消费者和目标消费者的消费标准并准确定位。会员促销成本最小化，效果最大化，在最合适的时机以最合适的产品满足顾客需求，可以降低成本，提高效率。会员促销使得顾客终身价值持续性提高，以便能够记录顾客最新反馈，利用所得到的信息有针对性的保证稳定消费群的营销策略。会员促销是一个双向个性化交流的过程，可以实现各自利益。在进行会员促销时应该注意的事项如下。

（1）药店进行差异化经营与定位。培养自己在某个疾病或者某个大品类方面的核心竞争力及优势，避开会员日的变相降价竞争。可以在会员日推出系列疾病健康解决方案，从而推出组合产品、推出优质优价或者疗效好的高价品种，或者就会员日针对某些产品提价，实施高价位、高促销策略。

（2）在进行会员促销时一定要加强药学和医学服务，体现服务差异化。如会员日的患者之间联谊交友活动、会员日的健康讲座、会员日上门服务等，依靠其他活动减弱会员对会员日价格的预期、降低会员对打折降价的注意力。

（3）在进行会员促销时要注意提高会员忠诚度，以维系顾客忠诚度为核心的会员营销是一场持久战。有研究表明：企业争取一个新顾客比维持一个老顾客要多花 20 倍的成本。顾客忠诚度不仅可以带来企业利润，还可以降低营销成本，使企业获得持续增长的动力。一些有远见的企业已经非常重视会员日促销的变革创新，立足培养会员顾客的忠诚度，并把忠诚用户看作自己巨大的市场资源，努力强化他们和品牌产品之间的亲密关系，一举为药店赢得了会员促销的一片晴空。

（4）在进行会员促销时应该突出文化营销。尤其对一些老字号药店来说，依托传统文化，针对目标顾客以及潜在顾客的需求，在知识传播中达成消费者之间的互动，也是造就强势销售的一个不错的选择。

（5）利用数据信息指导会员促销。在实行会员制时，会员在购买药店商品后几乎都会留下一定的会员信息，而这些会员信息正是药店进行会员促销的指导。因此在进行会员促销策划时就应该分析会员信息，了解会员需求而开展有针对性的差异性的会员促销。比如可以将会员进行分类，对不同类型的会员都制定相应的促销方式。

**4. 社区促销**　社区促销是一种投入少、见效快、针对性很强的促销策略。现今的社区概念已经拓展了，不再仅仅局限于居民小区，还包括了具有相近思想意识或行为活动的社会团体。但是某一社区必定都有其相似的生活形态、消费认知和消费水平，所以开展社区促销具有很强的针对性，将使药品的定位更加具有穿透力。社区促销是与消费者面对面的沟通，不仅可以宣传药品知识，也能了解消费者对药品、价格、促销手段、广告等各个方面的认知和建议，为下阶段制定符合消费需求的促销活动和优化药店品类结构奠定基础。在进行社区促销应该注意以下事项。

（1）注意信息的管理和搜集　进行社区促销时药店应该尽可能地收集消费者的名单，必要时为每一位消费者建立详细的档案，包括消费者登记、回访记录、家访记录的信息系统，建立消费者资料卡，存档保留并按姓氏划分归类。对消费者实行动态管理，对重点消费者和固定客户还要进行总结性检查，重点检查不良反应情况登记、疑难问题解答等内容。做好信息的管理和收集，不但可以培养出大批的典型案例进行社区的口碑宣传，还可以直接掌握消费者反馈的一线信息，从而针对消费者的需求及时地调整经营策略。

（2）药店要积极参与社区活动　积极参与社区活动是为了更好地进行社区促销的前提。药店对当地的社会活动应极其热情，积极参加。这样，一方面可以建立良好的人际关系，获得顾客的信赖，得到社区的认可，另一方面也可以通过积极参与社会活动而拓展新的客源。参加社会活动最好以协助或服务的立场来完成，这样不仅可以获得社区居民的好感，更可以在协助或赞助中，留给社会利益。

（3）药店在进行社区促销时要维护好区域内的公众关系　药店对于当地派出所管区、社区居民委员会、消防队、工商、卫生等社会公共机构，要处理好关系，进行必要的沟通，以免在进行促销活动时因为违反这些公众机构的规定而造成不良的影响，不仅没有搞好促销还带来负面的影响。

（4）药店的社区促销还应该注意互动促销　社区促销可以通过一个有效的载体（如优

惠卡、社区绿卡）和相对应的销售制度、销售政策，将消费者、品牌与邻近社区有机地串起来，形成一个整体互动的销售局面，真正实现药店品牌运作和互动促销。有效的互动能够使社区宣传推广的成果更有保障地转化为效益，能够更牢固地将消费者的目光吸引住并使之成为药店的忠实消费者，同时还有利于药店建立自己的定位优势和药店的品牌，既有效地支撑和拉动销售又能营造一个很好的口碑形象。

**5. 服务促销**　药店的服务促销在各种促销策略中越来越具有竞争力，而药店的服务促销的关键是培养一种人文关怀的气氛。服务促销的形式多种多样，主要包括各种免费服务，一说到免费，总是能吸引顾客的注意，更何况，只要是走进药店的顾客都比较关心自己的身体健康不管是免费测血压还是免费送药，"免费"给大家提供的就是一个方便，虽然药店不能以此为主要手段吸引顾客的到来，但在普遍讲究品牌服务的今天，这种所谓的免费服务还是不能少的。起码，人们或许不会冲着你的免费去，但也会满意于你的免费服务。药店进行服务促销时应该注意的事项主要有以下几个方面。

（1）服务促销对于药店整体的素质要求很高　尤其在进行药学服务促销时，药店整体的医药学知识是进行这类促销的前提。药学服务已成为药店服务的主要项目之一，而现在最有效的服务促销也莫过于药学服务。与其他的促销策略相比，服务促销是一项系统工程。服务促销首先要求药店的企业高层实施顾客满意战略，并在所有门店管理中输入这种管理理念；其次，由于服务价值的高低很大程度上依赖于提供服务人员的素质，以及相应的服务设施和工具，因此需要一定的人员培训和硬件投入。另外，药店总部还需要建立相应的服务监督系统，以保障和改进服务的质量。

（2）服务促销需要把握适度的顾客满意度　一方面，药店在服务过程中总是要尽力满足顾客的要求。另一方面，顾客千差万别的要求又给门店增加了管理上的难度，使得门店不能不计成本地满足顾客的需求，因此在进行服务促销时也应该在顾客满意和管理成本中找到一个最佳的平衡点。

（3）服务促销要做好顾客的跟踪服务管理　药店要谋求长久的发展，就要从收集消费者的基本资料的工作做起，要注意资源的合理利用，消费者享受服务时必定留下一些资料，这些资料应该被很好地被利用起来，如可以对顾客进一步的跟踪服务管理。但是在收集这些资料时应该注意收集的方式和方法，特别不能引起顾客误解。在收集到相关资料后应该做进一步的数据分析，得出结论。比如说在第一次提供了药学服务之后，就知道该顾客所关心的疾病知识，以及有关的生活习惯和消费倾向，在大约3天后可以询问有关病情或治愈情况，这样的跟踪服务是最能让顾客体会到药店关心的。

（4）服务促销要做好顾客的外延工作　做好顾客的外延工作就是要加强顾客之间的沟通，使得顾客一带十，十带百，将顾客的消费潜力挖掘出来。消费者之间有时需要相互的交流，需要寻求互相的支持，药店要不时为其提供方便。可以通过典型消费者的推广和介绍，使得服务促销更具说服力。

（5）服务促销要做到一如既往，坚持到底　服务促销重在执行，难在坚持，能够细致地长期地做好售前、售中、售后服务工作。尤其是售后工作，建立顾客档案、进行电话回访、开展联谊活动等方式的及时跟踪争取顾客的再消费，不仅是一种销售促进，更是一种品牌带动。

## 二、确定促销活动内容的技巧

### 1. 确定时间与地点

（1）选址　根据产品的自身特点而选择活动地点，就是说选址时一定是围绕目标消费者进行。

要点是人流量大、居民区集中点（如选择小区人气最旺的广场或必经之路为最好），人群文化素质高、购买力强、场地整洁开阔、对周围的影响力大小、租用场地的费用情况等，并根据促销点位置、大小和方位等来确定促销活动场地如何布置，这一点同样也需要社区促销负责人亲自现场走访进行确定，现场情况可画草图进行标识。

（2）活动力度与时间长短　活动的力度涉及投入多少、投入什么、投入方式的问题。活动力度不够、刺激不强、主题不明、立意不深、缺乏新意都较难吸引人气。当活动经费有限的情况下，唯一可做的事就是对活动的方式方法内容进行创新，依靠创新加大刺激力度，这里的刺激指的是参与这项促销活动可以得到的各项好处，物质的、精神的还有其他的好处等等。

活动期需要足够的时间。在选择时间点时，要做到赶早不赶晚的原则，如果持续的时间短，顾客因事无暇购买而丧失机会或在这段时间内无法实现重复购买，促销达不到预定的目标；如果时间太长拖延太久，又会使开支过大，并且促销活动将会失去其新鲜感，从而降低刺激顾客购买的力量。另外，促销活动频率要适宜，不能频繁进行促销活动，会影响企业形象，并且容易被认为是企业在推销滞销产品。

**2. 确定人员**

（1）工作人员　治安巡逻队员、电工、保洁员等。

（2）活动人员　现场销售人员、主持人、咨询药师等。

（3）工作对象　具有明确购买意向或潜在消费可能的目标顾客。

## 三、促销活动策划方案的书写

**1. 促销活动策划方案的项目**　促销活动策划方案的项目有促销主题、促销目的、参与门店、促销时间段、促销方式和内容、宣传方式、促销预算、其他支持等。促销活动策划方案的项目内容可以根据具体的促销内容做一定的调整和增补。

**2. 促销活动策划书写的注意事项**

（1）促销活动策划前做充分的调查　促销活动策划前要做商圈的详细调查，没有调查就没有发言权，比如商圈的目标消费人群数量、竞争对手的数量以及营业情况、商圈目标消费人群较为敏感的商品等等。

（2）就药店自身而言的促销目的　促销活动策划书的促销目的是相对于药店的而言的，比如增加药店的销售额、毛利额，提升药店的品牌形象。因此促销目的和促销主题是有很大差别的，主题需要用宣传手段宣传出来，而目的是实实在在对药店而言的。

（3）促销费用预算用在刀刃上　促销活动策划的促销预算应该与药店的实际情况相适应。比如，店型、促销的规模、促销的具体内容等等。尤其在选择送礼或摸奖等的奖品设置时一定要贴近老百姓，主要为老百姓日常用到的敏感奖品，比如纸巾、鸡蛋、拖鞋、米、油等等。

---

**案例讨论**

**案例：**一家医药零售连锁企业有10家连锁门店，在周年庆的促销活动中，10家门店的促销活动策划书上不约而同地出现了购物送礼品的活动，但是有3家门店是购物满38元即有礼品赠送，有5家门店是购物满48元即有礼品赠送，而另外的2家则是购物满58元才有礼品赠送。

**案例讨论：**为什么同一家连锁企业的促销活动中的礼品赠送的金额不一样？这些礼品赠送的金额根据什么制定的呢？

**案例分析**：其实这些购物有礼的促销活动是药店常见的促销方式，但是礼品赠送的金额是根据每个药店的商圈决定，商圈的消费能力强则客单价较高，为了很好地提升客单价，达到促进销售的目的，一般起始的促销金额会比自身门店的客单价高一点，但是不能太高，例如一个门店的平均客单价为 36 元，则正好利用促销增加销售提高到 38 元，达到促销的目的，让顾客"踮起脚尖"，才能够达到增加销售的目的。

（4）支持项目要清楚　由于一个促销活动很多情况下不仅仅是一个药店自身就能够完成，所以在促销活动策划书中要明确其他支持的项目，例如连锁药店则需要总部的哪些部门支持，支持哪些方面等。

（5）促销效果策划要适当　促销效果一般包括客流量或来客数，销售额和毛利额提升的具体数值，在确定这些数值时不能太夸大，否则完不成，会对门店及员工的福利影响比较大。同时对于连锁药店而言，要与当月或当季总部下达的销售任务匹配。

**3. 促销活动策划书示例**

××××店促销计划书

（1）促销主题　天天 3.15　实惠在××。

（2）促销目的　通过 3.15 的活动，提升门店品牌，提高 3 月份销售，拉动全年销售。

（3）联动门店　×××、×××、×××。

（4）促销时间　活动 3 月 13 ~ 15 日。

（5）促销方式和内容　购物有礼、3.15 宣传、特价（西药、医疗器械、中药）。

①购物有好礼　凡活动期间，购物满 38 元，均送礼品 1 份（电脑小票不累计、不分解，特价、非会员商品不参与此活动）。

a. 满 38 元送 260g 汰渍洗衣粉 1 袋或口罩 1 只。

b. 满 88 元送五月花手帕纸 1 份或高级毛巾 1 条。

c. 满 158 元（会员 138 元）送五月花抽纸 1 提或精美雨伞 1 把。

d. 满 358 元（会员 338 元）送 900ml 食用油 1 瓶或弧形锅 1 个。

e. 满 558 元（会员 538 元）送 1.8L 食用油 1 瓶。

②说出您的知心话　3.15 当天，我公司在门店前设置"知心话台"，由店长带领两位营业员，倾听顾客的知心话（对门店的意见、建议均可），解答顾客对药品安全知识的疑惑，参与活动的顾客均可获得本店提供的精美礼品 1 份（抽纸 1 包或鸡蛋 2 枚）。

③30 个超值特价商品促销（西药 10 个、非药品 10 个、中药 10 个，附 30 个商品的图片及特价价格）。

（6）宣传方式　DM 单 + 短信 + 电话通知会员 + POP。

（7）促销预算　4434.7 元。

①宣传费用预算（表 10 - 1）为 2770 元。

②赠品费用预算（表 10 - 2）为 1664.7 元。

表 10 - 1　宣传费用预算明细

| 项目 | 橱窗喷绘 | 短信 | 电话 | DM | 社区海报 |
| --- | --- | --- | --- | --- | --- |
| 单价 | 30 元/m² | 0.05 元 | 0.15 元 | 0.25 元 | 略 |
| 数量 | 2m² | 3000 条 | 400 个 | 10000 份 | 略 |
| 合计 | 60 元 | 150 元 | 60 元 | 2500 元 | 略 |

表10-2 赠品费用预算明细

| 档位段（元） | 38 | | 88 | | 188 | | 388 | | 588 |
|---|---|---|---|---|---|---|---|---|---|
| 赠品名 | 260g汰渍洗衣粉 | 口罩 | 五月花手帕纸 | 毛巾 | 五月花抽纸 | 精美雨伞 | 900ml食用油 | 弧形锅 | 1.8L食用油 |
| 单价（元） | 1.67 | 1.5 | 2.5 | 3.05 | 3.9 | 7.5 | 8.8 | 11.3 | 18 |
| 数量（个） | 200 | 40 | 80 | 50 | 50 | 10 | 24 | 10 | 18 |
| 合计（元） | 334 | 60 | 200 | 152.5 | 195 | 75 | 211.2 | 113 | 324 |
| 费用率（%） | 4.39 | 3.95 | 2.84 | 3.47 | 2.07 | 3.99 | 2.27 | 2.91 | 3.06 |
| 备注 | | | | | | | | 合计 | 1664.7元 |

（8）其他支持

①行政部　按赠品计划准备赠品。

②企划部　DM单、活动前1天发会员短信，DM单10号送到门店。

③商品部　特价商品审核。

④门管部　如门店人员排班不足，请做相关人员支持。

（9）促销销售预估　促销期间客流量提升100人/日，客单价提升9元/人，总销售提升50%。

门店经理：×××

时间：××××年3月5日

## 第三节　门店促销活动的组织与实施

### 一、信息发布

**1. 选择媒体**

（1）视听媒体　视听媒体是集视觉媒体和听觉媒体功能于一身，通过有声的活动的视觉图像，生动、直观、逼真的传递信息，易于激发受众的注意力和兴趣，有利于提高传播效率和效果。视听媒体可分为电影、电视、广播、幻灯片广告等。

（2）网络媒体　主要指的是经互联网进行信息传播的方式。网络媒体通过文字、声音、视频等符号综合在一起，可以利用计算机和网络技术生成平面和三维动画、全息图像、虚拟空间环境等，达到信息的整合、重构和各种信息形态的相互转换目的，可以使受众产生比接受传统媒体的报道更加逼真的"沉浸感"，从事使宣传效果最大化。

网络媒体和传统媒体相比的最大的优势是具有无限而廉价的空间，打破了原有的地域界限，网络使时空得到了大大的拓展，订货和购买可以在任何时间、任何地点进行。独有的、双向的、快捷的、互不见面的信息传播模式，为网络促销提供了更加丰富多彩的表现形式。企业在因特网中只需要很少的费用就可以把有关企业及其产品有关的信息刊登出来，一旦在网上发布广告，不用增加任何额外费用，产品和服务信息就会传遍全球，潜在的宣传效应巨大。

（3）纸质媒体　包括报纸、杂志、图书、宣传单等。

（4）直接邀请　指通过各种方式直接与目标顾客取得联系并邀请其参加活动。

**2. 途径与方法**　常用的信息发布途径与方法有：①邀请，以邀请函等方式将促销信息通知给目标顾客。②播报，通过广播、电视等方式播放活动信息的方法。③人员派发，雇用人员对活动信息以传单的形式派发给目标顾客的方式。④公告，在一些公共媒体以刊登广告的形式来传递活动信息给目标顾客的方法。

## 二、材料准备

### 1. 宣传材料

（1）影视资料　围绕企业文化、企业的先进事迹及其取得的重要成果作为宣传资料，并将其制成影视短片的形式，在活动现场进行循环播放。

（2）渲染材料　分为宣传单张、POP、吊旗、台卡、立牌、展板、橱窗、厂商的宣传海报及橱窗空盒展示等，各种促销资源的使用应做到规范、有效。

（3）活动方式介绍　介绍此次活动的活动内容、活动方式、优惠政策、方便程度及给顾客带来的利益等。

### 2. 产品资料

（1）产品说明书　产品说明书就是对产品的介绍和说明，包括产品的外观、性能、参数、使用方法、操作指南、注意事项等。

（2）现场销售产品　现场销售人员运用一定的销售技巧，向顾客讲解商品，从而使顾客对商品产生兴趣、激发其购买欲望并最终促成商品的销售。

（3）奖品或礼品　GSP中规定药品销售不得采用有奖销售、附赠药品或礼品销售等方式。不得以买药品赠药品、买商品赠药品等方式向公众赠送处方药或者甲类非处方药。但药店里还有许多其他产品，若做促销，应注意促销活动礼品设计，一般按照以下原则来设计：①有用性原则。顾客在日常生活中能经常使用得到的商品，用这类商品作为礼品消费者不会嫌多，如儿科用药可赠送一些画笔、铅笔盒等，妇科用药可赠小镜子、护垫等。②珍稀性原则。这类礼品由于没有卖，价格信息不对称，显得很有档次，价值看上去很高，但实际并非如此。这样由于这个礼品的关系，可能就会大大提高顾客对活动的参与度。③迫切需求性原则。礼品如果是对方急需的，那不论价值多少，都将是最佳的，如冬天来临的时的暖手袋等保暖用品。④趣味性原则。礼品要富于情趣，好玩的礼品也是受欢迎的，比如成人智力玩具等。

---

### 拓展阅读

#### 发放宣传单的技巧

**1. 看人**　根据传单内容，选择那些具有购买意向和购买能力，而且真正能够在收到传单后会认真阅读的人群作为你的目标人群。

**2. 看地点**　选择合适的地点派单，因为地点的选择直接关系到人流量和人群购买意向的问题。

**3. 看表情**　迎面来的人，有表情微笑或者自然的，有表情呆板或严肃的，有急匆匆赶路的，有边走边聊的等等，要根据情况选择是否发放。

**4. 看时间**　最佳时段一般为上午10点至下午5点。

**5. 会说**　要说一些简短的最能打动顾客的话语，比如某某活动，特价，打折之类的等等。

**6. 会做**　还要注意发送传单的身体姿态和手势。要把传单恭敬地送到顾客手上，递给顾客的时候手臂要随着顾客行走的方向移动，以便顾客能接到传单而不至于将传单弄到地上。

### 三、场地布置

**1. 区域布局** 根据场地的具体情况进行合理布局。①场地布置应有立体感，突出促销活动的氛围。②场地布置应结合选点的位置，布置便于为顾客服务，同时对整个场地有控制感，以便应付突发事件。③展示用促销商品堆头的布局。④拉好横幅、展板要按规格集中树起来、展示用桌子可多放几张备用。立牌及宣传广告放到醒目位置让来往顾客容易看到。把品牌伞撑起来，突出品牌及公司的企业文化，提高知名度。增加产品的信任度，营造热销氛围。⑤咨询桌上要整洁，无杂物。台布要干净。⑥促销活动结束时，道具应及时清洁护理，并按时归还，或做好下一次的准备工作，包括考虑下一次促销场地安排，由就近的促销代表保存道具，合理利用现有道具配制资源。

**2. 营造气氛** 气氛渲染有利于聚集人气，加上中国人普遍的从众心理，也可以实现销售。可以用以下手段渲染现场气氛。

（1）视觉手段 促销活动终端现场尽可能多的张贴POP广告、海报、横幅、吊旗、宣传单页、根据不同主题的活动特别制作的异型立牌、台卡、灯箱等。气球、充气模型、彩虹门、空中飞艇、热气球。整齐特别的印有企业标志的着装、特制的帽子及药品空盒的宣传展示。散发印有活动说明的小气球给带孩子来的消费者。或者散发可以利用的小型精美宣传品。

（2）听觉手段 指通过高音喇叭、麦克风、扩音器，背景音乐及主持人现场的产品宣传，如销售高峰期的现场叫卖。电视录像或者重复播放录像录音等吸引消费者。

（3）现场表演秀 预先设计好一些以宣传产品为目的的利于消费者和组织者互动的小游戏等。用产品或者特制的展示包装物堆成各种形状的堆头，并在所有能插的地方插上气球。也可以事先找一些参与欲望很强烈的顾客，让其在现场表演、现身说法。活动中间穿插歌舞表演，在条件允许的情况下还可以请一些专业表演团体表演，以吸引活动现场的人气，为活动造势。

---

#### 拓展阅读

#### 活动现场的注意事项

**1. 安全** 活动前期应该办好相关手续。活动过程中的每一个细节都必须掌控在主办者的手中，注意维持好活动现场秩序，及时发现隐患（如有人闹事或恶意投诉等），防止现场的混乱。做好顾客人身及财产安全的保障工作，防止现场商品被盗。注意活动过程中的用电安全问题。同时注意工作人员的态度一定要耐心、细心，以免与顾客发生争执，带来不必要的麻烦。事先预演可能出现的所有问题及处理预案，以及应急方案，一旦出现问题，迅速按照预案或者应急方案处理，稳定现场局面。

**2. 设施** 活动前应仔细检查活动设施的使用状况。检查音响、彩虹门等是否能正常工作。海报、宣传单页、横幅等是否拿全。活动的礼品是否已拿够。并配备专职人员与相关职能部门进行沟通保证活动的正常进行。

---

### 四、人员组织

要保证整个活动过程的顺利进行，各岗位工作人员应明确职责，各司其职，工作到位，一职多能是关键。因此，必须对所有的工作人员进行培训，要做到以下内容。

**1. 确认岗位与职责**

（1）促销活动准备责任到人，现场活动责任到人，跟踪检查工作责任到人。

（2）前期对每个人进行工作分工，并反复沟通培训。要求所有参加活动现场的工作人员都能对促销活动主题、目的、意义、程序、注意事项等详细了解。

（3）做到1人多能多职安排，一旦人手不够就可真正实现1人多能多职。布置任务后，让每个人复述自己的职责，出现问题处理程序和处理方法。

（4）严肃纪律，统一行动，保证执行效果。

**2. 人员培训**

（1）培训人员仪容仪表、言行举止得体规范，特别强调现场应身着统一的企业服装。

（2）明确各人岗位与职责，不得擅自窜岗离岗，不得随意扎堆聊天。

（3）注意统一宣传口径，清楚活动的起讫时间、促销商品及其他活动的内容。

（4）要求现场销售人员熟悉本企业包括企业历史、文化、产品系列等各方面的情况。

（5）培训人员掌握所促销产品的卖点、产品销售技巧以及如何解答顾客可能提出的异议。

（6）要求现场工作人员做好顾客的信息收集工作。

（7）培训人员的服务意识，服务态度要积极但注意不能随意攻击竞争产品。

## 五、活动评价

评价的目的是为了总结经验，改进工作质量。因此活动过程中要求现场工作人员做好各类信息收集、整理工作。活动的评价可以分为活动过程的评价与活动绩效的评价两个方面。

活动过程的评价通常采用活动聚集顾客数量、现场销售产品数量、销售额、毛利率等指标进行评价，主要分析的是本次活动所产生的绝对效益。

促销绩效评价通过对不同促销方式或促销组合的各项销售指标进行对比，或活动前后各项经济指标的对照分析，从而了解不同的促销活动所产生的相对效益，最终评价出最优的促销方式以便今后继续使用。值得注意的是对促销活动的评价，除了直观经济指标外，有些效益是长期的、隐性的，不一定直接反映在销量上，如顾客对某一产品的信任不一定能产生直接的、短期的经济效益，但对药店的长期经营与发展显然有重要的影响。因此对促销活动进行评价分析时，不仅要注意收集销量方面的信息，同时也应重视收集活动前后顾客对产品、对药店品牌的印象与口碑等方面的信息，并进行分析。

### 📊 岗位对接

医药商品购销员（高级）国家职业标准中：要求学生会运用各种销售技巧促进销售，能制定促销计划。

## 📝 实训十六　药店开业促销策划

### 一、实训目的

通过实训能够让学生进行药店开业的促销方案策划和书写。

### 二、实训要求

1. 学生能够进行药店促销方案的策划。

2. 学生书写药店的促销方案，并提高其制作 PPT 的水平。

3. 学生能够通过 PPT 的制作，锻炼其团队协作能力。

### 三、实训内容

**1. 促销计划前准备** 分组进行促销策划方案制定前的调查工作，形成一些可供参考用于促销方案的数据。

**2. 促销方案的书写** 在各组根据调查的数据进行促销方案的书写，注意促销主题、促销目的、促销内容和形式、促销预算、促销支持等的实用性。

**3. 促销方案的汇报** 以同 1 组为单位，将写好的促销方案做成 PPT 的形式进行汇报。

### 四、实训方法

**1. 实训前准备** 分组进行任务布置，5 人 1 组，提醒每组同学自带 1 台电脑，选定具体的开业门店的地址，以现有街区空置的门面作为开店的地址。督促学生课前进行商圈调查。

**2. 实训过程** 以组为单位进行促销方案的书写和 PPT 制作以及汇报。

**3. 实训注意事项**

1. 考核时最终以 PPT 的形式展现。根据评分标准进行打分，每组派一个代表进行评分，自己所在的组不评判，评分要求客观公正，不能拉帮结派。

2. 进行汇报时，各组同学认真思考，汇报结束时可以进行相关的分析和建议，举手进行，如果分析建议比较合理切中，可以为所在的组适当加分。

3. 汇报结束后根据相关的建议和分析进行促销方案的修改，以组为单位以电子版的形式发送到相关的学习平台或电子邮箱上交，作为实训报告。

### 五、实训评价

表 10－3　实训评价表

| 序号 | 考核内容 | 考核要点 | 配分 | 评分标准 | 扣分 | 得分 |
|---|---|---|---|---|---|---|
| 1 | 促销计划前准备 | 1. 商圈调查情况。（竞争对手情况、社区居民数量、人流量等）<br>2. 敏感商品罗列。（罗列本商圈内最为敏感的商品至少 30 个） | 2 | 1. 没有商圈调查情况扣 1 分，商圈调查情况不详细扣 0.5 分。<br>2. 未罗列商圈内敏感商品扣 1 分，敏感商品罗列不全扣 0.5 分（不全起码必须在 15 个以上，罗列 30 个或以上得 1 分） | | |
| 2 | 促销方案 | 1. 促销主题未新意，体现开业，通俗顺口。<br>2. 促销目的应该以促进销售、增加药店的知名度、发展会员顾客为主。<br>3. 促销活动内容，贴近社区居民，符合药店店型，大力发展会员顾客，促销方式多样。<br>4. 促销预算合理。<br>5. 促销支持合理。<br>6. 促销目标适中 | 5 | 1. 促销主题未体现开业扣 0.5 分。<br>2. 促销主题无新意，不通顺上口扣 0.5 分。<br>3. 促销目的不明确或者未体现药店开业的情况扣 1 分。<br>4. 促销活动内容不新颖扣 0.5 分。<br>5. 促销活动内容与开业以及商圈不符扣 0.5 分。<br>6. 促销方式少于 4 种者每少 1 种扣 0.5 分。<br>7. 促销预算明显不合理扣 0.5 分。<br>8. 促销支持没有，或者与实际情况不符扣 0.5 分。<br>9. 促销目标过于保守或者夸大扣 0.5 分 | | |

续表

| 序号 | 考核内容 | 考核要点 | 配分 | 评分标准 | 扣分 | 得分 |
|---|---|---|---|---|---|---|
| 3 | PPT 制作 | 1. 制作精美、清晰，反映药店特色 | 1 | 1. PPT 制作不清晰、不精美，错误多扣0.5分。<br>2. PPT 未反映药店的特色，无药店的标牌扣0.5分。 | | |
| | PPT 汇报 | 2. 语言流利、临场表现不紧张、自然大方、台风好 | 1 | PPT 汇报时吞吞吐吐，紧张，对内容不熟悉者扣1分 | | |
| | 团队合作与分工 | 3. 体现团队合作精神、在汇报中加入团队的分工合作 | 1 | PPT 中未显示团队分工者扣1分，团队分工不合理的扣0.5分 | | |
| | 合计 | | 10 | | | |

否定项：无

## 目标检测

**一、单项选择题（下列每题的选项中，只有 1 个是正确的，请将其代号填在括号内）**

1. 让消费者免费试用药品，属于促销中的哪一种（    ）。
　　A. 服务促销　　　　　B. 体验促销　　　　　C. 展示　　　　　　　D. 人员促销

2. 以下不是零售药店促销的间接目的是（    ）。
　　A. 提供信息，刺激需求　　　　　　　B. 突出重点，引起重视
　　C. 树立形象，稳定市场　　　　　　　D. 清理库存，获取利润

3. 以下不是药店促销的特点的是（    ）。
　　A. 药店促销规定的特殊性
　　B. 药店促销的季节性
　　C. 药店促销难以利用内外部的资源
　　D. 药店促销是药店战术性的经营工具

4. 选择促销主题时应注意的问题说法错误的是（    ）
　　A. 主题要有广泛关注的社会意义　　　　B. 主题通俗顺口，容易明白与记忆
　　C. 主题传达的信息清楚明白　　　　　　D. 主题与促销目的的表述是一样的

5. 开展联谊活动属于促销方式中的（    ）。
　　A. 服务促销　　　　　B. 体验促销　　　　　C. 开业促销　　　　　D. 节日促销

**二、判断题（正确的打"√"，错误的打"×"）**

1. 促销策划书中的促销目标和促销主题是一致的。（    ）

2. 促销的实质是激发消费者购买欲望，促进购买行为。（    ）

3. 为了促进药品的销售，处方药可以在大众传播媒介上进行广告宣传。（    ）

4. 请社区腰鼓队来为药店开业造势是在促销方案实施过程中营造气氛的方法。（    ）

5. 促销活动策划方案书写前可以不做商圈调查。（    ）

三、多项选择题（下列每题的选项中，有 2~4 个是正确的，多选少选均不得分，请将其代号填入括号内）

1. 促销的具体形式包括（　　　）。

    A. 广告　　　　　　　　B. 人员推销　　　　　　C. 公共关系　　　　　　D. 营业推广

2. 连锁药店可以针对以下哪几种类型的药品实行低价策略？（　　　）

    A. 销量大、获利多的药品　　　　　　　　B. 销量大、获利少的药品

    C. 销量小、获利多的药品　　　　　　　　D. 销量小、获利少的药品

3. 门店促销的常用方法有（　　　）。

    A. 店头促销　　　　　　B. 健康讲座　　　　　　C. 公益活动　　　　　　D. 社区推广

4. 促销方案实施过程中的人员组织主要包括的内容有（　　　）。

    A. 确认岗位与职责　　　B. 进行场地布置　　　　C. 进行氛围营造　　　　D. 进行人员培训

（张　平）

# 第十一章

# 药店防损管理

## 学习目标

知识要求　**1. 掌握**　门店易发生损失的常见情况及日常防损的方法。

　　　　　**2. 熟悉**　门店防盗、防抢的措施。

　　　　　**3. 了解**　门店发生火灾的原因及常见防火的措施。

技能要求　1. 能运用防损的方法设计防损管理制度。

　　　　　2. 学会分辨门店中行为异常的顾客。

　　　　　3. 能够发现可能引起火灾的因素，并处理。

## 第一节　药品日常防损管理

### 案例导入

案例：一位顾客在货架旁转来转去，看看这，看看那，好像在找什么。接着，他把货架上的一些药盒一一打开，看看药品，又看看说明书，完了又放回原处。后来他拿起 1 盒"整肠生"，打开包装看了看药品和说明书，但没有合上药盒。然后随手又拿了 1 盒"整肠生"，抽出 1 小盒后，左顾右盼地迅速放进了之前没有合上的药盒里面，并合上了药盒，把抽了 1 小盒的那盒药放回原处，扫视了一下周围，发现没人注意时拿起拼装后的药品来到收银台前付款。

讨论：1. 对于该案例如何应对？

　　　　2. 药店该如何不让防损成为空谈呢？

## 一、易发生损失的常见情况分类

门店接收进货时的商品零售值与售出后的零售值之间的差额称为药品的损耗。门店作业出现其中的任何一个因素，都会增加损耗，从而减少利润，因而，为了提高绩效，就要了解药店药品发生损耗的原因，并严格加以控制。

药店药品损耗的原因主要包括以下几个方面。

**1. 由于收银员行为的不当所造成的损耗**

（1）打错了同一品种、不同规格药品的金额。

（2）收银员与顾客借着熟悉的关系，故意漏扫部分贵重药品或私自键入较低价格抵充。

（3）收银员因同事熟悉的关系而发生漏打、少算的情形。

（4）由于药品价格无法确定而错打金额。

（5）对于未贴标签、未标价的药品，收银员打上自己臆测的价格。

（6）误打后的更正手续不当。

（7）收银员虚构退货而私吞现金。

（8）某些商品促销特价时期已过，但收银员仍以特价销售。

**2. 由于作业手续上的不当所造成的损耗**　包括药品进货的重复登记。损害药品未及时办理退货。销后退回药品的重复登记。药品有效期检查不及时而过期。药品条码标签贴错。新旧价格标签同时存在。药品、保健品促销结束未恢复原价等。

**3. 由于验收不当所造成的损耗**　验收时点少数量，造成短缺。仅仅验收数量，未做品质检查所产生的损失。进货的发票金额与验收金额不符。进货药品未能入库等都可能造成药品的损耗。

**4. 药品保管不当所造成的损耗**　药品保管不当所造成的损耗原因包括，未妥善保管药品，使部分药品丢失或变质。进货过多，长时间销售不完，导致商品变质。销售退回药品未妥善保管，导致丢失或变质。

**5. 盘点不当所造成的损耗**　主要原因有：数错数量。看错或记错售价、货号、单位等。盘点表上的计算错误。盘点时遗漏商品。将赠品记入盘点表。将已填妥退货表的商品记入。因不明负责区域而做了重复盘点。

**6. 偷窃所造成的损耗**　员工内部偷盗及药店外偷盗都可造起药品的损耗。

**7. 顾客不当的行为而造成的损耗**　顾客不当的退货。顾客将商品污损。调换标签。高价商品混杂于类似低价商品中，使收银员受骗等行为可造成药品的损耗。

**8. 意外事件引起的损耗**　主要包括水灾、火灾、台风和停电等自然意外事件；抢劫、夜间偷窃和诈骗等人为意外事件。

## 二、药店日常防损的方法

### （一）重点区域防损控制

药店如果面积较大，员工众多，顾客人流复杂，使防损工作具有一定的难度。损耗较为突出的一些重点区域必须重点管理。如收银出口处、员工出入处、贵重药品区等要加强管理，防止偷盗行为的发生，以此来减少损失。

### （二）重点环节损耗控制

运营环节的损耗控制由药店自行掌控。重点控制由员工不诚实的行为或工作疏忽、漏洞、违规等引起的损耗，药店店长要注意如下几方面。

**1. 销售环节**　随时注意货架条形码变动情况，特别防止低价条形码贴在高价商品上。在巡视中发现商品近有效期时，及时提醒尽快促销。注意商品堆放安全性，将放置不平稳或可能影响到药品质量的放置位置进行改正。

**2. 服务台咨询、服务环节**　维持好服务台的工作秩序。参与调解服务台产生的各类纠纷。

**3. 收银环节**　应将收银通道做成可拦截式。收银员离开收银台时，要将"暂停收银"牌摆放在顾客能看见的地方。一位顾客收银完毕，再接待下一位顾客。收银完毕后，将现金完全缩进收银机抽屉，同时将收银机钥匙转至锁定状态，钥匙随身携带或交由店长保管。

**4. 药品贮存养护环节**　对库存药品要根据其温湿度要求进行分区分库存放。对库存药品定期进行正确的养护，防止药品发生变质。定期检查库存药品，发现可疑变质药品要及时进行处理，防止药品真的变质，变质药品不可再售出。

**拓展阅读**

### 影响药品质量的环境因素

**1. 日光** 日光中的紫外线对药品变化起着催化作用，加速药品的氧化、分解。

**2. 空气** 空气中的氧气和二氧化碳对药品质量影响较大。

**3. 温度** 温度过高或过低都能使药品变质。

**4. 湿度** 湿度太大能使药品潮解、液化、变质或霉败，湿度太小，也容易使某些药品风化。

**5. 时间** 有些药品因其性质或效价不稳定，尽管贮存条件适宜，时间过久也会逐渐变质、失效。

## 第二节 药店防盗管理

### 一、药店常见的偷盗形式

**1. 直接盗取** 偷盗者直接将药品带走，或直接装入兜中或装入手中拎的口袋背包中，然后故意在店内闲逛一会儿再出去。一般比较小的药品或者临门的架子上的药品容易被直接盗取。

**2. 调换条码** 把贵重商品的条码和便宜商品的条码对换，一般发生在条形码粘贴在盒子上的商品，这样的商品比较少，同时偷盗者做起来比较麻烦，因此不常发生。

**3. 调换外包装** 将两种类似的药品进行调换，把贵重的药品放在便宜的药品包装盒里。或者干脆带走里面的药品，留下外包装盒子。

**4. 用假药调换真药** 往往是几个人同时进店，其中有1~2个人会主动找营业员点名要1种药品看一下，当营业员把药品递到该顾客手中的时候，其余的几个人也会喊营业员过去帮忙，当营业员分散注意力的时候，药品就被掉包了。

### 二、药店防止外盗的方法和技巧

外盗行为是指顾客或假装成顾客的人偷窃药店里的商品。其具体偷窃行为主要从以下几方面进行防范。

1. 经常对员工进行有关知识的培训，互相交流经验，使新员工能尽快熟悉偷窃人的特点，能敏捷地察觉。

2. 制造舆论导向，在卖场处贴上警示标语。开架自选药店营业员经常走动，避免旁若无人地聊天。

3. 亲切地向每位顾客问好，打招呼，主动适时地给予帮助，对可疑人员要多加注意。

4. 理货员经常整理并检查商品的排面，避免因为排面的零乱让人有机可乘。

5. 尽量将高单价或是体积小的商品陈列在柜台附近，以利收银员就近管理。

6. 在药店内外配备防盗设施，尤其是卖场死角地带，增设辅助设施，如：反射镜、闭路电视，监视系统等，建立电子防盗系统。

### 三、药店防止内盗的措施

**1. 内部偷盗行为具体表现** 员工内部偷盗主要有收银员作弊和员工偷盗两种，具体包括：员工直接偷盗药店的商品；员工直接偷盗同事的私人财物；员工与员工或外人进行勾结、策划、协助进行盗窃；员工利用改换标签或包装，将贵重的商品以便宜的商品价格结账；员工未经过正常程序，故意将价格标低，使自己的朋友、亲属受惠；员工未经许可，私自使用供应商提供的赠品；员工贪污公款，携款潜逃；收银员从收银机中盗窃钱款；收银员为亲属、朋友等少结账或不结账等。

**2. 内部偷盗行为的防范**

（1）要挑选诚实的员工，对员工身份要全方位进行核实及评估，以此来判断员工的忠实度。

（2）经常开展员工教育，对员工进行从入职开始的不间断教育工作，教育分正面、反面，采用开会、板报、活动等多种形式。

（3）设置监控系统，时时监控药店营业区内活动。

（4）健全内部职责考核制度，实行商品包干责任制，药品丢失时相应负责员工要承担一定的责任，并让所有员工齐抓共管，相互监督。

（5）经常性盘点，每天都对药品进行盘点，做到当天丢失药品，当天查处，不给偷盗行为留下时间空隙。

## 四、药店常见被盗情况分析及处理

发现偷盗行为，但未实施时，立即注意偷盗者行踪，想办法引起偷盗者的注意，使他们自动终止偷窃行为并将偷窃商品物归原处。只有在证据确凿的情况下，并且确定偷盗者离开收银柜台之后未付款且商品仍在偷盗者身上时，方可采取行动。对于情节轻微者，以"是否有商品忘记了交款"等问题来诱导偷盗者将赃物交回。只有在确定偷盗者未付款并离开药店经营范围以后，才可捉拿，并立即通知药店负责人。捉拿偷盗者时，应由两位以上的人员执行，作为人证，其中一人应与偷盗者同性别。

情节较轻者，要求偷盗者主动将未付款的商品放在桌上。对于拒不承认的偷盗者，还可通过出示证据，使其无以抵赖，但不要对偷盗者搜身。要求偷盗者填写书面说明书，说明其偷盗行为过程，并签名表示一切陈述属实。要求偷盗者交出有效证件，以登记记录。

情节严重的交由警察处理，并建立偷盗者档案，提高警惕。当双方有了争议的时候，要想到用法律的手段来解决问题。

## 第三节　药店防抢管理

### 一、识别可疑顾客

通过观察顾客的行为举止，可以判断其有无可疑之处。一般顾客买药，神态自然，眼光盯着药品看；而当顾客不是看药品，而是频频地四处环顾，并且表现出紧张不安、心怀鬼胎的样子时，店员往往要留神了。另外，现在合伙协作作案的情况越来越多。有时，药店会同时来几个人，同时要多种商品，这时营业员要特别留意那些没有明确购买意向、却又问这问那的"顾客"，在人数较多的情况下，务必要做到忙而不乱，防止有人浑水摸鱼。

### 二、药店防抢措施

抢劫的对象，除了药店本身以外，也会发生歹徒在卖场抢劫其他顾客的事件，这会对药店的形象和声誉造成极坏的影响。在药店营业时间逐渐延长的趋势下，有必要对抢劫的情形加以防范。

**1. 抢劫的预防**

（1）要注意药店的内部布局和商品陈列方法，陈列要整齐，留有一定的过道空间。卖场灯光明亮，使用白炽光，便于观察店内情况。

（2）时刻保持药店玻璃的通透性，店内的广告不要悬挂和张贴太低，以免妨碍视线。

（3）在顾客稀少时要十分警惕，如有保安员，保安员不要随便离场。

（4）店门设计应尽量朝着大马路，不要朝向小岔路，店门不宜开口太多。

（5）在收银机下设置保险柜，收入大钞应直接投入保险柜，如无保险柜可将大钞及时存入附近银行。

（6）收银员在交接班时点钱动作要快，尽量避免在顾客面前长时间数钱。

（7）平时药店对员工要进行防抢教育和训练，以便意外发生时能正确应对。

**2. 遭抢劫后的处理**

（1）以确保顾客和自己的人身安全为第一原则，在歹徒手持凶器的情况下，不作无谓的抵抗，双手动作应让歹徒看得清楚，以免歹徒误解而造成伤害。

（2）在不影响人身安全的情况下，尽量拖延时间，假装合作，尽可能使现金损失降至最低，也可谎称不知道保险柜的密码。

（3）记住歹徒的容貌、衣着、身高和年龄等特征。乘歹徒不备时，可趁机报警，迅速按下报警器。

（4）遭抢劫后，向上级主管部门报告，并向公安机关报案。

（5）保持犯罪现场的完整性，不要破坏可能存在的指纹和其他证据。

（6）待公安人员和主要负责人到达现场查看完毕后，清点损失情况。

## 第四节　药店防火管理

### 一、药店发生火灾的原因

分析起火原因，了解火灾发生的特点，是为了更有针对性地运用技术措施，有效控火，防止和减少火灾危害。药店发生火灾的原因主要有以下几点。

**1. 电气**　电气原因引起的火灾在我国火灾中居于首位。有关资料显示，近年来全国因电气原因引发的火灾占火灾总数的32.2%。电气设备超负荷、电气线路接头接触不良、电气线路短路等是电气引起火灾的直接原因。间接原因是电气设备故障或者电器设备设置和使用不当所造成的。如，使用电热扇距可燃物较近，超负荷使用电器，购买使用劣质开关、插座、灯具等，忘记关闭电器电源等。

**2. 吸烟**　顾客吸的烟蒂和点燃烟后未熄灭的火柴梗温度可达到800℃，能引起许多可燃物燃烧，而药店中可燃物较多，极易引起火灾。

**3. 设备故障**　药店常用设施设备疏于维护保养，导致在使用过程中无法正常运行，因摩擦、过载、短路等原因造成局部过热，从而引发火灾。如：一些电子设备长期处于工作或通电状态，因散热不力，最终导致内部故障而引起火灾。

**4. 放火**　放火主要是指采用人为放火的方式引起的火灾。一般是指当事人以放火为手段达到某种目的。这类火灾为当事人故意为之，通常经过一定的策划准备，因而往往缺乏初期救助，火灾发展迅速，后果严重。

**5. 雷击**　雷电导致的火灾原因，大体有3种。①雷电直接击在建筑物上发生热反应、机械效应作用等。②雷电产生静电感应作用和电磁感应作用。③高电位雷电波沿着电气线路或者金属管道系统侵入建筑物内部。在雷电较多的地区，建筑物上如果没有设置可靠的防雷保护设施，便有可能发生雷击起火。

## 二、药店常见防火措施

### 1. 火灾的预防

（1）药店应具有消防标志（如"禁止吸烟""危险品""紧急出口""消防设备"等）。设置消防通道、紧急出口、疏散图、消防设施、火警广播等。

（2）药店除了应具备各项符合国家规定，或经消防主管机关审核认可的各项消防设施及设备外，应拟定一套完善的消防作业应变程序，以便在火警发生时，能确保财产、人员的安全。

（3）各项消防安全设备、消防水源要定期检查和管理。

（4）定期对员工进行培训，讲解灭火设备的功能、使用方法以及防火注意事项和逃生的基本常识。

（5）所有员工应随时注意有无火种，电器插座附近应经常清扫，并要经常检查有无松动或损坏，如有应及时进行修理。

（6）下班前要检查和关闭各种电器设备。

### 2. 火灾发生时的处理方法

（1）轻度火灾　发现人员应利用就近的消防设施迅速扑灭火势。

（2）重大火灾　①应在第一时间拨打火警电话，并告知药店经理。②除电灯外，及时关掉所有电器设备。③通过店内广播通知全体员工保持镇定，按平时消防演习的程序行动，打开安全门，指挥店内顾客迅速离开现场。④在保证人身安全的前提下，安全管理组长或负责人应指挥店员将现金及贵重物品移到安全位置。⑤如果有人员受伤，应立即进行临时抢救并送医院治疗。

### 📊 岗位对接

医药商品购销员（四级）国家职业标准中，基础知识要求：具有防火、防爆等消防知识；具有安全用电常识。

### 目标检测

**一、单项选择题（下列每题的选项中，只有 1 个是正确的，请将其代号填在括号内）**

1. 违反防火安全制度和操作规程容易引起（　　　）。
   A. 火灾　　　　　　B. 自燃　　　　　　C. 爆炸　　　　　　D. 闪燃

2. 着火源是指具备一定（　　　）的能源。
   A. 温度　　　　　　B. 热量　　　　　　C. 温度和热量　　　D. 能量

3. 不属于造成电气火灾的原因有（　　　）。
   A. 短路　　　　　　B. 接头接触牢固　　C. 电热器具使用不当　　D. 漏电

4. 水能扑救下列哪种火灾（　　　）。
   A. 石油、汽油　　　B. 熔化的铁水、钢水　C. 高压电器设备　　D. 木材、纸张

5. 下列（　　）不属于燃烧 3 要素。

    A. 可燃物质　　　　　　　B. 火源　　　　　　　　C. 助燃物质　　　　　　D. 温度

6. 在狭小地方使用二氧化碳灭火器容易造成（　　）事故。

    A. 中毒　　　　　　　　　B. 爆炸　　　　　　　　C. 缺氧　　　　　　　　D. 冻伤

7. 指出若遇电器设备冒烟起火，用来灭火的错误方法是（　　）。

    A. 沙土　　　　　　　　　B. 二氧化碳　　　　　　C. 四氯化碳　　　　　　D. 水

8. 火灾使人致命的最主要原因是（　　）。

    A. 被人践踏　　　　　　　B. 窒息　　　　　　　　C. 烧伤　　　　　　　　D. 爆炸

9. 固定电线插座损坏时，将会引起（　　）。

    A. 引起工作不方便　　　　B. 不美观　　　　　　　C. 触电伤害　　　　　　D. 无电

10. 下列哪些行为没有违反安全用电操作规程（　　）。

    A. 停电检修设备时没有采取防止突然来电的措施

    B. 用裸导线头插入插座代替插头使用

    C. 带电检修设备时双手同时触及导线操作

    D. 人体站在干燥的木板或凳子上作业

11. 违反安全用电常识的做法有（　　）。

    A. 发现人、畜触电时，直接用手去拉触电的人，使其断开电源

    B. 不要在电线上晒衣服

    C. 不要用湿手去摸灯口、开关和插座

    D. 更换灯泡时，要先关闭开关

**二、多项选择题（下列每题的选项中，有多个是正确的，请将其代号填在括号内）**

1. 收银员（　　）的行为会造成药店的损耗。

    A. 打错了同一品种、不同规格药品的金额

    B. 收银员因同事熟悉的关系而发生漏打、少算的情形

    C. 对于未贴标签、未标价的药品，收银员经确认后打上价格

    D. 由于药品价格无法确定而错打金额

2. 药店发生火灾的原因是（　　）。

    A. 电气　　　　　　　　　B. 吸烟　　　　　　　　C. 放火　　　　　　　　D. 长时间照明

3. 影响药品质量的环境因素有（　　）。

    A. 日光　　　　　　　　　B. 温度　　　　　　　　C. 空气　　　　　　　　D. 湿度

4. 药店常见的偷盗形式有（　　）。

    A. 直接盗取　　　　　　　B. 用假药调换真药　　　C. 调换条码　　　　　　D. 调换外包装

**三、简答题**

1. 药店防损应从哪些方面入手？

2. 如何进行防盗控制？

3. 药店突发火灾，应如何处理？

（殷作群）

# 第十二章

# 药店信息管理

**学习目标**

知识要求　**1. 熟悉**　药店信息管理系统中的商品及用户基本信息管理应用。
　　　　　　**2. 掌握**　药店信息管理系统中的采购、库存及销售管理的应用。
技能要求　1. 熟练运用药店计算机软件的管理。
　　　　　　2. 学会正确处理销售过程中的异议。

**案例导入**

案例：华氏大药房的管理者认为药店连锁企业能不能良性运转，和仓库管理有很大联系，如果对库存状况不能够完全清晰把握，很可能出现药品大规模过期的情况，形成暗亏。

　　该企业实施的药店信息化管理方案之后，不但可以满足企业经营管理的需要，还能通过信息化手段，对药品批号、有效期等信息进行归类索引。一方面可以建立完备药品信息库，方便连锁药店进行有效的库存管理。另一方面还可以方便各个门店的销售人员查询，由于操作简单，备受工作人员欢迎。目前，该药房已经实现了终端单品的进销存管理，带来的直接效果是管理层能够清楚地知道某种药品在去年同一时期卖了多少，每个门店的陈列及实际的净销售，从而能够对最新的销售计划作出正确的评估。

讨论：1. 什么是信息管理？
　　　　2. 该药房的信息管理系统的应用是否达到了原有的预期效果？

　　医药连锁经营已在我国医药商业流通领域蓬勃发展起来，它是大流通最具代表性的组织形式。对于具有这样一种工业化流通组织模式的医药商业企业，如果实行手工管理式的粗放经营，绝对发挥不了连锁经营强大的竞争优势。因此，近几年来，我国各地大、中型药店都已经开始推广计算机管理。药店药品管理系统在本质上就是通过构建客户端可视化界面，连通相应的数据库并以之为媒介，实现在客户端就可以管理和操作销售情况、客户资料等数据的功能。该信息系统的主要功能对象有 5 大类。①对药品基本信息的管理，包括药品信息、供应商信息、客户信息。②药品进货的管理，包括药品入库，入库单修正，以及入库台账管理。③销售信息管理，包括销售明细，销售单修正，销售单台账管理。④库存信息管理。⑤系统管理模块。

## 第一节　基本信息

　　企业资源信息系统将生产中的物资资源管理（物流）、人力资源管理、财务资源管理

（财流）、信息资源管理（信息流）集成一体化的企业管理，为产品的优质出品奠定基础。药店信息管理的作用也不外如此。在药品进入销售环节后，现今的 POS/MIS 门店管理系统开始发挥它的职能作用。商品的进、销、存管理从后台管理系统建立了所有基本资料信息库，改变了过去手工统计、记录、分析和票据操作流程，用网络管理局域网或网络管理广域网中的每一台 POS 机，发挥总信息库和总指挥部的作用。因此，基本信息的录入和存储成为这一切的原点。

## 一、员工信息

由于药店（主要为连锁药店）往往拥有数目庞大的员工，为了更好地完成认识管理工作和促进零售业绩，建立员工的数据库显得非常重要。员工信息主要包括基本资料、奖惩记录和评定等级等。基本资料包括员工姓名、性别、籍贯、人员代号、身份证号、民族、家庭住址、人员分类、员工工号和用工期限等。奖惩记录是存储奖惩的原因、时间、结果等。评定等级是管理人员对员工的评定分数，定期更新。员工信息实时根据员工实际工作情况做存储的增加和删除，保持信息的准确性。

一个员工在药店的整个管理系统中充当一个角色，也可能承担多项任务，对员工进行编号是系统的一项基本数据输入过程。

**1. 人员代号**　人员代号是员工的唯一标识，一旦确定，一般不容更改。人员代号与工作性质、业绩、营业款结算等信息密切相连。

**2. 人事信息**　员工个人资料输入药店信息管理系统后，需要录入人事信息，即人员分类（岗位情况）、隶属部门、当前状态（是否在岗、请假或其他）等，以便对药店人员的工作情况进行查询，加强人事管理。

**3. 员工调拨与合同管理信息**　药店人员的调拨与对工作人员的合同管理也是药店管理的重要组成部分。因此，在员工的基本信息中必须录入其年龄、性别、用工期限等，以便药店经营管理者对门店人员的平均年龄、年度合同到期人员进行分析。

**4. 考勤信息**　考勤一般以月为单位进行结算，一般包括上下班时间、迟到、早退、病假、休息、工作时间、加班情况等信息。对于员工个人来说，考勤是其工作表现的一种证明，也是对员工营业绩效制定的依据。对于药店管理者来说，考勤不仅维护了药店的正常工作秩序，还是下一阶段进行统筹安排的参考依据，比如特殊时期（节假日促销或特别品牌推荐等）的人员调配。如，某考勤管理信息系统（图 12－1）。

### 案例讨论

**案例：**某知名大药房在南昌门店扩张速度很快。传统的考勤方式解决不了代打卡，人为修改考勤数据等问题，这成为连锁经营的大难题。因此，该药房实施了考勤信息化管理，以满足全省分点多、人员多、班次复杂的需求。具有考勤数据准确性要求高，考勤数据实时上传的特点。

该考勤管理信息系统，将数据库安装在公司总部，将考勤识别设备安装在各个分店。各个分店将门店的信息录入系统后就可以开始考勤管理。员工只需要在浏览器中输入服务器 IP 地址即可访问，考勤数据实时上传实时报表显示，人员调岗只需要在服务器端更改区域即可将人员信息调离原来考勤设备。

**讨论：**对于连锁药店来说，案例中提到的信息管理解决方案比传统考勤方式更加优良之处是什么？

图 12 - 1　考勤管理信息系统

## 二、药品信息

**1. 药品基本信息**　药品基本信息录入数据库时，一般包括药品 ID、药品名称、药品通用名、药品条形码、药品规格、药品供应商、药品单位、药品类型、药品剂型、药理分类、药品级别、批准文号、医保分类、库存上下限等。以某医药管理系统为例说明（图 12 - 2）。

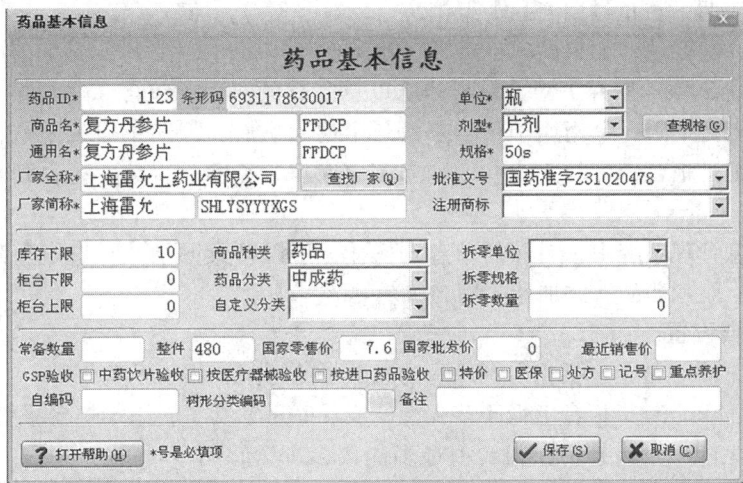

图 12 - 2　药品基本信息录入界面

（1）药品 ID　药品 ID 是系统自动产生的唯一码，不能修改。药品 ID 为 4 位数字，系统自动产生，不能更改。

（2）条形码　条形码是指由一组规则排列的条、空及其对应字符组成的标识，用以表示一定的商品信息的符号。其对应字符由一组阿拉伯数字组成，供人们直接识读或通过键盘向计算机输入数据使用。

（3）商品名称和通用名

①商品名　同一种药可有不同的商品名称。药品的商品名称是由生产该药的药厂自行定名的，经过注册即有了专用权。所以同一种药可因生产的药厂不同而出现不同的商品药名。

②通用名　是国家规定的统一名称，同一药品的通用名必定是相同的。例如，氟哌酸（俗称）－诺氟沙星（通用名）；先锋 6 号胶囊（俗称）－头孢拉定胶囊（通用名）－申优（商品名）。

（4）批准文号　批准文号是每一种药品在研制并经临床试验，由国家组织、审批批准给予的文号。任何药品必须有批准文号，才表示是经过正式批准的药品，方可发售或使用。药品批准文号是药品生产合法性的标志。每种药品的每一规格发给 1 个批准文号。除经国家药品监督局批准的药品委托生产和异地加工外，同一药品不同生产企业发给不同的药品批准文号。

药品批准文号格式　国药准字 +1 位字母 +8 位数字。试生产该药品批准文号格式：国药试字 +1 位字母 +8 位数字。化学药品使字母"H"，中药使字母"Z"，通过国家食品药品监督管理局整顿的保健药品使用字母"B"，生物制品使用字母"S"，体外化为诊断试剂使用字母"T"，药用辅料使用字母"F"，进口分包装药品使用字母"J"，数字第 1、2 位为原批准文号的来源代码，其中"10"代表原卫生部批准的药品。第 3、4 位为换发批准文号之年公元年号的后两位数字，但来源于卫生部和国家食品药品监督管理局的批准文号仍使用原文号年号的后两位数字。数字 5~8 位为顺序号。从 2003 年 7 月 1 日，我国的药品批准文号就更新为上述规范统一的新格式，印有原格式批准文字及注册证号的包装标签在 2003 年 6 月 30 日禁止流通使用。

（5）批号　批号：是指生产企业同一时间同一次投料，统一生产工艺所生产的产品的标志。一般代表药品的生产日期，例如 20160517，前 4 位代年表，后四位代表月日。注意查看产品的有效期，防止过期产品上架销售。

拆零数量一定要填，如果此药不拆零，就写 0。

（6）库存上下限　库存下限，是指药店里总库存的下限，包含库房与柜台的数量，用于采购报警。柜台下限，是指用于柜台里没货了但库房有，但又不需要采购，用于柜台报警。柜台上限则是柜台最多放多少盒，如果不设库房，采购就直接上柜，则柜台下限和柜台上限都设 0。

在药店信息管理系统中，对药品信息的操作，可以检索明细，对选定药品信息进行修改，添加药品、删除药品、添加药品别名等。

**2. 药品字典设置**

（1）**库存下限**　是指包括柜台和库房的总数量的下限，用于采购报警。

（2）**柜台下限**　是指柜台上低于多少盒就要从库房拿货了，用于柜台报警。

（3）**柜台上限**　是指某药在柜台上最多能放多少盒，用于［移动货位］，需要移动多少盒，而不是把库房里的所有药全都搬到柜台上来。

如果你的店不需要分库房和柜台，不设库房，采购入库就直接上柜台，那么，柜台下限和柜台上限都设 0，库存下限是指你要采购报警的下限。以某医药药管理系统为例说明（图 12 - 3）。

图 12 - 3　药品字典设置界面

**3. 门店货位设置** 货位设置说明：以某医药管理系统为例说明，如图 12 - 4。g 开头表示柜台，k 开头表示库房，可以设置无数个柜台和无数个库房。如果不需要库房，入库直接上柜，就把 k 开头的删掉。如果柜台也不设置编号，那么请至少留一个柜台，即 g1。如果没有货位，连 g1 也没有，将不能入库。

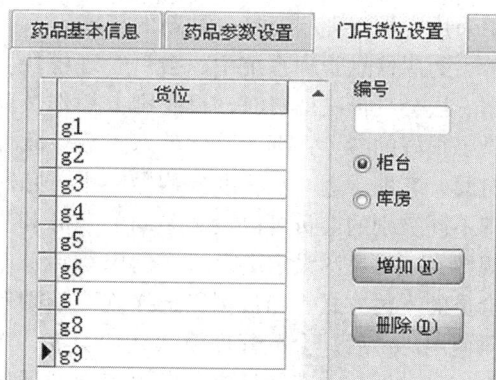

图 12 - 4　门店货位设置界面

## 三、供应商信息

供应商信息，分类别存储供应商的基本信息、采购信息、其他信息等。基本信息通常包括企业的名称、规模、所在地区、联系方式等。采购信息包括采购数量、采购种类、采购日期等。其他信息包括信用度等级、忠诚度等级、意见信息等。建立完善的供应商信息库，对药店的采购、入库和销售 3 个模块的正常运营是至关重要的。以某医药管理系统为例说明，如图 12 - 5。

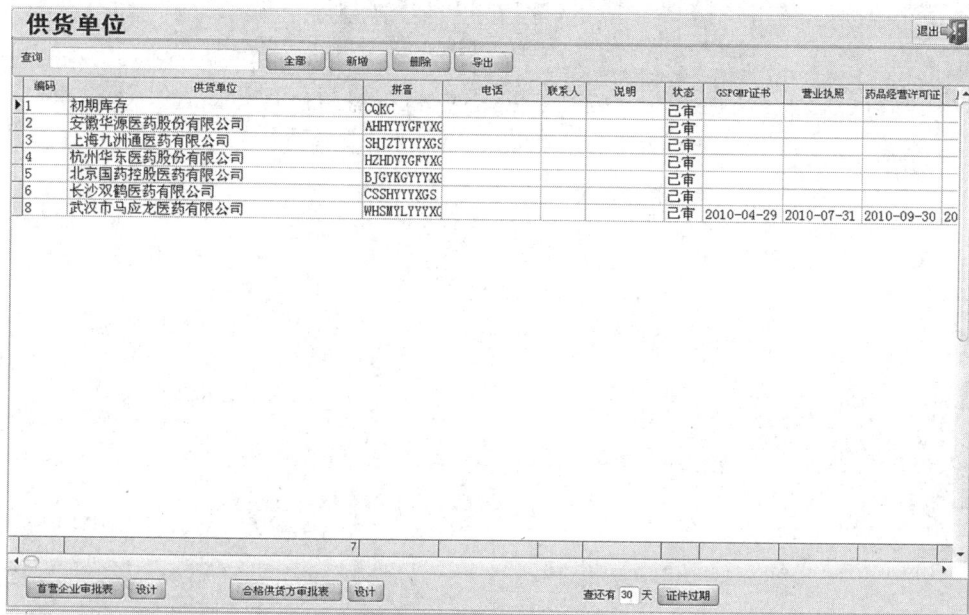

图 12 - 5　供应商信息界面

操作说明：①打 ＊ 号的为必填项。②供货商简写，默认是全称的前 4 个汉字。你可以根据实际情况修改简写。如"哈尔滨制药六厂"的简称默认为"哈尔滨制"，应改为"哈药六厂"。③请注意汉字拼音的正确性，因为汉字有多音的特性，有时会不准确。如人参的"参"就是多音字。修改完后点击［保存］。④注意，如果［新增］后点击［取消］，请接着点击［删除］。否则会有 1 个供货单位为空的记录。

## 四、会员管理

现在的老百姓渐渐形成了"大病去医院，小病上药店"的观念。在经营药店中，可以采用会员管理制度，这样可以使经营更加合理，并且可以吸引更多顾客。商家在药店经营中采用会员管理制度是一种新的模式。

药店信息管理系统中，会员管理模块，记录会员姓名、性别、联系方式以及其他等数据。当会员再次消费时，只要刷卡操作员就知道该会员的详细信息，为精准的会员服务提供了很好的参考数据。会员消费过后，软件自动记录会员以往每笔购买药物的种类和购买时间，有助于进一步帮助导购做销售。另外，一般的会员管理模块中也具有分级管理功能，即不同级别的会员可以设定不同的积分和打折规则，不同店面也可设定不同的积分和打折规则，还可灵活设定会员日、周末等特殊时段的积分和打折规则。与此同时，还要求设定会员的支付方式，会员可以选择现金消费和储值消费，储值消费可以配合会员自己输入密码使用。最后，会员管理模块还应具备"短信/微信通知功能"。比如，会员储值消费后，短信自动通知；节假日自动发短信祝福通知；会员生日自动短信祝福；会员登记自动短信提醒；会员积分自动兑换等等。

综上所述，会员的基本信息及其操作对于药店的经营工作也非常重要。以某医药管理系统为例说明，如图 12 - 6。

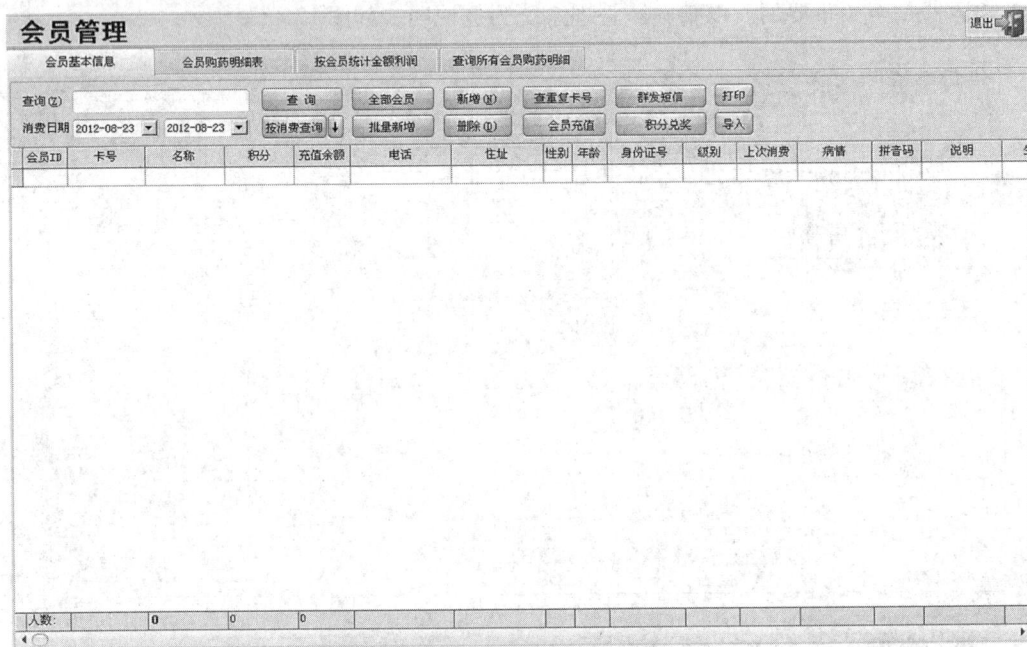

图 12 - 6　会员管理界面

操作说明如下。

①增加新会员，会员名称默认"新会员"，在表格中修改即可。会员名称修改后，要点击 [重新产生拼音码]，拼音码才会根据姓名产生。②自编码是门店对会员自行编码，再销售时，如果是按自编码查询，需要在自编码前加号"＋"。否则是默认以会员 ID 查询。③累计金额是指销售金额，每次销售会自动累加。可以由工作人员修改累计金额。如兑奖后，将累计金额修改为 0。并在说明里写上：某月某日新兑奖多少。此功能类似是会员积分。④会员 ID 的设置，在 [系统设置] 中设置起始号，可以定义你自己的起始号：如98200001，系统在增加新会员时，ID 会从 98100002 开始。

## 第二节　采购管理

　　采购管理模块是药店信息管理的 3 大基本模块之一，采购员和供应商在此模块中是非常重要的角色。采购员通过采购计划单制定采购申请，并向供应商进行询价，得到合适的价格之后进行采购。采购的药品要经过验货员检验后由仓库管理员进行入库处理。同时，采购员还需要提供给会计人员购货发票。在这个过程中，采购员需要执行采购计划单查询、提出采购申请、签订采购合同等操作。因此，在此功能模块中，通用的药店信息管理系统一般包括：采购计划、采购订单、采购跟踪、询价管理、比价管理、采购合同、入库管理等子功能。本书重点介绍采购计划和采购合同的子功能。

### 一、采购计划

　　采购计划主要内容包括采购药品的品种和数量、选择合适的供应商、确定采购时机、采购预算、药品的采购价格等等。采购计划一般包括年度采购计划和月度采购计划，药店采购员在掌握年度采购计划的基础上根据月度计划执行采购任务。如果了解了详细的药品销售状况，做好采购计划工作既可以避免药店大量存货囤积的现象又可以避免因为缺货导致销售机会丧失的情况。

　　**1. 采购计划的关键**　　对药店的各种内外部情报资料进行分析的基础上制定出药品采购计划，关键点有如下几项。

　　（1）每个月或每个季度应该准备的药品系列及库存额。

　　（2）在库存额的范围内，制定备齐药品的计划和确定采购预算。

　　（3）在制定采购计划时，还应注意药品类别的分类，有效地控制药品的结构，使之符合目标顾客的需求。

　　**2. 采购计划功能操作**

　　（1）采购计划由采购员进行操作，即登录采购员的员工账号。

　　（2）通过设置"采购条件"，查询到需要制定采购的药品情况。在设置采购条件时，先是采购时间范围，然后就是选择供货单位。之后，便可以通过系统自动查询出需要采购的药品相关情况。

　　（3）库存预警时的采购计划　　药店信息管理系统一般均具有自动报警功能。出现库存警报时，会自动根据进销存数据进行比较，找出每一个报警记录的最近 1 次进货，最低价进货。最低价应该有一个时间期限，如 720 天前的低价信息对今天已经没有意义。我们一般设置为 60～90 天。

　　以某医药管理系统为例说明自动生成采购计划的操作（图 12－7）。

　　操作说明：①库存下限设 0 的，不在报警，认为是不再经营的品种。②继续经营的品种，库存下限必须大于 0，如感康，卖完再进货，那感康的库存下限是 1。如康必得，卖完后不再进货，以后也不在卖了，不再经营这个品牌，也不再报警，那康必得的下限设 0。③库存报警，需要选择［重新报警］，才会根据此时的库存数量，产生新的报警记录可以细细比较每一条报警记录的供货商，可以查看同类产品库，历史记录。供货商信息目录有 3 个副表，3 个副表自动刷新，需要勾选表头的选项，人工挑选供货商后，进入［编辑采购计划 1］打印报表。④［编辑采购计划 1］中的数据，是［重新报警］中产生的记录，但不可以人工的加记录。在左下角，录入拼音，回车。不可以选择药品，并加入到采购计划。

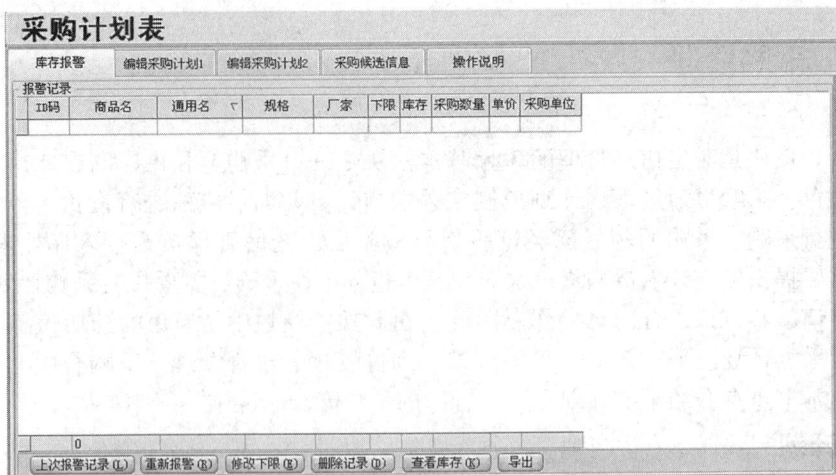

图 12 - 7　采购计划表界面

编辑好后，点［打印］就可以打印出采购单，可以传真到供货商进行报货。⑤［编辑采购计划 2］中的数据，是［重新报警］中产生的记录，但不可以人工的加记录。点［刷新］，会自动找出每条报警记录的最低价，最后 1 次进价的信息，无需人工选择供应商，自动选择。这个功能用在采购人员比较忙时，没时间去为每一个药品挑选供货商，让电脑自动挑选供货商，自动选择。⑥［供货商信息目录］是指供货商给你的价格信息，注意：不是历史进货记录。

## 二、采购合同

采购合同是采购双方在进行正式交易前为保证双方的利益，对采供双方均有法律约束力的正式协议。采购合同的内容主要分为开头（名称、编号、时间、地点等）、正文（标的物、数量、质量、价格、运输、支付、交货地点、检验、保险、违约责任、解决争议方法等）和结尾（签名、分数、生效日期和公章等）。

在采购管理模块中，需要完成的操作功能能是采购合同登记、采购合同审批和采购合同打印。

表 12 - 1　签订合同用语描述

| 用语 | 描述 |
| --- | --- |
| 描述项 | 说明 |
| 名称 | 签订合同 |
| 描述 | 描述了供应商和采购员使用本系统药品采购管理模块进行签订合同流程的过程 |
| 参与者 | 采购员 |
| 前置条件 | 必须是供应商或者采购员权限的角色登录系统 |
| 后置条件 | 生成采购清单合同信息 |
| 基本操作流程 | 1. 选择签订合同按键。<br>2. 输入合同编号等信息。<br>3. 点击"确认"按钮 |

## 第三节 库存管理

库存管理模块的主要角色是库存管理员，其主要执行盘点、查询、入库、出库、移库以及破损药品的处理操作等。在执行出库操作时，需要将货交付给销售人员。在转型入库操作时，需要采购人员采购药品之后经过质检员检验合格后进行入库操作。

### 一、商品入库

商品入库时需要对采购、收货进来的商品进行验收。入库单应由验收人员操作，应登录验收人员对应的账号。目前市场上通用的药店信息管理系统的商品入库子模块可执行的操作一般是新增和查询，其功能系统设计和操作方式基本类似。现以某医药管理系统为例说明。

**1. 新增**

（1）选择供货单位（图 12 - 8） 当光标停在供货商时，录入拼音回车，即可弹出供货单位的选择窗口。

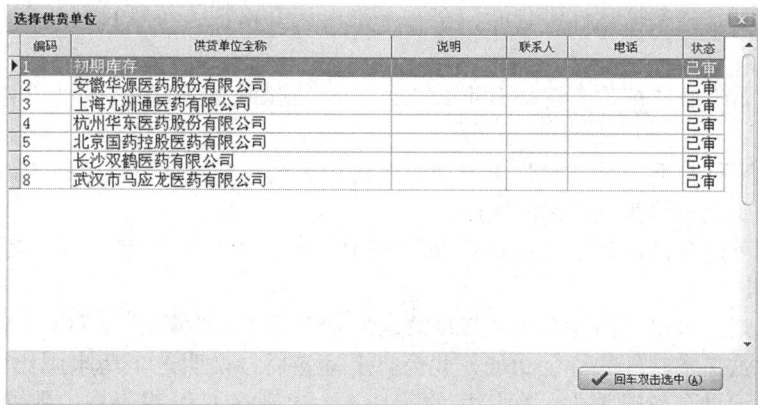

图 12 - 8 选择供货单位界面

（2）选择药品 支持条码/拼音/自编码，录入后回车。

（3）录入数量和价格 如果在采购记录中找到此药的历史记录，数量和单位会自动默认是上次的价格。批号录入后必须回车，产生助记码。整个过程，只需回车。

（4）此药 GSP 验收数据

（5）此药加入入库单

（6）保存入库单

**2. 入库说明**

例：将下面这张来货单（表 12 - 2）进行入库。

表 12 - 2 某医药有限公司出库单

单位：健药房 　　　　　　　　　　　　　　　　　　　　单号：KT2008112700001

| ID 号 | 商品名 | 规格 | 生产厂家 | 单位 | 数量 | 价格 | 金额 | 批号 | 有效期 | 售价 |
|---|---|---|---|---|---|---|---|---|---|---|
| | 复合维生素 B | 100 片 | 安徽国正 | 瓶 | 100 | 1.3 | 130 | 201310 | 201510 | 1.5 |
| | 美体康电子体温计 | 婴儿 | 福达康科技实业 | 个 | 10 | 32.6 | 326 | 201303 | 201603 | 36 |

记录数：2 条　　　合计金额：（小写）456 元　　　　　（大写）肆佰伍拾陆元整

操作员：王家康

（1）操作说明 可参见图12-9进行处理。

①入库日期 是指药品到货日期。

②选择供货单位 录入单位的拼音回车即可。如：录入"HNJJT"就是上海九州通医药有限公司。如果是新单位，请现在［供货商管理］中添加。

③票据日期 是指发票上的日期，一般情况票据日期要小于入库日期。

④票据号 是指原始票据上的单号，这是GSP数据，可以不录。

⑤选择药品 支持拼音、条码、自编码、汉字。录入："blg"回车就是现实所有的板蓝根。如果是新品种，在字典中还没有，请点击药品字典，然后点新增。

⑥入库数量、入库单位 录入后回车，采购金额自动计算。销售价是指正常销售的价格。会员价是指销售时，所有的会员都会以此价格销售。促销提成是指营业员卖了这个药后，此业员可以提多少钱，如果此药不设提成请写0。

⑦批号 必须录入，录入批号必须回车才能产生助记码，有效期规格为201310或者是20131031，录入999则说明此品是没有期限的。

⑧货位 必须选择，不能为空，可以按上下光标键选择。字典中，货位必须至少1个。

⑨合格证 是指整箱整件进货时，会有一张出厂合格证，一般只进几盒药品是没有合格证的。

⑩外观质量 验收结论，这是GSP数据，一般是选择合格。更多的GSP数据，要点击GSP验收数据。

⑪验收人 下拉列表是［销售员管理］中的销售名单，默认值是第一个销售员的姓名，你可以根据需要调整销售员名单的顺序。

⑫备注 可以自己任意写，也可以从下框中选择，也可以为空，目的是说明此药品，没有其他意义。

⑬生产日期 可以写任何东西，其目的是为GSP报表产生数据。可以不填。

⑭标记 这是本软件的特色功能，此药打上标签后，说明这个药来源比较特殊，在特定条件下这个记录会暂时消失。标记后的药品不会出现在GSP报表中。数据录入完毕后，点击［保存入库单］。

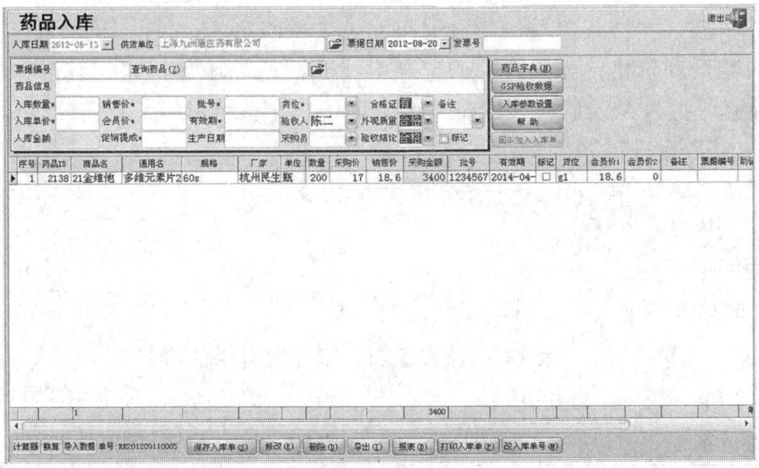

图12-9 药品入库界面

⑮出现提出本单记录数，采购价金额及销售金额，一定要核对采购价无误再点击确定，如有误请点击取消，进行数据的修改。

（2）修改入库单　①如为商品有误，即选错了商品，则必须删除该条错误商品记录，再重新录入。②如为数量或采购单位有误，点击［修改］，把数量修改为正确数据后点击［保存］。③如有效期应为201510错录为200310，则会出现红色报警，说明该产品为近效期产品，与生产日期相同，点击［修改］，有效期的格式为2013 – 10 – 31，修改为2015 – 10 – 31，不能直接录201510。④如销售应为1.5，错按系统默认的1.69，点击［修改］，销售价、会员价、会员价2都必须进行修改，如后两项未更改，在销售时，所有的会员都会以此的价格销售。

（3）选项说明　注意：第二次入库此药品时，会把上次入库的数据读下来，销售价格、会员价格、货位等数据就没有必须修改了。本软件支持同一个药名，不同批号而设置不同的销售价。如老批号价格便宜些，新批号价格贵些，价格根据批号而定。

（4）补录药品　修改入库单号，是指上一个入库单，忘记了几个药品，现在要加入库中，所以点击［修改入库单］。修改入库单前请去［查询采购记录］中查询上一个单的单号。

### 3. 查询入库记录

（1）发票日期，如果需要按发票日期查询，请在其前打勾。

（2）删除，就是把此条入库记录删除（需要有删除的权限）。

（3）执行标志，在窗口中勾出一些药品，请点击［执行标志］，把这些药品标志应用到库存和销售记录中去。

（4）双击［修改数据］，只对GSP报表有效，对已入库的数量无效，如果用户要修改入库数量，请在这里修改后，再去［盘点］窗口修改相应的数量。

（5）修改入库记录后，要点［保存修改］。

（6）点击表头，可以排序。

（7）药品名，录入拼音后回车可以查询药品的ID，也可以直接录入药品的ID。

## 二、商品移库

商品移库是指商品存放地点的变动，一般是在企业内部，如总部与分公司之间、分公司与分公司之间、部门与部门之间、库房与库房之间进行的商品调拨，以某医药管理系统为例说明。（图12 – 10）

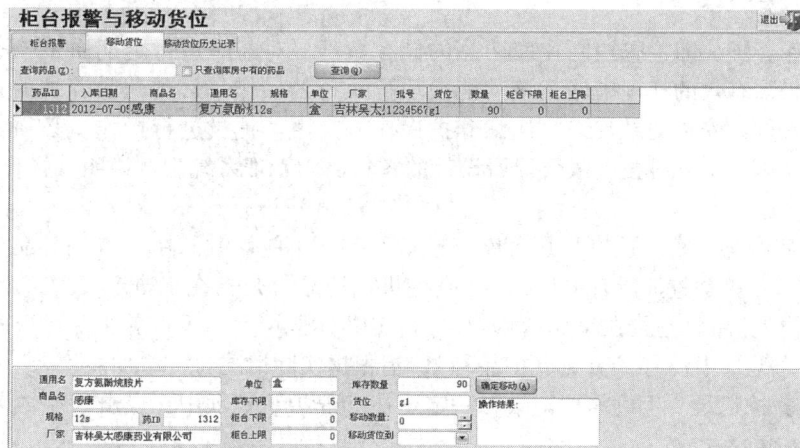

图12 – 10　柜台报警与移动货位界面

操作说明如下。

1. 移动货位，是指从库房移动到柜台。

2. 如果你没有设置库房，入库即上柜台，就无需在这里移动货位。

3. 在查询药品框里，录入查询码回车，再回车，再回车，就可以操作成功。

移动货位的操作过程，只需要回车回车再回车即可。如移动板蓝根到 g2 去，只需要在 ［查询药品］处录入 GK 回车，再回车，［移动数量］录入 1 回车，［移动货位］选择 g2 回车，再回到［确定移动］就完成了。完成后在［操作结果］有提示。

移货历史记录是用来查询移动货物的历史记录的。

## 三、商品出库

商品出库业务，是仓库根据业务部门或存货单位开出的商品出库凭证（提货单、调拨），按其所列商品编号、名称、规格、型号、数量等项目，组织商品出库一系列工作的总称。出库发放的主要任务是：所发放的商品必须准确、及时、保质保量地发给收货单位

以某医药管理系统为例，说明药品出库子模块的一般操作功能。（图 12－11）

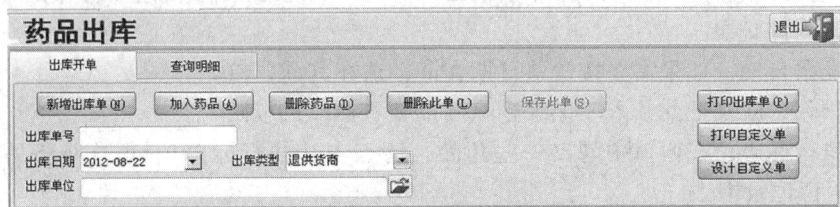

图 12－11　药品出库界面

1. ［新增出库单］，选择［出库日期］，［出库日期］可以选择，如果是系统默认为今天的日期，［出库类型］可以用下拉方式选择，选择［出库类型］，选择［出库单位］。

2. ［加入药品］，选择要出库的药品，选择处理情况，有 3 个选项，根据自己的需要选择。录入［出库数量］，然后输出数字，要输多少自己决定，然后点［单个药品］，如有很多药物，就反复查询操作，加入后退出就可以了。

3. 点［保存此单］就可以保存这个单，［打印出库单］打印单子。如有需要自己设计单的格式，可选择［设计自定义单］。

## 四、商品在库养护

商品在库养护，即检查控制在库药品的储存条件，对药品进行定期质量检查，对发现的问题及时采取有效的处理措施。该功能模块可执行的操作是常规药品养护的查询，特殊药品养护的查询，养护记录查询。注意养护操作应交由养护员进行操作。必须登录养护员员工账号。现以北京某科技有限公司所设计的零售药店管理系统为例说明其操作流程。（图 12－12）

**1. 查询库存与养护**　这里只是对库存进行查询，不能修改。在［查询药品］框内，录入"%"回车，就是查询所有的记录。［查询进口药品］是指在字典定义中，就定义好的。［查询重点养护药品］是指在字典信息中，［自定义分类］为"重点养护品种"的药品。如果［自定义分类］中没有"重点养护品种"，请根据实际情况自行添加。

**2. 生成养护记录**　生成养护记录，一定要在［养护］选项中，点击［生成养护记录］。

## 五、设置效期预警

以某医药管理系统为例，可以设置有效期报警的提前时间，一般是提前 6 个月报警。

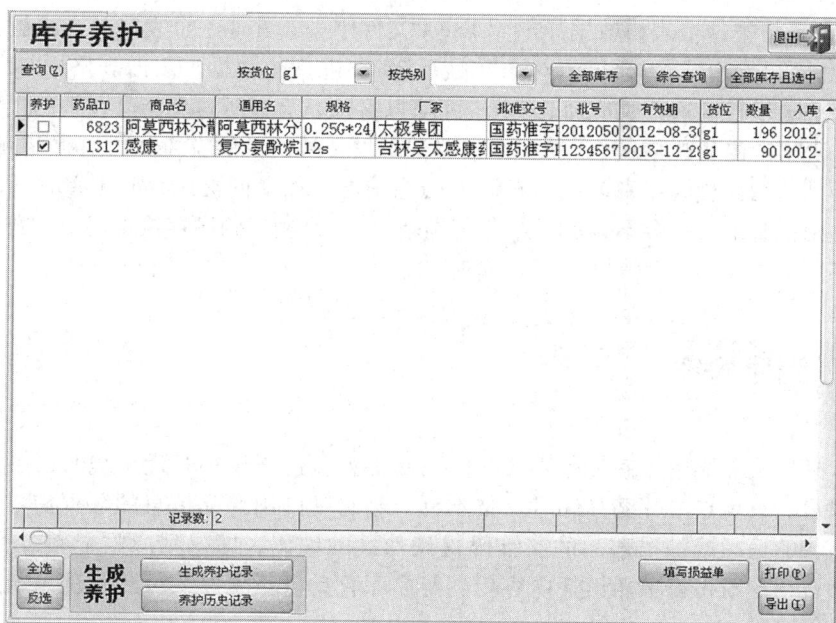

图 12 – 12　库存养护界面

可以是每次启动时显示效期报警；可以只针对某一个供货商进行效期报警。要修改药品的有效期，必须到［盘点］中修改。

**1. 柜台报警与移动货位**　柜台报警是指柜台数量不够，但库存中有的药品。柜台报警的药品需要进行移动货物，从库房移动到柜台。如果你的门店不设置库房，就不需要此功能。（图 12 – 13）

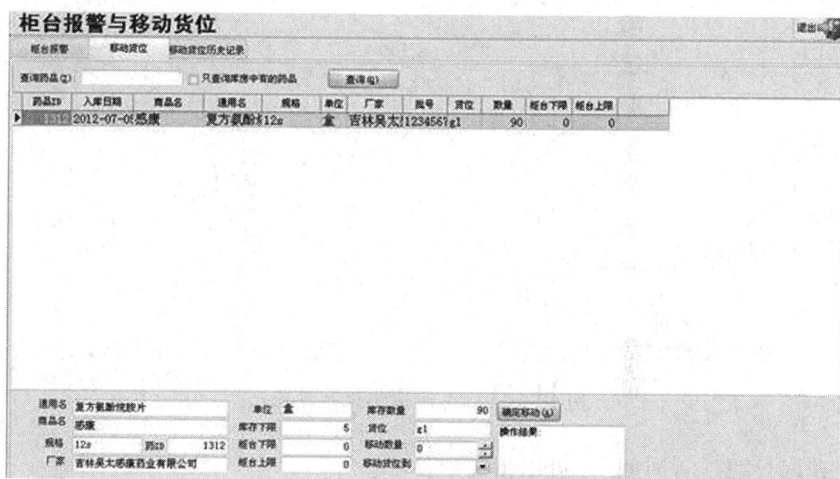

图 12 – 13　柜台报警与移动货位界面

**2. 库存警报**　［上次警报记录］是指调出上次查询的记录。［重新警报］是指根据库存数量和下限重新统计数据。上次的记录将会被覆盖。［修改下限］是指修改表格中药品的下限。［删除记录］是指删除这条警报记录，但库存数量是不会删除的。只是在［警报记录］里不显示了，而［以此药库存］是指查看这个药品的批号情况，各个批号的数量是多少。[导出] 是指把这个表格数据导出到 Excel 文件中去。其他 3 个表格都会根据报警记录变化而变化。[采购记录] 会显示这个药品近 20 次进货的数据。双击表格中 [供应商]，就会在报警记录里替换这个供应商。[供应商信息目录] 会显示这个药品在别的供应商中的价格。双击表格中的 [供应商]，就会在报警记录里替换这个供应商。[同类库存信息] 是指和这个药品通用名相同或者商品名相同的药品情况。如果同类库存有很多，暂时还不需要在进货，则报警记录就会不显示。点击 [刷新]，就是刚才的库存报警记录。在这里可以导出可以打印。

## 第四节  销售管理

销售管理模块需要销售人员登录系统。当销售人员进入销售管理系统时，系统会自动生成销售单号。只要点击 [药品编号] 文本框，会自动弹出药品信息的数据窗口，可以通过单击要出售的药品或扫描药品的二维码得到药品的编码，即得到应收金额，然后入账，同时系统会自动更新销售单、销售内容单、药品库存单等。现以某医药管理系统为例，说明其具体操作过程。

### 一、查询销售记录

**1. 销售明细**  如图 12 - 14 所示。

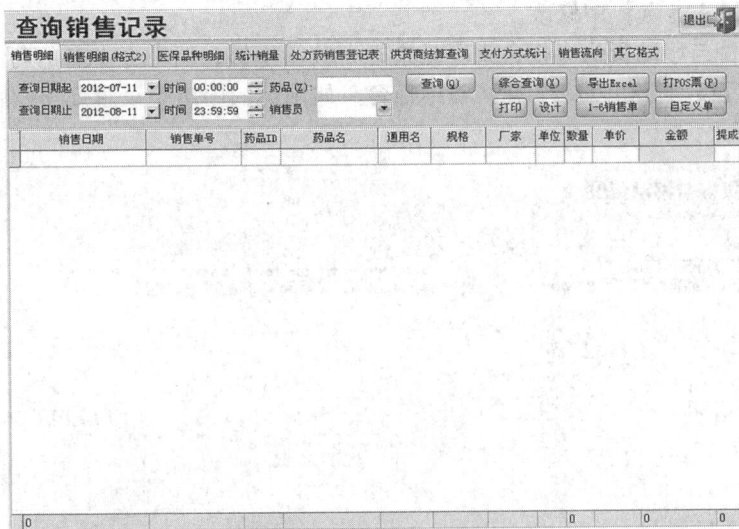

图 12 - 14  查询销售记录界面

(1) [查询日期]、[时间]，可以精确到秒。

(2) 先查询出药品后，再点击 [报表]，[刷新效期] 功能。

(3) [自定义单] 是指最终用户自定义销售单的格式。

(4) [综合查询] 把前面的勾都选中，才能起到作用。在下拉框选择后要点击 [选择] 键，可以多选。

(5) [综合查询] 可以根据你的需要，灵活组合。可以只查询退药记录，也可以只查退药的且是整盒销售的药品。

**2. 统计销售**

（1）可以统计某个药店在指定时间的销售量。

（2）可以统计销售数量大于指定数量的药品。

（3）支持导出。保存类型可以选择 TXT/Excel/Word 等格式。

（4）指点表头可以排序。

（5）更强大的统计功能，请用菜单中［综合查询］功能。

**3. 处方药销售登记处**　查询日期，修改处方内容，打印处方等功能。

## 二、销售

具体药品销售操作内容如下。（图 12 – 15）

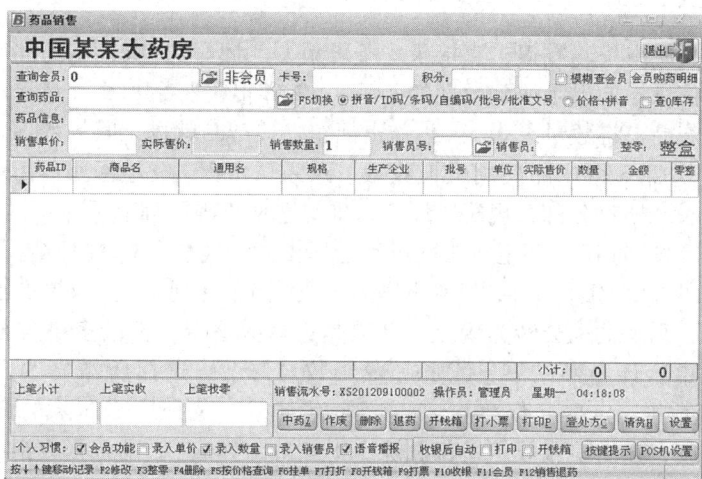

图 12 – 15　药品销售界面

**1. 销售开单**

（1）开启功能　根据门店的需要，选中相应的功能，可以都选、都不选或者选择部分功能。［个性配置］可以根据自己门店的要求，是否必须录入相关的信息，如果开启了这些功能，就必须要录入。如果不设会员功能，直接用扫描枪扫描，则个性配置都不需要打勾。［收银］光标在［查询药品］框内，直接回车，即可弹出收银窗口。光标在其他地方回车都不会出现收银窗口。根据自己的需要，可以配置在收银时是否打印、是否开钱箱等操作。

（2）键盘操作　注意一些基本的快捷键的使用，和收银系统中快捷键的设置，这样可以提高门店收银的速度。在设置的过程中尽量采用常用的和惯用的快捷键。需熟悉以下快捷键。［F2］修改、［F3］整盒/拆零切换、［F4］删除、［F5］万能方式/价格切换、［F6］挂单、［F7］打印、［F8］开钱箱、［F9］打票、［F10］收银、［F11］会员、［F12］销售退约。

（3）选择药品　通过国际条码编码或者查询等方法选择特定的医药产品，获得医药产品的信息，包括商品名、通用名、规格、生产企业、批号、单位、实际售价等。

（4）打印票据　［收银后自动打印］打勾，销售收银后回车可自动打小票，或按［F9］，或点［打小票］。

**2. 销售说明**

（1）整盒销售　收银分为条码收银、编码收银和查询收银。条码收银是用扫描器将商品的条码直接录入电脑进行商品的收银。ID 码收银是该商品没有条形码，根据产品上打码机上了 ID 码将该商品的 ID 录入电脑进行商品的收银。查询收银是该商品没有条形码，而又未及时对该商品进行打码，需使用查找功能将该商品录入电脑进行商品的收银。查询时常用的是商品名及商品名拼音查找，也可使用价格＋商品名拼音查找，按［F5］进行切换。

例如：顾客购买如表 12 - 3 所示商品。

表 12 - 3　顾客购买商品清单

| ID 码 | 条形码 | 商品名 | 规格 | 厂家 | 单位 |
|---|---|---|---|---|---|
| 1017 | 69315227865 | 维生素 B1 | 10mg × 100 片 | 福建力菲克 | 瓶 |
| | | 头孢拉定胶囊 | 8mg × 100s | 江苏云阳集团 | 瓶 |
| | | 维 C 银翘片 | 0.25mg × 12 片 | 贵州百灵 | 袋 |

操作说明如下。

①第 1 个产品使用条码收银，直接录入条码敲击［回车］，查询到药品后，在药品信息中会显示此药的信息，如果是快到效期的药品，［库存报警药品］会红色显示。正常则是灰色。确定选择该产品，将数量录为 5，再敲击回车，该产品就进入收银界面。②第 2 个产品使用 ID 码收银。③第 3 个产品使用查询收银，录入"tbld"敲［回车］，所有的维 C 药品信息都会显示出来，核对名称、规格、厂家，确定选择正确的商品后敲击［回车］，将该产品进入收银界面。按［F10］确定收银，可以选择支付方式按［1］（现金）、［2］（欠款）、［3］（医保卡）、［4］（银行卡），默认收款方式为［1］（现金）。如果少收钱自动转为欠款，如果多收钱，则欠款也会转为现金。如果是选择医保卡，你录多少现金都不起任何作用。默认会按此单合计金额结算。④商品收银数量修改，选择所需修改数量的商品，按［F2］，录入正确数量，点击［保存］。⑤商品收银删除，选择所需删除的商品，按［F4］，则该商品即将作废，如需整张收银单都删除，则点击［作废］，则整张收银单都被删除。

（2）拆零　按［F3］是在拆零库和整盒库之间切换。按［F3］后在拆零状态下录入药品拼音，［回车］会弹出拆零库的选择框。如果从拆零库中没有你要找的药品，则会自动找到整合库中的此药品。点击［拆零］，即可拆掉。如果是初次拆零，请注意调整拆零后的销售价格。系统会根据整盒的价格进行换算，但不准确，请注意修改拆零售价，下次再拆零时，会默认上次的拆零价格。

（3）退药　销售退药，按［F12］即可弹出退药窗口。这里退药，只能退回销售出去的药品，而不是指退货给医药公司，需要严格区分。操作过程是在药品框内录入"%"回车，光标停在表格中，上下键可以移动记录，回车后光标停在退回数量，再回车光标停在［确定退药］，再回车即可完成操作。整个过程只需要回车，回车，再回车。

（4）信息反馈　是指营业员在销售过程中，客户反映药品价格太贵，可以点击［信息反馈］进行登记。门店经理在［库存药品处理］时，会看到这个反馈信息。对门店经理很有用，起到参考作用。注意：先要选择药品，再点［信息反馈］。

**3. 查看**　查看一天销售额，设置时间，选择操作员，销售员等功能。

**4. 交班**　交班是指把今天的营业额交给门店老板，或是存入银行。［钱箱金额］是指底金加上营业额。打补交班条，如果上次交班的时候没有打印交班条的可以选择这个功能选择补打。（图 12 - 16）

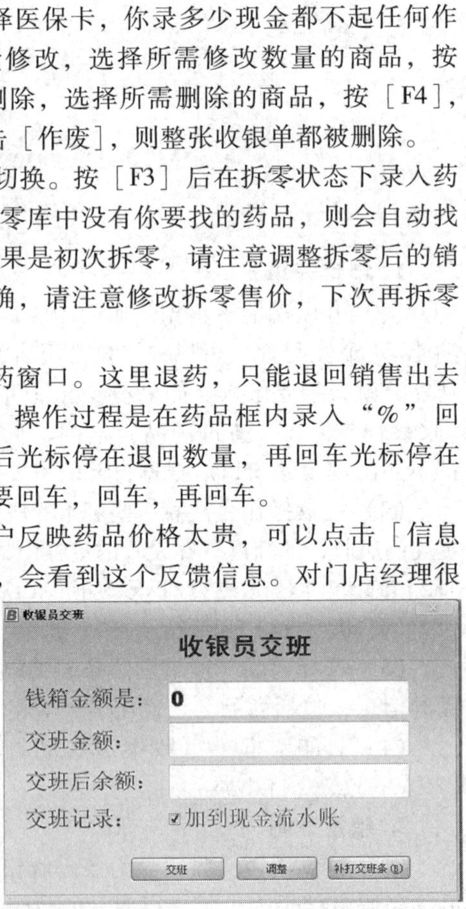

图 12 - 16　收银员交班界面

**5. 药品销售应收结算**　本功能适用于药品销售过程中未结算清,可以进行应收结算。日期查询可以选择需要查询的日期范围,会员查询功能也就是查询会员。

## 三、药品自动盘点

药品盘点是指定期或临时对库存商品的实际数量进行清查、清点的作业,即为了掌握货物的流动情况(入库、在库、出库的流动状况),对仓库现有物品的实际数量与保管账上记录的数量相核对,以便准确地掌握库存数量。(图 12 – 17)

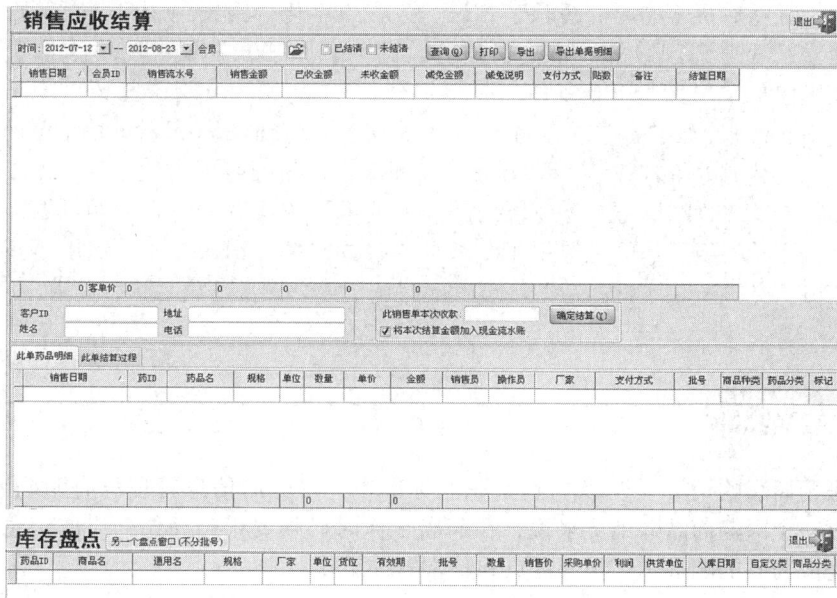

图 12 – 17　药品盘点界面

**1. 盘点流程**

(1) 盘点/综合查询,选择货位,进行查询(按货位盘点)。

(2) 打印盘点表。

(3) 组织人员进行盘点。

(4) 直接修改数量。

(5) 盘点完成。

**2. 盘点说明**　[含0库存查询] 是指没有库存数量的记录也查询出来。否则的话,只查询有库存的药品。[合计金额] 是对查询出来的记录进行统计,可以统计出库存的成本。[全部记录] 是指所有的记录,含0库存和负数库存。[红色显示] 是指近有效期的药。

---

### 拓展阅读

#### 中药调剂的信息化管理

同仁堂中药饮片业务涉及调剂部、邮寄部、加工部、精品部等部门。其中调剂部经营中药饮片1000余种。提供服务主要有中草药销售、代客邮寄、代煎汤药、外配加工。随着社会发展,技术进步,为提高工作效率,提高对客户的服务水平，提升"百年老店"的科技含量和整体形象，百年老店同仁堂规划实现了传统调剂的信息化管理，旨在规范同仁堂处方管理，加强审核，简化划价，避免误差，提升抓药、称量效率，加强事后追踪管理，进而实现中药调剂业务的精细化管理，杜绝中药安全事故发生。

同仁堂中药调剂管理信息系统，是同仁堂和时空软件公司携手，在时空软件KSOA9.0信息融通平台上开发完成的，堪称世界上独一无二的中药调剂信息系统。同仁堂将数百年的调剂经验、知识、流程数字化，内置到调剂信息管理系统中，建立了涵盖调剂收方、审方、划价、调剂、加工、复核、发药的信息化流程，其中包括常用药材400多种、非常用药材1000多种以及这些药材规格、等级、别名、处方、脚注、古方、茶方、用法用量、配伍禁忌等。同时将草药、代煎、加工等药方处置方式纳入调剂信息管理流程，为顾客提供现金、信用卡、支票、储值卡等多种结算方式。在调剂部经理的电脑中可以随时看到调剂工作整体进展情况，从柜组、部门、单平米绩效、库存周转率、销售、加工费用等多角度统计与分析数据一目了然，帮助管理者随时调配人力资源，满足顾客需求。

## 岗位对接

医药商品购销员（四级）国家职业标准中，对药店信息管理没有明确要求，但是对一个医药商品购销员来说，在药店工作时必须要正确操作药店的信息管理系统完成药品的购进、销售、盘点和日常养护工作。

## 实训十七　药店信息管理案例分析

**一、实训目的**

了解药店信息管理的主要模块、实施方法和基本操作。

**二、实训要求**

1. 学生能运用药店信息管理的知识分析企业的实际问题。

2. 学生能实施并操作常见的药店信息系统主要模块功能。

3. 学生能提出解决药店信息管理过程中问题的方案。

**三、实训内容**

分析总结某一药店信息管理的方法和所使用的信息管理系统，试找出其存在的问题，并尝试提出解决方案。

**四、实训方法**

模拟连锁药店总部的业务培训现场，学生3人1组，代表1个连锁药店的分店工作人员，教师扮演公司人事部培训主任。要求各分店员工进行关于药店信息管理的案例分析，结合相关业务掌握情况，进行解决方案的讨论。

1. 各小组通过报纸、期刊或者互联网，查找某个药店的信息管理系统实施案例。

2. 各小组通过对比相应的医药制造企业、医药销售企业、医药物流企业或者其他行业零售门店的成功实施信息管理系统的案例，分析研究对象药店的信息化过程是否存在问题，并指明问题所在。

  3. 各小组员工自学连锁企业信息管理系统的相关知识，尝试提出解决方案。

  4. 各小组的解决方案字数不少于 3000 字，并制作 PPT。

  5. 总公司培训现场，要求分组汇报，人事部培训主任（指导教师）现场评分。

### 五、实训评价

表 12 - 4   实训评价表

| 序号 | 考核内容 | 考核要点 | 配分 | 评分标准 | 扣分 | 得分 |
|---|---|---|---|---|---|---|
| 1 | 案例分析的准备工作 | 1. 资料检索的情况。<br>2. 搜集文献的个数不少于 20 个。<br>3. 搜集资料的来源情况分析 | 1.5 | 1. 搜集的文献方法单一，扣 0.5 分。<br>2. 搜集资料的来源单一，扣 0.5 分。<br>3. 搜集文献的个数少于 20 个，扣 0.5 分。<br>4. 没有进行资料搜集工作，扣 2 分 | | |
| 2 | 案例分析 | 1. 对案例描述清晰、全面。<br>2. 对案例分析具有一定逻辑性，有条不紊。<br>3. 所找到的问题具有一定代表性 | 3 | 1. 案例描述含糊不清，没有做到充分全面，扣 1 分。<br>2. 对案例的分析思路不清晰，混乱，不符合企业管理原理和门店经营的相关业务规范，扣 1 分。<br>3. 没有发现案例中所出现的核心、关键问题，扣 1 分 | | |
| 3 | 解决方案 | 所提出的解决方案可行 | 3 | 1. 所提出的解决方案缺乏可行性，扣 1.5 分。<br>2. 所提出的解决方案不能有效解决所发现的核心关键问题，扣 1.5 分 | | |
| 4 | 汇报内容 | 1. 汇报时所负责汇报的同学口齿清晰，语言表述流畅，能够运用专业词汇介绍案例和分析结论。<br>2. PPT 制作简洁、大方，能够详略得当、抓住重点的介绍案例 | 2.5 | 1. 超时，扣 0.5 分。<br>2. 汇报的负责人表现不好，扣 1 分。<br>3. 汇报 PPT 制作粗糙，没有抓住重点介绍案例分析内容，扣 1 分 | | |
| | 合计 | | 10 | | | |

否定项：没有完成该项工作，无成绩

### 目标检测

**选择题（下列每题的选项中，只有 1 个是正确的，请将其代号填在括号内）**

1. (  ) 录入数据库时，一般包括药品 ID、药品名称、药品通用名、药品条形码、药品规格、药品供应商、药品单位、药品类型、药品剂型、药理分类、药品级别、批准文号、医保分类、库存上下限等。

 A. 员工信息    B. 药品信息    C. 供应商信息    D. 会员信息

2. 药品批准文号格式：国药准字 + （  ）位字母 + （  ）位数字。

 A. 1、8     B. 1、6     C. 2、8     D. 2、6

3. （  ）是指包括柜台和库房的总数量的下限，用于采购报警。

 A. 库存下限    B. 库存上限    C. 柜台下限    D. 柜台上限

4. 商品（  ）时需要对采购、收货进来的商品进行验收。

 A. 在库养护    B. 移库     C. 入库     D. 出库

5. 在销售管理模块中，具有（  ）功能。

 A. 整盒销售    B. 拆零销售    C. 退药     D. 上述 3 种都有

6. 盘点流程是（  ）。

①盘点/综合查询，选择货位，进行查询（按货位盘点）。

②组织人员进行盘点。

③直接修改数量。

④打印盘点表。

⑤盘点完成。

 A. ①④②③⑤    B. ①②④③⑤    C. ①③②④⑤    D. ①③④②⑤

（夏 冬）

第十三章

# 网上药店

## 学习目标

知识要求　**1. 掌握**　网上药店的网页内容。

**2. 熟悉**　互联网药品信息服务资格与互联网药品交易资格的申请条件。

**3. 了解**　网上药店的优势及制约网上药店发展的因素。了解网上药店及其发展情况。

技能要求　1. 熟练掌握网上药店的运营技术。

2. 能够从网上药店查找到自己所需购买的药品，以便将来在网上药店平台对客户进行指导。

## 第一节　网上药店概述

### 案例导入

**案例：自营式 B2C 典型案例——壹药网**

2010 年，壹药网获得《互联网药品交易服务资格证书》（B2C 模式）。2015 年 6 月，壹药网与广东省第二人民医院合作，推出网络医院平台，患者可以在网上挂号，通过视频、语音等工具，向医生讲述自己的病情。医生可以通过网络听诊器等工具对患者进行诊断并开具处方及购药，一站式解决看病购药全过程。

**优势分析：1. 独立物流**　上海已实现上午下单下午即到，江浙沪等地次日到达的高效配送体系。

**2. 药品品类较多**　约有 50000 种。

**3. 移动端增长迅猛**　截至 2015 年 8 月，其移动端用户占比已超过 70%，同比增长 4 倍。

**讨论：网上药店的特点是什么？具有什么优势？**

## 一、网上药店的概念

网上药店又称虚拟药店，是医药电子商务（以下简称医药电商）的一个分支，是向个人消费者提供药品交易服务的企业。其主要功能是网上药品零售和在线药学服务。消费者可以在网上药店享受 24 小时购药，只需在网络上输入网上药店网址、购药品种和数量，付款成功后药品就会送到消费者手中。

本章主要介绍网上药店的开办和网上药店网页设计等有关内容。

## 二、我国网上药店的发展历程与发展政策环境分析

### （一）我国网上药店的发展历程

我国网上药店的发展经历了冰封、解冻到迅猛发展的过程。

1998 年，我国首家网上药店上海第一药店开设，当时无相关法律法规，后被叫停。2005 年 9 月 29 日，国家药品监督管理部门正式颁布《互联网药品交易服务审批暂行规定》，标志着我国已经许可在网上经营药品零售业务，网上药店业务从 2005 年 12 月 1 日起开始实施。但在《互联网药品交易服务审批暂行规定》颁布的头 5 年，网上药店的发展非常缓慢。2010 年，第三方网上药店平台——八百方医药健康网购商城诞生，至 2010 年底，国内获得企业与消费者之间的电子商务模式（C 证）的网上药店达 28 家。从 2011 年 1 月开始，网上售药资质审核权下放至省级药品监督管理部门，网上药店迎来了发展的高速增长阶段。截至 2016 年 1 月 31 日，国内具有互联网药品交易服务资格的企业共 525 家，其中网上药店 387 家（图 13 - 1），网上药店占医药电商总数的 73.7%。

从销售规模来看，目前网上药店市场规模虽不算大，但增速较快。2013 年，网上药店销售规模为 42 亿元，2014 年该数字为 72 亿元，2015 年交易规模超过 110 亿元。

2015 年以来，海南省、浙江海宁、辽宁沈阳、广州等地陆续开展了网上药店医保支付的试点工作，网上药店的医保支付打开了制约网上药店发展的瓶颈。放眼未来，网上药店仍有着巨大的发展空间。

网上药店数量

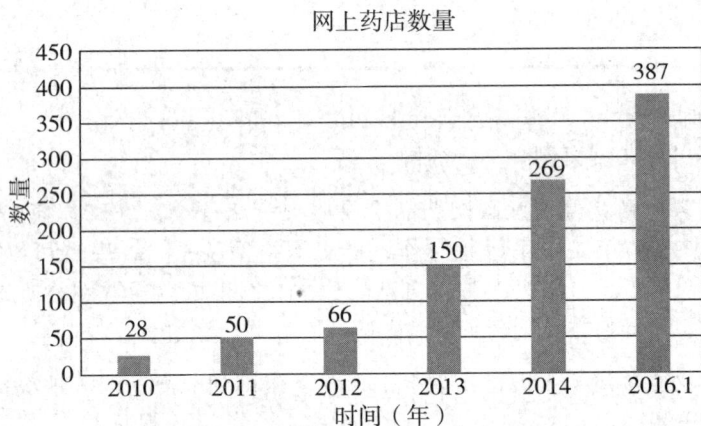

图 13 - 1　2010 ~ 2016 年中国网上药店数量（数据来源：CFDA）

### （二）我国网上药店的发展政策环境分析

我国网上药店发展的政策环境总体呈现出监管严格、逐步放开的趋势（表 13 - 1）。

表 13 - 1　我国网上药店发展的政策环境变化情况

| 时间 | 相关法律法规 | 与网上药店的相关规定 |
| --- | --- | --- |
| 1999. 12 | 《处方药与非处方药流通管理暂行规定》 | 明确规定处方药和非处方药禁止网上销售 |
| 2000. 06 | 《药品电子商务试点监督管理办法》（已废止） | 在部分省市开展非处方药网上销售试点 |
| 2000. 12 | 《互联网药品信息服务管理暂行规定》（已废止） | 允许互联网药品信息服务，禁止药品网上交易 |

续表

| 时间 | 相关法律法规 | 与网上药店的相关规定 |
|------|-------------|---------------------|
| 2004.07 | 《互联网药品信息服务管理办法》 | 取得《互联网药品信息服务资格证书》的企业可以开展互联网药品信息服务，但禁止药品网上交易 |
| 2005.09 | 《互联网药品交易服务审批暂行规定》 | 允许药品网上交易，但只能销售非处方药 |
| 2013.10 | 《关于加强药品互联网销售管理的通知》 | 零售单体药店不得开展网上售药业务，零售连锁企业网上只能销售非处方药，并使用符合 GSP 认证的药品配送系统自行配送 |
| 2014.05 | 《互联网食品药品经营监督管理办法》（征求意见稿） | 规定取得相应资格证书的互联网平台不仅可以售卖处方药，还可以由第三方物流配送平台进行药品或医疗器械的配送，同时将第三方交易审批权下放至省级药监部门（注：由于争议较大，至今未能出台） |

### （三）网上药店的发展趋势

随着移动互联网的普及，网络购物的快速增长，加上网上药店医保支付的放开，慢性病患病率和患病人数的逐年上升，网上药店发展迅速，其发展趋势主要有以下内容。

**1. 与传统医药行业的紧密合作**　以消费者为导向的网上药店对传统线下零售有颠覆性的影响，而未来的网上药店更需要互联网企业和传统医药行业相关方的紧密合作。

**2. 与移动医疗相结合**　从挂号、问诊、买药、缴费等多维度切入，通过信息技术来改造当前寻医问药流程，并推出手机端、网页版，有利于促进医疗服务的模式升级，帮助改善中国医疗发展现状。

**3. O2O 服务模式**　领先的网上药店将是能够真正贯穿价值链各个环节，并打造线上线下闭环的企业。

**4. 全方位服务**　医药电商的发展将以全方位服务患者为核心，药品扫码验真、专业药事服务以及医保支付功能的实现成为未来消费者最受关注的服务内容。

---

## 拓展阅读

### 未来医药领域电商市场潜力有望达 500 亿元

2012年8月26日，全国药品流通行业管理工作会议在河南郑州召开，来自全国范围内的药品流通行业管理工作者汇聚郑州。商务部副部长姜增伟在会上表示，全国医药改革势在必行，实体药店也要"触网"，向电商靠拢是发展趋势。

2011年年底，河南省基本建立了全民医保制度，全面完成基层医疗卫生机构综合改革。药品零售企业开设中医"坐堂医"诊所试点工作进展顺利。医改新政的实施释放出巨大的药品需求，全省药品消费总额由2008年的280亿元上升到2011年的500亿元左右。

商务部副部长姜增伟总结说，如何降低医药流通成本，让老百姓买到方便药、便宜药、安全药？必须加快医改步伐，降低流通成本，提高流通效益。尤其需要注意的是，发展医药流通工作不能忽视与电子商务相结合。

在他看来，在医药领域，未来电商的市场潜力在300亿~500亿元。电商经营者通过降低物流成本来提高流通效益，是未来发展的趋势。可以说，实体店不搞电子商务一点希望都没有。

### 三、我国有关网上药店的法律法规

2015年3月5日，全国两会上李克强总理在政府工作报告中提出"互联网＋"概念，"互联网＋"国家战略的实施让医药电商成为中国经济发展的新蓝海。2015年5月4日，国务院发布《国务院关于大力发展电子商务加快培育经济新动力的意见》，明确表示：要制定完善互联网食品药品经营监督管理办法，规范食品、保健食品、药品、化妆品、医疗器械网络经营行为，加强互联网食品药品市场监测监管体系建设，推动医药电子商务发展。

国家强调运用电子商务等先进信息技术手段，促进医药流通体制改革，降低成本，提高效率。政府先后出台了《互联网药品信息服务管理暂行规定》《互联网药品信息服务管理办法》《中华人民共和国电子签名法》和《互联网药品交易服务审批暂行规定》，对网上药品信息发布和药品电子商务及网上药店进行了规范。这些法规的出台极大地促进了网上药店的规范化发展。

**1. 《互联网药品信息服务管理办法》的主要内容**　2004年7月8日，国家药品监督管理部门颁布实施了《互联网药品信息服务管理办法》，该规定的出台为网上药店发布药品信息提供了法律依据。

（1）互联网药品信息服务的定义与分类　互联网药品信息服务是指通过互联网向上网用户提供药品（含医疗器械）信息的服务活动。

互联网药品信息服务分为两类。一种是经营性互联网药品信息服务，即有偿的互联网信息服务。第二种是非经营性互联网药品信息服务，即无偿的互联网药品信息服务。

（2）互联网药品信息服务的管理机构

①监督管理机构　国家药品监督管理部门负责对全国提供互联网药品信息服务的网站实施监督管理。省级药品监督管理部门负责对本行政区域内提供互联网药品信息服务活动的网站实施监督管理。

②经营主管机构　国务院信息产业主管部门或省级电信管理机构为经营主管机构。

（3）申请提供互联网药品信息服务的条件　申请提供互联网药品信息服务，除应当符合《互联网信息服务管理办法》规定的要求外，还应当具备以下条件。①互联网药品信息服务的提供者应当为依法设立的企事业单位或者其他组织。②具有与开展互联网药品信息服务活动相适应的专业人员、设施及相关制度。③有两名以上熟悉药品、医疗器械管理法律、法规和药品、医疗器械专业知识，或者依法经资格认定的药学、医疗器械技术人员。

（4）互联网药品信息服务的申请　申请提供互联网药品信息服务，应当填写国家食品药品监督管理局统一制发的《互联网药品信息服务申请表》，向网站主办单位所在地省级药品监督管理部门提出申请，同时提交以下材料。①企业营业执照复印件（新办企业提供工商行政管理部门出具的名称预核准通知书及相关材料）。②网站域名注册的相关证书或者证明文件。从事互联网药品信息服务网站的中文名称，除与主办单位名称相同的以外，不得以"中国""中华""全国"等冠名。除取得药品招标代理机构资格证书的单位开办的互联网站外，其他提供互联网药品信息服务的网站名称中不得出现"电子商务""药品招商""药品招标"等内容。③网站栏目设置说明（申请经营性互联网药品信息服务的网站需提供收费栏目及收费方式的说明）。④网站对历史发布信息进行备份和查阅的相关管理制度及执行情况说明。⑤药品监督管理部门在线浏览网站上所有栏目、内容的方法及操作说明。⑥药品及医疗器械相关专业技术人员学历证明或者其专业技术资格证书复印件、网站负责人身份证复印件及简历。⑦健全的网络与信息安全保障措施,包括网站安全保障措施、信息安全保密管理制度、用户信息安全管理制度。⑧保证药品信息来源合法、真实、安全的管理措施、情况说明及相关证明。

(5)《互联网药品信息服务资格证书》的审批与管理

①证书的审批 拟提供互联网药品信息服务的网站,应当在向国务院信息产业主管部门或者省级电信管理机构申请办理经营许可证或者办理备案手续之前,按照属地监督管理的原则,向该网站主办单位所在地省级药品监督管理部门提出申请,经审核同意后取得提供互联网药品信息服务的资格。省级药品监督管理部门对本辖区内申请提供互联网药品信息服务的互联网站进行审核,符合条件的核发《互联网药品信息服务资格证书》(图13-2)。

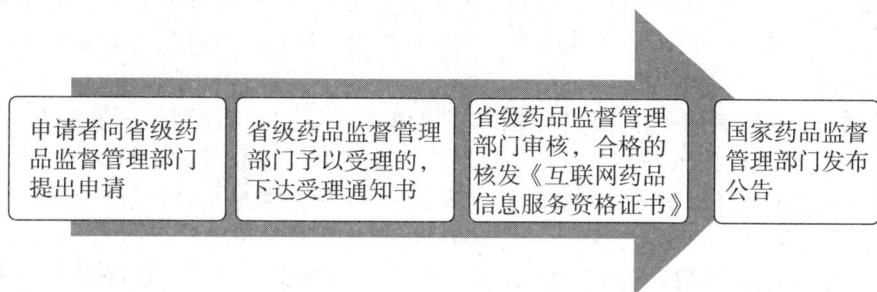

图13-2 互联网药品信息服务资格申报审批流程图

《互联网药品信息服务资格证书》的格式由国家总局统一制定。提供互联网药品信息服务的网站,应当在其网站主页显著位置标注《互联网药品信息服务资格证书》的证书编号。

②证书的换发 《互联网药品信息服务资格证书》有效期为5年。有效期满,需要继续提供互联网药品信息服务的,持证单位应当在有效期届满前6个月内,向原发证机关申请换发。原发证机关进行审核后,认为符合条件的,予以换发新证;认为不符合条件的,发给不予换发新证的通知并说明理由,其《互联网药品信息服务资格证书》由原发证机关收回并公告注销。

③证书的收回 《互联网药品信息服务资格证书》可以根据互联网药品信息服务提供者的书面申请,由原发证机关收回,原发证机关应当报国家食品药品监督管理部门备案并发布公告。被收回证书的网站不得继续从事互联网药品信息服务。

④证书的变更 互联网药品信息服务提供者变更下列事项之一的,应当向原发证机关申请办理变更手续,填写《互联网药品信息服务项目变更申请表》,同时提供下列相关证明文件。a.《互联网药品信息服务资格证书》中审核批准的项目(互联网药品信息服务提供者单位名称、网站名称、IP地址等)。b. 互联网药品信息服务提供者的基本项目(地址、法定代表人、企业负责人等)。c. 网站提供互联网药品信息服务的基本情况(服务方式、服务项目等)。

(6)互联网药品信息服务的管理规定 提供互联网药品信息服务的网站发布的药品(含医疗器械)广告,必须经过省级药品监督管理部门审查批准,注明广告审查批准文号。提供互联网药品信息服务网站所登载的药品信息必须科学、准确,必须符合国家的法律、法规和国家有关药品、医疗器械管理的相关规定。提供互联网药品信息服务的网站不得发布麻醉药品、精神药品、医疗用毒性药品、放射性药品、戒毒药品和医疗机构制剂的产品信息。

值得注意的是，《互联网药品信息服务管理办法》只是对在网上发布药品信息的活动规范，这是开展网上药店进行网上药品销售的前提，具有《互联网药品信息服务资格证书》的网站不允许直接撮合药品网上交易，不得以提供互联网药品信息服务的名义开办网上药店，为消费者提供网上采购等电子商务活动。

**2. 中华人民共和国电子签名法**　2005年4月1日开始实施的《中华人民共和国电子签名法》，成为2005电子商务立法年的标志性事件，这是我国进入世界先进的数字化国家、网络化国家的标志之一，对我国电子商务、电子政务的顺利发展，提高我国信息化水平起到非常重要的促进作用。

电子签名，是指数据电文中以电子形式所含、所附用于识别签名人身份并表明签名人认可其中内容的数据。按照《中华人民共和国电子签名法》的规定，可靠的电子签名意味着在网上通行有了"身份证"，与手写签名或者盖章具有同等的法律效力，届时消费者可用手写签名、公章的"电子版"、秘密代号、密码或指纹、声音、视网膜结构等安全地在网上"付钱""交易"及"转账"。

**3. 互联网药品交易服务审批暂行规定**　为了规范互联网购销行为，根据《中华人民共和国药品管理法》《中华人民共和国药品管理法实施条例》以及其他法律法规，2005年10月8日，国家药品监督管理部门正式公布《互联网药品交易服务审批暂行规定》，以切实加强对互联网药品购销行为的监督管理。自2005年12月1日起正式施行。

（1）互联网药品交易服务的定义与分类　互联网药品交易服务，是指通过互联网提供药品（包括医疗器械、直接接触药品的包装材料和容器）交易服务的电子商务活动。

互联网药品交易服务分为药品生产企业、药品经营企业和医疗机构之间的互联网药品交易提供的服务，药品生产企业、药品批发企业通过自身网站与本企业成员之外的其他企业进行的互联网药品交易以及向个人消费者提供的互联网药品交易服务。其中向个人消费者提供互联网药品交易服务的即为网上药店。

《互联网药品交易服务资格证书》是国家食品药品监督管理总局颁发给从事互联网药品交易服务的企业的证明，根据互联网药品交易服务的类别，证书分为A、B、C3种。

①A证　由国家食品药品监督管理总局审批，服务方式：为第三方交易服务平台。特点：交易服务平台，服务范围广，产品线丰富。

②B证　由省级食品药品监督管理部门审批，服务方式：与其他企业进行药品交易。特点：属于企业间的批发交易证书。

③C证　由省级食品药品监督管理部门审批，服务方式：向个人消费者提供药品。特点：只能销售自营非处方药品。网上药店需要取得C证。

（2）互联网药品交易服务资格的申请条件　向个人消费者提供互联网药品交易服务的企业，即开办网上药店，应当具备以下条件。①依法设立的药品连锁零售企业。②提供互联网药品交易服务的网站已获得从事互联网药品信息服务的资格。③具有健全的网络与交易安全保障措施以及完整的管理制度。④具有完整保存交易记录的能力、设施和设备。⑤具备网上咨询、网上查询、生成定单、电子合同等基本交易服务功能。⑥对上网交易的品种有完整的管理制度与措施。⑦具有与上网交易的品种相适应的药品配送系统。⑧具有执业药师负责网上实时咨询，并有保存完整咨询内容的设施、设备及相关管理制度。⑨从事医疗器械交易服务，应当配备拥有医疗器械相关专业学历、熟悉医疗器械相关法规的专职专业人员。

由此可以看出，开办网上药店首先必须是药品零售连锁企业，并取得《互联网药品信息服务资格证书》和《互联网药品交易服务资格证书》。

（3）互联网药品交易服务的申请材料　申请从事互联网药品交易服务的企业，应当填写国家食品药品监督管理部门统一制发的《从事互联网药品交易服务申请表》，向所在地省级药品监督管理部门提出申请，并提交以下材料。①拟提供互联网药品交易服务的网站获准从事互联网药品信息服务的许可证复印件。②业务发展计划及相关技术方案。③保证交易用户与交易药品合法、真实、安全的管理措施。④营业执照复印件。⑤保障网络和交易安全的管理制度及措施。⑥规定的专业技术人员的身份证明、学历证明复印件及简历。⑦仪器设备汇总表。⑧拟开展的基本业务流程说明及相关材料。⑨企业法定代表人证明文件和企业各部门组织机构职能表。

（4）互联网药品交易服务资格的审批与管理

①互联网药品交易服务资格的审批　从事互联网药品交易服务的企业必须经过审查验收并取得《互联网药品交易服务资格证书》。互联网药品交易服务机构的验收标准由国家药品监督管理部门统一制定。

a. 省级药品监督管理部门负责对本行政区域内通过自身网站向个人消费者提供互联网药品交易服务的企业进行审批。b. 省级药品监督管理部门收到申请材料后，在5日内对申请材料进行形式审查。决定予以受理的，发给受理通知书；决定不予受理的，应当书面通知申请人并说明理由，同时告知申请人享有依法申请行政复议或者提起行政诉讼的权利。c. 省级药品监督管理部门按照有关规定，对通过自身网站向个人消费者提供互联网药品交易服务的申请人提交的材料进行审批，并在20个工作日内作出同意或者不同意进行现场验收的决定，并书面通知申请人。d. 省级药品监督管理部门同意进行现场验收的，应当在20个工作日内组织对申请人进行现场验收。验收不合格的，书面通知申请人并说明理由，同时告知申请人享有依法申请行政复议或者提起行政诉讼的权利；经验收合格的，省级药品监督管理部门应当在10个工作日内向申请人核发并送达同意其从事互联网药品交易服务的《互联网药品交易服务资格证书》。《互联网药品交易服务资格证书》由国家药品监督管理部门统一印制，有效期5年（图13-3）。

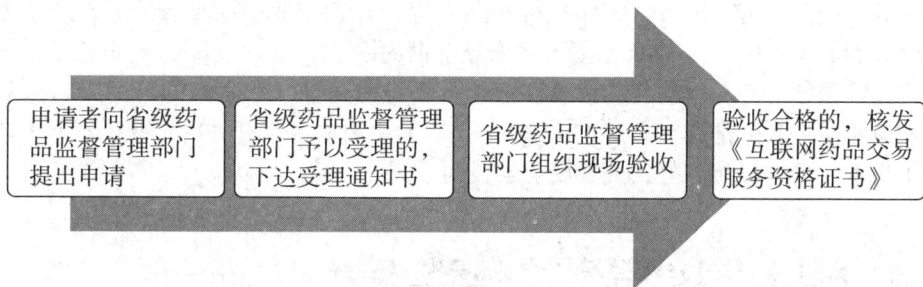

申请者向省级药品监督管理部门提出申请 → 省级药品监督管理部门予以受理的，下达受理通知书 → 省级药品监督管理部门组织现场验收 → 验收合格的，核发《互联网药品交易服务资格证书》

图13-3　互联网药品交易服务资格申报审批流程图

②证书的变更　提供互联网药品交易服务的企业变更网站网址、企业名称、企业法定代表人、企业地址等事项的，应填写《互联网药品交易服务变更申请表》，并提前30个工作日向原审批部门申请办理变更手续，变更程序与原申请程序相同。变更服务范围的，原有的资格证书收回，按本规定重新申请，重新审批。

③证书的备案　提供互联网药品交易服务的企业需要歇业、停业半年以上的，应在其停止服务前一个月向所在地省级药品监督管理部门提出书面备案申请。省级药品监督管理

部门收到备案申请后，应当在 10 个工作日内通知电信管理部门。在《互联网药品交易服务资格证书》有效期内，歇业、停业的企业需要恢复营业的，应当向其备案的省级药品监督管理部门申请重新验收，经验收合格，方可恢复营业。

④证书的换发　《互联网药品交易服务资格证书》有效期届满，需要继续提供互联网药品交易服务的，企业应当在有效期届满前 6 个月内，向原发证机关申请换发《互联网药品交易服务资格证书》。原发证机关按照原申请程序对换证申请进行审核，认为符合条件的，予以换发新证；认为不符合条件的，发给不予换证通知书并说明理由，原《互联网药品交易服务资格证书》由原发证机关收回并发布公告注销。

⑤证书的收回　根据提供互联网药品交易服务的企业的书面申请，省级药品监督管理部门可以收回《互联网药品交易服务资格证书》，报国家食品药品监督管理局备案并发布公告注销。《互联网药品交易服务资格证书》被收回的，不得继续从事互联网药品交易服务。

⑥互联网药品交易服务管理要点　提供互联网药品交易服务的企业必须在其网站首页显著位置标明《互联网药品交易服务资格证书》号码。对首次上网交易的药品，提供互联网药品交易服务的企业必须索取、审核交易各方的资格证明文件和药品批准证明文件并进行备案。向个人消费者提供互联网药品交易服务的企业只能在网上销售本企业经营的非处方药，不得向其他企业或者医疗机构销售药品。在依法获得药品监督管理部门颁发的《互联网药品交易服务资格证书》后，申请人应当按照《互联网信息服务管理办法》的规定，依法取得相应的电信业务经营许可证，或者履行相应的备案手续。

⑦罚则　未取得《互联网药品交易服务资格证书》，擅自从事互联网药品交易服务或者《互联网药品交易服务资格证书》超出有效期的，药品监督管理部门责令限期改正，给予警告；情节严重的，移交信息产业主管部门等有关部门，依照有关法律、法规予以处罚。

有下列情形之一的，药品监督管理部门责令限期改正，给予警告；情节严重的，撤销其互联网药品交易服务机构资格，并注销其互联网药品交易服务资格证书。a. 未在其网站主页显著位置标明《互联网药品交易服务资格证书》号码的。b. 超出审核同意范围提供互联网药品交易服务的。c. 为药品生产企业、药品经营企业和医疗机构之间的互联网药品交易提供服务的企业与行政机关、医疗机构和药品生产经营企业存在隶属关系、产权关系或者其他经济利益关系的。d. 有关变更事项未经审批的。

至此，我国已对互联网的药品信息服务、电子身份认证、互联网的药品交易服务等均做出了相应规定。也就是说，自 2005 年 12 月 1 日始，政府允许开办网上药店。网上药店是医药电子商务发展的必然趋势，其发展前景极为乐观。

## 第二节　网上药店的优势及制约因素分析

### 一、网上药店的优势

网上药店的出现，对药店和消费者都大有益处，是一种双赢的药品经营模式。

**1. 节约了药店运营成本**　开办网上药店可以节约药店运营的诸多成本。尽管开办网上药店需要租用网络空间，但相对于现实中营业店堂的租金或建设成本而言要便宜许多。大量的库存会占用药店资金，使资金周转速度减慢，时间成本增加。网上药店根据客户订单采购和发送药品，加快了资金周转，同时省去了药品仓储、保养等诸多库存成本。

**2. 扩大了市场范围**　利用互联网跨越时空的优势，开办网上药店可以使药品零售的服务范围在时间和空间上都得到极大的拓展。真正实现 24 小时营业，市场可辐射至全国乃至全世界。消费者可以利用很短的时间在网络上了解到丰富的药品信息，并进行购买，节省时间和精力。

**3. 与顾客保持紧密的联系**  网上药店不仅没有营业时间和地理范围的限制，而且使药店与顾客之间的联系更为紧密，顾客满意度会相应提高。这也有利于强化顾客对企业品牌的认知，培育顾客忠诚度。

**4. 给消费者带来了实惠**  网络带来的大量信息服务提高了消费者的议价能力，并且网上药店的低成本运营以及药品流通环节减少都促使消费者可以低价购买到药品（含医疗器械）。

**5. 网上购药有利于保护消费者隐私**  网上购药采用的是一种基于客户服务软件系统的人机互动模式，没有第三方的参与，顾客的个人身份以及交易的内容得到了很好的保护。

## 二、制约网上药店发展的因素分析

尽管网上药店市场潜力巨大，但其在零售业中所占比重仍然很小。当前制约我国网上药店的发展主要因素有如下几项。

**1. 网络技术性、交易的安全性得不到保障**  目前，因技术所限，网上产品展示手段无法得到有效应用，如背景音乐、Flash 动画等，宣传效果大打折扣。在线咨询服务与电话和面谈相比，在及时性、准确性上都受到一定程度的影响，服务的效果难以保证。网络速度慢以及程序错误、中断等都会给消费者网上购物带来不愉快的体验，从而影响消费者对网上购药的信心。

网上交易存在的主要问题中位居第一的是产品质量、售后服务及企业信用得不到保障；其次是网上支付的安全性得不到保障。前一个问题主要与目前我国法律对电子商务的监管还存在许多空白以及网络用户身份不明有关。虚假的网上药店使消费者冒更大的风险。在网上，消费者难以判别一家网上药店是否合法经营。只有随着国家相关电子商务法律法规的逐步完善和网络信用系统的全面建成，这一问题才能得到解决。网络的开放性使网上银行随时可能成为黑客攻击的对象，网上支付的安全性也因此受到考验。

**2. 尚未与医保政策接轨**  医保政策为广大人民群众就医用药带来了实实在在的好处。在定点的医疗机构看病住院，条件符合的话可以按照比例对费用进行报销，而且消费者在医保定点的实体药店购药时也可用医保卡予以支付。但是目前医保政策尚未与网上药店进行对接，网上药店不在医保定点的范围内，在购药时还不能使用医保卡刷卡支付，因此很多消费者宁愿选择去实体药店也不愿意在网上药店购药。现在正在试点的网上药店医保支付如果成功，将来能将网上药店、移动医疗与医保政策衔接上，必定会大大促进医药电商的发展，也会给人民群众带来真真正正的实惠。

**3. 网上药店的物流配送不规范**  药品属于特殊商品，对物流有着特殊的要求，有的药品对温度非常敏感，必须冷链配送。网上药店一般没有自己专业的配送机构，而我国目前具有药品配送资质的第三方物流屈指可数，现在网上药店基本上采用门店送货与第三方物流相结合的方式对药品进行配送。根据 GSP 要求，药品在运输途中必须采取一定的保护措施，而邮递显然无法满足这些要求。这也在很大程度上限制了网上药店业务的开展。

**4. 相关法律法规不健全、监管难度极大**  网上药店尚处在发展的起步阶段，存在较多不足，缺乏完善的法律法规体系。目前国家没有将互联网交易提高到法律层面，对互联网交易的监管方面存在着一些缺陷。我国药监部门现在只能通过制定部门规章和发布行政命令对医药互联网交易进行监督和管理。

对于政府监管部门而言，网上业务涉及范围广、隐蔽性强，一旦发生违法行为，控制难，取证难，因此监管难度极大。消费者从非法网上药店购买到药品，维权困难。我国药品监督管理部门除了对网上药店进行认证，加强监管，还应向消费者进行广泛的宣传，使他们能够区分合法与非法的网上药店以及合法与非法的网上售药行为。

**5. 用药的安全性得不到保障**　网上购药可能存在着用药不对症而导致延误病情；药物滥用、用药差错等不合理用药风险；药品的质量没有保障，严重威胁到患者健康等问题。所以网上药店必须经过严格审批，全方位监管。

**6. 移动医疗的可持续发展问题**　移动医疗可以有效分流门诊患者，推进医药分开，使医生的诊疗行为、公立医院药品销售利益、药店药品销售量三者之间脱钩，但目前移动医疗的盈利模式还很模糊，如果涉及财政资金支出的话，有必要审慎地考虑清楚。

## 第三节　网上药店的运营

### 一、网上药店的网页设计

网上药店要实现其在网页上发布药品信息，以及与消费者进行沟通交流的功能，其网页设计一般应包括以下内容：药店简介、网页框架的基本元素、药品查询功能、网站导航功能、会员功能区、购物指南、购物配套服务等（图13-4）。

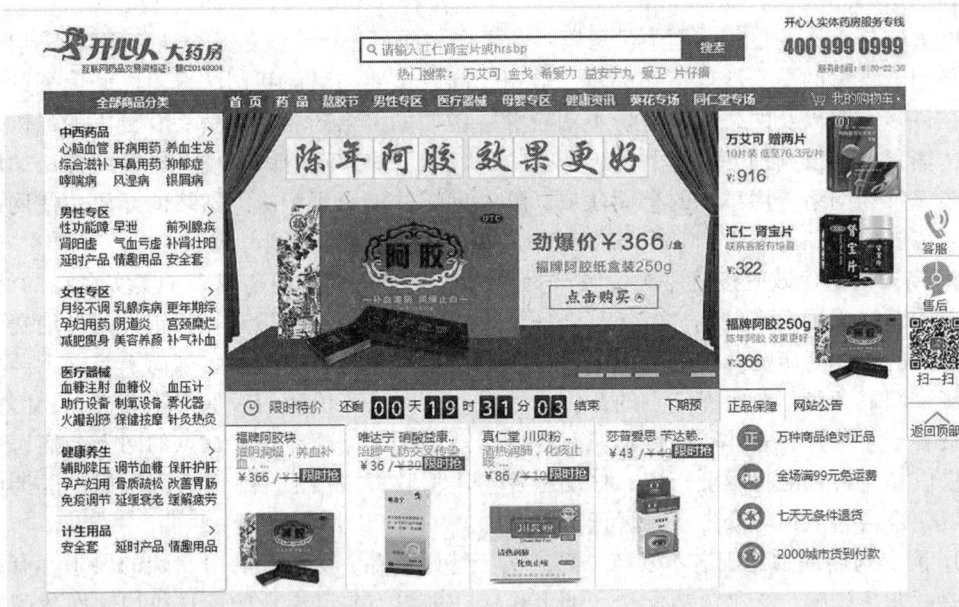

图13-4　开心人网上药店页面设计

**1. 药店简介**　药店简介是网上药店所依托的实体药店的情况介绍，可以增加顾客对网上药店的信任度，如同信任实体药店一样，从而增加上网消费者点击率，提高购买率。享有声誉的网上药店，其光顾的消费者也多是慕名而来。

**2. 网页框架的基本元素**

（1）药品的项目分类区　包括中药材、中成药、化学药品、保健品等主要药品品种。

（2）**购物功能区**　包括有购物中心或购物车、查看购物车、收银台、订单查看、会员注册、会员中心等。

（3）**促销功能区**　最新产品（新品上架）、最热产品（热销品）、特价药品区、促销产品、会员专区、销售排行榜等。

（4）**药品广告区**　药品展示时，通常左边是药品的实物图，右边是药品的名称、市场价、会员价。实物图要清晰、并能全面展示药品，要让消费者有如同看见了实际药品的感觉。

**3. 药品查询功能**　如何让消费者在很短的时间里就找到要买的药品，这是开办网上药店很重要的功能设计，网页上要有互动查询功能，可以按照药品的总分类目录、药品的科目、药品的名称、药品的功效等进行药品查找。

**4. 网站导航功能**　网上药店的网页是很丰富的。但这往往可能使消费者在购买药品时，在众多网页的往返过程中迷失方向，因此有一个网站的导航条目是十分必要的。一般导航功能放在网页的左上角。

**5. 会员功能区**　网上药店一般实行会员制，消费者在购买药品时应先注册成会员，才可以购买药品。会员可以分为：单位会员（电子商务的 B2B 模式）和个人会员（电子商务的 B2C 模式）。成为会员一般是有长期的购买关系的客户，是网上药店的稳定客户群。网上药店对其进行特定的会员服务如：优惠活动、打折信息、会员价、购物积分活动等。

**6. 购物指南**　购物指南说明消费者购药的基本流程。

**7. 购物配套服务**　购物配套服务包括：订购方式、付款方式、配送方式、交易条款、质量保证、优惠活动、友情链接、订单及历史交易查询、客户服务等。配套服务内容可见表 13 - 2。

**表 13 - 2　购物配套服务内容表**

| 购物配套服务 | 服务内容 |
| --- | --- |
| 订购方式 | 包括网上订购、电话订购、邮寄订购、E - mail 订购、手机短信订购、传真订购 |
| 付款方式 | 网上支付、货到付款、邮政汇款、银行汇款等 |
| 配送方式 | 送货上门、EMS 快递或普通邮递、用户直接提货 |
| 交易条款 | 尊重客户隐私权，用户和网上药店的契约受法律保护等 |
| 质量保证 | 用户在网上药店所购药品与在医院或药店所购药品具有同等的质量保证，包括药品退换方面 |
| 优惠活动 | 作为网上药店的会员，可以参加由网上药店所举行的一系列优惠活动 |
| 友情链接 | 在网上药店的适当的位置插入友情链接，同时邀请与友情链接网上药店进行相互链接，满足消费者一站式购药物的需求 |
| 订单及历史交易查询 | 用户可以查询订单内容，订单是否已受理，货款是否收到，商品发出的时间、配送方式、发货单号等信息，查询历史交易信息 |
| 客户服务 | 对售后服务进行支持，回答用户提出的问题，收集用户的意见和建议，管理用户资料等相关的服务 |

## 二、提高网上药店绩效的策略

**1. 加强药店内部信息化建设**　全面提高信息化水平，形成低成本、高效运作的广域物流配送网络，通过商品分类、客户关系等信息处理技术的积累，为网上药店打下良好的基础。

**2. 进一步拓展连锁规模与物流配送能力** 拥有一定的区域规模，才有利于开展联合采购与统一配送。广域配送能力、星罗棋布的药店及配合快递公司与第三方物流公司，才可能满足网上购药的时效与质量保证。如叮当快药和仁和药业的合作模式。

**3. 提升服务** 合理利用企业目前具有的资源，实现低成本的网上便民服务。信息真实、全面、能提供用户一站式服务，是未来网上药店成功的关键因素，利用连锁企业已有的会员，在网络上提供更多的增值服务，对冷僻品种可以通过网上便民订货，货到通知、门店取货，这些服务都有助于提高企业的综合服务形象。

**4. 利用网络技术，增加网上售药的成功率** 充分地了解顾客的需要、为顾客提供更好的服务、对顾客的价值进行评估、了解顾客的价值、分析顾客需求行为、市场调查和预测。

（1）建立网络互动技术（包括搜索引擎、电子邮件、反馈表单、论坛、网络广告、电子书、电子贺卡、在线调查表）。

（2）全面的服务功能（如网上咨询、健康咨询、用药指南、网上处方信息提供等）。

（3）简化或取消会员登记程序，发展网络会员。

（4）与第三方物流合作解决安全性问题，缩短送货时间。

（5）进行必要的网上营销（网站交换广告、交换链接、增加网上搜索、E－mail营销等）。

**5. 退货政策及保证** 售后服务及网上信用是客户关心的一大问题，必须有完善的服务策略（主要是退货、换货政策）及服务承诺，并能真实履行。

**6. 支持多种支付方式** 除了运用现金、汇款支付方式外，还可以用信用卡、借记卡（储蓄卡）、微信、支付宝等进行网上支付。

**7. 降低收费** 收费过高是有效开展网上药店的主要矛盾。提升管理，和传统医药行业相关方的紧密合作，降低成本，进行合理收费，网上药店才能得以生存与发展。

**8. 开发手机 App，为客户提供方便** 2013 年，与医药大健康相关的总检索量达到 91 亿次，2014 年超过 100 亿次，即每天平均有 3000 万检索量。自 2013 年 4 月开始，来自移动端的医药大健康的搜索量开始超越 PC 端，且二者之间的差距在不断加大。开发手机 App，使客户可以随时随地借助移动端登录网上药店，实现购药功能。

**📊 岗位对接**

医药商品购销员（三级）：销售促进。内容包括销售促进、顾客心理营销技巧、促销、制定促销计划、销售促进技巧、销售渠道分析。

## 📝 实训十八　网上药店的模拟申报材料准备

**一、实训目的**

通过实训，掌握网上药店申报必须具备的条件，了解《互联网药品交易服务资格证书》的审批流程，明确需要准备的材料。

**二、实训要求**

1. 学生能正确指出申报网上药店需要具备的基本条件。

2. 能按照要求准备好《互联网药品交易服务资格证书》申报所需要的材料。

3. 学生总结陈述条理清晰，语言简洁准确，PPT 制作精美合理。

三、实训内容

学生准备好相关的申报资料。

四、实训方法

**1. 实训前准备**　授课教师指导学生学习《互联网药品交易服务审批暂行规定》的有关内容。

**2. 实训过程**

（1）学生 5 人为 1 组，选出组长，实行组长负责制。

（2）每组学生按照《互联网药品交易服务审批暂行规定》的要求，准备好模拟的申报材料，并制作成 PPT。

（3）各组选 1 名同学进行总结陈述，并展示 PPT。

五、实训评价

表 13－3　实训评价表

| 序号 | 考核内容 | 考核要点 | 配分 | 评分标准 | 扣分 | 得分 |
|------|---------|---------|------|---------|------|------|
| 1 | 申报网上药店的基本条件 | 学生能正确指出申报网上药店需要具备的基本条件 | 3 | 1. 不能指出申报网上药店需要具备条件的扣 3 分。<br>2. 申报条件书写不完整的酌情扣 0.5～2 分 | | |
| 2 | 《互联网药品交易服务资格证书》申报材料准备 | 学生准备好《互联网药品交易服务资格证书》模拟申报所需要的材料 | 5 | 1. 不能按要求准备模拟申报材料的扣 5 分。<br>2. 申报材料准备不完整的酌情扣 0.5～3 分 | | |
| 3 | PPT 汇报 | 汇报条理清晰，语言简洁准确、PPT 制作精美 | 2 | 1. 不能按要求进行 PPT 汇报的扣 2 分。<br>2. PPT 制作或汇报有缺陷的酌情扣 0.5～1 分 | | |
| 合计 | | | 10 | | | |

否定项：无

## 实训十九　网上药店的浏览与查询

一、实训目的

通过实训，掌握网上药店的页面设计，学习浏览网上药店的方法以及如何查询药品，明确药店网页设计的特殊性及重要性。

二、实训要求

1. 学生能正确浏览指定网上药店，并对网上药店的内容做简要说明。

2. 能快速在网上药店查询到指定药品。

3. 能从不同角度分析网上药店网页设计的优缺点（包括顾客，供应商等）。

4. 学生总结陈述条理清晰，语言简洁准确，PPT 制作精美合理。

### 三、实训内容

学生浏览教师指定的网上药店，查询指定药品，并对不同网上药店的网页设计进行分析比较。

### 四、实训方法

**1. 实训前准备**　授课教师参考国家食品药品监督管理部门网站公布的合法网上药店，从中挑选 20～30 家网上药店，并指定某种药品供学生浏览及查询。

**2. 实训过程**

1. 学生 5 人为 1 组，选出组长，实行组长负责制。

2. 每人至少浏览 1 家网上药店，并在该店内查询教师指定药品。

3. 每组学生对比浏览过的网上药店网页，并将分析比较的结果制作成 PPT。

4. 各组选 1 名同学进行总结陈述，并展示 PPT。

**3. 注意事项**　学生在浏览网上药店时要注意该家网上药店是否真实、合法。

### 五、实训评价

表 13 - 4　实训评价表

| 序号 | 考核内容 | 考核要点 | 配分 | 评分标准 | 扣分 | 得分 |
|---|---|---|---|---|---|---|
| 1 | 网上药店合法性考核 | 学生写出合法网上药店应具备的条件 | 3 | 1. 不能写出合法网上药店应具备条件的，扣3分。<br>2. 条件书写不完整的，酌情扣0.5～2分 | | |
| 2 | 网上药店网页浏览对比 | 对比浏览过的网上药店网页 | 5 | 1. 没有按照要求完成网上药店网页浏览的，扣5分。<br>2. 分析比较不全面的，酌情扣0.5～2分。<br>3. 不能在网上药店查询教师指定药品的，扣1分 | | |
| 3 | PPT 汇报 | 汇报条理清晰，语言简洁准确、PPT制作精美 | 2 | 1. 不能按要求进行 PPT 汇报的扣2分。<br>2. PPT 制作或汇报有缺陷的酌情扣0.5～1分 | | |
| | 合计 | | 10 | | | |

否定项：无

---

## 目标检测

**一、单项选择题**（下列每题的选项中，只有 1 个是正确的，请将其代号填入括号内）

1. 开办网上药店，必须是（　　）。

　　A. 药品批发企业　　　　　　　　　　B. 药品零售企业

　　C. 药品零售连锁企业　　　　　　　　D. 单体药店

2. 网上药店是向（　　）提供药品的互联网服务机构。

　　A. 个人消费者　　　　　　　　　　　B. 药品生产企业

　　　　C. 药品经营企业　　　　　　　　　　D. 医疗机构

3. 正在网上药店进行试点的是（　　　）。

　　A. 处方药销售　　　　B. 非处方药销售　　　C. 医保支付　　　　D. 医疗器械

4. 网上药店可以销售（　　　）。

　　A. 处方药　　　　　　B. 非处方药　　　　　C. 医疗机构制剂　　D. 特殊药品

5. 网上药店网页框架的基本元素不包括（　　　）。

　　A. 网站导航　　　　　B. 购物功能区　　　　C. 促销功能区　　　D. 药品广告区

6.《互联网药品信息服务资格证书》的有效期为（　　　）。

　　A. 1 年　　　　　　　B. 3 年　　　　　　　C. 4 年　　　　　　D. 5 年

7.《互联网药品交易服务资格证书》的有效期为（　　　）。

　　A. 1 年　　　　　　　B. 3 年　　　　　　　C. 4 年　　　　　　D. 5 年

8. 负责核发网上药店的《互联网药品交易服务资格证书》的部门是（　　　）。

　　A. 国家药品监督管理部门　　　　　　　　B. 省级药品监督管理部门

　　C. 省级工商行政管理部门　　　　　　　　D. 省级信息产业管理部门

**二、多项选择题**（下列每题的选项中，有 2~4 个是正确的，多选少选均不得分，请将其代
　　号填入括号内）

1. 网上药店必须在网站首页显著位置标明是（　　　）。

　　A. 互联网药品信息服务资格证书号码

　　B. 互联网药品交易服务资格证书号码

　　C. 药品广告批准文号

　　D. 药品 GSP 证书

2. 网上药店的主要功能是（　　　）。

　　A. 网上药品零售　　B. 处方审核　　　　　C. 在线药学服务　　D. 网上药品批发

3. 网上药店要取得（　　　）。

　　A. 零售连锁药店资格　　　　　　　　　　B.《互联网药品信息服务资格证书》

　　C.《互联网药品交易服务资格证书》　　　　D.《网上诚信企业资格证书》

（俞双燕）

# 参考文献

［1］邓冬梅，柯小梅．连锁药店运营管理［M］．北京：化学工业出版社，2015.

［2］杨洋，孙前进．连锁企业信息系统与管理［M］．2 版．北京：中国发展出版社，2015.

［3］吴锦．药店经营与管理实用技术［M］．浙江大学出版社，2015.

［4］梁春贤．药店经营与管理［M］．北京：中国医药科技出版社，2015.

［5］李亚丽．药店管理信息系统的设计与实现［J］．江西通信科技，2015，7.

## 第一章

略

## 第二章

一、选择题

1. D　2. B　3. B　4. D　5. D　6. B　7. B　8. D

二、简答题

略

## 第三章

一、选择题

1. D　2. D　3. D　4. D　5. D　6. C　7. D　8. A

## 第四章

一、单项选择题

1. C　2. D　3. A　4. B　5. C　6. B

二、多项选择题

1. ABD　2. ABCD　3. ABD

## 第五章

一、填空题

1. 拆零专柜　2. 代用品、空包装　3. 正名正字

二、选择题

1. A　2. A　3. D

## 第六章

一、单项选择题

1. C　2. C　3. B　4. D　5. C　6. B　7. D　8. D　9. C　10. A　11. C　12. B　13. D　14. B
15. C　16. D　17. B

二、多项选择题

1. ABCD　2. ABD　3. ABC　4. ABCD　5. ABCD　6. BCD　7. ACD　8. ABCD

## 第七章

**一、填空题**

1. 看、摸、听、测

2. 连带销售、唱收唱付、送客

3. 收银台的常用服务用语有："您好。""请问什么可以帮到您?""对不起，请稍候。""很抱歉让您久等了。""谢谢，请慢走。"

**二、判断题**

1. ×　2. ×　3. ×　4. √　5. ×　6. ×　7. ×　8. ×　9. √

**三、选择题**

1. D　2. D　3. D　4. D　5. D

**四、简答题**

略

## 第八章

**一、选择题**

1. D　2. D　3. B　4. C　5. B　6. D

**二、简答题**

略

## 第九章

**一、选择题**

1. B　2. B　3. A　4. D　5. D　6. A　7. B

**二、填空题**

1. 盘点　2. 由前至后、由左至右　3. 3　4. 有效期

**三、判断题**

1. √　2. ×　3. √　4. √　5. ×

## 第十章

**一、单项选择题**

1. B　2. D　3. C　4. D　5. A

**二、判断题**

1. ×　2. √　3. ×　4. √　5. ×

**三、多项选择题**

1. ABCD　2. AB　3. ABCD　4. AD

## 第十一章

**一、单项选择题**

1. A　2. C　3. B　4. D　5. D　6. C　7. D　8. B　9. C　10. D　11. A

二、多项选择题

1. ABD　2. ABC　3. ABCD　4. ABCD

三、简答题

略

# 第十二章

选择题

1. B　2. A　3. A　4. C　5. D　6. A

# 第十三章

一、单项选择题

1. C　2. A　3. C　4. B　5. A　6. D　7. D　8. B

二、多项选择题

1. AB　2. AC　3. ABC

# 教学大纲

（供药学类及药品经营与管理、药品服务与管理专业用）

## 一、课程任务

　　药店经营与管理是高职高专院校药学类、食品药品类专业一门重要的职业能力核心课程，是有关于药品零售环节中社会药房运营管理的课程。本课程的主要内容是让学生了解申报药店、设计药店营业场所、熟悉商圈调查与分析技术、药店选址的方法、药店售后服务、掌握陈列药品、销售药品、药品盘点和补货以及药店促销管理等药店工作的基本内容，同时课程内容与国家医药商品购销员职业资格标准接轨，并直接服务于学生的毕业实习，使学生获得药店工作所必需的岗位技能和职业能力。

## 二、课程目标

　　1. 能熟练规范地陈列药品、学会接待顾客、推介药品、处理顾客异议、成交药品、为顾客收银、填制票据、进行药品盘点和补货。

　　2. 学会根据提供的背景材料进行商圈的调查、分析与选址工作。能进行药店营业场所的设计与开办申报工作。

　　3. 能进行中药材的来料加工，接待顾客退换货及投诉处理，能根据不同情况完成药品防盗的工作。

　　4. 能使用医药管理软件完成对药店经营全过程的管理。

　　5. 具有良好职业道德，科学工作态度，严谨细致的专业学风。

　　6. 具有较强的执行能力、团队合作能力和心理耐挫力。

## 三、教学时间分配

| 教学内容 | 学时数 | | |
|---|---|---|---|
| | 理论 | 实践 | 合计 |
| 一、认识药店 | 2 | 2 | 4 |
| 二、药店的选址及市场定位 | 4 | 2 | 6 |
| 三、设计药店营业场所 | 2 | 4 | 6 |
| 四、药店开办 | 2 | 2 | 4 |
| 五、陈列药品 | 6 | 6 | 12 |
| 六、销售药品 | 10 | 8 | 18 |
| 七、药店收银作业 | 4 | 2 | 6 |
| 八、售后服务 | 2 | 2 | 4 |
| 九、药品盘点和补货 | 4 | 2 | 6 |
| 十、药店促销管理 | 2 | 2 | 4 |
| 十一、药店防损管理 | 1 | 0 | 1 |
| 十二、药店信息管理 | 0 | 2 | 2 |
| 十三、网上药店 | 1 | 2 | 3 |
| 合　计 | 40 | 36 | 76 |

## 四、教学内容与要求

| 单元 | 教学内容 | 教学要求 | 教学活动建议 | 参考学时 理论 | 参考学时 实践 |
|---|---|---|---|---|---|
| 一、认识药店 | （一）我国医药零售企业的发展现状及发展趋势 | 了解 | 理论讲授 | 2 | |
| | （二）药品门店组织机构及岗位工作要求 | | | | |
| | 1. 门店基本职能 | 熟悉 | | | |
| | 2. 门店组织机构及岗位职责 | 掌握 | 讨论 | | |
| | 3. 门店营运管理要求 | 掌握 | | | |
| | 实训一　认识药店 | 学会 | 技能实践 | | 2 |
| 二、药店的选址及市场定位 | （一）选址分析 | | 理论讲授 | 4 | |
| | 1. 商圈分析 | 了解 | | | |
| | 2. 影响药店选址的因素分析 | 掌握 | 讨论 | | |
| | （二）经营策略分析 | | | | |
| | 1. 进行药店的 SWOT 分析 | 熟悉 | 多媒体演示 | | |
| | 2. 药品门店的市场定位 | 掌握 | | | |
| | 3. 确定药店经营策略的原则和方法 | 熟悉 | | | |
| | 实训二　药店商圈调查及分析 | 学会 | 技能实践 | | 2 |
| 三、设计药店营业场所 | （一）药店店面设计 | | 理论讲授 | 2 | |
| | 1. 药店招牌的设计 | 了解 | 讨论 | | |
| | 2. 药店出入口的设计 | 掌握 | | | |
| | 3. 药店橱窗的设计 | 了解 | | | |
| | （二）药店内部布局 | | | | |
| | 1. 药店的分区管理 | 掌握 | | | |
| | 2. 药店设施与设备的管理 | 熟悉 | | | |
| | 3. 药店环境管理 | 了解 | | | |
| | 实训三　设计药店空间布局图 | 学会 | 技能实践 | | 2 |
| | 实训四　药店营业场所成本预算 | 学会 | 技能实践 | | 2 |
| 四、药店开办 | （一）药店的开办 | | 理论讲授 | 2 | |
| | 1. 申请开办药店的条件 | 了解 | 示教 | | |
| | 2. 开办药店的程序 | 掌握 | 多媒体演示 | | |
| | 3. 药店的筹建与验收 | 熟悉 | 讨论 | | |
| | 4. GSP 认证 | 掌握 | | | |
| | （二）基本医疗保险定点零售药店的管理 | | | | |
| | 1. 申报医保定点药店的条件 | 了解 | | | |
| | 2. 医保定点药店的申报程序 | 熟悉 | | | |
| | 3. 医保定点药店的监督管理 | 熟悉 | | | |
| | 4. 医保定点药店的变更 | 了解 | | | |
| | 实训五　申报药店 | 学会 | 技能实践 | | 2 |

续表

| 单元 | 教学内容 | 教学要求 | 教学活动建议 | 参考学时 理论 | 参考学时 实践 |
|---|---|---|---|---|---|
| 五、陈列药品 | （一）药品陈列的基本知识 | | 理论讲授 | 6 | |
| | 1. 药品陈列的基本知识 | 熟悉 | 讨论 | | |
| | 2. 药品的 GSP 陈列 | 掌握 | 多媒体演示 | | |
| | 实训六　药品陈列分类识别 | 学会 | 技能实践 | | 2 |
| | （二）药品陈列技术 | | | | |
| | 1. 药品陈列的基本原则及常用技巧 | 掌握 | | | |
| | 2. 陈列药品的标调价管理 | 熟悉 | | | |
| | 3. 制作手绘 POP 海报 | 掌握 | | | |
| | 实训七　药品陈列综合训 | 学会 | 技能实践 | | 2 |
| | 实训八　手绘 POP 海报的制作 | 学会 | 技能实践 | | 2 |
| 六、销售药品 | （一）接待顾客 | | 理论讲授 | 10 | |
| | 1. 药店员工接待礼仪 | 掌握 | 讨论 | | |
| | 2. 识别不同类型的顾客 | 掌握 | 多媒体演示 | | |
| | 3. 接近顾客的技巧 | 掌握 | | | |
| | （二）推介药品 | | | | |
| | 1. 常用药品知识介绍 | 掌握 | | | |
| | 2. 药品推介的常用方法和技巧 | 掌握 | | | |
| | 3. 药品连带销售的技巧 | 掌握 | | | |
| | 4. 药品推介中注意事项 | 熟悉 | | | |
| | 实训九　接待礼仪 | 学会 | 技能实践 | | 2 |
| | （三）处理异议 | | | | |
| | 1. 处理异议的基本原则 | 掌握 | | | |
| | 2. 处理异议常用的方法和技巧 | 掌握 | | | |
| | 3. 常见错误行为 | 了解 | | | |
| | 4. 典型异议处理 | 掌握 | | | |
| | 实训十　异议处理 | 学会 | 技能实践 | | 2 |
| | （四）达成交易 | | | | |
| | 1. 识别成交的信号 | 掌握 | | | |
| | 2. 常用的成交方法和技巧 | 掌握 | | | |
| | 实训十一　药品推介综合实训 | 学会 | 技能实践 | | 4 |
| 七、药店收银作业 | （一）药店收银工作常用知识和技巧 | | 理论讲授 | 4 | |
| | 1. 商品条形码知识 | 了解 | | | |
| | 2. 识别货币真伪的方法 | 熟悉 | | | |
| | 3. 收银工作技巧 | 掌握 | | | |
| | （二）药店收银工作流程 | | | | |
| | 1. 收银工作流程 | 了解 | | | |

| 单元 | 教学内容 | 教学要求 | 教学活动建议 | 参考学时 理论 | 参考学时 实践 |
|---|---|---|---|---|---|
| 七、药店收银作业 | 2. 收银交接班管理 | 熟悉 | | | |
| | （三）药店收银 POS 机的操作 | 掌握 | | | |
| | （四）财务单据管理 | 熟悉 | | | |
| | 实训十二　收银作业 | 学会 | 技能实践 | | 2 |
| 八、售后服务 | （一）送货上门 | | 理论讲授 | 2 | |
| | 1. 药店送货上门的条件 | 了解 | 讨论 | | |
| | 2. 送货上门的操作流程 | 掌握 | 多媒体演示 | | |
| | 3. 特殊情况处理 | 熟悉 | | | |
| | （二）顾客退换货管理 | | | | |
| | 1. 药品退换货原则 | 掌握 | | | |
| | 2. 退换货程序 | 掌握 | | | |
| | （三）中药饮片代客加工 | | | | |
| | （四）顾客投诉处理 | | | | |
| | 1. 处理顾客投诉的原则 | 熟悉 | | | |
| | 2. 处理顾客投诉的方法 | 掌握 | | | |
| | 实训十三　办理退货或换货 | 学会 | 技能实践 | | 1 |
| | 实训十四　处理投诉 | 学会 | 技能实践 | | 1 |
| 九、药品盘点和补货 | （一）药品盘点管理 | | 理论讲授 | 4 | |
| | 1. 药品盘点的常用方法 | 熟悉 | 示教 | | |
| | 2. 药品盘点的流程 | 掌握 | | | |
| | 3. 近效期及滞销药品的处理 | 熟悉 | | | |
| | （二）药品补上货管理 | | | | |
| | 1. 药品补货管理 | 熟悉 | | | |
| | 2. 药品的上货与理货 | 掌握 | | | |
| | 实训十五　药品盘点 | 学会 | 技能实践 | | 2 |
| 十、药店促销管理 | （一）门店促销概述 | | 理论讲授 | 2 | |
| | 1. 门店促销的目的和特征 | 了解 | 讨论 | | |
| | 2. 门店促销的常用方法 | 掌握 | 多媒体演示 | | |
| | （二）门店促销活动的策划 | | | | |
| | 1. 选择促销活动主题的方法 | 熟悉 | | | |
| | 2. 确定促销活动内容的技巧 | 熟悉 | | | |
| | 3. 促销活动策划方案的书写 | 掌握 | | | |
| | （三）门店促销活动的组织与实施 | 掌握 | | | |
| | 实训十六　药店开业促销策划 | 熟练掌握 | 技能实践 | | 2 |

续表

| 单元 | 教学内容 | 教学要求 | 教学活动建议 | 参考学时 理论 | 参考学时 实践 |
|---|---|---|---|---|---|
| 十一、药店防损管理 | （一）药店日常防损管理 | | 理论讲授 | 1 | |
| | 1. 易发生损失的常见情况分类 | 熟悉 | 讨论 | | |
| | 2. 药店日常防损的方法 | 掌握 | 多媒体演示 | | |
| | （二）药店防盗管理 | 掌握 | | | |
| | （三）药店防抢管理 | 熟悉 | | | |
| | （四）药店防火管理 | 了解 | | | |
| 十二、药店信息管理 | （一）基本信息 | 掌握 | 讨论 | | |
| | （二）采购管理 | 了解 | 多媒体演示 | | |
| | （三）库存管理 | 熟悉 | | | |
| | （四）销售管理 | 掌握 | | | |
| | 实训十七　药店信息管理案例分析 | 学会 | 技能实践 | | 2 |
| 十三、网上药店 | （一）网上药店概述 | 了解 | 理论讲授 | 1 | |
| | （二）网上药店的优势及制约因素分析 | 熟悉 | 讨论 | | |
| | 1. 网上药店的优势 | | 多媒体演示 | | |
| | 2. 制约网上药店发展的因素分析 | | | | |
| | （三）网上药店的运营 | 掌握 | | | |
| | 1. 网上药店的网页设计 | | | | |
| | 2. 提高网上药店绩效的策略 | 掌握 | | | |
| | 实训十八　网上药店的模拟申报材料准备 | 学会 | 技能实践 | | 1 |
| | 实训十九　网上药店的浏览与查询 | 学会 | 技能实践 | | 1 |

## 五、大纲说明

### （一）适应专业及参考学时

本教学大纲主要供高职高专院校药学类及药品经营与管理、药品服务与管理专业教学使用。总学时为 76 学时，其中理论教学为 40 学时，实践教学为 36 学时。

### （二）教学要求

**1. 理论教学部分**　具体要求分为 3 个层次，分别是：①了解，要求学生能够记住所学过的知识要点，并能够根据具体情况和实际材料进行识别。②熟悉，要求学生能够领会概念的基本含义，能够运用上述概念解释有关规律和特征等。③掌握，要求在掌握基本概念、理论和规律的基础上，通过分析、归纳、比较等方法解决所遇到的实际问题，做到学以致用，融会贯通。

**2. 实践教学部分**　具体要求分为两个层次，分别是：①熟练掌握，能够熟练运用所学会的技能，合理应用理论知识，独立进行专业技能操作和实验操作，并能够全面分析操作要点，正确书写实验或见习报告。②学会，在教师的指导下，能够正确地完成技能操作，说出操作要点和应用目的等，并能够独立写出实验报告或见习报告。

### （三）教学建议

1. 本大纲遵循了职业教育的特点，以能力为本位、以岗位工作技能为导向，强调素质教育的全程化，组织课程教学。课程突出实践性、应用性的原则，注重根据实际及时更新教学内容，强调对学生技能的培养和训练，增强学生岗位适应性。课程以真实药店工作过程和岗位要求为依据，使学生获得的知识、技能，真正满足药店职业岗位（群）发展的需求。注重知识和技能的结合，专业知识强调针对性和实用性，培养学生的思维能力和综合能力，强化学生岗位技能和职业能力的训练，实现教学与实践的统一。

2. 教学内容上以药店工作过程为导向，设计教学内容。按药店开办、药店日常运营管理、药店其他管理工作等工作过程设计，使各种理论知识、操作技能的传授与工作过程有机结合起来，突破传统的教学模式，建立突出职业能力和岗位技能培养的课程标准。

3. 教学方法上采用"以教师为主导，以学生为主体"进行教学，融"教、学、做"为一体，根据教学内容灵活应用各种教学方法，提高学生的学习兴趣。根据学习项目的具体内容灵活运用项目教学法、任务驱动法、讲授法、角色扮演法、案例教学法、情境教学法等多种教学方法，提高学生的学习兴趣和操作技能，培养学生理论联系实际的能力、独立思考的能力和自主学习的能力，在学习中学会解决问题，并在解决问题中培养学习的自信心和职业素质。

4. 课程考核方法分为实践考核、理论考核和过程性考核。实践考核是实训课上进行的操作项目考核，如药品盘点考核；理论考核为期末考试，为闭卷考试；过程性考核包括考勤、作业、课堂参与、实践报告、见习反思日记等学习过程中的记录考核，然后按一定比例得出学生的成绩，达到对学生学习情况进行全面评价的目的。